環境心理学

上

原理と実践

R. ギフォード 著
羽生和紀・槙　究・村松陸雄 監訳

北大路書房

ENVIRONMENTAL PSYCHOLOGY (3rd edition)
by
Robert Gifford

Copyright © 2002 by Optimal Books
Japanese translation published by arrangement with
Robert Gifford through The English Agency (Japan) Ltd.

日本語版への序

　ここに，私の本が日本の読者の手元に届けられたことは大変な喜びであります。出版社と献身的な翻訳者たちがこの本が翻訳の労に値すると評価してくれたことを名誉に思います。

　私は長年，環境心理学が現在の名前で呼ばれる以前からの，この領域への日本人の貢献に気がついていました。

　1930年代の哲学者・和辻哲郎の「風土」や1950年代に梅棹忠夫によって発表された人間と環境の融合の概念は，明らかに現在のこの領域における概念や研究の先駆をなすものであります。

　環境に関するセッションが50年以上前（1948年）の日本心理学会で開催されたことも知っています。現在われわれが建築心理学と呼んでいるものに関する小林重順の教科書はおそらく，現代的なものとしては最初のものです。もちろんその他にも多くの貢献が日本からもたらされています。

　この本が，私の師ロバート・ソマーの「人間の空間」，ケビン・リンチの「都市のイメージ」，ルドルフ・ムースの「環境の人間性」の翻訳に続くものであることも私は意識しています。これらの北米の系統，そして上に挙げた日本における系統に連なることは本当に名誉なことです。

　このような先駆者や彼らの偉大なる貢献を考えるとき，わたしはこの本が読む価値のある何かを付け加えることができただろうかと自問します。おそらく，その何かとは，この本が現在の環境心理学の研究と理論を収集し，統合した点でありましょう。日本からのものも含め，これほど多くの今日的研究と理論を網羅した本を他には知りません。

　長年私は，日本人の共同研究者と日本から留学してきた大学生や大学院生から非常に多くの有益なものを受け取ってきました。彼らは私に日本人の伝統的な自然観を理解する手助けをしてくれました。私が日本を訪れたのはずっと以前のことですが，私はいまだに，記憶の中に京都の宝石のような寺社の美しさを思い浮かべることができます。

　この本がお役に立つことを期待し，またこの本をあなたに届けてくれた出版社と翻訳者にとても感謝します。

ロバート・ギフォード
ヴィクトリア・ブリティッシュコロンビア・カナダ
2005年2月2日

監訳者まえがき

　まず著者を紹介する。

　Robert Gifford 教授はカナダのビクトリア大学心理学部に所属しており，環境心理学と消費者心理学を専攻する学部および大学院の教育に携わっている。主な関心は，環境心理学，社会心理学，性格心理学との境界分野にある。科学技術社会論（STS）に関する研究にも従事してきた。また，天然資源の管理に関する心理学的な研究で，カナダの社会科学・人文科学研究カウンシルから3か年の研究助成を受けている。さらに，環境心理学の分野で，最も格調が高い学術雑誌の1つである，Journal of Environmental Psychology の2005年現在の編集長でもある。

　本書は，Gifford, R.（2002）．Environmental psychology: Principles and practice (3rd edition). Optimal Books. の全訳である。本書は，欧米における環境心理学の教育プログラムにおいて，専攻する学生，主として大学院生が必ず読むべき基本書として指定される文献として高く評価されている（訳者の村松が，英国サリー大学大学院環境心理学専攻の修士課程入学時の最初のガイダンスで配布された環境心理学リーディングリストがあまりの膨大さであることに途方に暮れて，主任教授にどの文献を最初に読んだらよいのかと泣きついたところ，'It's Robert's !!!' と即答されたことを今も鮮明に憶えている。また，訳者の羽生が受けた米国オハイオ州立大学大学院での Jack Nasar による環境心理学の授業の教科書でもあった）。本書が，1987年の初版，1997年の改訂版を経て，第3版として世の中に出ること自体が本書に対する学術・教育的な評価であり，後発のいくつかの環境心理学の教科書がすでに絶版になっていることからも，その評価は裏付けられるだろう。

　次に，本書を翻訳出版するにいたった背景について述べる。

　本書を訳出する企画がもちあがった時点において，日本語で読める現在の環境心理学の領域を包括的にカバーした教科書と呼べるものがほとんど出版されておらず，欧米で定評のある本書を翻訳出版することが，環境心理学に興味のある人をできるだけ増やすことになると考えたからである。そもそも環境心理学に関する和書が少ない理由としては，わが国の心理学界において，環境心理学を専門とする心理学者がマイノリティであることがあげられる。環境心理学者が少ない→授業科目「環境心理学」が少ない→教科書，参考書が出版されない→環境心理学に興味がある人が増えない，といった負の連鎖（デフレスパイラル）を断ち切る契機に，本書の出版がなればと考えたからである。

　他方，心理学の外の分野に眼を向けてみると，環境心理学に対するまなざしはとても熱い。建築学，都市工学，家政学，人間工学，デザイン学，色彩科学，教育学などの研究者・実務者を代表として，潜在的には人間と環境が関わるすべての分野の人々

に対して環境心理学が多大な示唆を与えてくれることが期待されている。この非心理学の分野からの環境心理学に対する期待度は，本書の訳者の構成においてプロパーな心理学者は少数派で，建築学など非心理学の分野を背景とした人々が中心となり熱心に訳出作業を行ったことからも伺い知ることができる。それは，人間－環境系をより精緻に理解するために，自分たちの専門分野に基づいたアプローチだけでなく心理学的アプローチを体系的に理解したい，教えたいという要望が非常に強いからである。

　さらに昨今の環境や人間に対する関心の高まりを反映して，新規に発足する大学の学部学科についても，「環境」「人間」といったキーワードを冠した理系と文系を融合した学際的な学部学科が，全国に次々と設置されているが，そのような学部学科において人間と環境との関係を理解しようとする環境心理学は重要な基幹科目の1つとして考えられる。本書が次代の環境心理学の"グローバルスタンダード"になりうる教科書のプロトタイプを示すことになることを期待している。

　死力を尽くしたつもりであるが，誤謬，訳出の稚拙さ，訳語の不統一などいたらぬ点があるかもしれない。諸賢の忌憚のないご意見，ご批判を寄せていただければ幸いである。

　終わりにあたり，本書の翻訳出版を快諾していただき，遅々として進まない翻訳作業を忍耐強く見守ってくださった，北大路書房編集部の薄木敏之氏に謝意を表する。また，当時実践女子大学の副手であった竹之内香織さんによる原著の紙ベース原稿を電子ファイル化させる途方もない作業がなければ本書が日の目を見ることはなかったかもしれない。記して感謝する。そして，内容の確認や日本の読者へのメッセージなどのお願いに対して，いつも迅速かつ丁寧に対応してくださった，原著者であるGifford教授にも感謝する。彼はこの翻訳書を本当に楽しみにしていてくれた。

　最後に，本書の刊行にあたってお世話になった他の多くの方々にも心から感謝を捧げたい。

　　2005年　春

　　　　　　　　　　　　　　　　　　　　　監訳者　羽生和紀・槙　究・村松陸雄

原著者まえがき

　第2版の序文で述べたように，すべての著者，特に環境心理学者は，樹木を原材料にした紙（本書のようにリサイクル紙を使用した場合であっても）に文字を印刷することの意味を2度考え，同じ本の改訂版を出版することの意味を3度考えるべきです。私がそれでも再改訂版を出版しようとしたのはなぜだと思いますか。

　その簡単な理由は，ここ5年間に，環境心理学者や関連分野の研究者が驚くほどの数の研究成果を発表してきたからです。私は，この第3版のために数百件の論文や書籍をレビューしました。そのうち300件以上が第2版の序文において冗談半分に「個人や環境における多様性は，個人がさまざまな形態の環境に影響を及ぼし，その環境から個人が影響を受けるという，多様な行動や心理過程を通して，多面的な個人が媒介し，調整した産物である」と記述したことについてわれわれが知っていることを充実化，最新化させたものです。

　この分野でなされた研究や理論が持つ驚くほどの多様性を，おそらく第2版以上に，単純化することができなかった罪を私は認めます。そして，環境心理学者の創造力に富んだ知性が生み出した考えや知見を単純化しすぎることに対して，良心の呵責を感じると重ねて申し上げます。アメリカ心理学会（APA）のガイドラインに従わないという批判を招くやり方なのですが，これまでの版と同様に大量の著者の名前を本文中に記載することを避けることにしました。学生諸君。あなたの論文で文献を引用する場合には，アメリカ心理学会が規定する挿入法を使いなさいね（たとえば，各章の参考文献や引用文献を参照のこと）。しかし，この本は学術論文ではなく，約3,000もの異なる名前を本文中に記載することは，非常に読みづらくなると判断しました。それでも，これらの3,000余名の働き者の研究者の業績は彼らの名誉として認められる必要があります。私は各章の末尾に一覧表の形で引用した文献の全情報を掲載することでそうしました。

　各章の順序と各章で取り上げるテーマは第2版と同じにしました。ある章のいくつかの主題については特に入念に記述しました。過去5年間において，環境に対する態度，緑の心理学，環境意識，環境配慮行動に関連した分野は，環境心理学の主要な研究テーマとなったことは疑う余地はありません。環境心理学の分野において，これらのテーマは決して新しくはないが，現在，進展が著しいテーマです。「今や，私たちは生態心理学者，地球至上主義者，環境重視の心理学者に対して一目を置くようになりました」と私は5年前に言いましたが，その指摘は現在の状況のほうがより当てはまります。しかしながら，環境心理学で伝統的に主題として取り上げてきた，居住環境，都市環境，仕事場の環境，空間知覚，天然資源の管理，クラウディングに関する研究においても，評価に値する数多くの新しい研究が今なおなされています。

原著者まえがき

　第2版以前と同様に，ほとんどの章が5つの節から構成されています。たいていの場合，主題の紹介から始まり，既知の事項の概観，研究法の紹介，理論の説明ときて，最後にケーススタディで各章が締めくくられています。私は，重要な用語についての解説を本文から別のところにある用語集にまとめるのではなく，文脈の中で平易な英語を用いて説明するようにしました。

　この本の表紙には，たった一人の名前しか記載されていません。しかし，多くの人々の援助なくしてはこの本が出版されることはなかったでしょう。これまでも，そしてこの先もずっとそうかもしれませんが，「お母さん，僕はこれに乗ることができたよ！」と言ったときのように，私が新しいことを始めることを支援し励ましてくれた，私の両親ロバートとドロシーによる思いやりと，環境心理学という学問分野が成立する以前から，この分野の研究に従事しているロバート・ソマーのフロンティア精神に感謝したいと思います。

　この原稿を執筆するような途方もないような細かい作業に対して，投げ出さず対峙し続けた勇敢な精神力に感謝します。私のすばらしい妹，コウ・ギフォードほど，この本の原稿のために尽くし，この原稿に悩まされた人はいません。タアラ・ラウとジェニファー・ロイドが奮闘してくれた，切り抜き，要約作業，やっかいな入力作業は目立ちませんがとても重要な仕事であり，たいへんに感謝しています。トム・アレとクリス・ダービーの優れたコンピュータの才能のおかげで多くの時間を節約することができました。ダニエル・ニコルスがすばらしい装丁をデザインしてくれました。プリントクラフター社のボブ・ペインとその同僚が，この本の印刷製本作業でとてもよい仕事をしてくれました。最後に，オプティカルブック社（出版社）のご尽力をいただいたスタッフに，記して感謝の意を示します。

　いつものように，私の家族は，私がこの本の改訂作業に長時間にわたって没頭することや，その時の私の気持ちにつきあってくれました。その当時の家族の援助や辛抱が，現在の私によって非常に重要であったことに気づきました。その意味で，私は，家族に対してたいへんに感謝しています。

　この本の初期の版をご採用いただいた先生方，特に，何年間にもわたってこの本に対する感想や示唆を与えてくれた先生方に感謝を申し上げます。同様に，第3版を今回初めて採用していただいた先生方にも感謝します。学生諸君へ。環境と個人との共存や対立に関するメカニズムの解明についての研究に心を奪われることは大歓迎です。わかりますか，そのようなことに気がついた人々にとって，ジョー・ライオンズの秘密の格言が再び身に沁みるはずです。大学の教職員や学生の皆さんへ。この本についての疑問，コメント，示唆がございましたら遠慮なく，下記のいずれかの連絡先にお知らせください。

ロバート・ギフォード（Robert Gifford）
ビクトリア大学 教授（心理学）
Department of Psychology,
University of Victoria
Victoria, British Columbia
CANADA V8W 3P5

Email: rgifford@uvic.ca
Fax: +1-250-721-8929
TEL: +1-250-721-7532

目次

日本語版への序　*i*
監訳者まえがき　*ii*
原著者まえがき　*iv*

第1章　環境心理学の本質と展望 …………………………………1

□環境心理学とは何か　2
　課題　2
　基本原理を見つける　5
　実践上の原理　6
□環境心理学のルーツと境界　6
□理論とアプローチの手短な紹介　10
　刺激理論　11
　コントロール理論　12
　行動セッティング理論　13
　全体理論　14
　オペラント・アプローチ　15
　環境中心アプローチと生態心理学　16
□環境心理学の研究手法　17
□環境心理学の現在　21
　調査の3つのレベル　22
　国際的な広がり　23
　宇宙および極限環境　23
　将来の見通し　24
■要約　25

第2章　環境知覚と環境認知 ………………………………………31

□環境知覚　33
　特徴とバリエーション　33
　研究法　36
　環境知覚への影響　38
　理論　42
　環境知覚とデザイン　48
□環境認知　49
　差異と定義　49
　研究法　52
　空間認知への影響　53
　理論　62
　環境認知とデザイン　70
■要約　72

第3章　環境に対する態度，評価と査定　　　　　　　　　　　　　　　83

- □環境に対する態度：場所への関心　85
  - 環境に対する態度とは何か　85
  - ともあれ，われわれはどの程度関心があるのか　88
  - 誰もが関心を持っているのか　90
  - どうやって環境への関心を高めるか　93
  - 関心は行動につながるか　96
- □環境の評価：場所についての個人的な印象　100
  - 記述：何があるのか　101
  - 評価：それはよいものか　103
  - 美学：それは美しいか　110
  - 感情：どのように感じるのか　111
  - 意味：何が重要なのか　113
  - リスク：それは安全か　117
- □環境の査定：場所に対する集団の印象　121
  - 差異と定義　122
  - 観察者による環境査定の使用　125
  - パラダイムと方法論の考察　127
- □観察者による環境査定の2例　129
  - 谷間の風景の質　129
  - 近隣の環境の質　131
- ■要約　132

第4章　パーソナリティと環境　　　　　　　　　　　　　　　　　　149

- □弁明，背景，そして現状　151
  - パーソナリティと環境との間の5つのつながり　151
  - 結びつきのルーツ：マーレーとレヴィン　152
- □伝統的なパーソナリティの次元　156
  - 外交的 対 遠慮深い パーソナリティ　156
  - LOC（コントロールの所在）　158
  - 他の伝統的な次元　161
  - パーソナリティと環境　162
- □環境パーソナリティの次元　163
  - 人ーモノ志向性　163
  - 環境パーソナリティ目録　165
  - 環境反応目録　167
  - 自然への方向づけ　170
  - 環境刺激に対する敏感さ　171
  - コントロールに関わる環境の気質　173
- □環境デザインにおけるパーソナリティのいくつかの使用法　174
  - 記述　174
  - 比較　175
  - 予測　175

■要約　175

第5章　パーソナルスペース……………………………………………181

　□パーソナルスペースとは何か　182
　　基本的な定義　182
　　3側面からの詳細な検討　183
　　意識と選択　186
　□パーソナルスペースの測定　188
　　シミュレーション法　188
　　停止距離法　188
　　自然状態での観察　189
　□パーソナルスペースへの影響要因　190
　　個人的な影響　190
　　社会的な影響　193
　　物理的な影響　196
　　文化，民族，宗教，法律による違い　197
　□パーソナルスペースと人間の行動　199
　　逃避行動と感情　200
　　魅力　201
　　覚醒　202
　　社会的な影響　202
　　推論と印象の形成　203
　　他者を助ける場合　204
　　小集団で仕事をする場合　205
　□パーソナルスペースの理論　206
　　パーソナルスペースの習得：社会的学習理論　206
　　親和―対立理論　208
　□パーソナルスペースと環境デザイン　212
　　ソシオペタルおよびソシオフーガル配置　212
　　図書館　214
　　レストランおよびバー　214
　　カウンセリング場面　215
　■要約　216

第6章　テリトリアリティ……………………………………………225

　□テリトリアリティとは何か　227
　　タイプ：一次，二次，公共，その他　228
　　侵害のタイプ　230
　　防御のタイプ　230
　□テリトリアリティの測定　232
　　フィールド研究とフィールド実験　232
　　調査とインタビュー　233
　　自然観察と目立たない測度　234

□テリトリアリティに影響するもの　234
　　個人的な要因　235
　　社会的な文脈　236
　　物理的な文脈：守りやすい空間　238
　　文化と民族的な要因　241
□テリトリアリティと人のふるまい　243
　　個人化とマーキング　243
　　攻撃とテリトリーの防御　244
　　支配とコントロール　245
□テリトリアリティの理論　250
　　遺伝子と進化の役割　251
　　相互作用を体制化するもの　251
□テリトリアリティと環境デザイン　253
　　近隣　253
　　病院　254
■要約　255

第7章　クラウディング　259

□クラウディング，密度，人口　260
　　世界の人口状況　260
　　クラウディングと密度　263
　　クラウディングと密度をどのように研究するか　268
□クラウディングへの影響要因　270
　　個人的な影響　270
　　社会的な影響　275
　　物理的な影響　279
□高密度，クラウディング，人間の行動　282
　　動物における研究　282
　　生理的ストレスと健康　283
　　心理的ストレスと精神衛生　284
　　アルコールの摂取　285
　　子どもの成長　286
　　パフォーマンス　286
　　社会的（および反社会的）行動　288
　　公共の場所への訪問　292
　　調整要因としての文化　292
□クラウディングの理論　296
　　先行条件　298
　　心理的過程　300
　　結果　302
□クラウディングと環境デザイン　303
　　住宅　304
　　自然環境保護公園　305
　　刑務所　306

■要約　307

第8章　プライバシー …………………………………………………… 317
　□プライバシーとは何か　319
　□プライバシーの測定　321
　□プライバシーへの影響要因　324
　　個人的な影響　324
　　社会的な影響　326
　　物理的な影響　328
　　文化的な影響　330
　□プライバシーと人間の行動　333
　　コミュニケーション　334
　　コントロール　334
　　アイデンティティ　336
　　感情　337
　　子どもの発達　338
　　順応と調整　340
　　クラウディング，パーソナルスペース，およびテリトリアリティとの関係　341
　□プライバシーの理論　344
　　自己への接近の選択的コントロール　344
　　ライフサイクル　346
　　欲求の段階性　347
　　物理的な環境を忘れてはいけない　348
　□プライバシーと環境デザイン　350
　　住宅におけるプライバシー　350
　　オフィスにおけるプライバシー　351
　■要約　353

人名索引　358
事項索引　360

環境心理学（上）

第1章
環境心理学の本質と展望

- □環境心理学とは何か
  - 課題
  - 基本原理を見つける
  - 実践上の原理
- □環境心理学のルーツと境界
- □理論とアプローチの手短な紹介
  - 刺激理論
  - コントロール理論
  - 行動セッティング理論
  - 全体理論
  - オペラント・アプローチ
  - 環境中心アプローチと生態心理学
- □環境心理学の研究手法
- □環境心理学の現在
  - 調査の3つのレベル
  - 国際的な広がり
  - 宇宙および極限環境
  - 将来の見通し

> たぶん現代の心理学理論における顕著な弱点の1つは，影響力のある理論的な観点の多くに見られる環境の相対的な軽視である。
> ——イジドア・チェイン（Isidor Chein）[1]

環境心理学とは何か

　環境心理学（environmental psychology）とは，人と物理的環境とのやりとり（transaction）を研究するものである。これらのやりとりにおいては，人が環境を変化させたり，環境によって人の行動と経験が変化させられたりする。環境心理学には，建築をいっそう人間的にしたり，自然環境とわれわれの関係を改善することを目指した理論，研究，実践が含まれる。

　環境心理学が一分野として認知されるようになってたかだか35年あまりであるが，一部の社会科学者は，何十年もの間，この本で論じられる問題に取り組んできた。心理学の初期には，たいていの研究者が人と環境のやりとりより，人の内部過程に傾注した。後になって，人対人の相互作用が若干強調された。しかし，物理的環境（建物，公園，道路，大気と大水域を含む）の建設および維持管理に向けられる巨大な投資と，自然や天然資源の誤用に対して社会が支払う莫大な費用を考えると，人間と環境の関係がそれに見合った注目を受けるまでの長期間の停滞は，ほとんど悲劇的に思われる。

　幸い，1960年代後半から，次章以降に述べられている主要なトピックを，何千という研究が取り扱ってきた。この仕事の多くは，汚染，エネルギー不足，不適切な建物といった環境問題の認識によって刺激を受けてきた。また一部の研究は，人が自然環境の中で，どのように，なぜ，行動し感じるのかに対する，純粋な好奇心によって動機づけられている。人と環境のやりとりの複雑な関係については，多くの謎が残されているけれども，われわれはそれらの多くを理解しはじめている。

　この章は，環境心理学の主な論点とトピックを記述する。発見と応用という，環境心理学の二重の目標が強調される。この分野の起源と現在の状況が，主要な理論的アプローチの概観と研究手法の若干の観察によって，簡潔に論じられる。そして，国際的な特徴と環境心理学の将来の見込みに関するコメントをもって，この章が閉じられる。

課　題

　この章のはじめに述べたシンプルな定義は，環境心理学者が研究するトピックの魅力的なバラエティをもたらすものではない。次に示す実際の見出し1つひとつが，この本で論じられる問題を示唆している。

「暴力：人口過剰な刑務所での生活の現実」

第1章
環境心理学の本質と展望

「オフィスで働くことは,あなたの健康にとって危険である」
「休日の憂鬱で従業員を参らせてしまわないように」
「隣人がフェンスと格闘する,避難所は今や戦場」
「清純なアラスカの原野を脅かしつつある大気汚染」
「汚染管理布告が,製粉所閉鎖を余儀なくさせるであろう」
「汚染者は,漫画での最も新しい悪役でありえる」
「荒廃したニシン漁場を救う試みにおける,割り当て削減」
「労働者の苦情に対応するために,設計者がオープン・オフィスを変更する」
「調査の名目で荒らされた南極大陸」
「心理学における環境問題への意識向上(greening)」
「労働者を満足させる:色彩の問題」
「通勤者が嘆願する:『音楽を止めて』」
「狂った夏の日が,幼児虐待を煽る」
「子どもたちがプライバシーを切望するとき」
「プライバシーの定義がアピールされるであろう」
「天気ストレス指標が,いやな風を吹き飛ばす」
「高層のどこが悪いの?」
「騒音汚染の損失」

　真実を誇張しているものもあるので,これらの見出しの熱心な作者による主張のいくらかについては,われわれは慎重でなければならない。しかしながら,それぞれの事例では,何が真実で何が重要なのかが問題となる。それぞれの問題は,環境だけでなく,人と環境の間のやりとりを伴う。
　この本での用語「環境(environment)」は,家,オフィス,学校と道路のような構築環境(built settings),および国立公園や原野のような自然環境(natural settings)を意味する。この本では,やりとりの人間の側として,人々の大きな集合体(社会,人類,政府)のふるまいに対してより,個人や小さな集団(サラリーマン,歩行者,生徒,外向的な人,買い物客,隣人,ハイカー,寮の居住者,窃盗犯,建築家,通勤者,その他の平凡な人々)の行動について言及する(図1-1,図1-2参照)。
　環境心理学者は,人と環境のやりとりを理解することと,多種多様な問題を解決するためにその知識を使うことという,関連した2つの目標を達成する必要を認識している。この本の副題である「原理と実践」は安易に選択されたものではない。環境心理学は,明らかに科学と応用の両方を含んでいるのだ。
　環境心理学者個人は,もちろんスーパーマンではない。1人ひとりは,後続する章に記述されている項目の,ほんの一部に取り組むエネルギーを持ち合わせているにすぎない。ある者は原理に取り組むことを楽しみ,他の者は実践とともにあることに喜

図1-1　環境心理学は人と自然の関係を調査する。

図1-2　この未完成の建物は，構築環境における環境心理学の課題のシンボルを提供するかもしれない。それはその場所から3000マイル離れた所でデザインされ，建築家はそこで働いたり訪問するであろう人々の多くに会ったことさえなかった。居住者に固有のニーズは十分に検討されなかった。

びを見いだす。この状況は医学と似ている。そこには，地域医療を実践する医者もいれば，研究室に残る医者もいる。依然として，すべての環境心理学者は，建築や生態学的な問題の解決に役立つであろう理論・研究・実践のニーズを支えている。

●●第1章●●
環境心理学の本質と展望

基本原理を見つける

　実世界での問題を軽減するために，人は適用する知識を持たねばならない。知識の2つの形式として，理論と研究結果がある。問題となっている人間と環境の課題を理解するための一貫した枠組みを提供することによって，理論は研究と実践を導いていく。環境心理学において，理論それ自身は特定の問題に対する解決策を提供しない。それより，解決をもたらす可能性のある方向性を提供することがそれらの役目である。

　この本を通じて，多くの理論が記述されている。それらの数と多様さは，環境心理学の混乱と熱意を描き出している。理論を取捨選択するプロセスは，やがてそれらの数を減らすかもしれないが，1つの包括的な理論を探し求めることはおそらく賢明ではないだろう。1つの問題に取り組む場合でさえ，問題の分岐構造をより詳細に見いだすために多角的な視点が役立つことを，環境心理学者は知っている。主要な理論的アプローチについては，この章の後半で概要を紹介するが，多くの理論的検討は最も適当と考えられる章で行われる。

　ある問題に適用され得る知識の2番目の形式は，研究から得られる。この本には，多くのトピックに関する研究結果がぎっしり詰まっている。多くの研究を収録しすぎだと感じる読者もいるかもしれない。しかしながら現実は複雑であって，極端に単純化した説明以上のことをわれわれが知っていると気づいているにもかかわらず，話し半分に語ることは，私にはとても不快に感じられる。そうだとしても，公表された研究がある特定の疑問への回答を含んでいないことに，学生はしばしば驚かされる。研究文献は，しばしば特定の現在の問題への具体的な回答を提供することができない。というのも，今日の問題は以前の問題とは異なった場所・時間における異なった人々と関係しているからである。個人，文化，時代，セッティングの相違は，他の点では類似しているように見える研究において，しばしば異なった結果を導く。

　それでは，なぜ既往研究すべてを読むべきなのであろうか。主な理由は3つある。

1．つい先ほど述べたばかりの事柄に反するけれども，ある結果は何度も何度も現れる。ある種の調査結果と原理が，繰り返し確認されている。
2．以前の業績が，将来の研究を誘導する。ネガティブな側面として，時に研究は，ある種の考えあるいは方法が袋小路であることを明示する。主要な発見は，誰もその方向で再び検討する者がいないということかもしれない！　ポジティブな側面として，そしてより一般的なこととして，研究は予期されていない結果を生み出すことで，新しい問いを呼び起こす。今後の研究は，それゆえいっそう洗練されるかもしれない。研究者は周知の落とし穴を避けて，以前の研究者に知られていなかった重要な問題に気づき得る。もし，あなたがいつの日か環境心理学の研究に取り組もうと計画するのならば，この知識が必要となるだろう。たとえあなたが研究しない

としても，この分野の現在の幅と広がりを正確に描写する，実際的な見通しを持つべきである。
3．過去の研究の知識は，日々の会話に登場する，人と環境のやりとりに関わる多くの誤解を修正するのに役立つ。次のことは，研究から従来の信念に反する結論が導かれたほんの少数の例である。混み合い感（crowding）は，周囲の人々の数と弱い関連しか持たない。人間のテリトリーは，第1に攻撃性と結び付けられるのではない。ピンク色の独房が乱暴な囚人を落ち着かせるとか，フルスペクトル（訳注：可視光線のすべての領域の光線を含んだという意味）の照明が人々によいという有力な証拠はない。これらの事例のそれぞれで，その他の個人的もしくは環境的な要因はいっそう重要である。実際，私が伝えたい基本的なメッセージは，人と環境のやりとり1つひとつが，影響の複合性に左右されるということである。人間が体験する通常の範囲において，ただ1つの作用がわれわれの経験もしくは行動を形づくるということはほとんどない。

実践上の原理

理論と研究の価値を認識する一方で，一部の環境心理学者は知識を応用することを好む。たいていの研究者が従事するアカデミックな環境での仕事の代わりに，彼らは個人開業に挑戦する。適切な大学院でのトレーニングを経たあと，彼らは公共もしくは民間の依頼者に対するコンサルタントとして活動する。実践型の環境心理学者は，研究者と同様に新しい発見をするが，これらの発見は科学的な法則を確立するというより，むしろ特定の場所と時間における特定の依頼者を援助することが意図される。

まとめると：環境心理学は，人と環境のやりとりから生じる多様な問題を改善しようと努め，科学的法則と実務的応用の真摯な追求を必要とする，若く活力に満ちた学問分野である。

多くが既知のものとなっているが，多くがまだ未知のままであり，この未知のものに対する挑戦は，多くの環境心理学者を刺激する。実践する環境心理学者は，自分が，より人間的な建物をつくるのを支援したり，人々が自然と交わるやり方を改善したりできるという信念に動機づけられている。

環境心理学のルーツと境界

環境心理学という分野は，心理学の歴史において，はるか昔にまで遡れるかもしれない。ある意味，最初は心理学の主たる中心からそれを区別できないように思われる。なぜなら，たいていの心理学者は環境刺激と人間反応の関係を調べるからである。それでもなお環境心理学を分かつのは，次の原則に則った研究への傾倒である。

●●第1章●●
環境心理学の本質と展望

- それは，構築環境（built environment）と自然資源（natural resources）に対するわれわれの責務を，最終的には改善することができる。
- それは，日常の場面（もしくはそれらに近似したシミュレーション）で実行される。
- それは，人と環境（setting）を統一的全体と考える。
- それは，人は受動的に環境の力を吸収するというより，積極的に環境に対処して，環境を形づくると認識している。
- それは，しばしば他の学問分野と関連しながら実施される。

　環境心理学の歴史的な起源は，残りの心理学とほとんど同程度のはるか昔までたどれるかもしれないが，2つの意味で，それは常に心理学の周縁にあった。

1. 環境心理学はまだ心理学の中核部分ではない。それはすべての大学で教えられているわけではないし，心理学の他の領域と同様に多くの研究者を要求することもできない。
2. この章の始まりに置いた引用が示すように，環境心理学の主たる関心である日常の物理的環境は，心理学において重大な注意を受け取ることはめったになかった。

　心理学における主要なプロセスとトピック，発達，認識，学習，社会関係，異常行動は，日常の物理的環境で生起するけれども，ただ環境心理学だけが体系的にこれらのプロセスが起こる環境を調査する。1つだけ例をあげるとすれば，学習の研究は最終的に，そして本質的に教室と関連しているが，伝統的な心理学における学習研究は，ほんの少ししか教室でなされていない。
　環境心理学がその分野の中で深いルーツを持つと同時に学問の周縁にあることは，この分野の2人の偉大な先駆者エゴン・ブルンスウィックとクルト・レヴィンの理論的な仕事で描き出される。
　エゴン・ブルンスウィック（Egon Brunswik: 1903-1955）はブダペストで生まれ，ウィーンでトレーニングを受けた。彼は1930年代にアメリカに移住した。ブルンスウィックは，もともと知覚の基本過程に傾注していた（第2章で論じられる）が，彼の考えはそれにとどまらず，はるかに拡張された。物理的な環境要因が行動に影響する仕方の詳細な分析を必要としたために，ブルンスウィックは1943年に遡って，環境心理学という用語をおそらく初めて使用した[2]。
　ブルンスウィックは同様に，研究計画は当時の心理学者が一般に採用したよりずっと広い環境刺激の配列を含むべきだという考え，代表性のある計画（representative design）を強く提唱した。これらの刺激は，われわれが理解しようとしている人々の現実世界をもっと代表したものにすべきだ，と彼は言った。
　この分野のもう1人の偉大な先駆者であるクルト・レヴィン（Kurt Lewin: 1890-

7

1947）は，プロシアで生まれて，ドイツでトレーニングを受けた。彼もまた1930年代にアメリカに移住した。彼の場の理論（field theory）は，巨視的な物理的環境に動的な考慮を与えた最初のものであった。アクションリサーチ（action research）についてのレヴィンの考えは，たぶん，科学的研究を現実社会の変更と関連づけるための，心理学で最初の強いひと押しであった。これらの2つの考えを通じて，環境心理学におけるレヴィンの影響は非常に強かった。

EGON BRUNSWIK
エゴン・ブルンスウィックは，おそらく，出版物において環境心理学という言葉を用いた最初の人物である。

KURT LEWIN
クルト・レヴィンは，インスピレーションに満ちた理論家であり，インスピレーションを与える教師であり，そしてアクション・リサーチの創設者であった。

物理的な環境についてのレヴィンの考え，少なくとも人の認識の外にあるすべての側面については，それに彼が与えた名称――外殻（foreign hull）――で明らかにされる。当初，レヴィンは外殻が心理学の一部であり得るということを認めなかった[3]。後に彼は，外殻からの力が意識に達して，そして心理的プロセスに影響を与えはじめるということに同意した。彼は，この調査分野を心理学的生態学（psychological ecology）と呼ぶことを提案した。

ブルンスウィックたちは，しかしながら，人々が気づかないうちに，物理的な環境は人々に影響を与えることができると信じていた[4]。たとえば，蛍光灯の取り付け器具の低いうなり音は，それに気がつかないオフィス・ワーカーに対してさえも，仕事に対する満足や生産性に影響するかもしれない。ブルンスウィックは，もしこのような要因が本当に心理的にわれわれに影響を与えることができるなら，それらは体系的に調査されなくてはならないと信じた。

彼らの影響力ある考えにもかかわらず，ブルンスウィックもレヴィンも，実際には今日環境心理学と呼ばれるような研究を行わなかった。ブルンスウィックはほとんど学生を持っておらず，何年もの間，彼の考えは心理学のうえにほとんど影響力を持っていなかった。それは彼の考えが重要であるにもかかわらず，心理学の周縁にあったことが1つの理由である。レヴィンは，他方，心理学で強い影響を保持していた。ダイナミックでカリスマ的な人間として，彼は深遠な社会科学の方向を形づくってきた多くの学生に影響を及ぼした。しかしながらレヴィンの大部分の学生たちは，彼の考えが社会環境と認知された環境が決定的であることを意味すると解釈した。実際の，あるいは客観的な物理的環境は強調されなかった。それゆえ，環境心理学はレヴィンの遺産の1つの端部であった。しかしながら，彼の教え子の2人が物理的環境をより真剣に受けとめ，後に生態学的心理学（ecological psychology）という用語に変わった心理学的生態学を追究した。これらの学生，つまりロジャー・バーカー（Roger Barker）とハーバート・ライト（Herbert Wright）は，日常の人間の行動を包んでい

●●第1章●●
環境心理学の本質と展望

る小さい生態学的ユニット＝行動セッティング（behavior settings）の大規模な研究プロジェクトを1947年に始めた[5]。

行動セッティングは，われわれの日常生活における社会的規則と物理的・空間的側面を

ROGER BARKER
ロジャー・バーカーは，クルト・レヴィンの教え子で，行動生態学と行動セッティング理論の創設者である。

含んでいる。教室，コンサートホール，レストラン，評議会のミーティングはその一例である。これらやその他の識別できる行動セッティングの社会的・物理的特徴を町全体で記述することに，バーカーと彼の同僚たちは懸命に取り組んだ。バーカーは後に，彼の研究の起源を思い起こして言った。

> 私は，科学的な調査者によって考案されたテストと実験に臨んだときの子どもたちの行動についてはよく知っているけれども，町が子どもたちに提供する状態や条件，および子どもたちがいかにふるまうかについて，俗人以上には何も知らないという恐ろしい事実がわかりはじめた[6]。

ブルンスウィックとレヴィンの着想は，環境心理学の知的な基礎をつくるのに役立ったが，環境心理学の経験的なルーツはもっと以前に始まっていた。1920年より以前，心理学者は仕事のパフォーマンスに対する騒音[7]と暑さ[8]の効果を調査していた。学生が教室に座った場所と彼らが得た成績との関係についての研究が1921年に発表され[9]，仕事のパフォーマンスに対する照明の効果についての有名なホーソーン研究（Hawthorne studies）は1924年に始まった[10]。これらの研究はほとんど非論理的であり，研究者は環境の仕事遂行能力への単純な決定論的効果を探索した。

1950年代，この分野が名前を持つ前でさえ，環境心理学における他の開拓者たちが活動していた。たとえば，アブラハム・マズロー（Abraham Maslow）と同僚は，評定者は部屋の美学についてまったく言及しなかったけれども，平均的あるいは醜い部屋のときより美しい部屋のときの方が，同じ人々の写真がいっそうポジティブに評価されることを1954年に示した[11]。

1950年代後期に，ロバート・ソマー（Robert Sommer）とハンフリー・オズモンド（Humphrey Osmond）は，サスカチェワンで体系的に建物の物理的な要素を変えて，行動における変更の効果を監視しはじめた[12,13]。老人病院において，家具の配置替えと病棟のデザインを変更することによって，彼らは患者間のコミュニケーションを増加させられることを見いだした。同時に，ソマーはパーソナルスペース（第5章で論じられる）に関する彼の有名な研究を始めた[14]。ウィリアム・イッテルソン（William Ittelson）とハロルド・プロシャンスキー（Harold Proshansky）によって率いられたニューヨークのもう1つのチームが，ソマーとオズモンドの研究結果を読んで，精神病院病棟における患者の行動を地図に表しはじめた[15]。

その時代に建築心理学（architectural psychology）と呼ばれていたものに特化した

9

最初の会議は，1961年と1966年にユタ大学で開催されている。続いてプロシャンスキーとイッテルソンは，1968年にニューヨーク市立大学（CUNY）において，環境心理学で最初の博士課程のプログラムを開設した。環境心理学の比較的初期の1つの転換点は，CUNYプログラムの最初の博士号が1975年に収得されたということである。それと対照してみれば，アメリカで最初の心理学の博士号は1861年に授与され，臨床心理学の最初の博士号は第一次世界大戦のすぐ後に，産業組織的心理学の最初の博士号は1921年に授与されている。

　1960年代後半に，この分野に特化した専門誌が創刊された。今日それらの中で最も著名なのは，"Journal of Environmental Psychology" と "Environment and Behavior" である。1968年に最も大きい環境－行動学の組織 EDRA（Environmental Design Research Association）が形成された。それは1969年から年次会合を開催している。

　まとめると：環境心理学のささやきが1910年代に始まって，1950年代を通じて活動のしたたりが後に続き，1960年代を通じて成長し，1970年代の初めまでに奔流となった。

■ 理論とアプローチの手短な紹介

　前述したように，1つの理論が環境心理学におけるすべてのトピックに適用されるわけではない。競合する理論が，人と環境の事象を説明するために，いまだ互いにせめぎ合っている。もしも将来がその短い過去のようなものであれば，新しい理論が展開され，現在の理論の間に合従連衡，分離独立があるだろう。

　明らかに相容れない理論の存在によって，落胆させられてはいけない。自分たちの知らない生き物（1頭の象）に遭遇した，盲目の3賢人についての古い物語を思い起こしてほしい。1人の賢人は，動物の尾をつかんで，その生き物はロープのようだと描写した。もう1人は，胴をつかんで，その生き物はホースのようだと主張した。がっしりとした足周りを腕で覆った3番目の賢人は，それが木に似ていることを他の人たちが認識できないとは信じられない。これと同様に，今日の環境心理学の理論はそれぞれ，物理的な文脈における人間行動についての，ほぼ正確であるが部分的な説明である。

　次に，6つの主要な理論とアプローチが手短に記述される。それらは，あなたが間もなく読むであろう研究結果が，どのように統合されるのか考えはじめられるようにするであろう。理論の最も重要な機能の1つは，人と環境の関係についての特定の観察に対し，秩序と意味を与える一般論を提供することである。

刺激理論

　刺激理論は，物理的環境を，われわれの快適な生活にとって極めて重要な感覚情報源として概念化する[16]。この刺激には，光，色，音，騒音，暑さと寒さのような比較的単純な刺激が含まれるが，同様に，建物，道路，屋外のセッティングと他人などの，より複雑な刺激も含まれる。環境心理学において，普通，刺激は人工的な実験室での出来事ではなく，実世界からの情報である。

　環境刺激には，量と意味という2つの意義のある変化の仕方がある。量については，強さ，持続時間，頻度，供給源の数のような明白な次元で，刺激は変化する。意味は，到来する刺激情報についての各個人の統合と解釈に注目する。

　刺激に基づいた重要な理論の1つに，順応水準理論（adaptation-level theory）がある。そこでは，人があるレベルの刺激に一定の文脈で順応し，特別な量の刺激がないことが人々にとってよいこととされている。この理論はまた，順応水準と異なった刺激は，人の感情と行動を変化させると主張する[17]。

　覚醒理論（arousal theory）は，広い範囲にわたるわれわれの行動と経験の形式および内容が，われわれがどれくらい生理的に覚醒させられているかに関連しているという仮定に基づいている[18,19]。過剰負荷理論（overload theory）は，あまりに多い刺激がもたらす効果に力点を置く[20,21]。環境心理学のかなりの研究は，騒音，暑さ，寒さ，密集状態の効果のような，覚醒あるいは過剰負荷の見地から眺められるであろう問題に起源を持つ。しかしながら，われわれはほんのわずかの刺激しかもたらさない環境にいる自分たちを見いだすこともある。限定された環境刺激（restricted environmental stimulation：かつて刺激遮断と呼ばれた）は，ある状況ではあなたが期待する通り，われわれに問題を引き起こすが，別の状況では驚くほど肯定的な結果をもたらす[22]。たとえば，やさしい認知的課題の遂行は低い刺激条件の下で改善される[23]。

　ストレス（stress）も同様に，近年重要な理論上の概念になった。環境心理学者は，環境の刺激が人間の順応力を超えるときに起こる，行動上および健康上の効果を説明するため，ハンス・セリエ（Hans Selye）の研究成果を拡張した[24-26]。ストレスの概念は，日常の文脈において非常に広い範囲に適用されてきた。ストレッサーとみなされるものには，大気汚染，病院，オフィス，極限の温度，交通，騒音や災害が含まれる。人は，急性ストレッサー（acute stressors：意識の最前線にある，負の，激しく，比較的短い衝撃），周辺ストレッサー（ambient stressors：通常意識の背景にあって，変更することが難しく思われる，負の，慢性で，全体的な環境状況），日常的なごたごた（daily hassles：負の，切迫していない，繰り返されるストレッサー）を区別することができる[27]。

　2つの基本的なストレスモデルが優越している。一方は生理的反応を強調するのに対し，他方は心理的反応を強調する[28]。生理的側面においては，ストレス源が変化し

ても身体的な反応パターンは類似しているという汎適応症候群（general adaptation syndrome）について，セリエが初めて記述した。脳下垂体と腎臓付近の腺は，決まった順序でストレッサーに反応する。警告，次に抵抗，その次に多くの抵抗の累積的活動からくる極度の疲労。ストレスの心理的側面は，認知的評価——すなわち，状況の重大性を査定し，ストレッサーにうまく対処するわれわれの取り組み——の役割を強調する。それゆえ，ストレッサーの意味は，心理的ストレスにおける重要な要因である[29]。

　他の理論家たちは，刺激の意味をさらに強調する。われわれが行う環境の選択，建設，変更と破壊に伴う意味の付与は，環境とのやりとりの継続的な流れの中での，われわれが環境を形づくるプロセスの中にある。ある人によって，ある場所に与えられた個人的な意味は，われわれの環境経験にとって重要である[30]。

　その意味で，現象学（phenomenology）の見地から環境の意味は研究されてきた。現象学とは，特に定期的にある環境で時間を過ごす人たちを対象とし，その環境が実際に意味することを理解するという目標にいたるための，注意深い熟考の形式である。われわれがある環境に精通していくにつれ，われわれはその環境の意味を形成していく。この意味は，肯定的かもしれないし否定的かもしれない。他の人たちによって付与された意味に似ているかもしれないし，異なっているかもしれない。弱いかもしれないし，強いかもしれない。意味がない場所は，意味がある場所と異なった影響をわれわれに及ぼす。われわれは意味がない場所を，意味がある場所と違ったやり方で扱うのである。

コントロール理論

　環境心理学における第2の理論は，コントロールに焦点を合わせている。われわれはある刺激レベルに順応しており，時にはあまりに微小な刺激やあまりに多量の刺激に直面するかもしれない。しかし，そのこととは別に，明らかに考慮しなければならないことがある。それは，環境刺激に対して実際にわれわれがどの程度のコントロールを持っているか（あるいはどれくらい持っていると思うか，あるいは望むか）である。明らかに，やってくる刺激の量と種類に対して多くのコントロールを持っている人たちは，わずかなコントロールしか持たない人たちより，一般に安寧な状態にある。われわれは，家のような特定の環境においてはかなりのコントロールを持つが，交通渋滞のような環境ではほんの少ししか持たない。

　個人的なコントロール（personal control）の理論は，刺激パターンに影響を及ぼすことが可能か不可能かの効果を説明するために発展してきた[31]。たとえば，コントロールの欠如はしばしば，失った自由を取り戻す試みという心理的な抵抗（psychological reactance）に導く[32]。コントロールを取り戻すことが難しいとか不可能であると結論する人は，学習性無力感（learned helplessness）——どんな量の努力でも不快あ

●●第1章●●
環境心理学の本質と展望

るいは苦痛に満ちた状況を克服することに成功しないという信念――に陥るかもしれない[33]。日々の社会的なやりとりの中で，われわれは，パーソナルスペースやテリトリーのような，いくつかの境界線規制メカニズム（boundary regulation mechanisms）を通じて，個人的なコントロールを成し遂げようと試みる[34]。

行動セッティング理論

　3番目の主要な理論的定式化は，以前に述べたバーカーの生態学的心理学に基づいた概念，行動セッティングである[35,36]。行動セッティング理論の中心的信条は，プログラム（programs）と呼ばれる，行動の一貫した定型的なパターンが，多くの場所で見いだされるということである。もしあなたが理髪店，フットボールゲームあるいは食料品店に足を踏み入れたなら，特定の役割を持った人々によって規則的に実行され，繰り返される活動を見るだろう。たとえばすべてのフットボールゲームは，走り，パスし，得点するプレーヤーで構成される2チームと，反則を監視する審判と，声援したりブーイングしたりするファンといった特徴を持つ。

　もちろん人の行為にバリエーションは発生するが，伝統的な行動セッティング理論家は，参与者の心理的プロセスと個人差に，刺激とコントロールの理論家ほど注意を払わない。彼らが印象づけられるのは，与えられた役割に従事する人たちの行為の多様性よりも一様性であり，特に異なった役割に従事する人たちの行動と対比してのものである。たとえば，フットボールゲームにおける選手，審判，ファンにおける行動の相違を考えてみよう。行動セッティングの理論家たちは，主に規則，習慣，典型的活動のような環境の社会的特徴と物理的特徴によって，人と環境の関係を説明する傾向がある。

　行動セッティング理論において1つのキーとなる概念は，人員配置（staffing）の水準である[37]。所与の行動セッティングは，さまざまな理由で，その活動に参加しようとする，多数のもしくは少数の人々を惹きつけるかもしれない。あまりに多くの人がいるとき（そして行動セッティングが余分な人たちを除外する方法を見いだすことに失敗したとき），結果として人員過剰が生じる。あまりにも小数しか惹きつけられないとき，結果として人員不足が生じる。おそらくあなたは，人員過剰と人員不足の行動セッティングの例を，それぞれ想起することができるだろう。これらの環境において，何が人々にとっての帰結だったのだろうか？

　時宜を得て，アラン・ウィッカー（Allan Wicker）らは，行動セッティング概念を拡張した[38,39]。行動セッティングは静的な実体ではない。それらは生まれ，闘い，順応し，繁栄し，死ぬのである（Sewing Bee （訳注：掲示板を利用した意見交換の場）はほとんど絶滅しており，インターネットカフェに道を譲った！）。

13

全体理論

　理論家の4番目のグループは，日常的な人と環境の関係について，最大限の複雑さをとらえるモデルを捜してきた。私はこれらのアプローチを描写するために，全体理論（integral theories）という用語を使う。

　多分，環境心理学の最初期の明白な理論は，イジドア・チェイン（Isidor Chein）によって提案された[40]。彼は，それを地理行動的環境（geo-behavioral environment）の記述と呼んだ。ご存知のように，彼の提案が出版された1954年の時点では，環境心理学はまだ存在しなかった。チェインの全体的枠組みは，5つの主要な要素から成り立っている。

1．誘導刺激（instigators）：特定の行動を引き起こす環境刺激[41]。
2．目標対象とノキシエント（goal objects and noxients）：ニーズを満足させる，あるいは苦痛あるいは不快感を引き起こす状況。
3．援助と制約（supports and constraints）：われわれの行為を促進する（灯り，机，道路），あるいは制限する（フェンス，錠，人跡未踏の荒野）物理的環境の特徴。
4．指示刺激（directors）：われわれに，何をすべきか，あるいはどこに行くべきかを語りかける環境の特性。
5．包括的な環境（global environment）：一般化された環境の特徴（たとえば，北極圏は「不快である」，ジャングルが「じめじめしている」，そして高層ビルが「鉄とガラスから作られる」）。

　広くとらえれば，ある人の環境をチェインの5要素によって理解した人は，おそらく非常によくその人の行動を理解することが可能であろう。
　もう1つの，より単純な全体理論の形式が，相互作用論（interactionism）である（図1-3参照）。それは，人あるいは環境に人間行動の原因の大部分もしくはすべてを帰属させた決定論という，より古く，より単純な論からの前進を表現している。人と環境は別の実体であると考えられるが，それらは絶えず一連の相互作用に携わっている。
　トランスアクショナリズム（transactionalism）は，人と環境が，すべてを含んだ1つの実体の部分であることを強調する[42]。これは人と環境のいずれもが，他方の参照なしでは十分に定義できないこと，そして一方の活動が必ず他方に影響を及ぼすことを意味する[43]。われわれは環境に影響を与え，環境がわれわれに影響を及ぼす。有機体理論（organismic theories）は，相互に関連する複雑なシステムにおける，社会的，社会構造的，個人的な要因の動的な相互作用を強調する[44]。行動は，多くの起こり得る発展的な均衡，それは短期・長期双方の目標を持っている，および急速にあるいは

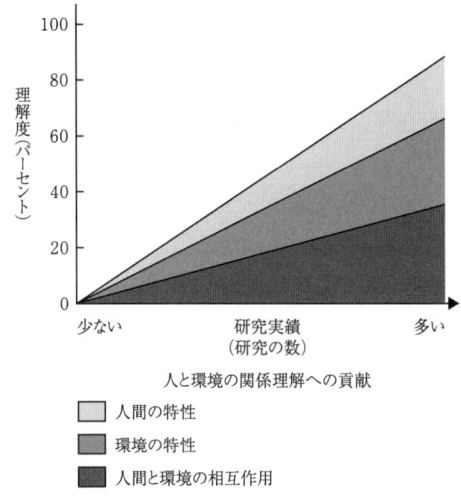

図1-3 人と環境のやりとりについての知識の発達
　一般に，（行動，認識，幸福のような）成果に対するわれわれの理解は，良質な科学的調査の数と共に増加する。最初は，人間についてのキーとなる情報によって説明される結果も，セッティングについてのキーとなる情報によって説明される結果もあろう。最終的に，いくつかの結果は，どのようなセッティングにどのような人間がいるかの知識に基づいた説明を必要とする。それが相互作用である。

序々に起こるであろう文脈上の変化の一部とみなされる[45]。これらの全体理論は，最も高度な，最も包括的な環境心理学者の夢を表している。それらはおそらく「それが実際にそうであるあり方」を記述する。とはいえ，それらの魅力的なテーマと現在の研究手法の現実の間にあるギャップは，継続的な課題である。全体理論を適切にテストすることができる手法は，まだ少数しか開発されていない。たいていの研究計画と統計的分析手法は，全体理論の最も単純な形式である相互作用論に適合させられている。人と環境が別に定義され，それぞれの影響（あわせて，それらの共同の影響も）が測定される。

オペラント・アプローチ

　5番目の理論的見地は，オペラント・アプローチ（operant approach）である[46]。このアプローチはスキナー（Burrhus F. Skinner）流の原理に基づいており，その目標は，ある環境問題の一因となっている個々人の行動を修正することである。問題となる特定の行動が識別され，人がよりいっそう有益な行動に携わるとき，適切な正の強化がもたらされる。オペラント・アプローチによって取り組まれた問題の主要例として，

リサイクリング，ゴミ排出および住宅のエネルギー浪費がある。

環境中心アプローチと生態心理学

　他より新しい6番目の理論的な方向性は，環境中心アプローチ（environment-centered approach）と呼べるかもしれない。これらの理論は，人々を無視することなく，環境の状態あるいは質に特別な注意を払う。そのようなアプローチの1つは，環境の有用性の観点と精神性の観点を対比する。環境は，生産性のような人間の目標を支援する道具とみなされるべきか，それとも重要な人間の価値感が養われ得る文脈とみなされるべきか？[47]　もう1つのアプローチは，人間中心の理論と対照されるもので，自然環境を維持し，節約し，援助することに重きを置くアプローチであり，緑の心理学（green psychology）あるいは生態心理学（ecopsychology）と呼ばれるアプローチである[48,49]。

　生態心理学の支持者は，しばしば生態学的な無意識，否認（訳注：現実を認めないことで不快な体験に対処すること），嗜癖（訳注：アルコールなどの嗜好性の強い物質を習慣的に服用すること），精神衛生に関して，人と地球の結びつきを考える[50]。生態心理学という用語は，1970年代と1980年代に地球環境問題とは関わらないさまざまな目的で使われたが，ここではまさしくその意味で使用することにしよう。この意味での英語での最初の使用は，1986年に，メキシコにおける心理学の発展のレビューの一部として生じたことは明白である[51]。1年後，地球は産業主義の重荷からの救出を必要としていると主張した歴史学教授，セオドア・ロザック（Theodore Roszak）によって書かれた本の中で，生態心理学は広まった[52]。彼は，地球のニーズと1人ひとりのニーズは連続体であり，どちらも関連し合っている原因で苦しんでおり，地球は，女神「ガイア」によって具現化された一種の生命体であると書いた。

　他の人たちがロザックのテーマを取り上げ，地球は神聖である[53]が，犠牲となっている[54]という見方をした。地球に対するこのダメージは，引き続いて人々に「心理的破壊」を引き起こすと考えられ[55]，今世紀における人間の苦しみの主な原因となるであろう[56]。この問題に対する解決には，世界の発展が遅れている地域の民族が表面上そうするように，荒野から，より持続可能な生活を送ることから，深層生態学（deep ecology）の考えを理解することを通じて，そしてカウンセリングあるいは自然経験を通じて，この惑星と関連する自己の新しい解釈を発展させることを通じて生ずる精神的なインスピレーションにより，生態学的な自己を発展させることが含まれる[57-59]。

　環境心理学者は，多くの人がいっそう環境的に責任ある生活を送ることができたということに同意するけれども，多くは生態心理学の非科学的なアプローチに不安を持つ。生態心理学の主張は魅力的であるが，その大部分は科学的アプローチによって評価することが難しい。ある環境心理学者の見方によれば，生態心理学は善意であるが，見当違いの準宗教的な運動である。

第1章
環境心理学の本質と展望

 しかしながら，生態心理学の基本的な態度を採用しつつ科学的な研究を行おうとする，実践的な研究の新しい流れがある。それはたとえば，住宅建設プロジェクトの中で自然を造園することは，いっそうの屋外エリアの使用と，いっそうの社会的相互作用を促進することに示された[60]。また，環境の積極行動主義のルーツが調べられた。それは子ども時代初期における，より多くの自然体験から始まるようであり，その人の家族の中にある手本は重要である[61]。精神的なインスピレーションとして自然を体験することは，荒野における全面的な没入と結びついた社会的対話によって促進されるかもしれない[62]。科学的な研究の多くは，自然とのさまざまな接触が健康を促進することを示唆する[63]。

 何人かの書き手たちによれば，生態心理学と環境心理学は，互いに有用な考えと技法を提供しあうことと，それに基づいた理解と変化のための強力な統合をつくり出すことが可能であるかもしれない[64]。けれども，この２つのアプローチの関係についての最も表現豊かと思われる議論において，ヨーゼフ・レゼール（Joseph Reser）はそれらが相容れないのではないかと心配する[65]。科学がない情熱は危険である。情熱が伴わない科学は的はずれである。

 まとめると：環境心理学での理論は活気に満ちており，多様で，そしていまだに発展し続けている。ある者たちは，刺激を強調する。順応水準アプローチは，われわれ１人ひとりが環境刺激のあるレベルに慣れるという仮定から始まる。過剰な，あるいは過小な刺激が日常的に発生することは，覚醒，過剰負荷，過小負荷とストレス理論の中心的課題であり，それは広範囲の行動と経験が影響を受けることを予測する。２番目のタイプの理論は，人が実際に持つ，あるいは知覚している，あるいは欲している，刺激に対するコントロールの重要性を強調するものであり，個人的なコントロール，抵抗，学習性無力感，境界線規制理論といったものである。３番目に，生態学的心理学のアプローチは，行動セッティングという，人と環境行動の日常的パターンを構成する，自然に生起する小規模の社会的物理的単位の重要性を強調する。４番目に，相互作用論，トランスアクショナリズム，有機体理論のような全体的アプローチは，人と環境の全体的で複雑な相互関係を記述しようと試みる。５番目に，オペラント・アプローチは，抽象的な原則を軽視し，行動変更技法を用いた直接的な問題解決アプローチを採用する。６番目に，緑の心理学と生態心理学のような環境中心の理論は，環境自身の福利と，それがわれわれの快適な生活を支える能力の問題を取り上げる。

環境心理学の研究手法

 環境心理学者は，研究上さまざまな手法を使う。各々の手法は，それが主に使われるトピックを扱っている章で，最もよく記述されると私は信じている。したがって，この節では研究手法の詳細な吟味は行わない。けれども研究方法は重要であるから，

それらの記述と評価はこの本を通じて見いだせる。環境研究手法の多くの細々したことを学ぶことに熱心な人々のために，本全体がこの題目にあてられることもあった[66,67]。私は主に，私が最も重要であると考える研究手法に関わるいくつかの点に，私の所見を限定するであろう。

1．環境心理学は多数のパラダイム（multiple paradigm）から成る分野である[68]。これは，異なった研究者たちが，異なった手法（method）のみならず，科学の異なった哲学に基づいて，完全に異なった種類の技法（technique）を採用するかもしれないことを意味する。研究手法は，それらの手続きだけではなく，まさにそれらを使う調査者の信念と価値で変化する。1つの例は，オペラント・アプローチの強化方略と，場所の意味を調査する現象学者の経験的な方略の間にある著しい対照であろう。パラダイムは対立する必要はない。それらは，その分野の代替的，補足的なビジョンを表すかもしれないし，同じ現象の異なったレベルの分析における見解を表すかもしれない。パラダイムという単語は，また，研究手法より広いものを意味する。それは，分野全体が何であるかについての全体的な見解である。たとえば，環境心理学は3つの広汎なパラダイムから成り立っているという見解がある[69]。順応パラダイム（adaptation paradigm）は，生物的・心理的な生き残りをキー・プロセスと見る。ストレスに対処すること，知覚，認識，われわれの環境の評価，そのすべての目的はわれわれの生き残りを援助することを目的としたプロセスとして見られるであろう。機会構造パラダイム（opportunity structure paradigm）は，われわれが積極的に目標を充足する場として環境をとらえ，環境の脅威と要求に反応するというのとは正反対のものとしてとらえている。われわれは，われわれが持っているどんな目的であっても，それを成し遂げるために計画を立てて環境を使う，あるいは少なくともそうしようとする。社会文化的パラダイム（sociocultural paradigm）は，環境心理学が他の文脈および学問分野に包含されているという認識である。歴史，文化，経済，社会学の影響は，われわれが人と環境の関係を理解しようと努めるとき，無視することができない。

　環境心理学者は，一般に知識を得る多数の手法とアプローチの使用を擁護する。彼らは，それぞれの手法が強さと弱さを持っていることを認識している。研究者は，1つの研究にすべての手法を含めることはできない。それで，1つの研究の調査結果は，通常，強固な結論を引き出す前の，他の研究の調査結果と統合されるであろう，知識の一かけらとして扱われなくてはならない。

　1つの研究は1つかそれ以上の限界を持つ可能性が高いので，その研究から強力な結論を引き出すことに対して，研究者は非常に辛抱強く，用心深くなくてはならない。信頼できる研究者は，彼ら自身と他の人たちによる一連の研究の中で，結果のパターンを捜し求める。多様な手法，多様なパラダイム，多様な研究が，理解の

第 1 章
環境心理学の本質と展望

ために必要である。

　他方，古い手法だけでは，いかんともし難いであろう。一旦，疑問が特定されたならば，そして明確な疑問あるいは仮説を持つことが決定的であるならば，いくつかの研究手法は他のものよりずっとよい選択になる。しかしながら，最もよい手法を選ぶために，研究者は多くの可能性に気づかねばならない。最もよい手法について一度も耳にしたことがないなら，それを選ぶことはできないのである。

2．環境心理学者によって採用されたいくつかの手法は，自然主義的な観察と記述，インタビュー，評価尺度，実験室実験とビデオテープのようなハードウェアといった，極めて標準的な社会科学の技法である。パーソナルスペース，認知地図，建物間の移動などを研究するいくつかの方法を含んだその他の手法は，環境心理学に特有のものである。

3．環境心理学の中心的な関心は外的妥当性（external validity），つまり，日常世界のような，研究結果が得られた環境を越えた文脈に適合する程度である。この関心は，実験室研究に対する広い疑念を導いた。研究室で起こることが日常の環境で起こるということについて，われわれはどれくらい確信できるだろうか？　しかしながら，ある種の研究（特に，1つの理論を決定的に検証するという特定の目的を持った研究）は，実験室でなされるのがもっともよいということを覚えておくのは重要である。

　この外的妥当性についての関心は，自然にフィールド研究（field studies）を行う傾向を導く。フィールド研究は，まさしく結果が適用される環境，あるいはできるだけ類似した環境で行われる。もちろん，ある種の研究は，その結果を適用する環境では行うことができない。たとえば，提案されたオフィスビルで働くであろう従業員のパフォーマンス，あるいは満足に関する研究は不可能である。もし，ビルが建てられるまで研究を待つとすれば，ビルのデザインに結果を使用するには遅すぎる。1つの解決法は，それが建設される前に建物をシミュレートすることである。洗練された施設が，オフィス（アーバイン，カリフォルニア），地方の風景（バークレー，カリフォルニア），住宅（ローザンヌ，スイス）をシミュレートするために建てられた。

　フィールド研究は通常，理論の批判的なテストを提供することや，当該環境における出来事の因果の性質について結論することができない。これは，実際の環境では，調査者が関心のある以外にも多くの影響要因が作用していて，結果に影響を与えるであろうと考えられるからである。研究の理想的な一断片は，フィールド実験（field experiment）である。このような研究は，興味の対象である実際の環境で行われるが，調査者は被験者を異なった条件にランダムに割り当てることが可能であり，行動や満足に関わるすべての主要な独立変数，あるいは推定された影響要因を制御することができる。実際のフィールド実験において，研究者は自動的に外的妥

当性を主張することができる。なぜなら調査が行われるのは，まさに彼らの発見を一般化する環境なのであり，そこでは他の影響がランダム割り当てと科学的手法の他の特徴によって制御されていたのだから，彼らは因果関係の結論を引き出すことができるのである。残念なことだが，あなたが推測したかもしれないように，フィールド実験を行う機会は非常にまれである。それでわれわれは，しばしば実験室実験あるいはフィールド研究で間に合わせなくてはならない。
4．環境心理学は，行動が多くの影響要因の支配下にあるという考えを受け入れる（図1-4参照）。フィールド研究は，人に対する環境の全体の効果を明らかにすることが多いが，その効果を生み出す環境の特定の側面を照らし出すわけではない。研究者の目的が，行動の特定の原因を分離すること，正確な方法で理論をテストすること——どちらかというと実践より行動の原理——であるなら，実験室が必要だ

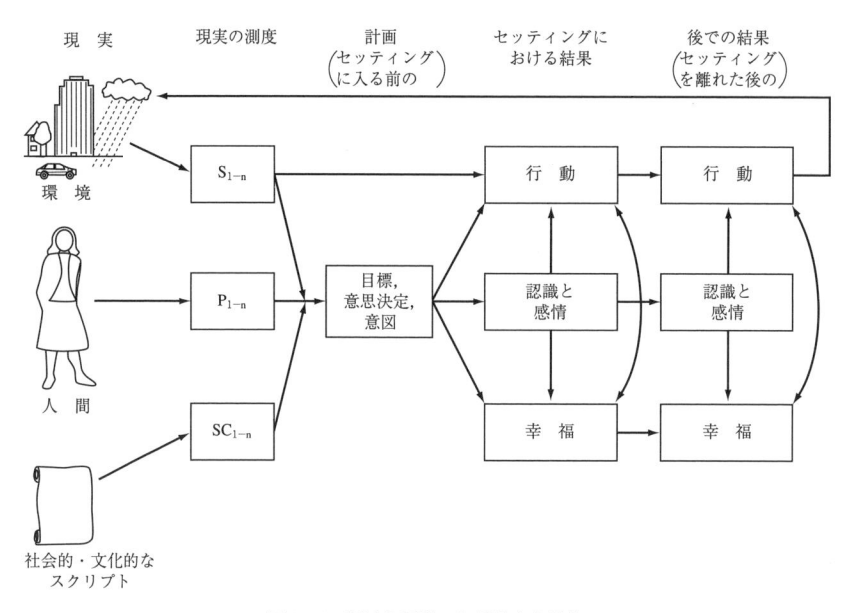

図1-4 環境心理学の包括的な全体像

政治的，経済的，歴史的な要因（ここには示されていない）を背景とし，人間は環境に入る。その人とその環境についての結果は，部分的に社会的，文化的な規範によって決定される。環境に入りつつある人のプランは，その人自身の才能，気質や過去の経験と同様，（どんなものであっても！）これらの規範を反映する。いったん当該環境に入ったならば，（意識するしないにかかわらず）その環境とやりとりしながら，人は考え，感じ，そして行動する。これらのやりとりは人間と環境の両方に，しばしば重要な結果をもたらす。ある時は即座に，ある時は遅れて。大部分の環境心理学者にとっての目標は2つで，それらのやりとりを理解し，人と環境の両方に対する結果を改善することである。このチャートは，環境心理学の本質である。

第 1 章
環境心理学の本質と展望

ろう。
　人工的であるが正確な実験室と，現実的であるが不正確な日常環境の間に，妥協として種々の準実験的なデザイン（quasi-experimental designs）が存在する。実際の実験の必要条件には，条件への被験者のランダム割り当てと，行動や思考に影響すると仮定された条件もしくは変数の実験者制御がある。準実験的なデザインは，たとえば，実際の教室を使うけれども実験者が教室にランダムに生徒を割り当てることが不可能であるという限界を受け入れるかもしれない。あるいは，攻撃性についての屋外の暑さの研究で，調査者がその日の気温を制御することはできないけれども，暴力的な行為の割合が暑い日と普通の日とで比較されるかもしれない。要するに，準実験的デザインは正当な実験のデザインと類似しているが，それでもなお正当な実験のいくつかの基準を満たすことができない。

　まとめると；環境心理学者は，人と環境のやりとりが多くの異なった要因に影響を受けるということを認識し，受け入れた。それは，多様な研究パラダイムを導いてきた。広く多様な研究手法——いくつかの社会科学において標準的なもの，そしてその他の特に環境心理学で考案されたもの——が採用される。日常世界で研究を遂行することについての強い嗜好は，フィールド研究が一般的であることを意味する。時には実験室とシミュレートされた環境が必要とされるが，これらはフィールド研究が可能でないときに，主として使われる。正当な実験は，時どき可能である。そして，研究者が特定の原因と効果を分離しようと努めるとき，それらは望ましい。準実験的な研究デザインは，よりいっそう一般的である。

環境心理学の現在

　1970年代初頭に，環境保護の最初の大規模な潮流に乗って，環境心理学は生まれた。しかし，政治的勢力としての環境保護運動は，その初期の素朴な熱意と支持のいくらかを1980年代に失い，環境心理学は流行かぶれの人々の離反によって少々苦しんだ。学界と大組織の成長は，社会の多くの部門に影響を与える一般的な資金供給問題に，いくぶん覆われることとなった。しかしながら，1980年代は，1981年に主要な新しい国際研究誌"Journal of Environmental Psychology"，1987年に「環境心理学ハンドブック（Handbook of Environmental Psychology）」の出版（2002年に新しい版となった）を見ることとなった。
　1990年代には，環境保護運動が再び強まり，環境心理学における研究の成長は増した。私は心理学コンピュータ・データベースを検索して，環境の問題や態度と関係がある論文の絶対数と割合が，1988年と1989年のどん底から1990年代に倍増したことを発見した。大衆も同じく環境心理学に対する興味をますます示している。あなたがこ

の課程をとっていることだけを誰かに伝えて，反応をチェックしてご覧なさい。

調査の3つのレベル

　環境心理学は，分析の3つのレベルにおいて研究される。最も基礎的なレベルは，知覚，認識，パーソナリティのような，一人ひとりの環境経験を濾過して組み立てる，基本的な心理プロセスの研究である。次に，空間に対するわれわれの社会的管理についての研究，対人距離（あるいはパーソナルスペース），テリトリー，クラウディングとプライバシーなどがくる。第3に，環境心理学者は，労働，学習，家やコミュニティにおける日々の生活，自然とわれわれの関係のような，日常生活において一般的であるが複雑な物理的環境の側面に傾注する。たぶん，環境心理学での最も重要なトピックは，構築環境のよりよいデザインと，われわれが環境資源を管理する方法（エネルギー節約，リサイクル，天然資源の採集）の改良に寄与することである（図1-5参照）。

　環境心理学の仕事全体は，専門家にさえ理解することが難しい。この本は，2,700の論文と本に基づいている。それでもなおかつ，これは環境心理学について発表されたすべての仕事の中のほんのわずかにすぎない。2,700の研究さえ，環境心理学者が解こうとしている理論的な課題と実務的な問題への最終的な回答を提供しない。後続のページに，料理の本のような，多くの単純な結論が続くことを期待してはいけない。その代わりに，観点と研究成果の多様性を楽しんでほしい。周知の領域についてのわれわれの知識と同じ程度に，未知の領域の覆いを多くの研究が引き剥がしたとき，今はまだ環境心理学の草創期だということになる。

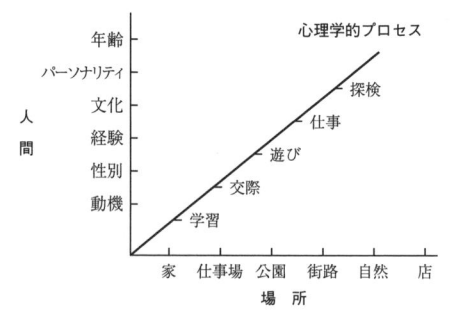

図1-5　環境心理学の3つの次元
　　人間，プロセス，場所。人間のすべての活動は，この3次元空間で生じる。

国際的な広がり

その最初の微動から数えると，環境心理学はいくつかの先進国で70年あるいは80年が経つ。ドイツで，ヘルパッハ（Willey Hellpach）は1920年代に概念を探究した[70]。1930年代にイギリスの住居照明が研究されたが[71]，それ以前にも，1919年までにブリキ工に対する暑さの効果が調べられている[72]。

日本では，和辻哲郎（Tetsuro Watsuji）が1930年代を通して環境と行動の関係を考察し，それ以後，建築心理学に関する初期の本から始まる，強い運動が展開された[73-75]。行動を例証する日本の研究には，宗教的な神社のデザインが巡礼者の感情にどう影響するのか[76]，地震のような災害に対する行動的反応の調査が含まれる[77]。

カナダでは，限定された環境刺激の効果が，1950年代にマックギル大学実験室で最初に調査された[78]。パーソナルスペースに関する最初の研究，および環境心理学の建築物設計への最初の明確な使用は，1950年代後半にサスカチェワンで起こった[79]。

スウェーデンは長い間，建築の視知覚に対して特に重点を置くことで，環境心理学の最前線にあった[80-82]。生態学的な関心が，空気汚染と騒音公害についての多くの研究に拍車をかけた[83,84]。寒い屋外環境が，質の高い室内環境をつくることや[85]，環境の真の意味を理解することに向けられた多くの研究を生み出した[86,87]。オランダは，特に輸送とエネルギー問題を扱った研究の非常に強い発信源であった[88]。

環境心理学の研究は，東ヨーロッパ，特に大量住宅と近隣のデザインおよび改善に力点を置くエストニアで拡大している[89]。1981年，1983年，1985年の一連の地域全体会議が，東ヨーロッパにおける学問としての環境心理を確立するのに役立った。

他の国では，環境心理学はいっそうゆっくりと発展してきた。にもかかわらず，研究者の小さいが熱心な集団が，イスラエル[90]，フランス[91]，オーストラリア[92]，トルコ[93]，ベネズエラ[94]，イタリア[95]，メキシコ[96,97]，ラテンアメリカの他の国[98]，サウジアラビア[99]，南アフリカ[100]そしてフィンランド[101]に存在する。近年，定期的な国際会議が，環境心理学の世界的なコミュニティを結合するのを手助けした。

宇宙および極限環境

環境心理学者は，地球表面の上と下，そのてっぺんと底，そしてあらゆる種類の極限環境でも仕事をしている[102]。環境心理学者は，潜水艦の乗組員が水の中の滞在中に彼ら自身を適応させる能力を研究し，宇宙ステーションでの生活と労働の場のデザイン[103,104]，あらゆる種類のカプセル[105]を調査し，北極圏と南極圏での環境と行動のやりとり[106]を調査した（図1-6参照）。

まとめると：環境心理学は海の中や地球の上方と同様に，多くの国で根を張っている。ある程度，それぞれの国が明確な環境問題と哲学を持っているから，この分野はそれぞれの

図1-6 環境心理学者は，地球上と同様，大気圏外（上方）や海中（下方）の環境も調査した。

国の中でユニークな性格を持っている。いっそう頻繁になっている国際会議と著名な学術雑誌における観点の交換によって，環境心理学者間の結びつきは増え続けてきた。

将来の見通し

環境心理学は若くて活気がある分野である。いっそう現実的な心理学を求める叫び声が聞かれるにつれて，ますます影響力を持つであろう。ある観察者たちは，心理学全体の未来の青写真としてそれを見さえする[107]。すでに環境心理学の観点の影響の兆候が，心理学の他の多くの領域で見られるであろう。その影響が広がるにつれ，ある執筆者たちが環境心理学自身のアイデンティティを失うことを心配している[108]一方，別の執筆者たちにとっては，心理科学における絶対的に根本的な問題，環境内人間を扱う分野であるから，そのようなことは起きないことは確かである[109]。発達心理学や認知心理学のような他の領域を押しやりつつある妥当性の革命におけるリーダーとして，環境心理学が記述されてきた[110]。しかしながら，同様に4つの手ごわい挑戦が待ち受けている。

第1章
環境心理学の本質と展望

1．研究を実践に変換すること

　研究を実践に変換することは，この分野の始まりのときから認識されてきた困難である。この本で，多くの成功した応用例が記述される。にもかかわらず，それぞれの新しいプロジェクトには，それ自身に特有な，克服すべき障害が浮かび上がってきているように思われる。ある人たちは，この分野がより大きい影響を持つためには，さらに政治的にならなければならないだろうと考える[111]。

2．より適切な研究手法を見つけること

　環境心理学は，コンテクスチュアリズム，あるいは以前記述した全体的なアプローチの提唱という面において，十分発展してきた。けれどもだいたいにおいて，コンテクスチュアリズムの複雑さを十分に表現できる研究手法は，まだ開発されていない[112]。

3．より一貫した中核をつくり上げること[113]

　調査分野が，互いに結びつけられないトピックの単なる寄せ集めであるとき，それらは他の分野の中に埋没して，そして姿を消すであろう。今や，環境心理学の全体性と特殊性を示す見地が現れているが，さらに多くが必要とされる。その境界は，いまだに成長し，変化している。環境心理学が進展しつつあるとしても，環境心理学の自然な一貫性を明らかにすること，それがこの本の主要な目標である。

4．理論をさらに統合し，展開すること

　理論的な多様性は，刺激的で生産的であるが，さらなる理論の統合と発展が必要である。もっと多くの努力，たとえば，環境心理学と精神物理学[114]，あるいは行動セッティング理論とオペラント・アプローチ[115]の関係を探究した思索家たちのような努力が必要とされている。この目標は3番目の挑戦と関係がある。合意された中心的な核の発展は，いっそう包括的な理論の進展に部分的に依存する。

要　約

　環境心理学は心理学の比較的新しい領域であるが，それは学問の歴史に深く根ざしている。それは人と環境のやりとりについての理解を目的としている。環境心理学者は，物理的環境の問題を解決する。主に科学的な原則の確立に向けて作業する者もあれば，主に人間の環境を改善するために作業する者もあるけれども，補完的な性質の異なったパラダイムが使用され，それらは観照的であったり，実験的であったり，諮問的であったりする。

　環境心理学の様相は，国や地域の関心事によって世界中で変化するが，人と環境の関係を理解して改善することにおいては，根本的なコミットメントを有する。環境心理学は，心理学を日々の生活にいっそう関係づけるための，全般的な活動の最前線に

あるといえる。知識を実践に変える方法を見つけ，よりよく目標を達成できる方法を考案し，その中核を形成する構成要素についてのより大きなコンセンサスにいたり，そして中核部分を反映・包含する，より包括的な理論を発展させるために，現在も挑戦は続いている。しかしながら，この分野には活気があり，これらの挑戦は相交わるものであろう。

【引用文献】
1. Chien, I. (1954). The environment as a determinant of behavior. *Journal of Social Psychology*, **39**, 115-127.
2. Brunswik, E. (1943). Organismic achievement and environmental probability. *Psychological Review*, **50**, 255-272.
3. Lewin, K. (1943). Defining the field at a given time. *Psychological Review*, **50**, 292-310.
4. 1. 参照
5. Barker, R. G., & Wright, H. (1955). *Midwest and its children*. New York: Row and Peterson.
6. This weeks' citation classic. (1980). *Current Contents*, **12**(26), 10.
7. Morgan, J. J. (1916). The overcoming of distraction and other resistances. *Archives of Psychology*, No. 35, **24**(4), 184.
8. Vernon, H. M. (1919). *The influence of hours of work and of ventilation on output in tinplate manufacture*.
9. Griffith, C. R. (1921). A comment upon the psychology of the audience. *Psychological Monographs*, **30**(136), 36-47.
10. Snow, C. E. (1927). Research on industrial illumination. *The Tech Engineering News*, **8**, 257-282.
11. Maslow, A. H., & Mintz, N. L. (1956). Effects of esthetic surroundings: Initial effects of three esthetic conditions upon perceiving "energy" and "well-being" in faces. *Journal of Psychology*, **41**, 247-254.
12. Sommer, R. (1969). *Personal space: The behavioral basis of design*. Englewood Cliffs, NJ: Prentice Hall.
13. Osmond, H. (1957). Function as the basis of psychiatric ward design. *Mental Hospitals* (Architectural Supplement), **8**, 23-30.
14. Sommer, R. (1959). Studies in personal space. *Sociometry*, **22**, 247-260.
15. Ittelson, W. H., Proshansky, H. M., & Rivlin, L. (1970). The environmental psychology of the psychiatric ward. In H. M. Proshansky, L. G. Rivlin, & W. H. Ittelson (Eds.), *Environmental psychology: Man and his physical setting*. New York: Holt, Rinehart, and Winston.
16. Wohlwill, J. F. (1966). The physical environment: A problem for a psychology of stimulation. *Journal of Social Issues*, **22**(4), 29-38.
17. Helson, H. (1964). *Adaptation-level theory*. New York: Harper and Row.
18. Berlyne, D. E. (1960). *Conflict, arousal and curiosity*. New York: McGraw-Hill.
19. Mehrabian, A., & Russell, J. A. (1974). *An approach to environmental psychology*. Cambridge, MA: MIT Press.
20. Cohen, S. (1978). Environmental load and the allocation of attention. In A. Baum, J. E. Singer, & S. Valins (Eds.), *Advances in environmental psychology* (Vol. 1). Hillsdale, NJ: Erlbaum.
21. Milgram, S. (1970). The experience of living in cities. *Science*, **167**, 1461-1468.
22. Suedfeld, P. (1980). *Restricted environmental stimulation: Research and clinical applications*. New York: Wiley.
23. Suedfeld, P., Landon, P. B., & Ballard, E. J. (1983). Effects of reduced stimulation on divergent and convergent thinking. *Environment and Behavior*, **15**, 727-738.
24. Selye, H. (1976). *Stress in health and disease*. Wobern, MA: Butterworth.
25. Stokols, D. (1979). A congruence analysis of human stress. In I. Sarason & C. Spielberger (Eds.), *Stress and anxiety*. Washington, DC: Hemisphere Press.
26. Evans, G. W. (1999). Measurement of the physical environment as stressor. In Friedman, S. L. & Wachs, T. D. (Eds.), *Measuring environment across the life span: Emerging methods and concepts*. Washington, DC: American Psychological Association.
27. Campbell, J. M. (1983). Ambient stressors. *Environment and Behavior*, **15**, 355-380.
28. Evans, G. W. (Ed.) (1982). *Environmental stress*. New York: Cambridge University Press.
29. Lazarus, R. (1966). *Psychological stress and the coping process*. New York: McGraw-Hill.
30. Buttimer, A., & Seamon, D. (Eds.) (1989). *The human experience of space and place*. London: Croom

●●第 1 章●●
環境心理学の本質と展望

Helm.
31. Barnes, R. D. (1981). Perceived freedom and control in the built environment. In J. H. Harvey (Ed.), *Cognition, social behavior and the environment*. Hillsdale, NJ: Erlbaum.
32. Brehm, J. W. (1966). *A theory of psychological reactance*. New York: Academic Press.
33. Seligman, M. E. P. (1975). *Helplessness*. San Francisco: Freeman.
34. Altman, I. (1975). *The environment and social behavior: Privacy, personal space, territoriality and crowding*. Monterey, CA: Brooks/Cole.
35. Barker, R. G. (1968). *Ecological psychology: Concepts and methods for studying the environment of human behavior*. Stanford, CA: Stanford University Press.
36. Wicker, A. W. (1979). *An introduction to ecological psychology*. Monterey, CA: Brooks/Cole.
37. 36. 参照
38. Wicker, A. W. (1987). Behavior settings reconsidered: Temporal stages, resources, internal dynamics, context. In D. Stokols & I. Altman (Eds.), *Handbook of environmental psychology*. New York: Wiley.
39. Georgiou, D., Carspecken, P. F., & Willems, E. P. (1996). An expansion of Roger Barker's behavior setting survey for an ethno-ecological approach to person-environment interactions. *Journal of environmental Psychology*, 16, 319-333.
40. 1. 参照
41. de Rivera, J. (1986). The "objective-behavioral" environment of Isidor Chein: In memory of a humanistic scientist. *Environment and Behavior*, 18, 95-108.
42. Stokols, D., & Shumaker, S. A. (1981). People in places: A transactional view of settings. In J. H. Harvey (Ed.), *Cognition, social behavior and the environment*. Hillsdale, NJ: Erlbaum.
43. Altman, I., & Rogoff, B. (1987). World views in psychology and environmental psychology: Trait, interactional, organismic and transactional perspectives. In I. Altman & D. Stokols (Eds.), *Handbook of environmental psychology*. New York: Wiley.
44. Wapner, S. (1981). Transactions of persons-in-environments: Some critical transitions. *Journal of Environmental Psychology*, 1, 223-239.
45. Clitheroe, H. C., Jr., Stokols, D., & Zmuidzinas, M. (1998). Conceptualizing the context of environment and behavior. *Journal of Environmental Psychology*, 18, 103-112.
46. Geller, E. S. (1987). Environmental psychology and applied behavior analysis: From strange bedfellows to a productive marriage. In D. Stokols & I. Altman (Eds.), *Handbook of environmental psychology*. New York: Wiley.
47. Stokols, D. (1990). Instrumental and spiritual views of people-environment relations. *American Psychologist*, 45, 641-646.
48. Demick, J., & Wapner, S. (1990). Role of psychological science in promoting environmental quality. *American Psychologist*, 45, 631-632.
49. Strathman, A., Baker, S., & Kost, K. (1991). Distinguishing the psychologies of the sociophysical and the natural environment. *American Psychologist*, 46, 164-165.
50. Reser, J. P. (1995). Whither environmental psychology? The transpersonal ecopsychology crossroads. *Journal of Environmental Psychology*, 15, 1-23.
51. De Weiss, S. P., & Diaz-Loving, R. (1986). Applied psychology in Mexico. *Applied Psychology: An International Review*, 35, 577-598.
52. Roszak, T. (1992). *The voice of the earth*. New York: Simon and Schuster.
53. Becker, C. B. (1999). Ethics for the coming century. In C. B. Becker (Ed.), *Asian and Jungian Views of Ethics* (pp. 113-134). Westport: Greenwood Press/Greenwood.
54. Cock, P. (1996). Toward an ecopsychology for sustainable development. In S. C. Carr & J. F. Schumaker (Eds.), *Psychology and the Developing World* (pp. 191-198). Westport: Praeger Publishers/Greenwood.
55. Petri, H. (1991). Zur psychoanalyse der vergifteten kindheit./Psychoanalysis of poisoned childhood. *Psychotherapie Psychosomatik Medizinische Psychologie*, 41, 155-165.
56. Howard, G. S. (1997). Ecological psychology: *Creating a more earth-friendly human nature*. Notre Dame: University of Notre Dame Press.
57. Frederickson, L. M., & Anderson, D. H. (1999). A qualitative exploration of the wilderness experience as a source of spiritual inspiration. *Journal of Environmental Studies*, 19, 21-39.
58. Cock, P. (1996). Toward an ecopsychology for sustainable development, In S. C. Carr & J. F. Schumaker (Eds.), *Psychology and the developing world* (pp. 191-198). Westport: Praeger Publishers/Greenwood.

59. Bragg, E. A. (1996). Towards ecological self: Deep ecology meets constructionalist self-theory. *Journal of Environmental Psychology*, **16**, 93-108.
60. Coley, R. L., Kuo, F. E., & Sullivan, W. C. (1997). Where does community grow? The social context created by nature in urban public housing. *Environment and Behavior*, **29**, 468-494.
61. Horwitz, W. A. (1996). Developmental origins of environmental ethics: The life experiences of activists. *Ethics and Behavior*, **6**, 29-54.
62. Frederickson, L. M., & Anderson, D. H. (1999). A qualitative exploration of the wilderness experience as a source of spiritual inspiration. *Journal of Environmental Studies*, **19**, 21-39.
63. Frumkin, H. (2001). Beyond toxicity: Human health and the environment. *American Journal of Preventive Medicine*, **20**, 234-240.
64. Bragg, E. A. (1996). Towards ecological self: Deep ecology meets constructionalist self-theory. *Journal of Environmental Psychology*, **16**, 93-108.
65. 50. 参照
66. Zeisel, J. (1981). *Inquiry by design: Tools for environment-behavior research*. Monterey, CA: Brooks/Cole.
67. Bechtel, R. B., Marans, R. W., & Michelson, W. (1987). *Methods in environmental and behavioral research*. New York: Van Nostrand.
68. Craik, K. H. (1977). Multiple scientific paradigms in environmental psychology. *International Journal of Psychology*, **12**, 147-157.
69. Saegert, S., & Winkel, G. H. (1990). Environmental psychology. *Annual Review of Psychology*, **41**, 441-447.
70. Fuhrer, U. (1983). Oekopsychologie: Some general implications from a particular literature. *Journal of Environmental Psychology*, **3**, 239-252.
71. Chapman, D., & Thomas, G. (1944). Lighting in dwellings. In *The lighting of buildings* (Post war building studies, No. 12). London: HMSO.
72. 8. 参照
73. Yamamoto, T. (1984). *Current trends in Japanese psychology*. Paper presented at the annual meetings of the American Psychological Association, Toronto, August.
74. Inui, M. (1982). Environmental psychology in Japan. *Journal of Environmental Psychology*, **2**, 313-321.
75. Kobayashi, S. (1961). *An introduction to architectural psychology*. Tokyo: Shokokusha Publishing.
76. Funabashi, T., Shimizu, M., & Sekida, H. (1978). A study on approach space to shrines. *Proceedings of the Annual Convention of the Architectural Institute of Japan*, 1713-1714.
77. Abe, K. (1982). *Introduction to disaster psychology*. Tokyo: Science Publishing.
78. Heron, W., Doane, B. K., & Scott, T. H. (1956). Visual disturbances after prolonged perceptual isolation. *Canadian Journal of Psychology*, **10**, 13-18.
79. Sommer, R., & Ross, H. (1958). Social interaction on a geriatrics ward. *International Journal of Social Psychiatry*, **4**, 128-133.
80. Garling, T. (1982). Swedish environmental psychology. *Journal of Environmental Psychology*, **2**, 233-251.
81. Garling, T. (1969). Studies in visual perception of architectural spaces and rooms. *Scandinavian Journal of Psychology*, **10**, 250-256.
82. Hesselgren, S. (1967). *The language of architecture*. Lund: Studentlitteratur.
83. Berglund, B., Berglund, U., & Lindvall, T. (1976). Psychological processing of odor mixtures. *Psychological Review*, **83**, 432-441.
84. Berglund, B., Berglund, U., & Lindvall, T. (1976). Scaling loudness, noisiness, and annoyance of community noises. *Journal of Acoustical Society of America*, **60**, 1119-1125.
85. Wyon, P., Lofberg, H. A., & Lofstedt, B. (1975). Environmental research at the climate laboratory of the National Swedish Institute of Building Research. *Man-Environment Systems*, **5**, 107-200.
86. Acking, C. A., & Sorte, G. (1973). How do we verbalize what we see? *Landscape Architecture*, **64**, 470-475.
87. Kuller, R. (1972). *A semantic model for describing perceived environment* (sic). Unpublished doctoral dissertation, Lund Institute of Technology, Lund, Sweden.
88. Kremer, A., & Stringer, M. (1987). Environmental psychology in the Netherlands. In D. Stokols & I. Altman (Eds.), *Handbook of environmental psychology*. New York: Wiley.
89. Niit, T., Kruusval, J., & Heidmets, M. (1981). Environmental psychology in the Soviet Union. *Journal of Environmental Psychology*, **1**, 157-177.
90. Churchman, A. (1984). *Environmental psychology in Israel*. Paper presented at a symposium on "Inter-

national Developments in Environmental Psychology," annual meetings of the American Psychological Association, Toronto, August.
91. Jodelet, D. (1987). Environmental psychology in France. In D. Stokols & I. Altman (Eds.), *Handbook of environmental psychology*. New York: Wiley.
92. Thorne, R., & Hall, R. (1987). Environmental psychology in Australia. In D. Stokols & I. Altman (Eds.), *Handbook pf environmental psychology*. New York: Wiley.
93. Pamir, S. H. (1981). An overview of Turkish research and education in environmental social science. *Journal of Environmental Psychology*, 1, 315-328.
94. Sanchez, E., Wiesenfeld, E., & Cronick, K. (1983). Environmental psychology in Venezuela. *Journal of Environmental Psychology*, 3, 161-172.
95. Perussia, F. (1983). A critical approach to environmental psychology in Italy. *Journal of Environmental Psychology*, 3, 263-277.
96. Diaz-Guerrero, R. (1984). Contemporary psychology in Mexico. *Annual Review of Psychology*, 35, 83-112.
97. Montero-Y-Lopez, M. (1997). Scientific productivity in environmental psychology in Mexico: A bibliometric analysis. *Environment and Behavior*, 29, 169-197.
98. Corral-Verdugo, V. (1997). Environmental psychology in Latin America: Efforts in critical situations. *Environment and Behavior*, 29, 163-168.
99. Al-Soliman, T. M. (1991). Societal values and their effect on the built environment in Saudi Arabia: A recent account. *Journal of Architectural and Planning Research*, 8, 235-254.
100. van Staden, F. J. (1987). A decade of environmental psychology in South Africa. *South African Journal of Psychology*, 17, 72-75.
101. Setala, M., & Syvaneen, M. (1988). Environmental psychology in Finland. *Journal of Environmental Psychology*, 8, 315-323.
102. Suedfeld, P. (1990). Groups in isolation and confinement: Environments and experiences. In A. H. Harrison, Y. A. Clearwater, & C. P. McKay (Eds.), *From Antarctica to outer space: Life in isolation and confinement*. New York: Springer-Verlag.
103. Clearwater, Y. (1985). A human place in outer space. *Psychology Today*, 19(7), 34-43.
104. Harrison, A. A., Struthers, N. J., & Putz, B. J. (1991). Mission destination, mission duration, gender, and student perceptions of space habitat acceptability. *Environment and Behavior*, 23, 221-232.
105. Suedfeld, P., & Steel, G. D. (2000). The environmental psychology of capsule habitats. *Annual Review of Psychology*, 51, 227-253.
106. Rothblum, E. D. (1990). Psychological factors in the Antarctic. *Journal of Psychology*, 124, 253-273.
107. Ellis, P. (1980). Review of Designing for therapeutic environments. *Bulletin of the British Psychological Society*, 33, 325-326.
108. Stokols, D. (1995). The paradox of environmental psychology. *American Psychologist*, 50, 821-837.
109. Craik, K. H. (1996). Environmental psychology: A core field within psychological science. *American Psychologist*, 51, 1186-1187.
110. Altman, I. (1981). Reflections on environmental psychology: 1981. *Human Environments*, 2, 5-7.
111. Philip, D. (1996). The practical failure of architectural psychology. *Journal of Environmental Psychology*, 16, 277-284.
112. Stokols, D. (1982). Environmental psychology: A coming of age. In A. Kraut (Ed.), *The G. Stanley Hall Lecture Series* (Vol. 2), Washington, DC: American Psychological Association.
113. Canter, D. V., & Craik, K. H. (1981). Environmental psychology. *Journal of Environmental Psychology*, 1, 1-11.
114. Baird, J. C., & Berglund, B. (1989). Thesis for environmental psychophysics. *Journal of Environmental Psychology*, 9, 345-356.
115. Willems, E. P. (1974). Behavioral technology and behavioral ecology. *Journal of Applied Behavior Analysis*, 7, 151-164.

【参考図書】
Bechtel, R. (Ed.) (2002). *Handbook of Environmental psychology* (2nd ed.). New York: Wiley.
Environment and Behavior, a journal established in 1969.
Journal of Environmental Psychology, a journal established in 1981.
Reser, J. P. (1995). Whither environmental psychology? The transpersonal ecopsychology crossroads. *Journal of Environmental Psychology*, 15, 1-23.

第2章 環境知覚と環境認知

□環境知覚
　特徴とバリエーション
　研究法
　環境知覚への影響
　理論
　環境知覚とデザイン
□環境認知
　差異と定義
　研究法
　空間認知への影響
　理論
　環境認知とデザイン

われわれは暗室で輝く光を見つめる，頭を器具で固定された片目の男の知覚について非常に多くのことを知っているが，現実の生活場面における彼の知覚能力に関しては驚くほど少しのことしか知らない（訳注：実験室における知覚の研究は多いが，現実場面における研究はほとんど行われていないという意味）。
——ヘレン・ロス（Helen Ross）[1]

　谷底の霧が街にひろがってきてはいたものの，期待に満ちた長い週末だった。トムは最近知り合ったジェーンを山にキャンプに行かないかと誘った。金曜の午後の道路を街の外に向かうにつれて，のろのろしたペースは街の道沿いの風景をどういうわけか鮮やかなものに変えていた。道沿いの黄色に輝くモーテルやファーストフードレストランの看板はいつもより大きく，近くに見えた。
「キャンプ場はどのくらい遠いの」と，街と霧から抜けるとジェーンはたずねた。
「あそこの，その左のところにぎざぎざの山頂が見える。どのくらいの距離だかわかるだろ」とトムは言った。
「50マイル（約80km）くらいなのかしら。ほんとうはどのくらい遠いの」とジェーンは言った。
「正確には知らないよ。でも，そんなにはないと思うよ。40マイル（約65km）くらいじゃないの」とトムは答えた。
　乾いた金色の草原から，緑の樫の森，常緑樹の茂み，やせた松の森へと風景が少しずつ変わる中を60マイル（約95km）走った頃，ようやくぎざぎざの山頂が少し近づいて見えた。しかし，それはまだまだ遠くにあった。
　ついに公園に到着したとき，トムは去年行った素敵なキャンプ場がどこだったかを思い出そうとした。ジェーンは入り口を入ったところにある「あなたはここです」地図を見つけたが，その地図から自分たちがどこにいるかを判断することはできなかった。彼らは，その地図が役に立たないほど曖昧なものなのか，それとも彼らがたくさんの試験に疲れ果てていて，地図を読む能力が残っていないのかがわからなかった。
　トムはついにその公園のメンタルイメージを思い出すことができた。彼は，道路が同心円状に特徴的に配置されていることを思い出した。ようやくよみがえってきたのだ。いい場所は3番目の円周の大きなモミの木のそばにあった。
　金曜の夕暮れが完全な静寂に包まれていく中，トムとジェーンは山の背に座って太陽が遠くの雪を被った頂きに沈んでいくのを見つめていた。滝の快いとどろきが聞こえ，深く暗い山上湖が彼らの前に広がっていた。彼らを取り囲む草原の野草が露を集め，花びらを閉じ始めた。

　もしも，あなたと私が道の前後を見たとしたら，われわれは同じものを見るだろうか。何を見ているかに関するわれわれの考えはどのように違うのだろうか。環境心理学は，われわれが環境を知っていくときに関係する基本的な心理的な過程の研究から出発している。この章と次の章は，われわれが構築された人工的環境，そして自然の環境を知覚し，理解するときに働く，いくつかの強く関係した心理的な過程を取り上

第2章
環境知覚と環境認知

げる[2]。

　環境知覚とは最初の情報収集である。われわれは主として知覚的な存在である。しかし，環境知覚はわれわれのすべての感覚を通じての情報収集の手段や方法を含む[3]。環境知覚という用語は，しばしばより広く，われわれが環境をどのように評価し査定するかという過程までを含んで用いられる。しかし，この章では，この用語はこのような過程の中の最初の情報収集の部分のみを示すこととする。

　われわれの経験は，知覚は単純で自動的であることを示しているかもしれないが，実際には違う。「われわれは知覚という行為に非常に慣れているため，われわれが世界を見て，聞いて，嗅いで，味わって，触っているときに何が起こっているかを観察するために知覚の能力をわれわれ自身に注意深く向けたときのみにしか，知覚過程の驚くべき複雑さは現れてこない」。日常生活の知覚は非常に複雑な現象なのである。

　この章の前半のトピックは，環境認知の性質と測度，何が影響するか，どのように機能するかに関する理論，そしていくつかのデザインや計画への応用などである。この議論の過程において，近環境への基本的注意や知覚的順応に関しても検討される。

　この章の後半は，環境認知に関してである。これは，空間認知，つまり場所の位置と配置に関する情報を処理し，保持し，再生する手段と，空間的な形式を超えた環境に関するより広い思考を含む。たとえば，われわれは経験を通じてわれわれの周辺の建物や道やコミュニティに関する幅広い知識を形成していく。この章のトピックは認知地図，空間知識，環境の記憶，人工と自然の場面における定位を含む。環境認知の研究法，そしてそれへの影響，その理論，そして環境デザインへの応用が議論される。

環境知覚

特徴とバリエーション

■**伝統的な知覚研究との対比**　非常に昔，心理学者が知覚の研究を始めたとき，彼らは直面している課題の複雑さをすぐに理解した。多くの者はその過程について学ぶために，日常生活における知覚を単純化しなければならないことを決断した。過程を単純化する1つの方法は，知覚者に単純な刺激を提示することである。伝統的な知覚研究者は，単純な刺激の知覚を理解することは有用で，おそらく日常生活におけるより複雑な刺激がどのように知覚されるかを理解するために必要な手続きだと仮定している。また伝統的なアプローチは，すべての潜在的で本質的でない影響を最大限に制御可能な実験室内で知覚の過程を検討することを好む。

　対照的に，環境心理学者は被験者に提示する環境の見えの複雑さ（たとえば，建物全体や景観）を受け入れ，喜びすらする。この領域の先駆者の1人，ウイリアム・イ

ッテルソン（William Ittelson）は，古いアプローチ——彼はそれを物体知覚と呼んだ——を新しい環境知覚と区別した[4-6]（図2-1参照）。物体知覚の研究においては，単純な刺激の特徴，たとえば明るさ，色，奥行き，知覚的恒常性，形態や動きの見えに重点が置かれる。環境知覚においては，全体として扱われる大規模な風景に重点が置かれる。章の冒頭のヘレン・ロスの引用が示すように，非常に多くの研究は環境知覚よりも物体知覚に関して行われている。

この2つのアプローチの違いは単に提示される刺激の大きさや複雑さにあるわけではない。知覚者の役割もまた違っている。環境知覚研究においては，参加者はしばしば風景の中やまわりを動き回る。彼らはその景観の一部なのだ。提示される環境の中を移動することは，知覚者が環境を複数の視点から経験することを意味している。

物体知覚の伝統からの3つ目の重要な違いは，しばしば明確な目標や目的によって知覚者が環境の見え方と結びつけられていることである。たとえば，われわれはきれいなキャンプの場所を見つけるために自然の風景を見渡し，運転をしているときには，事故にあわないために標識や信号を見つめ，落ち着ける席を探してレストランを見渡す，などのようなことである。

日常生活の環境知覚は多くの目的を持っているが，それらを分類する適切な方法は実用的目的と美的目的である。皮肉なことに，建物や景観の美的質に関する多くの研究が行われているが，少なくとも都市の道路においては，われわれの多くは美的な要素（たとえば，大きな壁画）よりも環境の実用的な要素（たとえば，商業活動）に多くの注意を払っている[7]。もちろん環境知覚の研究における深刻な困難さは，知覚過程に対する多くの人間と環境の影響によるものである。方法論に含まれる困難さにもかかわらず，環境心理学者は実験室で提示された極度に単純化された刺激の知覚では

図2-1　伝統的知覚

研究者はゲシュタルトの図（左）のような簡単な図版がどのようにして知覚されるのかを調べている。環境心理学者は実際の風景（右）を研究している。

なく，日常の場面の知覚を研究することを好む。

■**注意と順応**　「環境は常にわれわれが処理できる以上の情報を提供している」。われわれはいつも利用可能な情報の中から比較的少量の，扱い得る部分を注意を払って選択している。われわれは広く，または狭く環境の見えに焦点を当てることができる。その幅は，非常に近くから非常に遠くの距離からの，建物の細部から巨大な景観のパノラマサイズまである。

われわれは活発に環境を調べることもあるが（たとえば，借りようかと考えているアパートを確かめているとき），ある環境の見えに順応し，または慣れてしまい，それらを本当にまったく見ていないこともある（たとえば，毎日車で通っている道）。

慣れの別の例は，大気汚染の知覚へわれわれが順応する過程である。それがまだ目新しいうち，最初われわれは大気汚染に気がつく。たとえば，スモッグの多い場所に引っ越して来たときや住んでいるところで急にスモッグが増加した場合である。ウェーバー-フェヒナーの法則と呼ばれる古い心理物理的法則の知見に基づいて，ロバート・ソマー（Robert Sommer）は，大気汚染の量が増加するにつれて，われわれが汚染の悪化に気がつくために必要な新たな大気汚染の増加の量がどんどん増加することを指摘した。コミュニティがあまり汚染されていないときにそのコミュニティを脅かす同じ排煙が，そのコミュニティがひどく汚染された後ではほとんど気づかれないということである[8]。

われわれは時どき，その環境がわれわれに不快感を与える場合でも，その物理的状況にほとんど注意を払わないことがある。その状態を私は環境への麻痺（environmental numbness）と呼んでいる[9]。この麻痺，または周辺環境への注意の欠如は，世界のより生き生きした要素，たとえば友人への注目，本への没入，白昼夢などがわれわれの注意を引いているときにしばしば起こる。環境麻痺は，われわれが汚染のような大きな問題を見過ごす原因になったり，食器棚にぶつかるというような些細な危険や，ぼうっとしたまま道を横断しているときに車がやってくるというような重大な危険にわれわれをさらす原因になる。

肯定的な面としては，環境に対するわれわれの注意や理解を増加することが可能である。ハーバート・レフ（Herbert Leff）は，より豊かな環境の経験を獲得するために知覚や認知を意識的に向ける方法の詳しい記述を行っている[10]。以下は非常に短縮化した，どんな環境からでもより多くを得るための訓練の一部である。

・それぞれの景色の生き生きとした印象を形成しながら，視覚的な焦点をある点から別の点に急激に移す。
・個人的に重要な写真を撮るための風景の中の光景を探す。
・その風景の中の物体の1つであることはどんなことなのかを想像する。
・生き物ではない物体をあたかも生き物のように見る。

これらの訓練に含まれる心理的な体操は，あなたの環境への注意を増加させながら，非常に肯定的な気分を生み出すことができる。

　まとめると；環境心理学者は通常，日常の風景の全体の知覚を研究する。そうすることで，彼らはしばしば実験的統制の程度を犠牲にしなければならないが，代わりに知覚者がその中を移動し，感情を向ける本当の複雑な場所の知覚を研究することができる。注意と順応は，知覚者が風景からいくつかの手がかりを選択し，残りの多くを無視していることを意味している。残念なことに，ある手がかりを無視すること（環境への麻痺）は，少なくとも長期的には有害であるかもしれない（たとえば，大気汚染）。しかし，日常場面のわれわれの知覚を拡大するいくつかの方法がある。

研究法

　環境知覚はどのように研究されるのだろうか。この質問には，どのように知覚者に環境が提示されるか，または知覚者の知覚をわれわれはどのように測定するのかという点から答えることができるだろう。

■**知覚者への環境の提示**　環境はどのようにして知覚者に提示されるべきなのであろうか。環境心理学者は全体的で複雑な日常的な風景の知覚を研究することを好む。理想的には，これは本当の（生の）風景を被験者に示すことを意味し，しばしばそのように行われる。しかしながら，これは常に可能とは限らない。たとえば，もしもあなたがまだ建設されていない建物や遠くにある建物を人々がどのように知覚するかを知りたかったらどうするのか。現実の風景は，たとえば天候や光によって変化する。このことはもしも研究者が同一の風景を多くの知覚者に提示したいと望んだ場合に，現実の生の風景を用いることはできないということを意味している。

　したがって，しばしば必要な場合には現実の風景の写真，ビデオ，スケッチ，または模型が用いられる[11]。典型的な研究では音声つきの自然の川の景観のビデオ，音声なしのビデオ，そして音声なしの写真に対する反応を比較するだろう[12]。いくつかの研究室は，利用者が全体が縮小模型化された地域の中を歩き回るシミュレートをすることを可能にしている[13,14]（図2-2参照）。シミュレーションは欠点も持つ。たとえば，実際の場面に知覚者を置くことはできない。しかし，いくつかのシミュレーションは驚くほどうまく，現実の場面が引き起こすのと同じ知覚的反応を引き起こすことができる[15]。現在，研究者は景観のどの要素（たとえば，奥行き知覚　対　大きさ　対　質感）がどのタイプのシミュレーションによって一番うまくシミュレートできるかを研究している[16]。一連のカラースライドまたはビデオテープがこれまで一番優れていたが[17-19]，新しい3-Dのコンピュータグラフィックやバーチャルリアリティによる提示はおそらくもっと優れているだろう[20]。

■**知覚過程の研究**　2つ目の質問に移る。われわれはどうしたら誰かの知覚を測定

●●●第2章●●●
環境知覚と環境認知

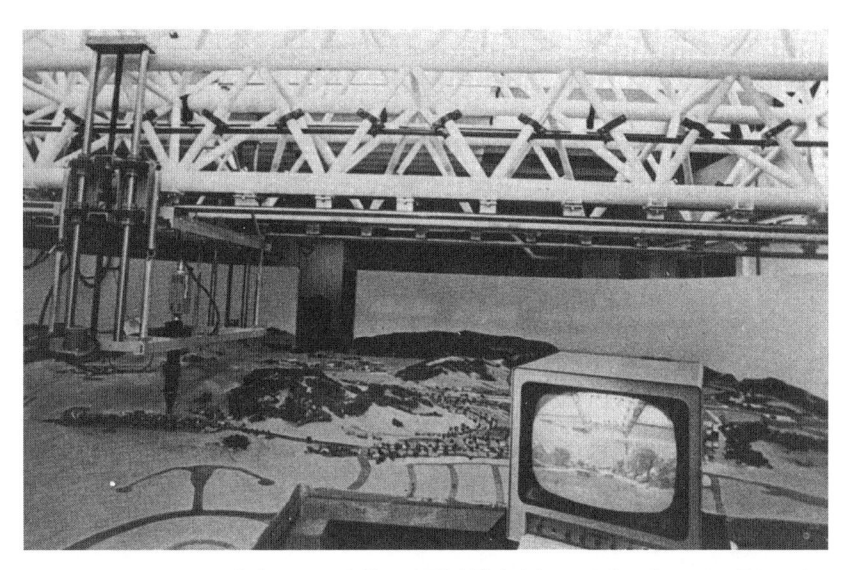

図2-2 カリフォルニア大学バークレー校での環境刺激実験室は，地域開発のための異なる計画が地域住民の視点における外観の質にどのように影響を与えるのかを評価するのに使われてきた．左にある移動する機器についている小さいカメラが，その場所を通過する運転手が見る景色と同じものをモニターにビデオイメージとして映し出している．

することができるのか．結局のところ，ある人物の知覚は彼または彼女の経験である．研究者は，彼らの被験者の経験に直接ふれる方法がないため，知覚は通常間接的に測定される．その測定のための5つの一般的な方法を次に述べる．

1．最も一般的な方法は，単純に知覚者に何を見たか（または聞いたか，嗅いだか，触ったか，味わったか）をたずねることである．これらの自己報告法には質問紙，インタビュー，チェックリスト，自由記述が含まれる．これらの方法の明らかな欠点は，知覚者が彼らの知覚に関して不正確な報告をするかもしれないということである．彼らは直前の彼ら自身の知覚に慎重に注意を払わないかもしれない．過去の知覚を不正確に再生したり，まったく忘却してしまうかもしれない．また彼らが推測した実験者が聞きたいであろうことを報告するかもしれない．最後に，実際の知覚は言語によるフィルターがかかることになる[21]．しかしながら，自己報告法は環境知覚を研究するためには適度に正確で，経済的方法として有用である．
2．知覚者が日常の状況で何に注意しているかを研究する別の方法——時間採集法——は，かつてエゴン・ブルンスウィック（Egon Brunswik）に提唱され[22]，以降多くの者が使用してきたものである[23,24]．この考え方は単純であり，観察者に場面の中を移動して，適当な間隔で（または後ほどに）彼らがまさに何を見ているかを報

告させるものである。これは自己報告法の別の形式ではあるが，活動的で，移動する知覚というアイデアを付け加え，さらに動いているまたは静止した，大きなまたは小さな，近いまたは遠い，まっすぐ前または横などの環境の要素のどちらに観察者が注意を払っているかを明らかにすることができる[25]。
3．知覚者の行動から知覚について何かを推論してみてほしい。この行動推論法は，たとえば博物館や美術館の研究で用いられてきた。来館者が絵画や科学展示をどのくらいの時間見つめていたかが，その展示に対する彼らの関心の指標として用いられてきた。
4．環境知覚は心理物理学的方法でも研究することができる。心理物理学者はずっと以前に，人間は心理学的構成概念（たとえば，犯罪の深刻さ）に対して直接的な比率で物理的変数（たとえば，錘の重さ）を正確に調整できることを明らかにしている[26]。このようなマグネチュード測定法は，既知の物理的尺度によって心理学的変数を表現するベキ関数と呼ばれる方程式での計算を可能にする。この一例としては，被験者は建築的に複雑な異なる家屋が彼らにどのように見えるかの知覚に対応するように光の明るさを調整した[27]。
5．現象学的アプローチ――これに関する理論は後に詳しく議論する――においては，研究者は通常，知覚者でもある。多くの被験者を用いるのではなく，場面の本質を質的な方法で知覚することを試みる1人の非常に注意深い観察者を用いる。

　まとめると；環境心理学者は可能なときには常に現実の場面を知覚者に提示するが，しばしばシミュレーションを用いなければならない。いくつかのシミュレーションは現実の環境に対するものと非常に近い知覚的反応を生み出す。5つの一般的な方法は自己報告法，時間採集法，行動推論，心理物理学，そして現象学である。それぞれの方法には長所と短所があるため，複数の方法が可能な限り用いられなければならない。複数の方法は研究者に環境知覚のより完全な理解を与えてくれる。

環境知覚への影響

　あなたはこれまでに誰かと，ある建物までの距離に関して，室内の温度に関して，場所の美しさに関して，意見が分かれたことはないだろうか。もしそうだとすれば，あなたは環境の知覚が異なることがあるということを知っていることになる。何がこのような違いを説明するのであろうか。ある部分は知覚者の違いによるものであるし，ある部分は文化の違い，別の部分は環境の見えの物理的な変化（たとえば，コンクリート　対　木材，視覚的複雑さの程度）によって説明されてきた。

■**個人的な影響**　　観察者自身のどの特徴が環境知覚の違いと結びついているのであろうか。明らかに，知覚の能力の違いは1つの要素である。視覚や聴覚の障害は彼らの周辺環境の制限された，または曖昧なイメージをつくり出す。たとえば，ベテラン

第 2 章
環境知覚と環境認知

の工場労働者やロックミュージックの演奏者はしばしば他者よりも聴覚能力で劣る[28]（訳注：聴覚に障害を起こしやすいという意味）。しかし，個人の特徴，たとえば性別，教育や訓練，場面における経験，そしてその人がその場面を好きかもまた環境知覚に影響する。たとえば，男性と女性は距離を異なって知覚する。ある研究においては，男性は見えない建物への距離と比べて見える建物への距離を有意に短く知覚したが，女性はこの距離を異なるように知覚しなかった[29]。

知覚におけるもう１つの重要な違いは，教育や訓練に基づくものである。われわれが技能を手に入れるに伴って獲得した基本的な知識に沿って，われわれはわれわれが選択した職業に特徴的な見方を学んできたようである。土木建築者は道路やダムをただの傾斜や流れや谷が存在する場所として見るし，建築家は形態，光，色を残りのわれわれが壁や床やドアを見る場所に見いだす。多くの研究はデザインの専門家群間の違いと同じように，デザインの専門家群と非専門家群の環境評価の間に違いがあることを報告している[30,31]。

そのため，研究者は建築家とその他の者の知覚の具体的形式の違いの検討を始めた。たとえば，１つの研究は，裏庭の量的な特徴（たとえば，どのくらい異なる植物や活動の場所があるか）においてランドスケープアーキテクトとその他のグループの知覚に違いはないが[32]，ランドスケープアーキテクトは質的な特徴（たとえば，その景観がどう定義されるか）に関して（統計的に）有意に異なることを示した。そのような差異がそれらの専門家の（情報が解釈される前の）もともとの知覚の違いを反映している限りにおいて，（そしていくつかの生理学的証拠が彼らがそうしていることを示しているのだが），専門教育は環境知覚の個人差の鍵である[33]。

その場面に対するその者の経験や評価もまた環境知覚に影響する。知悉度に関する小さな違いでさえも知覚に影響する。たとえば，ある部屋にたった30分間いた観察者はその部屋を，そこに入ったばかりの者よりも狭いと見る[34]。知覚者がよく知っている建物は，知らない建物よりも近いと判断される[35]。最後に，人は彼らに好ましい建物までの距離を，彼らにとってそれほど好ましくない建物の距離よりも，正確に知覚する[36]。

■**文化的な影響**　個人がそこで成長した文化の内容は，まったく異なる世界を見る方法を生み出すことがある[37]。たとえば文化人類学者のコリン・タンブル（Colin Turnbull）は，コンゴ地域のバンプティ・ピグミィとの経験を記述している。この人々は深い熱帯雨林に住んでおり，めったに30メートルを超える眺望を経験しない。一度タンベルがピグミィのガイドを森から平原に連れ出した。そこでは数キロ先にバッファローの群れが見えた。

ピグミィは「あれはどんな虫ですか」とたずねた。タンブルは，それが平原に棲むバッファローで，ピグミィたちがよく知っている熱帯雨林バッファローの２倍も大きな動物だと説明した。そのガイドは笑い，タンブルに馬鹿な話をするなと言った。タ

ンブルはガイドと群れに車で向かっていった。バッファローが近くになるにつれて，バッファローはピグミィにとって大きくなり，彼は妖術使いが術をかけていると思い込んだ。ピグミィの遠距離を見る経験のなさが，大きさの恒常性——客観的な距離や網膜像の大きさにかかわらず，知覚される大きさを一定に保つ確定された傾向——を妨げていた。

　これは，ある知覚の違いの原因が，さまざまな社会における知覚環境の著しい差異によるものであるとする，手がかかった世界の仮説（カーペンティアドワールド仮説：carpentered-world hypothesis）とよばれるものの一例である。都会には四角い物体と直線がありふれているため，手がかかっていない場面である家や景観を曲がったり丸まった線が特徴づける質素な田舎とは異なる視覚的経験を生み出す[38]。

■**物理的な影響**　もちろん環境知覚は何を見ているかによるところがある。明らかに，エッフェル塔はロッキー山脈のようには見えない。しかしながら，比較的似た風景に対しては，知覚に対する人間による影響と環境による影響の相対的な重要性に関しての議論がある。ある者は，生理学と学習の両方が関係する感覚受容器と脳によって引き起こされる高度な視覚情報処理を強調する。この視点は，古い言い方である「美は見る者の目の中にある」として表現される。別の者は知覚されている場面の明確な物理的違いを指摘する。この視点は「そのとおり，しかし自然の川よりもどぶ川のほうが美しいと誰が主張するだろうか」と反論するだろう。この考えは，著名な環境心理学者の講演（訳注：ジャッキム・ボルビル（Joachim Wohlwill）の第2回EDRA大会での講演）の題「環境は頭の中にあるのではない！」によって表現されている[39]。この議論の1つの答えは，風景が大きく違えば，環境の影響は強くなり，風景が似ていれば，人間の要素の影響が大きくなるという案だろう。

　どんな物理的特徴が風景の知覚に影響するのだろうか。これは大きなトピックである。いくつか例をあげてみよう。たとえば，何が部屋を囲まれているように見せるのか。明らかな答えは部屋が壁，天井，床を持ち，これらが空間を構成するときに，包囲感が知覚される[40,41]。しかし，それらの要素のうちの1つが別のものよりも重要なのだろうか。要素のそれぞれが知覚に関与するのだろうか，それともそれらは組み合わせとしてのみ機能するのだろうか。ある研究は天井の存在は床の3倍も，壁は2倍も包囲の知覚成立において重要であることを見いだしている[42]。壁も床も天井も知覚に対してそれぞれ独立した独自の貢献をしているが，それらは明らかに包囲の知覚を強化するために組み合わされることはない[43]。

　あなたはペンキ屋で見本の中からすばらしい色を選んだが，塗ってみたら失望したということがないだろうか。こんなことが起こるのは，あなたがおそらく想像しているように，色は独立した見本として見ているときと，壁の上で見ているときでわれわれに違う印象を与えるからである[44]。色の意味は単独で見ているときと，たとえば低所得者向けの集合住宅のデザインと組み合わさって見ているときで異なる。違うデザ

インは違う色と似合う。色の意味は，色＋デザインの意味と同じではない。

魅力的な本の中で，ヘレン・ロスは，自然界で起こるたくさんの知覚的錯視について説明している[45]。たとえば，霧は木や丘というような自然の特徴を実際よりも遠くに，そして大きいとわれわれに思い込ませる。同じ効果が，水中で，特に水が濁ってきたときに物を見るときにも起こる。地表のくぼみ効果（terrestrial saucer effect）は，登山者に同じ高さの隣の山の頂上が，彼の山よりもずっと高いと思わせる。同じ効果は道路に対するわれわれの知覚にも影響しており，ある種の状況では実際には上り坂が下り坂に見えたり，またその逆になったりする。

同じように，上りまたは下りの道を歩いているとき，われわれはその長さを過大評価する。道筋がくね曲がっているときには，消失点（道筋の最後に見える場所によって示される方向）の方向側に向かって方向を誤ってしまう[46]。エドワード・サダラ（Edward Sadalla）と共同研究者は同じような効果についての研究をしてきている。たとえば，経路の長さの推定は経路における曲がり角の数や経路における交差点の数の関数として増加する[47,48]。長方形の部屋は，同じ面積の正方形の部屋よりも大きく見える[49]。ランドマークに向かう距離はランドマークからはなれる距離よりも短く推定される[50,51]（図2-3参照）。

また，われわれは特に物理的なパターンが均一な場所を主観的に分割し，このような分割化は距離判断に対する効果を持っている。特に，分割された中の場所の距離を過小評価し，分割をまたいだ場所間の距離は過大評価されるようである[52]。

自然と人工の環境におけるこのような効果は錯覚や歪みとなるが，これらは重要なものである。たとえば，霧，道路，水の効果には，運転者のまさに命が賭けられている。経路と部屋の大きさの歪みは混みあい感，地位，閉塞感，そしてその他の建物の

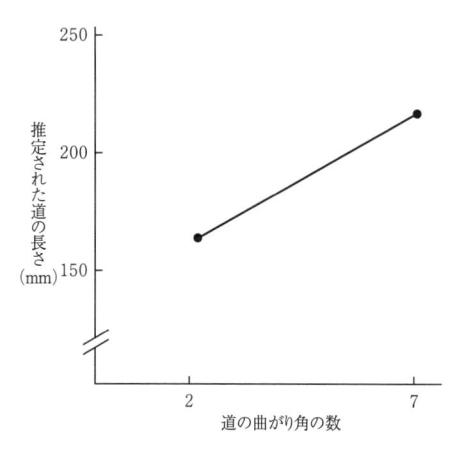

図2-3　道に曲がり角が多い場合，距離は長く知覚される。

内装の心理学的に重要な要素の知覚に影響するだろう[53]。街路の知覚もまた物理的な内容の影響を受けている。通行者がひどい交通の騒音にさらされているときには，彼らの知覚領域は狭くなる[54]。彼らは実際正面ばかりを見て，彼らの経路の周辺の多くの情報を逃してしまう。

知覚における背景環境の古典的な研究の中では，部屋の環境の質が人物知覚に影響することを明らかにしている[55]。知覚者は，判断を行うために散らかった物置のような部屋に置かれ（しかし，部屋の質については指摘されない），写真に写った人物の幸福の程度を評価するように求められる。散らかった部屋での判断者は，こぎれいな部屋で同じ写真を見た判断者よりも，写真の人物の幸福感を低いと知覚した。その後の研究は，この効果が知覚者の部屋の美的質に対する期待によって変わることを見いだしている。もしも，知覚者が部屋がきれい，または汚いことを予想している場合には，もとの研究の結果は逆になり得る[56]。したがって，繰り返すが，環境は知覚に影響するが，知覚者の期待のような人間の要素もまた決定的な役割を果たしている。

まとめると：これまでの証拠は長さ，距離，大きさのような環境知覚は風景の中にどんな物理的要素があり，それらがどのように配置されているかに強く依存している。しかし，人間の要素（たとえば，知悉度や建物に対する好感度），文化（たとえば，手のかかった世界で育っている），そして訓練（たとえば，建築学）もまた，われわれが世界をどのように見るかに影響を与えている。

理 論

環境知覚は，その他の環境心理学の領域と同じように，過程の全体像の方向性を定め，検討可能な仮説をつくり出すためのモデル，理論，そして枠組みを必要としている。環境知覚に関する単独の定説というものは存在しないが，以下の理論，またはそれらの組み合わせは，いつかの価値のある包括的理論を生み出すかもしれない。

■ブルンスウィック：確率的機能論　環境知覚に対する影響のあるアプローチの1つは，エゴン・ブルンスウィックの仕事に基づくもので，それは彼のレンズモデルによって一番うまく説明できるだろう[57]（図2-4参照）。環境心理学におけるブルンスウィックの重要性は，知覚者も環境も重要であるという彼の見方によるものである。「生活体も環境もシステムとして見なければならない。それぞれはそれ自身の特性を持っている…心理学が生活体の性格に関係する限り，それはまた環境の性格にも関係することになる」[58]（p.5）。

ブルンスウィックは，環境はたくさんの手がかりを提供しており，知覚者はその場面において効果的に機能するために最も重要なものを理解しなければならないと主張した。だからブルンスウィックは機能主義者なのだ。通常，ある風景における少数の手がかりが知覚者にとって有用であり，したがって，別のものに強い注意が向いてい

第 2 章
環境知覚と環境認知

場　面

判断される質：美

| 場面そのもの | 選択された遠手がかり | 選択された近手がかり | 場面判断 |

生態学的妥当性　　　　　　　　　　　　　　手がかりの利用

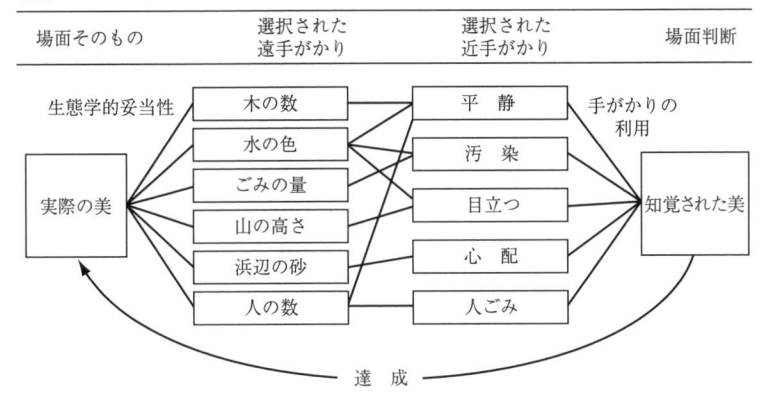

実際の美 — 木の数／水の色／ごみの量／山の高さ／浜辺の砂／人の数 — 平静／汚染／目立つ／心配／人ごみ — 知覚された美

達　成

図 2-4　ブルンスウィックのレンズモデルの環境知覚への応用
　場面自体の質は直接的に知覚されず，遠手がかり（distal cues：客観的に測定可能な場面の特徴）によって表出されている。近手がかり（proximal cues）はこれら遠手がかりの観察者の主観的印象である。(a)本当に実際の美が遠手がかりとして表出されている場合で（つまり，高い生態学的妥当性がある），(b)近手がかりが遠手がかりと密に関係している場合で，(c)近手がかりが判断された美と深く関係している場合に（例：観察者は優れた手がかりの利用を行っている），知覚された美は実際の美と非常に近似する（つまり，高い達成をする）。

る間，残りの多くにはほとんど注意は払われない。ある人々（幼児や新しい場面に突然置かれた人たち）は，手がかりに圧倒され，重要でない手がかりと重要な手がかりの分け方をまだ学んでいないために，知覚的に混乱してしまうかもしれない。
　理論が確率論的というのは，1つの手がかりは完全に信頼できるものでも，まったく信頼できるものでもなく，むしろ環境の真の性質に関する正確な手がかりである特定の確率を持っているというブルンスウィックの考えを意味している。すでに述べたさまざまな知覚の誤りや錯視は，ある手がかりがその他のものよりも不確実であったり，もしくは不正確であることを意味している。

ブルンスウィックの理論における生態学的妥当性（ecological validity）とは，環境とそれぞれの手がかりの正しい確率的な結びつき，つまり，もしそれらの手がかりが存在し，知覚者がそれらを知っていた場合に，その場面の適切な知覚を導く重みづけを指している。手がかりの利用（cue utilization）は，知覚者によるそれぞれの手がかりへの確率的な重みづけを意味している（明らかに，われわれは意識の過程でそれらの重みづけをしていない。われわれは少しずつある場面で何を見るかを学んでいくが，われわれは通常それを意識的には行えない，もしくは行わない）。知覚者が，手がかりが環境と実際に関係する方法と同じような形式で手がかりに重みづけを行ったとき，彼または彼女は，その風景の正確な知覚をもたらすイメージを持つ。もしも，手がかりの利用が生態学的妥当性と非常に一致している場合には，達成（achievement）は高くなる（つまり，知覚者の環境の読み取りが実際の環境と非常に一致する）。

　「ブルンスウィックは，知覚とは多くの混乱した手がかりの中から，環境の有用なイメージを取り出す試みであるとみなしていた」。彼は知覚者を，世界の中で活動する中で彼らを助けてくれる環境の風景を意図的に捜し求める活動的な主体と見ていた。

　われわれは「直感的な科学者」として場面を繰り返し選択して，それらに親しんでいく。ブルンスウィックの言葉では，われわれは何が重要な手がかりなのか，そしてそれらをどのように使うのかを学習している。知覚的なトラブルは，変わった場所，特にわれわれに馴染みのある場所における手がかりのパターンとの類似性を示さない場所で起こる。そのようなトラブル（ヘレン・ロスの登山者，ダイバー，運転者を思い出してほしい）は，われわれに場面の性質に関する誤った混乱を与える。そのような誤った混乱は，壁の色の判断の誤りから霧の中の高速道路のカーブの判断の誤りまで，深刻さにおいて幅がある。

　ブルンスウィックのアプローチは，どの手がかりが直接観察できない実際の状況を明らかにするのかを特定しようとする環境心理学の研究を方向づけするものである。そのような状況の1つは住宅近隣における犯罪に対する不安であろう。たとえば，住宅道路の多くの観察可能な特徴のうちのどれが住人の犯罪に対する不安と高く相関しているだろうか[59]。具体的な言葉でいえば，前庭のフェンスは住人の犯罪に対する恐れの妥当な手がかりであろうか。ブルンスウィックは，そうした手がかりは完全に妥当（犯罪に対する不安と1.00で相関している）でも，まったく妥当ではない（相関0.00）でもなく，その間にあるというだろう。環境心理学者の仕事は，前庭のフェンスと犯罪に対する不安の実際の結びつきがどのくらい強いかをただ明らかにすることである。この問いはレンズモデルの左半分に対応している。

　レンズモデルの右半分では，ブルンスウィックのアプローチは，知覚者がどのくらい正確，または不正確にフェンスの手がかりを解釈できるかを明らかにする。知覚者はフェンスと住民の犯罪不安の実際の関係を過大にも，過小にも誤るだろう。手がかりが実際に重みづけられている（レンズモデルの左側）のと同じように知覚者が手が

●●第2章●●
環境知覚と環境認知

かりのパターンに重みづけをした（レンズモデルの右側）ときに，高い達成がなされる。うまくいくためには，知覚者は彼らの環境を正確に「読み取ら」なければならない。

■**ギブソン：アフォーダンス**　環境知覚に対するジェームス・J・ギブソン（James J. Gibson）のアプローチは，彼が手がかりのある配置は知覚者に直接的で即時の環境の知覚をもたらすと考えた点で，ブルンスウィックのものと異なる[60,61]。ギブソンは，世界は素材（たとえば，泥，鉄，ガラス）と表面（たとえば，床，壁，天井）から構成されていると感じていた。

それらの素材と表面の構成（レイアウトと呼ばれる）がアフォーダンス，またはすぐに感知できる機能を生み出す。たとえば，硬い水平の表面は支持や休息を提供，または「アフォード（与える）」する。拡張された硬い水平な表面は移動を与えるが，垂直な硬い表面は機械的な接触や移動の停止を与える[62]（図2-5参照）。

そのようなアフォーダンスの知覚は，われわれが感覚的情報，構成のリアリティ，手がかりの重みをブルンスウィックの理論のように解釈することを求めない，とギブソンは主張する。彼の考えは，情報を収集した後の処理の過程に重要な機能を想定する堅固な伝統にほぼ単独で立ち向かうものである。たとえば他の理論家は，われわれが知覚したあるイメージは，認知の過程（たとえば，過去の経験の想起，または近接する文脈の手がかりへの注意）を伴わなければ，類似しすぎていて，われわれは何を見ていたのか判断することができないだろうと主張する[63]。

しかしながら，ギブソンの考えは，知覚における重要な要素である環境自身，特に日常環境へ注意を再び向ける手助けを果たしている。環境心理学そしてデザインの専門家にとってのギブソンの考えの重要性は，知覚は色，形，形状といった知覚の要素的な構成部品の組み合わせではないという彼の主張の中にも存在する。絵画や彫刻の

図2-5　ジェームス・ギブソンは，これら外観が無意識的に座ったり歩いたりするのを促す，というだろう。

ような視覚芸術の伝統に頼った伝統的な建築教育は，それらのまさに構成部品をデザインの「基礎」として強調している。建築学生は形や形状を見るように教えられる。ギブソンは，これこそがまさに建築家が「教えられてはいけないこと」であると主張する[64]。建築家の建物の利用者であるわれわれの多くは，場所を見たときに，形や形状を見たりしない。われわれはアフォーダンス，つまりその場所がわれわれに何をもたらしてくれるかを知覚するのである。ギブソンによれば，したがって明らかに，建築家は表面とアフォーダンスの関係について教わるべきである。建築が，人々が働き，暮らし，休む機能空間をつくり出す手段ではなく，主として視覚的な芸術とみなされるときに，形や形状に対する行き過ぎた関心が生まれる。

■**バーライン：対比の特性**　ダニエル・バーライン（Daniel Berlyne）は，環境知覚と認知の幅広い視点へ拡張されてきた環境美学に関しての重要な洞察を与えてくれた[65,66]。バーラインの考えは，知覚と認知の区別——それはそもそもあいまいなものであるのだが——をまたぐものである。彼の視点は，環境の風景はいくつかの対比の特性——知覚者に注意を払わせ，さらなる探索を誘い，比較をうながす性質——を持つ，というものである。このような対比の特性には，新奇性（知覚者にとって目新しい），不調和（何かが場所にそぐわない），複雑性（見えの中にたくさんの種類の要素がある），驚き（期待していなかった要素）が含まれる。

　バーラインはこのような対比の特性は知覚者の美的判断と探索の欲求に影響すると考えていた。対比の特性が影響を及ぼす2つの心理的な次元は，快楽性（hedonic tone）と不確実さによる覚醒（uncertainty-arousal）である。絵画のような「見る」ものでは，これらの関係はかなり明確である。適度に複雑で，新しく，不調和で，驚きのあるイメージは，これらの特性において低すぎたり，高すぎたりするイメージよりも美しいと知覚される。

　環境デザインへの適用は明確であり，何人かのデザイナーがこの考えに従って建物はデザインされるべきだといってきた。たとえば，60年代に遡ると，あるデザイナーたちは多くの都市の建物は構成する線が単純すぎて，適切な水準の複雑さに達していないため，近代建築はもっと複雑さを持つべきだと主張した[67,68]。それ以来，建物の外見は複雑さを増してきた。

　これらの複雑さと選好の関係はおそらく構築環境にのみ当てはまるものだろう。構築環境の場面は予想される結果を示すが（適度の複雑さが一番高く評価される），自然景観では違う[69]。これはおそらく，美と対比の特性の関係はバーラインが最初に考えていたのとは違う，もしくはそれほど一般的なものではないためであろう。たとえば，複雑性以外の対比の特性の研究は，しばしばバーラインが予測していたような曲線（逆U字）の関係ではなく，特性と評定された美や選好の間に直線的な関係を見いだす[70]。

　しかしながら，バーラインの考えは，ある知覚を確かに導く環境の見えの特性を探

●●第2章●●
環境知覚と環境認知

索する研究者を刺激し続けている。たとえば，ジャッキム・ボルビルは，バーラインの考えをより直接的に環境知覚に適切なものにするために，対比の特性のリストへの追加を提案している。そのような考えの1つは適合，つまりある要素（家）がある場面（野生の自然）にふさわしいかどうかの概念である[71]。

■**現象学**　われわれが考察する環境知覚理論の4番目で最後のものは現象学である。この理論は哲学に元がある。たとえばハイデッガー（Martin Heidegger）は，住むとは，単なる場所からいとしいわが家（home）へとなっていく存在的な過程であると議論している[72]。環境心理学にとっての現象学の価値は，1980年代初頭から認識されてきた[73]。

現象学的アプローチは結局のところ自己報告であるが，ここでの自己報告はこれまで議論されてきたものとは重要な点で異なっている。

1．強調される点は集団の平均にではなく，個人または少なくとも一度には1人の知覚に置かれる。
2．ギブソンと同様に，しかしブルンスウィックとは明白に対比して，現象学者は場面と知覚者の区分を越える，または消すことを試みる。
3．時として研究者は他の知覚者（その場面で生活している，または働いている者）に彼らの印象を注意深く報告してもらうことを求めるが，研究者は通常，知覚者を兼ねる。
4．現象学者は，外的な概念や考えに頼るのではなく，その場所が明らかにする，場所の特有で全体的な意味を質的に理解することを試みる。

それぞれの固有の場面を強調するために，場所の現象学は，わが家[74]，街[75]，市場[76]などの特定の場所と，場所愛（トポフィリア）[77]や実存的外部性（場所からの阻害）[78]などの特有の経験の洞察に富んだ概念を生み出してきた。

現象学的アプローチのある種の非一貫性は批判され続けてきた[79,80]。驚くべきことではないが，現象学の主張者は，そのような批判者は，彼らもしくは現象学という学問を理解していないと見なしている[81]。この研究領域の目的はより実際的で，その場面にいる人がそれを見る方法の洞察を得たい，そしてその場所を一番知っている人物にとっての場所の意味と重要性を理解したいということなのに，批判者はこの現象学の心理学的な形を，あたかもそれが哲学であるように判断しているのかもしれない。そのような方法で，現象学的環境心理学は，その場面に暮らしたり，働いたりする者にとってのその場所の意味を引き出すことによって，場面のデザインに価値ある貢献をすることができる。

現象学的方法は，実験的方法を用いたくない研究者をひきつけると結論づけるのが正当かもしれない。批判者も，現象学が環境心理学のその他のアプローチの有益な補

足であるということには同意している。

まとめると：ブルンスウィック，ギブソン，バーライン，環境現象学は，それぞれ大きな影響を今日の環境知覚の考えと研究に与えている。いずれも伝統的な（非環境的な）理論として出発しているが，環境心理学を豊かにするために必要な種を含んでいた。これらの理論は多くの純粋な研究（つまり，実務や応用に対してあまり関心をしめさず，メカニズムがどのように働いているかを理解する試み）を環境知覚に向けるきっかけとなっただけではなく，都市計画，公園計画，建築の実務領域へと拡大している。

環境知覚とデザイン

■**典型的な建物はどんなふうに見えるのか**　もしもあなたのコミュニティの古い建物が解体用の鉄球に脅かされているならば，あなたはそれを守ることを考えるべきかもしれない。遺物のような建物を保存する1つの理由は，それらがコミュニティの建築的性格を保存しているからである。しかし，客観的な言葉で，あなたはどのようにその性格がどんなふうに見えるかを知るのだろうか。

ペンシルバニアの研究者たちは郊外の建物の中心的，または元型的イメージをまさにどんな建築的な特徴が構成するかを明らかにしようとした[82]。彼らは住民に窓の形や屋根の傾斜のような建築の要素を変化させた一連の描画を示した。住民はそれがどのくらい地元の農家の典型に見えるかについてそれぞれの風景を判断した。このような評定によって，研究者たちはその地域の住人にとって典型的な農家に一番似た農家をつくり出す建築の要素を見つけることができた。この方法で，環境知覚研究者は都市，町，地域の建築の性格の本質を見つけることができる。住人が彼らの評定に用いた知識は彼らの経験の中に存在していた。それらの建物を知覚してきた人生が，典型的な地元の農家がどのように見えるかの特有のイメージとして蓄積されてきたことに，住人が気がつくことはほとんどない。

■**どうやって部屋は大きく見えるのか**　この空間が高価な時代においては，デザイナーは部屋をできるだけ大きく見えるようにしたいと望むだろう。どうやったらそうできるのであろうか。あなたはおそらく，明るい色の部屋は暗い部屋より大きく見えるということを聞いたことがあるかもしれない。これは部屋を大きく見せる方法の1つであるが，唯一の方法ではない。

スチワート・ケイ（Stuart Kaye）の研究は，照明の種類と位置も部屋の知覚された広がりに影響を与えられることを示している[83]。たとえば，照明が壁の部分しか照らしていない場合には，照明が壁ではなく部屋の中心を照らした場合よりも，部屋は大きく見える。窓の存在や余分な家具もまた，部屋の知覚される大きさに影響を与える。窓のある部屋は，ない部屋よりも大きく見え，家具の多い部屋は，少ない部屋よりも小さく見える[84]。

環境認知

　ちょっとした白昼夢を見てみよう。あなたの生涯で一番好きな場所へあなた自身を連れて行こう。それは都市でも，街でも，キャンプ場でも，農園でも，自然でも，近所でも，学校でも，家でも，道でも，建物でも，浜辺でも，テーマパークでも，部屋でもどこでもかまわない。できる限りその場所を詳しく思い出し，その場所を数分間楽しんでみてほしい。あなたはその周りの道を思い出せますか。どんな大切なものがそこにありますか。またそれはどこに置いてありますか。まわりの場所との関係で，場面の大きさや位置はどうなっていますか。これが，部分的ではあるが，環境認知である。

差異と定義

■**環境認知とは何か**　環境認知はわれわれが建物，道路，そして大自然における場所，距離，配置の情報を獲得し，保持し，体系化し，再生する方法に関わる。それは空間認知，つまり「経路発見」（環境の中でうまく移動すること），距離の推定，経路の手がかりの認識，地図の作成と読み取り，異なる場所の空間における相対的な位置の一般的理解を助ける思考の過程を含んでいる。空間認知は，頭の中にある場所がどのように配置されているかに関する，映像的で意味的なイメージである，認知地図の概念を含んでいる[85]。もしあなたがまわりを見渡せば，認知地図の証拠が，広告，地下鉄の路線図，雑誌，そしてすべての人の記憶と思考の中に見つかるだろう[86]。

■**非空間的環境認知**　すべての環境認知が空間的構造に関わるものではない。つまり，われわれが場所について考えたり，もしくは思い出したりするときに，それの相対的な場所や距離に関して何も関係がないならば，それは非空間的な意味での環境認知である。たとえば，研究者は人々が自然環境を概念化する方法[87]，先進国の市民が持っている持続可能ではない行動の原因となる心的モデル[88]，日常の人々が持っている災害の心的モデル[89]，農民が旱魃をどのように考えているか[90]，有害物質の流出の原因，それに対する責任，それによる将来の疾病率の蓋然性に関するわれわれの帰属過程[91]，われわれが異なる種類のレストランをどのように認知的に体制化するか[92]，より快適な場所をどのように想像するか[93]を検討してきた。

　もう1つの興味深いアプローチは，環境問題について考えるときにわれわれが行うさまざまな限定された思考の形式に関するものである[94]。それらには，固定資源（フィックストパイ）のバイアス，擬似的神聖性，自己中心性，油断，非現実的楽観主義，贈与の感覚が含まれる[95]。

　記憶は環境認知の重要な部分である。研究者たちはわれわれが持っているだろう場所に関する異なる種類の記憶を見つけ出したり[96]，世界のスケッチマップにどの国が

含まれているかなどを明らかにしようと試みてきた[97]。別の研究者たちは，建物に対する知悉度や新しい経験がそれらに対するわれわれの記憶にどう影響するか[98,99]，またハイキングの後でわれわれはどんな野外の風景を思い出すかを検討してきた[100]。これらはすべて重要な問いであるが，今のところ多くの研究は場所に対する記憶やその他の形式の環境認知ではなく空間認知に焦点を当ててきた。

■**あなたはカメラではない**　空間認知の主要な原則は，われわれはカメラやコンピュータがするように環境に関する情報を処理するわけではないということである[101]。機械としての観点からいえば，われわれの処理は誤りに満ちている。またわれわれの認知は1人ひとり違っている。しかし，種としては，われわれは非常に成功している。

これらの差異（1つには客観的事実からの，もう1つは個人間の）は，種としてのわれわれの成功と合わせて，われわれが2つの考えを受け入れるべきであることを示唆している。第1に，われわれの不完全なイメージはわれわれに非常に有用である。第2に，空間認知は部分的にはわれわれの個人の違いによって決定されている。われわれの認知地図は，一度も直接移動したことがない経路である場所から別の場所への道筋を推測する方法や，一番近くのコンビニエンスストアの場所から，トリフを選ぶのに一番よい場所までの必要な場所を見つける方法などの空間的な問題の解決に役に立つ。それらはまた，コミュニケーションを単純化したり促進したりする。われわれは特色のある記念碑，シンボル，道路の配置をイメージとして吸収し，われわれが知っている場所を再認し，楽しむためにそれらを取り出すことができる。

■**わかりやすさ**　人間が環境について考える特有の方法の理解は，よりよい場面をデザインするために利用できるかもしれない。この応用領域における中心的な概念はわかりやすさ（legibility），または場面が人に再認され体制化される容易さである。この概念はケビン・リンチ（Kevin Lynch）によって，古典である「都市のイメージ」の中で確立された[102]。たとえば，ある都市は他の都市よりも非常にわかりやすい。何が都市をわかりやすくするのだろうか。リンチはわかりやすさに強く貢献する都市のイメージの5つの要素を示した（住んでいる場所のそれぞれの要素の例を考えることはとても役に立つことだということにあなたは気づくだろう）。

> **KEVIN LYNCH**
> ケビン・リンチは，空間認知における鍵となる概念を紹介した。

1．パス（経路）：人々がそれに沿って移動する道筋。典型的には経路は道路，歩道，公共交通の軌道である。
2．エッジ（縁）：移動に使わない線。たとえば，崖，断崖，川，湖，海岸。
3．ディストリクト（地域）：都市の住人が固有の特徴を持っていると判断できる，適当な広さの区域。

第 2 章
環境知覚と環境認知

4．ノード：人々が来たり，戻ったりするよく知られた点。しばしば，主要な交差点，交通の終点，人気のあるプラザや広場などの重要な接合点にある。
5．ランドマーク：大規模（たとえば，街で一番高い建物），または小規模（像や個性的な店構え）でよく見える要素。

　これらの5つの要素は，あまりフォーマルな研究をせず，リンチがアイデアとして指摘したものである。しかしながら，これらの妥当性はより実験的な方法で確認されてきた[103,104]。これらの研究の中では通常の人々によって描かれた地図の中の要素がクラスター分析といわれる洗練された統計技法で分析された。地図の要素の5つの明確なグループが現れ，それらはリンチが想定した要素と非常に類似していた。続く研究は，たとえば，わかりやすい大学の建物は単純化されすぎていないことを示した。それらは明確なランドマークと理解しやすい経路のネットワークを持っていた[105]。
　フランス人の環境心理学者は社会的わかりやすさという考えを付け加えている。それは，環境の要素の意味のことで，文化によって変化し，同じ経路に対して異なる人々は異なるわかりやすさを持つ結果となる[106]。
　認知地図という用語は直感的な魅力を持つため，その意味とわれわれの日常の活動におけるその役割をすぐに単純化しすぎてしまう[107,108]。認知地図は頭蓋骨の中にあるたたまれた紙ではない。われわれの頭の中に座って，われわれの考えを手がかりに，地図の複雑な様子をじっくりと研究している小さな道案内はいないのだ。
　実際，情報処理アプローチをとる何人かの認知心理学者は，空間的知識が多少なりとも頭の中の地図のようであるということを疑っている[109]。彼らは，地図には一度にすべてを思い浮かべるにはとても多すぎる情報が含まれていると感じている。その代わり，彼らは，われわれが地図を書いたり，方向を示したりするときには，そのたびに地図の一部分を検索していると思っている。しかしながら，われわれが，一部は映像的で一部は言語的な，われわれが知っている場所のパス，エッジ，ディストリクト，ノード，ランドマークに関する大きな情報の集積を持っていることは明確である。
　空間認知研究は物理的な場面の記憶，定位，距離と位置に関する知識に関するものである。次の章では，環境のある特徴が，他の特徴が忘れられてしまう中，どのように，そしてなぜ記憶されるのか，道に迷う，道を見つけることに関わる過程，そして，どのようにわれわれが家，都市，そして世界全体すらを体制化（そして不正確に体制化）するかについて説明する。

　まとめると；われわれは機械的に位置，距離，そして構成の情報を記銘，保持，再生していない。しかし，われわれがそうする方法は効果的で，でたらめではない。認知地図の研究はいくつかの人間の環境情報処理の方略を明らかにしている。わかりやすい場所は把握しやすく，そのような場所は明確なパス，目立つエッジ，ディストリクト，ノード，ランドマークを持っている。

研究法

　空間認知は環境知覚と同じように，間接的に研究せざるを得ない。その目的は個人の空間的知識の正確な表象を取り出すことである。この問題に対する最も一般的な方法は，個人に地図の描画（スケッチマップ），ミニチュアモデル（模型）の作成，または場所の間の距離の推定をさせることである。空間認知を研究する他の方法もある[110]。何人かの研究者は実際に子どもと成人を迷路の中で研究している[111]。別の者たちは被験者がその中で経路探索をするためのコンピュータにシミュレートされた場所（バーチャル環境）を作成している[112-116]。おそらく，その潜在的な可能性にもかかわらず最も使われることがまれな方法は，実際に経路探索中の人間の自然観察であるが，状況は変わりつつある[117]。

　しかしながら，われわれが覚えておかなければならないことは，これらの方法のいずれも個人の空間的知識そのものを生成するわけではないということである。たとえば，スケッチマップは認知地図そのものではない。それは，人間の描画能力，発達段階，記憶，大きな場所を小さな紙に写す問題というような要素によって，その正確さを制限された，頭の中に保持されているものの表象である。

　これらの方法の正確さに関する証拠はさまざまである[118]。時として，これらの方法は信頼性がある（ある時点と次回，またはある方法から別の方法で類似した情報を生み出す）が[119]，時として信頼性がない[120]。妥当性（その方法が生み出したデータが本当に個人の認知地図を代表しているかどうか）は，空間認知を研究する多くの方法において問題である。ある北西海岸のアボリジニの研究では，空間認知の紙と鉛筆（訳注：質問紙）による測定は，彼らの現実の環境における空間探索能力とはほとんど関係がなかった[121]。他の研究は，もしもわれわれがある特定の場所の理解に集中するならば，われわれは「一般的な場所」に関して学ぶことはできないことを示している[122,123]。

　研究参加に地点間距離の判断を求める方法——後にそのデータは多次元尺度構成法（MDS）とよばれる洗練された統計処理で分析される——は馴染み深いスケッチマップよりもおそらく正確であろう[124]。別の研究者たちは認知距離から物理距離へのいかなる変換も非常に困難であると感じている[125]。そのような測度の不正確さを踏まえると，最も優れたアプローチは空間認知に複数の測度を用いることかもしれず，少なくとも，研究されている空間認知の特有の形式に適した測度を使用しているかどうか確かめるべきである[126,127]。

　　まとめると：空間認知測定の技法にはスケッチマップ，モデル作成と操作，距離推定，自然観察が含まれている。これらの有効性には肯定的否定的評価が混在している。またしても不完全な方法に対する最善の回答は，補完的な理解を得るために複数の方法を採用することか，少なくとも行われる特定の研究に最適な方法を慎重に選択することである[128]。

空間認知への影響

　この章は環境に関する情報の獲得の速度，情報の正確さ，個人が情報を体制化する方法，そして空間情報の再生能力の差に影響する要因について説明する。このような要素は，空間能力，視覚障害，年齢，性別，場所への知悉度などの個人差と，街路の構成などの物理的環境の中にあるものに分けられるだろう[129]。

　たとえ共有される環境であっても，その住人はそれについて同一の方法で考えてはいない[130]。個人差はこの空間認知の差異の鍵である。重要な問いは，どの個人差が日常場面に関するわれわれの思考に影響し，それらはどのように影響しているかである。

　5つの要因が詳しく説明される。それは，人生の段階，空間能力，場所への知悉度，性別，そして認知的なバイアスである。これらの要因は研究者の最も多くの注意をひいてきた。ここで述べておかねばならないのは，空間認知は，これまであまり注意をひいてこなかったその他の要素——パーソナリティ[131]，知能[132]，自己効力感（物事ができるという確信）[133]，文化[134]，教育[135]，感情[136,137]，時間の圧力，興味[138]，テストステロン（訳注：男性ホルモンの一種）の量[139]，そして場所の位置について思考している際の向いている方向[140]——の影響も受けているということである。しかし，多くの注意をひいてきた影響の最初のものである発達的変化から始めよう。

■**人生の段階**　よちよち歩きの子どもの頃，あなたは家の外に1人で出て行くことは許されていなかった。数年後には庭や家のまわりに限られていた。その後，自転車を手に入れ，近隣があなたのものになった。少年時代，あなたの領土はコミュニティ全体になった。このような個人に許された範囲の拡大は全般的な認知的発達における変化を伴う[141]。

　これらの変化は，ジャン・ピアジェ（Jean Piaget）の有力な認知的発達の理論の用語で説明できるだろう。この理論において空間認知は子どものより一般的な認知的発達の1つの面と考えられる。初期においては子どもは自己中心的である。彼らは彼らが世界の中心であると考える。彼らは，何がどのくらい彼らの近くにあるか，それに触ることができるかどうか，それらは彼らの一部なのかどうか，という点から環境を知覚する。たとえば，幼児は彼らのまわりを飛んでいる5つの小さなピンクの物体が友だちのものではなく，彼らの足の指，別々の意味を持つ5つのおいしい頭があるものであることを学習しなければならない（訳注：ピンクの物体もおいしい頭も足の指のこと。つまり，他人の足の指と自分の足の指を区別することを学習するということ）。

　ほぼ入学する時期に子どもは，彼らのではなく，他者の見方を取り入れられる段階に入る。これは投影段階（projective stage）とよばれる。空間認知の言葉でいえば，今や子どもはさまざまな物理的視点から場面について考えることができる。この段階の子どもは，理論的には，目立つランドマークを使って，自分がどこにいるかを知ることができる。たとえば，多くの子どもは学校から家までの道を見つけることができる。

その後，約11歳頃には，多くの子どもはより抽象的な形で思考することができる。この変化の空間認知への反映は，ユークリッド座標（緯度経度のようなグリッドシステム）や東西南北のような方角のような抽象的な概念を用いる能力である[142]。12歳の子どもは8歳の子どもよりもランドマークの変化に惑わされることは少ない[143]。

研究は，このピアジェの子どもの空間認知のモデルを全般的に支持している[144]。しかし，ある研究者は，研究室での技法に研究を限定している研究者は子どもの空間能力を過小視していると思っている[145]。たとえば，12か月のある子どもはランドマークを用いることができる[146]。比較的幼い子どもでも航空地図をうまく使える。ある6歳児は展望的視点やユークリッド的な能力が必要とされる空間的判断をすることができる[147]。子どもは家から学校までの道について誰かに伝えなさいと言われたときにできることよりも，同じ道のはるかに詳しい地図を描くことができる[148]。馴染みのある場面ではたとえ3歳半の子どもでもユークリッド的知識を示す。これはピアジェがその後約10年も期待していない能力の成果である[149]。

彼らの空間能力は言語能力を上回るために，子どもの空間認知能力は過小評価されてきた。たとえば，彼らは地図を使うこと，家までの道を見つけることができるが，彼らがその偉業をどのように達成したかをうまく説明することはできない[150]。したがって，子どもの空間能力を測る最も適切な方法に注意が払われなければならない（図2-6参照）。

発達の連続体のもう一方の端はどうなのだろうか。高齢者は，よく知らない場所で道を見つけるのはより困難であると言っている[151]。ほとんどの研究は空間能力は加齢に伴って衰えることを示しているが[152-156]，いくつかの研究は，特に地図を持って方向を示された場合のように記憶の負荷が小さい場合は，加齢に伴う行動遂行（パフォーマンス）の衰えはないことを明らかにしている[157-160]。このトピックに関しては本当にわずかな研究しか行われていないため，われわれはこのことに関してはほんの少

図2-6　子どもは徐々に家や近所そして共同社会で場所の定位をすることを学んでいく。

●●●第2章●●●
環境知覚と環境認知

しのことしか知らない。そして，現実はいつものようにかなり複雑である。
　全般的な意味での，可能性の高い2つの大きな結論は，(1)加齢に伴い，いくつかの空間能力は減衰するが，他は減衰しないし，いくつかは向上する，そして，(2)高齢者の空間に関する思考は若者と違う，である。たとえば高齢者は，馴染みがあり，彼らにとって意味のある場面ではうまく行動することができるが[161]，他の場所では常にそうとは限らない[162]。老いた人々は，若い人よりも新しい空間情報の学習が遅い[163]。彼らは新しい経路の学習，新しい経路の発見，場所の配置の想起がより困難である[164]。別の問題は，高齢者は時として，若者よりも経路発見に困難さを感じると報告するにもかかわらず，彼らは実際の衰えた状態よりも彼らの遂行能力が高いと考えることである[165,166]。
　このような変化は，行動的および移動能力と感覚能力のような生理的変化の両方のせいであろう。たとえば，ある研究は実際の場面での移動を必要としない課題，つまり，参加者はカードに印刷された言葉の空間的な位置を再生するように求められる課題において，年齢に関係した遂行能力の衰えがないことを見いだしている[167]。対照的に別の研究は，高齢者と若者がオーストラリアの海岸沿いに340キロ運転した後では，高齢者のほうがランドマークをあやまって指摘する頻度が高かったことを見いだしている[168]。
　しかし，この研究で高齢者は，若者よりもたくさんのディストリクトを思い出し，より詳しい報告を行った。明らかに，高齢者は彼らの環境に関する記憶を，(1)より頻繁により容易に利用する建物のように，彼らにとっての深い意味，(2)歴史的であるということ[169,170]，(3)建築の様式として特徴[171]，(4)彼らを快適な気分にする景観の要素の組み合わせ[172]，に頼っていた。現在，研究者たちは，高齢者の新しい環境の学習を助けるための特別な教育法として何が最適かを研究している[173]。
■**空間能力**　あなたは，高い空間能力を持つ個人は経路探索のような空間認知の課題において優れた遂行をすることは明らかだと考えているかもしれないが，そんなに単純ではない。対象の心的回転能力や複雑な背景に埋め込まれた対象を発見する能力を測る標準化された心理テストは，人々が新しい場面をどのくらいうまく学習し，想起できるかを予測するが，それもある程度にすぎない[174-176]。これは，他の要素，たとえば年上の子どもの持つ，幼い子どもがまだ獲得していないその他の能力を使用する能力が働いているためである[177]。したがって，空間能力の生まれつきの資質は現実世界の空間認知の優れた遂行とはうまくつながらない。しかし，これはある人の基本的空間能力がその人の人生に影響がないということを意味しない。たとえば，いかなる文脈的・背景的な情報なしで対象の場所や方向を学習し，想起する能力は，高齢者がその近隣にどのくらいの長さ住んでいるかや，どのくらい移送手段があるかよりも，その人物が彼の近隣において物やサービスを使えるかどうかのよい予想の指標である[178]。

■**知悉度または経験**　明らかに，われわれがある場面で時間を過ごすにつれて，そこに関するわれわれの空間認知は変化する。最も明確な変化はそこに関する知識が増加することで，それはわれわれがその周辺においてい

> **SEYMOUR WAPNER**
> サイモア・ワプナーは，環境心理学において統合理論の重要な提案者である。

つもうまく経路探索ができることを意味している[179-181]。たとえば，サイモア・ワプナー（Seymour Wapner）と大学の新入生たちは，6か月間をはさんで描かれたキャンパスのスケッチマップが，情報の量だけではなく，そのような情報の分化と統合においても統計的に有意に増加したことを示した[182]。パリのタクシー運転手の研究は経験のある運転手は経験のない運転手よりもうまく移動できることを確認している。経験のある運転手はまた，街の別々の場所で用いる異なる方略を知っている[183]。経験の増加は，客観的または地理的な地図として考えた場合に，われわれが場面のより正確な心的地図を持つことを必ずしも意味しない。ある非常に大きな建物内での距離判断の研究では，人々の経験が増えるにつれて，彼らの地図はより不正確になっていた[184]。研究者たちは，ある場面に親しむにしたがって，われわれはそこのイメージを経路探索がうまくできる助けとなるように変化させる，と指摘している。しかし，場面によっては，このことは地理的（地図学的）地図の観点からは不正確なイメージをわれわれがつくり出すことを要求するかもしれない。

経路探索はより複雑な場面ではより困難になる。しかし経験は助けとなる[185]。少なくとも1年間の他のキャンパスの経験がある学生は，それよりも経験が少ない学生よりも，彼らのキャンパスをより正確な配置で描いた[186]。この正確さは，厳密には，絶対的な場所の間の距離や位置の正確さではなく，キャンパスの場所の相対的な位置の正確さであっただろう。

その場所の空間的なレイアウトを学習することの重要性にわれわれが気がついたとき，われわれは非常にすばやく——われわれが環境に注意を払うことを指示されないときよりもすばやく——そうすることができる[187,188]。しかし，もしもわれわれが単にわれわれに必要な建物の部分について学習したならば，建物全体に関するわれわれの知識は乏しいものであるかもしれない。ある建物に関して何も知らない人々がその建物の見取り図について記憶することを依頼された。この人々は，この建物で2年間働いていた人々よりも，その建物の中で有意にうまく経路探索をすることができた[189]。

経験の違いを反映するいくつかの変数もまた空間認知と関係する。たとえば，運転者は，たとえ彼らがそれ以上の情報の獲得を必要としないとしても，同乗者とは違った，そして，おそらくは，より体制化された情報を獲得するだろう[190,191]。いくつかの研究は，社会的階層間，都市と郊外の住人間，そして夫と妻は空間的知識の形式と内容において異なることを示す[192,193]。しかし，おそらくこれらの変数は，社会的要因によって（たとえば，夫と妻はこの方法について本質的に違うのではなく）個人は都市

を違う方法で移動することを示している。たとえば，多くの都市で貧困な市民は裕福な市民とは異なる活動パターンを持つ。このことから彼らは都市のいくつかの場所をよく知ることになり，別の場所はよく知らないことになる[194]。

■**性別（ジェンダー）**　多くの研究は空間的知識の獲得，正確さ，そして体制において男女に差があることを見いだしている。差がある場合には男性が優性の傾向があり[195-199]，女性は新しい場面での経路探索時に，より頻繁に困難さや自信のなさを訴える[200-202]。しかし，この違いは常にあるわけではない。たとえばスウェーデンの研究では，男女が不案内な住宅地を歩くか，車に乗って通過するかした[203]。参加者が車に乗っていたときには，男性は女性よりも若干早くその場面を学習したが，その場面を歩いて通ったときには，男女は同じ速さで学習した。別の研究では，男性は，位置の判断が難しい場所の位置の判断においてのみ，女性よりも正確であった[204]。

ここにあらわれた性差は，認知能力や傾向の基本的な違いではなく，男性と女性が持ちがちな経験の違いを反映したものであろう[205,206]。これに対するいくつかの直接的な証拠が報告されている[207]。たとえば，男子は，彼らがより遠くまで行くことを許され，よりたくさんの経験を持っているため，彼らは女子よりも広いホームレンジを持つ[208,209]。成人においても，男性はより自信を持って彼らの判断を述べるが，能力には性差はないといういくつかの証拠がある[210,211]。性差の一部は，能力の不足ではなく，女性の側の不安の大きさによって説明されるだろう[212]。

能力の違いを離れても，男性と女性は異なる種類の空間認知を持っているようである。男性のスケッチマップはより多くのテリトリーを含み[213]，よりグリッド風である。女性のマップはより自宅中心である傾向がある[214]。説明を付け加えてくれと頼まれたとき，男性は女性よりも距離の推定（「ここは約10 km（6マイル）」）や基本的方向（「ここの西」）を付け加える[215]。女性の空間認知は経路に沿った異動の経験に基づいているようだが，男性は都市の地図状の心的表象[216]，つまり建物の中にも保持されているパターン[217]により大きく依存しているのかもしれない。

■**空間－認知バイアス**　すでに見てきたように，さまざまな理由から人々の認知地図は地理的な地図とは一致しない。しかしながら，それらを別にしても，われわれは3つの予測できる形で誤りを犯す。それらをわれわれはユークリッドバイアス，上位関係バイアス，分割バイアスと呼ぶ。

ユークリッドバイアスにおいては，われわれは世界を，実際のあるがままよりも，よりユークリッド的，またはグリッド的に考える。スケッチマップ上では，多くの個人は交わる道を平行に，直角ではない交差点を直角のように，緩やかな曲線を描く道を直線に描く[218-220]。見えない目標を指示するように求められたときには，直角ではない交差点にいる場合に人々は間違えやすい[221]。このことはグリッド状の道路パターンを持つ都市を曲線的，放射的，または並行ではない道路を持つ都市よりも，道案内しやすくする。

上位関係のバイアスを示すために，あなた自身で次の3つの質問に答えてほしい。トロントとミネアポリスはどちらが北か。アテネとワルシャワはどちらが西か。リノとサンディエゴはどちらが東か。自分で正確に知らない場所について考えるときには，われわれは明らかに上位のグループ，つまり質問の中の場所がメンバーである大きなカテゴリーに頼る[222]。トロントはカナダにあり，カナダはアメリカの北にある。ミネアポリスはアメリカにある。したがってトロントはミネアポリスの北にあるに違いない。アテネは西側諸国ブロックの一部のギリシャにあり，ワルシャワはポーランドにあり，東側諸国ブロックの一部である。したがってアテネはワルシャワの西にあるに違いない。リノはネバダ州の都市であり，それはカリフォルニア州の東にある州であり，サンディエゴはカリフォルニア州にあり，したがってリノはサンディエゴの東にあるに違いない。もちろんこれらの一連の推論はすべて不正確である。大きなカテゴリーを用いてその中にある場所の位置に関する推論をすることは，時として空間認知の誤りを導く。

　分割のバイアスは距離の判断に関係する。心的に経路を分割された断片に分けることはわれわれの距離推定を変化させる[223]。経路全体，または断片から断片の推定は客観的な距離に伴って（必然的に）増加する。しかし断片の中での推定は客観的距離とともに増加しない。それはまるで，われわれは経路の同じ断片の中にある場所に対しては正確な距離の弁別を行わないかのようである。

■**物理的な影響**　　環境のどの特徴は環境認知に影響するのだろうか。われわれはまず都市の規模で，続いて次に建築物の規模で，この問いを考えよう。

　ずっと以前，ケビン・リンチ[224]とドナルド・アップルヤード[225]（Donald Appleyard）は，規則的で，明白なパスと非常に見えやすいランドマークが都市の認知を向上させると仮定した。研究はこの主張を支持し，拡張している[226]。たとえば，距離の推定はより規則的な交通パターンを持つ都市において，より正確である[227]。加えて，都市における強い体制化の要素，たとえば，川，道路，そして線路は空間認知を向上させる。

　またある者は，都市景観の非常に顕著な（卓越する，目につく）特徴はそれに対する情報の処理をさらに強化することを期待するかもしれない。ある研究ではこの考えを，体制化の程度とある特徴の顕著さの程度の両方を変えた地図を用いて，処理の速度と読み取りにおける誤りの数を比較することで検証した[228]。リンチとアップルヤードが予想したように，高度な体制化は速度を向上し，誤りを減らした。しかし，体制化を伴わない顕著さは統計的に有意に空間認知を悪化させた（図2-7参照）。明らかに，顕著な特徴はきれいに体制化された場面の認知を強化することができるが，顕著さがきれいな体制化を伴わないときにはわれわれを混乱させることもある。

　交通システムを分断する都市の特徴も認知地図を妨害するかもしれない。ノースダコタ州のファーゴはその中心に大きな列車の操車場を持っている。この操車場の両側

●●第2章●●
環境知覚と環境認知

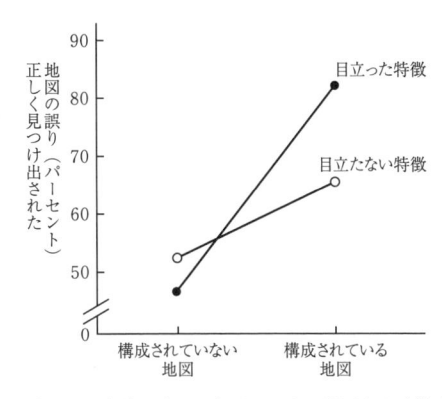

図2-7　正確に地図を読み取ることは、いかに地図がよく構成されているか、また地図上での場所の特徴がどれだけ目立ち、見やすく、わかりやすいかによっている。

を結ぶ陸橋が建設されたとき、女性のこの操車場によって分断されてきた場所の間の距離の推定はより正確になった[229]。おそらくこのことが起こったのは、女性は距離を推定するために移動の経験に頼るためである。彼女たちが操車場を大きく迂回しなければならなかったときには、直線距離も長く見えていた。陸橋が建設されたとき、彼女たちの新しい移動の経験は正確に彼女たちに直線距離はそんなに長くないことを教えた。

　1つの論争は新しい環境のどの要素が最初に学習されるかに関してである。ある研究者たちは、われわれは、パスをつくり上げる前にランドマークを最初に学習するという仮説を立てている[230,231]。別の者たちはパスとディストリクトが最初に学習され、ついで定位のためにランドマークを使用するという結論にいたっている[232,233]。証拠は双方を支持している[234,235]。注意深いレビューの後に、ゲーリー・エバンス（Gary Evans）は、問題となっている場面の物理的な性質によっては両方ともおそらく正しい、と結論づけている[236]。たとえば、1つの研究では、パスがランドマークよりも先に学習されるという意見を支持し、著者たちはランドマークの間の距離が非常に長いため、参加者はパスを最初に学習することを事実上強いられたと書いている。顕著なランドマークがある別の場所では、それらが最初に学習されたかもしれない。

　ここまでわれわれは都市の空間認知に影響する都市のいくつかの特徴に焦点を当ててきた。建物の内装のどの特徴が空間認知またはその中における経路探索に影響しているのだろうか。そこでは一般的に、4つの要素が働いている。

GARY EVANS
ゲーリー・エバンスは、環境認知と欲求の分野での主要な研究者である。

・標識と住所や部屋の番号づけのシステム
・目的地の視認性と野外の眺め
・分化（建物の別の部分の弁別性）
・配置（建物の全体的レイアウト）[237]

　したがって，全般的には，明確な標識と番号づけのシステム，よい視認性，高度の分化，単純な配置を持つ建物における経路探索が容易であることが期待される[238]。いくつかの研究はこれを支持している。経路探索は単純な見取り図を持つ建物でより容易である[239]。ある研究では標識が複雑な建物における移動の評価を統計的に有意に改善し，誤って曲がることを50％，引き返すことを62％減少させた[240]。しかしながら，標識は建物の複雑さを完全には克服できなかった。単純な見取り図を持つ建物において道を見つけることは依然として全体的に容易であった。
　人々がある建物のレイアウトを学習しようとしている際には，彼らは常に建物全体を一番よく見渡すことを可能にする建物の場所に向かう[241]。そのため，残りの部分を見渡すことができる場所を持たない建物はより把握することが難しい。建物のレイアウトの完全な理解は全体的な認知地図の作成を必要とする。標識から標識，もしくはランドマークからランドマークへの移動に頼らざるを得ない経路探索には限界がある。
　多くの理由から，建物はいつも最適な経路選択ができるように建てられるわけではない。すでにその建物が存在し，それがまるで迷路であるときに，われわれには何ができるだろうか。われわれは標識と建物や部屋の番号づけを改善できるだろう。しかし，その他の建築的な次元（たとえば，視認性，分化，配置）は簡単には変えられない。したがって，その他にわれわれができることは人々に複雑な建物の中で道を見つける方法を教えることである。ある研究者は建物の空間認知を改善する一番速い方法は，人々に一連のスライドか写真，もしくは建物の模型を見せることであると提唱している[242]。模型は単純化されている必要があり，建物の主要な要素を示すが，経路選択の役に立たないであろう邪魔な要素は示さない。
　ある人々は実際に経路選択を恐ろしいものにすることを望み，道に迷うことにお金さえ払う。日本やイギリスでは，実物大の迷路が国民的な娯楽となっている[243]。英国政府観光局は，1991年に「今年の迷路」を公表し，日本では最近少なくとも100の商業迷路が生まれている。人々は古代クレタ時代から楽しみのために迷路を造ってきた。よい迷路は上記の4つすべての原則を意識的に破っており，無標識・無番号，視認性なし，未分化，高度の複雑さを持っている。われわれはたまの迷路への挑戦を楽しむが，約束や授業に向かうときに迷路を好む者はいないだろう。
　経路探索を別とすると，何が建物を認知的に目立たせ，またよく記憶されるようにするのだろうか。ドナルド・アップルヤードは，用地の取得からすべてが計画されたベネズエラの都市，シウダッド・ガイアナでこの一連の研究を生み出した。彼はシウ

第2章
環境知覚と環境認知

ダッド・ガイアナの建物のさまざまな比較的客観的な特徴を評定し，住人がそれらをどのくらい頻繁に思い出すかを比較した[244]。よく思い出される建物は高く，孤立し，形に特色があり，よく視認され，頻繁に使用され，そしてそのまわりに人々の動きがあった。

それぞれの特徴は，カリフォルニア州のオレンジ郡においても住人の建物に対する記憶を促進していた[245]。しかし，いくつかの特徴はシウダッド・ガイアナでだけ（たとえば，建物の用途が1つである），またはオレンジ郡でだけ（たとえば，建物の質）で記憶を促進していることが見いだされた。将来の研究を待たなければならないものの，これは，ある建物の特徴は文化にかかわらず個人に強い影響を与えるが，別の特徴はある文化では影響するが別の文化には影響しない，ということを示している。

環境認知について考えるまったく別の方法は，物理的環境がどのように認知（空間的認知ではなく，認知全般）に影響するかである。初期の重要な研究で，ジャッキム・ボルビル[246]はハリー・ヘルソン[247]（Harry Helson）の順応水準理論に基づいて，刺激の最適水準の概念を環境心理学に導入した。この考えは，どのような活動に対しても，人は過剰，または過小に刺激されている状態があり，これらは満足の低下をもたらす。われわれはそれぞれ，刺激のある水準に順応しており，それは状況しだいで，客観的には相対的に高かったり，低かったりする。ある与えられた場面でわれわれが経験する刺激の水準がこの順応水準から少しずつある程度離れていくと，われわれの快は増加すると仮定される。もしあなたがこんな言葉遣いを許してくれるならば，この変化は刺激になるといえる。しかし，刺激の水準が同じ方向にさらに変化すると，それは享受するには強すぎる，または弱すぎる刺激となり，快は減少する。

したがって，場面がわれわれの順応水準に対して奇抜すぎる，複雑すぎる，速く動きすぎるとき，われわれはそれを刺激的すぎる，またはストレスと感じ，われわれの快，そしておそらくは行動の遂行は阻害されるだろう。同じことが，飽きた，単純な，動きののろい，もしくは単にただ退屈な刺激に乏しい場面に出会ったときに起こるだろう。

低い水準の刺激のもたらす認知的な結果がピーター・シュードフェルド（Peter Suedfeld）らに実験的に検討されてきた。1つの研究では，志願者が暗く静かな箱の中で24時間過ごした[248]。統制群の志願者は小さな部屋に閉じ込められたが，刺激は与えられた（電話と部屋を出て行く以外の彼らが選択した活動）。それ以前の研究は劇的な刺激の低減は単純な認知的な課題の遂行を向上することを示していた。シュードフェルドと共同研究者は複雑で難しい課題へのこの効果を知りたがっており，複雑さと難易度の両方を変えた課題を用意した。複雑な課題では，刺激が限定された群は統制群よりもうまく遂行がなされなかったが，難しい課

> **PETER SUEDFELD**
> ピーター・シュードフェルドは，低刺激場面の環境心理学への最も重要な貢献者である。

題ではそうならなかった。しかし，これらの結果は課題が何であるかによるのだろう。別の研究では，別の種類の課題を用いて，課題の複雑さと課題の難易度の両方の増加が低刺激の参加者の課題遂行を低下させた[249]。

まとめると：空間認知，日常場面の情報の記銘，処理，保持，再生は，その人の人生における段階，その場面の知悉度もしくは経験，空間的知覚的能力，認知的バイアス，都市または建物の特徴の影響を受ける。子どもの空間認知は一般的に自己中心的から投影的，抽象的という連続した変化をたどるが，それらの段階の移行は研究室研究が示すよりも速いかもしれない。高齢者の空間認知は若い成人とは違っている。衰えた移動力や感覚能力によって経験が制約されるため，彼らの行為遂行は劣る。彼らの環境の記憶はより個人的なものになり，ある点では若い成人よりも優れている。空間認知の男女差は存在するが，それの大部分は男性と女性の移動の経験の違いを反映したものだろう。場面における経験は，その環境に対するより完全でうまく体制化された認知的イメージをわれわれに与えてくれる。3つの一般的な認知のバイアスは，場所を実際よりもグリッド状またはユークリッド的に見てしまうこと，より小さい場所の位置の特定のためにより大きな地理的場所を誤って採用すること，そして，経路の分割や障壁に影響されることである。空間認知はその人が認知している場所の性質によっても影響される。たとえば，都市の形の空間認知はわかりやすいパスと視認できるランドマークによって向上する。これらの要素の中の1つがより一般的であったり目立つ場合には，それは一番最初に憶えられる。しかし，いくつかの証拠は，体制化されていない視認性は効率的な空間認知を妨げてしまうかもしれないことを示唆している。建築においては，高く，孤立し，特徴的な形で，頻繁に使用される建物が，他の建物よりもよく思い出される。認知全般は，われわれが慣れている刺激の水準との比較という点で環境から受ける刺激水準の影響を受ける。

理 論

われわれが日常場面をどのように理解するかに関するこれらすべての知識はどのように統合されるのだろうか。明らかに，情報は物理的環境から最終的には脳の中で表現される認知的装置へと移動する。うまいことに，次に議論される空間認知の謎に対する理論的アプローチは，物質的，認知的，生理的構造に起源を持ちながら互いに補完しあっている。さらによいことは，この先の道のりは長いにしても，これらのアプローチの統合に向かう方向を示す暫定的な道しるべは存在している。

■**わかりやすさ：物理的視点**　ケビン・リンチ[250,251]とドナルド・アップルヤード[252]の画期的な仕事は都市計画と環境心理学において卓越した影響力を持ってきた。わかりやすさの概念（ある人に場所が体制化され，理解され，「読み取られる」際の容易さ）と，それのパス，ランドマーク，エッジ，ノード，ディストリクトとの関係は数百の研究の基本的な枠組みを与えてきた。（この章の最後で見るように），このアプローチにおいて頭の中の情報処理の役割は無視されてはいないが理論は空間の物理的

●●第2章●●
環境知覚と環境認知

図2-8 ブリティッシュ・コロンビア州ビクトリアにあるエンプレスホテルは最もわかりやすい建物の1つである。

な配置から出発し、またそれを強調する。
　この物理的視点の主要な要素はすでに説明されている。この理論の原動力は、わかりやすさが高い場所は容易に理解され使用されることを予想することである。リンチの考えは再検討され、建物から都市全体に及ぶ規模で応用されてきた（図2-8参照）。たとえば、よりわかりやすい都市をつくるために都市計画家は、都市が成長し再開発されるに伴い、5つの方法でコミュニティを少しずつ形づくっていく[253]。

1．道路システムの主要な判断地点にランドマークを置く。
2．視認性を最大にすることで、それらのランドマークを弁別しやすいものにしておく。これは、それを高くする、まわりの建物から離す、建築の様式として独特のものにする、多くの公共的な活動を生み出す活動を持たせることで実現できる。
3．エッジを強化するために、主要な道路はディストリクトの機能的な境界と一致させる。
4．ディストリクトが大規模に再開発されるときは、よいランドマークとして機能してきた建物を保存する。
5．全体的に均質なディストリクトの中にランドマークを建設する。

　リンチの考えは、「あなたはここです地図」（You-Are-Here map）、建物の色彩コード、乗り換え案内図のデザインにも応用されている。最後のものはここで議論し、あなたはここです地図と色彩コードは後ほど議論する。わかりやすさの原則は通過経路の理解を向上するためにバスや地下鉄の乗り換え案内図に用いられてきた。最良の案内図は通過経路を現実そのままに表現するのではなく、地点から地点に移動する際の

経験と一致した単純化された様式的な手段で表現される[254]。経路のわかりやすさを向上させるために彩色された記号を用いた案内図は，利用者に正確さと自信を与えるが，経路以外の道路の詳細を示すことで役に立つものにしようとしすぎた案内図は，不正確でフラストレーションの多いものになる[255]。

案内図は環境における定位の問題を完全に解決はしない。たとえ慣れた地下鉄利用者であっても，AからBへ行ってくれと言われたときには，半分以上の場合に最適ではない経路を選択した[256]。これらの利用者は地下鉄の案内図や指示を難しいと思っていた。彼らはしばしば，目的地にたどり着く最適な経路ではなく，よく知っている経路を選択する反応を示した。

病院の外来部門において，研究者は何人かの女性にその建物の中のたくさんの目的地を見つけるための携帯地図を与え，別の女性たちには与えなかった[257]。携帯地図を用いた者たちは目的地を見つけるのに実際にはより長い時間を費やした。しかし，彼女たちは同じ道を引き返すことは少なく，地図は移動の計画を立てるのに役に立つと信じていた。

■**知的成長と計画（プラン）：2つの認知的視点**　わかりやすさのアプローチはもともと空間認知における環境の役割を強調するのに対して，知的成長と計画のアプローチは元来，認知の役割を強調する。しかしながら，この2つのアプローチは今や合流しつつある。知的成長の視点は個人が空間を理解する能力を発達させる方法を検討する。それは，経路探索，方向の指示，場所の位置の記憶のような空間情報の利用能力を発達させる方法に関係する。主にピアジェの理論から派生してきたため，子どもがたどるとされている自己中心的，場所指向的，抽象的座標の段階が含まれる。

ゲーリー・ムーア（Gary Moore）は，このアプローチの中での環境の役割を拡大するための，この考えの拡張版を提案してきた[258]。彼は，それぞれの段階において個人は環境に関する異なるものを知るだけではなく，知識を異なる方法で体制化すると考えている。またムーアは，成人が新しい場所を知る際にたどる短期間の進歩と，段階から段階への子どもの進歩の間に概念的な相似性があることを示してきた。トランスアクショナルな構成主義者（transactional-constructivist）として，ムーアは個人と彼らの場面の間に生じるトランスアクションが理解されない間は空間認知は理解できないと主張する[259]。また彼は，われわれは収集したデータから能動的に世界を構成する（世界はわれわれにあるがままのそれ自身，またはすでに構成されているものを見せていると信じる者たちとは対照的に）と信じている。

子どもにおける構成主義的思考の比較的単純な証拠が，子どもたちがある本拠地（X）から出発し，Xから別の3か所に行く方法を教わる実験で示されている[260]。その子どもたちはAからB，BからC，AからCに行く方法は教わっていない。しかし，彼らはそれらの場所の空間的な関係を説明できる。その子どもたちはそれらの関係に対する直接的な経験を持たないので，彼らはこのような関係を構成したに違いないこ

とになる。

　別の研究者たちは，われわれがたとえば新しい近隣で道を理解していく過程をシミュレートする本格的なモデルの開発を始めている[261]。われわれが場所の空間的な特徴を徐々に学習していく方法をモデル化するようなコンピュータ・プログラムが開発されてきている[262]。多くのそのようなモデルは，われわれが地域化された階層的な心的地図をつくり上げていると仮定している[263]。地域化とは，われわれが場所のグループをつくる傾向を意味している（たとえば，大きな建物の中の部屋群，大きな都市の中の建物群，地理的な地区の街群）。階層的体制化は，われわれが国の中の都市のような，カテゴリーの中にカテゴリーをつくることを意味している。

　それぞれの地域は1つ以上のランドマークによって認識されており，空間認知の理論のいくつかはわれわれが空間を体制化するためにランドマークを用いる方法に焦点を当てている[264]。ランドマークの正確な定義には多少の議論があるために[265]，より正確には，地域は認知的なアンカーポイントを持っているといったほうがいいだろう[266]。日常的な空間行動においてAからBに行く方法を計画することが必要なときにはいつでも，そうした地域化された階層構造を持つ心的地図が用いられる。

　別の理論は，われわれは経路探索を環境の鍵となる要素の視覚的再認（「図書館のところで右に曲がる」），または地図としての環境の心的表現化（「南に向かって10街区進んで，そして東に曲がる」）を用いて行っていると主張する[267]。もちろんわれわれの経路探索のすべてが意識的な計画を必要とするわけではない。多くの移動は習慣的なもので，われわれは計画しなくとも行うことができる[268]。しかし，すぐに見ていくことになるが，計画はある日常的空間行動においては鍵となる役割を果たす。

　実務においてはこれらすべてはどんな意味を持つのだろうか。子どもと成人の両方において空間認知の重要性が暗示されている。たとえば，ある研究は，住民の近隣の地域化が行政による近隣の区分と必ずしも一致しないことを明らかにしている[269]。もしも境界線がその選挙区の政治家によって引かれている場合には，学区や公園計画は，住民の持つ近隣の領域のイメージとはまったく違うものになり，混乱や葛藤が起こるだろう。別の研究は，われわれが特定の場所についての理解に集中した場合には，「普通の場所」を全般的にうまく学べないことを示している[270]。

　他の実務的な応用は道に迷うことに関するものである。3歳児の迷子の事件の記述の中で，研究者たちは，彼がたどった経路を再構成することで，彼のさまよい歩きがでたらめではないことを示した[271]。年齢，経験，そして場面に応じて，道に迷った人が選ぶ可能性が高い経路をかなりうまく予測することができる。他の研究者たちは重度の精神障害者の彼らのコミュニティにおける経路探索を支援するために空間認知の原則を用いている[272]。警察官または他の官職者が用いる標準的な手段として，厳密にグリッドパターンをたどり，可能性がかなり高そうなパスを考慮に入れない探索方略が時としてとられる。子どもの発達段階と地形の知識はより効率的な探索方略を導く

かもしれない。たとえば，6歳未満の迷子は開けた所（open space）で見つかることが多いが，6歳から12歳の間の迷子は迷ったときにしばしば，囲まれた隠れ家を探そうとする。

われわれが空間の知識を体制化する階層的な形式は，われわれは（顕微鏡の異なる倍率のような）いろいろな縮尺の地図を用意しており，（正しい状況では）必要に応じたどんな「縮尺」も用いることができることを意味している。たとえば，もしわれわれが一連の用事を行うための総移動距離を最小化する課題を人々に与えた場合，彼らは，最小の総距離を移動するという全体の目標を達成するのに必要な，部分的な移動としては最小ではない部分を見つけ，選択することができる[273]。

個人的な空間構成は，われわれが地理的な現実に従って行動しているわけではないことを意味している。たとえば，認知距離は，客観的な距離，社会経済的要素，またはその他の買い物客の人口統計的情報よりも，消費者がどこで買い物しようと判断しているかと強く関係している[274]。われわれは，世界が実際にどのように構造化されているかよりも，世界がどのように構造化されているとわれわれが思っているかに従って買い物をしている。

われわれの空間の構成はまた，いくつかの奇妙で非効率的な方略を含んでいるようである。坂登り（road climbing）とは，その道がたとえその他の利用できる道よりも50％も長いときでさえ，出発地点から，長い距離まっすぐな経路を選択する傾向のことである[275]。しかしながら，わかっておかなければいけないことは，われわれは普段は，地図的なイメージ（保持している地図を想起する，もしくはその場で目的に応じたものを心の中で構成する）や経路に沿った移動の想像などの有効な方略を採用しているということである[276]。

第2の，しかし非常に関係していることは，認知の視点が空間認知の計画と目的の機能を含んでいるということである[277-279]。この視点は，ある順番で一連の用事やその他の空間的な課題を果たすときのような，空間的知識の二次的，または間接的な使用と関係している。

TOMMY GARLING
トミー・ゲーリングは，スウェーデンの環境心理学の第一人者で，幅広く環境知覚と認識を研究している。

われわれが認知的に構成する世界も，われわれがこの世界の中で移動するときに持ち歩く目的と計画に依存している。たとえば，何かをそこに隠そうという意図を持って部屋に入った個人と，またはそこを飾りつけようとして入った個人は，単にそこで待ち合わせをしようと入った個人とは，その部屋のまったく異なる心的地図を持つことになるだろう[280]。

構成主義者と同じように，この視点の理論家は，われわれが場面と交流する活動エージェントであると見なしている。われわれは，われわれの行動を導くアクションプランをつくり出す。アクションプランの一種の移動計画は，どんな空間的情報が獲得されるか，どのようにそれが体制化されるか，場面に対して個人がどのような推論を

●●第2章●●
環境知覚と環境認知

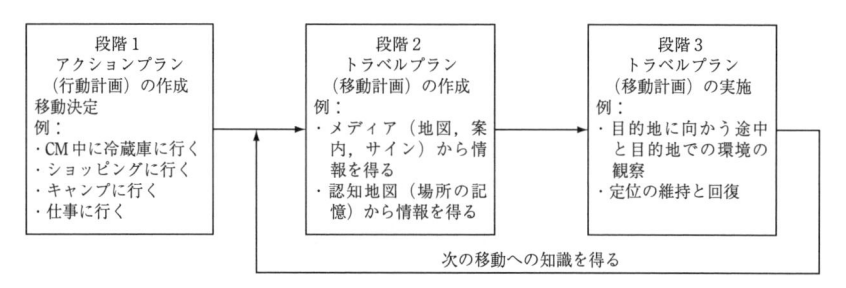

```
┌─────────────────┐     ┌─────────────────┐     ┌─────────────────┐
│     段階1        │     │     段階2        │     │     段階3        │
│  アクションプラン  │     │   トラベルプラン  │     │   トラベルプラン  │
│  （行動計画）の作成│────▶│  （移動計画）の作成│────▶│  （移動計画）の実施│
│  移動決定        │     │  例：            │     │  例：            │
│  例：            │     │  ・メディア（地図, │     │  ・目的地に向かう途中│
│  ・CM中に冷蔵庫に行く│◀───│   案内, サイン）か│     │   と目的地での環境の│
│  ・ショッピングに行く│     │   ら情報を得る    │     │   観察           │
│  ・キャンプに行く  │     │  ・認知地図（場所の│     │  ・定位の維持と回復 │
│  ・仕事に行く     │     │   記憶）から情報を│     │                 │
│                 │     │   得る           │     │                 │
└─────────────────┘     └─────────────────┘     └─────────────────┘
                          次の移動への知識を得る
```

図2-9　トラベルとオリエンテーションの情報過程モデル

ひきだすかをある程度決定する（図2-9参照）。

　空間的知識の発達は，われわれが行う行動の性質によって影響される。これは知的成長の視点とも関連している[281]。日常生活において，空間行動は意味のある計画と目標に導かれている。研究室の研究では，しばしば研究者の目的が被験者の持っていたであろう目的とすりかわる。空間認知における目的と計画の役割についてより以上に学ぶために，われわれは人々を彼らの生活する場所で研究する必要がある。たとえば，20分間の短い近所の移動でも50もの経路探索における決定が必要である。移動の計画と実施は認知的にはかなりたいへんな課題なのだ[282]。個人が空間関係（たとえば，宇宙を旅する，両親のために子どもが店に行く，森でキノコを採る）を含む特定の目標，計画，または課題を持つ（または与えられた）とき，彼らの空間的な発達は研究室での研究が予想するよりも速く進むだろう。これから出会う経路を予測している経路探索者は，彼らが正しい経路に着いたことがわかることがより多いだろう[283]。

　計画性に基づく興味深い応用が提案されている[284]。犯罪者と被害者の両方が認知地図を持っている。街における「不安地域（fear zone）」と犯罪者の認知地図の発見のために認知地図の技法が用いられるならば，法はより効果的に執行されるだろう[285]。犯罪の認知地図は公式の犯罪統計と一致するとは限らない。たとえば，郊外居住者は都市の中心（ダウンタウン）の犯罪発生率が高いと誤るかもしれない[286]。一方で，研究者は，容疑者の示した計画とか犯行現場の実際のパターンに基づき，認知地図プロファイルを作成する支援をしている。連続レイプ犯は犯行において規則性のある空間パターンを示し，これは彼らが次にどこで襲うかをわれわれが予測することができるようになることを示唆している[287]。

■**海馬：生理的視点**　環境心理学と生理科学を結びつけることはほとんど行われていないが，おそらくすべての行動（環境に関係ある行動を含む）は脳生理学の何らかの方法で表現することができる。空間認知と脳を結びつける最も野心的な試みは，ジョン・オキーフ（John O'Keefe）とリン・ナデル（Lynn Nadel）のものである。ねずみの研究から始まって，オキーフとナデルは海馬——タツノオトシゴの形をした脳の中心部にある辺縁系の一部——が認知地図の所在地であることを提唱した[288, 289]（図2

67

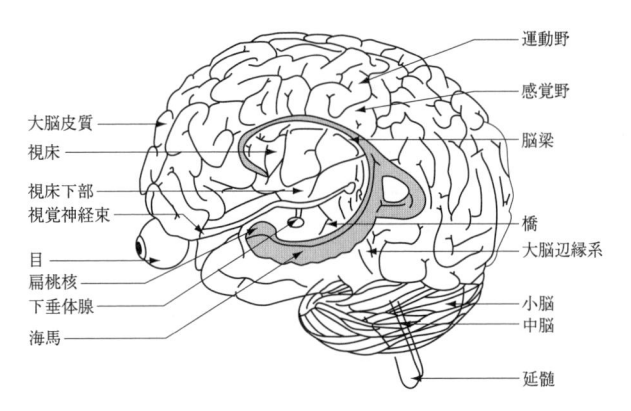

図 2-10　海馬は大部分の空間認識が生じる神経学的部位である。

-10参照)。

　動物の行動が地図によって導かれるという考えは，エドワード・トールマン（Edward Tolman）によってずっと以前に心理学に導入されているが，それはこのような生理学的厳密さを持ったものではなかった[290,291]。オキーフとナデルの基本的そして論点となる考えは，(1)海馬のいくつかのニューロンは場所と特別に結びついている，(2)そのようなニューロンのネットワークが三次元的なユークリッド的枠組みの中に個人が知っている場面を表現する枠組みを形成する，(3)人間においては左半球の海馬の部分が意味もしくは言語を用いた地図の所在地で，右半球の部分が空間または映像的な地図の所在地である，ということである。

　また，オキーフとナデルの理論は，空間認知の2つのシステム——分類システムと場所システム——の存在を仮定する。分類システムは，誘導仮説と定位仮説を使ってどの経路をとるかを決定する。誘導仮説は，場面における物体や手がかりに近づくべきか，一定の距離を保つべきかを特定する。定位仮説は，たとえば「右に90度回る」などのように，行動としてどのようにその判断を実現するかを決定する。場所システムは，その名が示すように場所に関係する。場所仮説とは個人にとって重要なように知識を体制化するための，脳による構成を示している。典型的な場所仮説は，「これは危険な場所だ」や「その場所はいつも水をたたえている」などである。

　オキーフとナデル自身の研究では主に，場面を探索するときに自由に動き回るねずみの脳をモニターすることを行った。しかし，彼らの著書では，彼らの考えを支持する人間の生理心理学的証拠を集めている。オキーフとナデルの理論の人間への応用の可能性は興味深いものである。たとえば，彼らは，言語は最初われわれの場所の知識を他者に伝えるための手段として発達したと推測している。人間においての場所の学習（場所の名前の学習）とは，方向の学習（どこで右か左に曲がることの学習）よりもランドマークの順番や配置のような他の種類の空間情報の学習の促進を示す[292]。こ

第2章
環境知覚と環境認知

表2-1　脳の中でのさまざまな空間認知機能の位置

空間認識タイプ	機能の例	脳の領域
空間知覚	物体配置	後頭葉と頭頂葉
空間記憶	空間の短期記憶	海馬，視床
空間注意	空間への注意	頭頂葉
空間操作	心的回転	右頭頂葉
空間構成	部分を全体に組み立てる	頭頂葉

れら研究者は，認知地図の海馬モデルとコルサコフ症候群（記憶喪失を含む認知の欠乏のパターンで，長期的なアルコール中毒によってもたらされる）の患者が経験する問題の間に関係性があると考えている。脳の他の部位とともに海馬にも影響するアルツハイマー病の犠牲者も地図の使用（他の多くの問題とともに）に困難を覚える[293]。

海馬は認知地図に関係のある唯一の部位ではない。たとえば，皮質の頭頂部に損傷を受けた個人はよく知っている場所の地図を描く能力を失い，彼らが知っている空間が地理的な空間としてどのように配置されているかに関する知識を失ってしまったように見える[294]。脳の別の部位が異なる種類の空間認知に結びついていることがだんだんと明らかになっている。ある研究のレビューは，空間認知には5つのカテゴリーがあり，それらは脳のさまざまな部位に位置づけられると結論づけている[295]。この考えを表2-1に示す。

特筆すべき理論的問題が1つまだ述べられていない。その問題とは人間において空間的知識は命題，またはアナロジーのどちらとして保持されているかである。簡単にいえば，命題的なアプローチは日常的な空間の知識が言葉として脳に保持されていると仮定している。アナロジー的アプローチは，そうした知識は画像的なイメージとして保存されていると仮定している。命題的なアプローチは，情報は意味やスキーマの抽象的なネットワークの中に保持されていると仮定している[296]。アナロジー的なアプローチは，それが現実世界のモデルやイメージとして保持されていると仮定する[297]。心理学においてしばしば見られるように，この問題の解決は，両方の形式の情報の保持が起こるというものかもしれない[298]。

脳（海馬に基づくとは限らない）に基づくもう1つの空間認知の理論はワールドグラフ，すなわち，個人が遭遇した状況間の関係の表象に関するものである[299]。それぞれの状況は神経節に符号化されるといわれ，それぞれの場所は複数の神経節に符号化される。ワールドグラフモデルは動物の探索研究のある古典的な発見を説明しているように思われるが，人間に拡張するならば，認知地図に関する理解をおそらく促進するだろう。

まとめると：環境認知の5つ理論は，空間認知の物理的環境，認知，または生理的側面に集中している。わかりやすさのアプローチは，道を見つけようとしている個人の容易な理解を促進するために，建物から都市までの場面がどのように構造化されるべきかに焦点をあてている。2つの認知理論，知性の成長と計画のアプローチは，子どもの認知能力が増加するにつれて，彼らが彼らのまわりの場面を理解する方法と，われわれの移動の計画が典型的な経路探索と最適な経路選択の両方に影響を与える方法に焦点をあてている。2つの生理的理論，海馬とワールドグラフアプローチは脳における経路選択の基盤を検討している。空間認知の完全な理解は物理的環境，われわれがそのような空間をどのように思考するか，そしてその生理的基礎のすべての知識が要求されるため，これら5つの理論は相互に補完しあうものである。

環境認知とデザイン

■**あなたはここです地図**　環境認知の法則をわれわれはどのように環境デザインに用いることができるだろうか。あなたはここです（You-Are-Here）地図は重要な応用の1つであるが，すぐにわかるように，多くのあなたはここです地図は環境認知の法則を適用しそこなっており，実際には人々を混乱させている。

大きな建物，キャンパス，ショッピングセンターのような多くの場所では，人々にとってその中や周辺で行き先を見つけることは難しい。それらのいくつかには出入り口付近の台座や壁に，「あなたはここです」と告げている小さな矢印つきの建物のレイアウトを示した地図が置かれている。それらの地図は建物をわかりやすくしようとする試みである。それはある意味，そのままではその建物のわかりやすさは十分ではないと認めているようなものである。

あなたはここです地図には，良いものと悪いものがある。あるものは建物のわかりやすさを向上することに成功しているが，別のものはそれがない場合よりも悪化させている（図2-11参照）2つの一般的な法則——構造の一致と定位——が，あなたはここです地図を効果的にするために守られなければならない[300]。

構造の一致とは，地図がそれが表現する場面のレイアウトと見かけを役立つように反映しなければならないという意味である。構造の一致は以下の基準が満たされたときに向上する。

・地図が場面における実際の表示（たとえば，ロゴ）と類似した表示を持つ。
・地図がそれが配置されているパスに沿って非対称的に置かれている。そうすると見る者は，地図の中の相対的な位置を場面の中に容易に発見できる。
・地図の中のあなたはここですの記号が，地図自身の小さな絵を指しており，地図との関係で見るものがまさにどこにいるかを示す矢印が含まれている。

第2章
環境知覚と環境認知

図2-11 このテキストによれば，この典型的な「あなたはここです地図」は良いものだろうか。

定位は以下の原則が採用されているときに向上する。

・地図が場面と同じ方向にそろえられている（たとえば，東が東で西が西である）。
・地図が前が上の対応（地図の上部が実際の場面の真正面に対応する）を持つ。

　実験室と現場での検討において，この2つの法則は建物内の経路探索を有意に改善することを示している[301-303]。しかしながら，たとえ優れたあなたはここです地図であっても，壁に書かれた良い標識よりは認知的な負担は大きい。ある研究は標識を用いた経路探索者は，あなたはここです地図を用いた者よりも目的地を早く発見したことを明らかにしている[304]。したがって，それが可能である場所では，良い標識のほうが良いあなたはここです地図よりも勝る。

■**カラーコードを用いた経路探索の改善**　建物はカラーコードの使用やよく検討された番号づけによってもよりわかりやすくなる。キャンパスの建物の床を異なる色で塗ることが経路探索の誤りを減少させ，学部生の建物の理解を改善した[305]。病院では，研究者たちが，地下の階をどのように番号づけるかのようなちょっとした細かい点が，約束した場所に向かう多くの患者や訪問者を迷わせていることを明らかになった[306]。

■**アルツハイマー病の人々を支援するデザイン**　ロメディ・パッシーニ（Romedi Passini）と共同研究者は，進んだアルツハイマー病の人々が経験する経路探索の問題点を研究している[307]。インタビューと観察に基づき，彼らはそれらの人々にとって空間的な移動の困難さを下げる一連のデザインの基を開発した。建物の形状には変化がなければならない（同じであることは混乱させる）。高さは最小にする（エレベーターは大きな不安の原因になる）。多くの標識を使う（大きな文字を使って）。

要　約

　環境知覚研究は，個人が複雑な日常的な風景（単純化された刺激の提示ではなく）にどのように反応するかの理解を強調する。研究の目的がまだ建造されていない建物への反応の理解であるような場合には，風景はシミュレートされなければならない。注意の水準，順応の水準，そして現実の風景の大きな複雑さに対して必要な選択性は，われわれが現実の風景の中で何を知覚しているかに対する重要な影響を持つ。場合によっては，これは健康や安全に悪い結果を伴う，景観の重要な要素を見逃してしまうことを意味する。環境知覚はすべての者に対して同一ではない。さまざまな個人差や文化差が同じ光景を違って見ることに関係する。ブルンスウィックの確率的機能論，ギブソンのアフォーダンス理論，バーラインの対比の特性，そして現象学者たちの人間第一主義アプローチはすべてわれわれが世界をどのように「読み取っている」かを理解するための価値ある方法である。

　環境認知の一部である空間認知は，機械的な情報処理とは異なるが，（ある種のバイアスがしばしば誤りを引き起こすものの）全般的には効率的な過程として研究されてきた。認知地図の要素はスケッチマップ，モデルの操作，距離推定，そして自然観察で研究される。認知地図はその他の認知的な過程とともにピアジェ流の発達をするが，環境の経験はこの発達を早めも，遅めもする。わかりやすい都市や建物は理解しやすい。環境認知という用語が通常持つ意味とは逆に，刺激の異なる水準がわれわれが日常の課題をどのくらいうまく考え，遂行できるかに影響を与える。5つの空間認知の理論は異なる出発点から始まっている。それは場面そのもの，認知的発達，脳生理学である。明らかに，これらの理論は競合するのではなく，空間認知の包括的なモデルに統合できる。いつの日か空間認知と関係した生理的な構造が認知的および物理的理論と完全に結びつくだろう。ここまで議論してきた理論によって，われわれは概念の最終的な統合に向けて近づくことができただろう。

【引用文献】

1. Ross, H. E.（1974）. *Behavior and perception in strange environments*. London: George Allen and Unwin.
2. Ittelson, W. H.（1978）. Environmental perception and urban experience. *Environment and Behavior*, **10**, 193-213.
3. Gifford, R., & Ng, C. F.（1982）. The relative contribution of visual and auditory cues to environmental perception. *Journal of Environmental Psychology*, **2**, 275-284.
4. Ittelson, W. H.（1970）. Perception of the large-scale environment. *Transactions of the New York Academy of Sciences*, **32**, 807-815.
5. Ittelson, W. H.（Ed.）（1973）. *Environment and cognition*. New York: Seminar Press.
6. 2. 参照
7. McGill, W., & Korn, J. H.（1982）. Awareness of an urban environment. *Environment and Behavior*, **14**, 186-201.
8. Sommer, R.（1972）. *Design Awareness*. New York: Holt, Rinehart and Winston.
9. Gifford, R.（1976）. Environmental numbness in the classroom. *Journal of Experimental Education*, **44**

第2章
環境知覚と環境認知

(3), 4-7.
10. Leff, H. (1978). *Experience, environment, and human potential*. New York: Oxford University Press.
11. Marans, R. W., & Stokols, D. (1993). *Environmental simulation: Research and policy issues*. New York: Plenum.
12. Hetherington, J., Daniel, T. C., & Brown, T. C. (1993). Is motion more important than it sounds? The medium of presentation in environment perception research. *Journal of Environmental Psychology*, 13, 283-291.
13. Appleyard, D., & Craik, K. H. (1978). The Berkeley environmental laboratory and its research program. *International Review of Applied Psychology*, 27, 53-55.
14. McKechnie, G. E. (1977). Simulation techniques in environmental psychology. In D. Stokols (Ed.), *Perspectives on environment and behavior: Conceptual and empirical trends*. New York: Plenum Press.
15. Coeterier, J. F. (1983). A photo validity test. *Journal of Environmental Psychology*, 3, 315-323.
16. Sirikasem, P., & Shebilske, W. L. (1991). The perception and metaperception of architectural designs communicated by video-computer imaging. *Psychological Research/Psychologische Forschung*, 53, 113-126.
17. Wood, W. (1972). *An analysis of simulation media*. Unpublished Graduation Project, School of Architecture, University of British Columbia, Vancouver.
18. Stamps, A. E. (1993). Postconstruction validation of photomontage simulations. *Perceptual and Motor Skills*, 76(3, Part 2), 1335-1338.
19. Bateson, J. E., & Hui, M. K. (1992). The ecological validity of photographic slides and videotapes in simulating the service setting. *Journal of Consumer Education*, 19, 271-281.
20. Ishikawa, T., Okabe, A., Sadahiro, Y., & Kakumoto, S. (1998). An experimental analysis of the area of an open space using 3-D stereo dynamic graphics. *Environment and Behavior*, 30, 216-234.
21. Lowenthal, D. (1972). Research on environmental perception and behavior: Perspectives on current problems. *Environment and Behavior*, 4, 333-342.
22. Brunswik, E. (1944). Distal focusing of perception. *Psychological Monographs*, 56, 1-48.
23. Lynch, K., & Rivkin, M. (1959). A walk around the block. *Landscape*, 8, 24-34.
24. Feimer, N. R. (1984). Environmental perception: The effects of media, evaluative context, and observer sample. *Journal of Environmental Psychology*, 4, 61-80.
25. Wagner, M., Baird, J. C., & Barbaresi, W. (1981). The locus of environmental attention. *Journal of Environmental Psychology*, 1, 195-206.
26. Stevens, S. S. (1975). *Psychophysics: Introduction to its perceptual, neural, and social prospects*. New York: Wiley.
27. Reed, C. F., Lehberger, P. F., & Haase, R. F. (1980). Application of psychophysical scaling to measurement of complexity of houses. *Perceptual and Motor Skills*, 50, 655-660.
28. Coren, S., Porac, C., & Ward, L. M. (1984). *Sensation and perception*. Toronto: Academic Press.
29. Nasar, J. L., Valencia, H., Abidin, O., Chueh, S., & Hwang, J. (1985). Out of sight further from mind: Destination visibility and distance perception. *Environment and Behavior*, 17, 627-639.
30. Hershberger, R. G. (1968). A study of meaning and architecture. *Man and His Environment*, 1(6), 6-7.
31. Kaplan, R. (1973). Predictors of environmental preference: Designers and clients. In W. F. E. Preiser (Ed.), *Environmental design research*. Stroudsberg, PA: Dowden, Hutchinson and Ross.
32. Valadez, J. J. (1984). Diverging meanings of development among architects and three other professional groups. *Journal of Environmental Psychology*, 4, 223-228.
33. Payne, I. (1969). Pupillary responses to architectural stimuli. *Man-Environmental Systems*, 1, S-11.
34. Edney, J. J. (1972). Place and space: The effects of experience with a physical locale. *Journal of Experimental Social Psychology*, 8, 124-135.
35. 29. 参照
36. Smith, C. D. (1984). The relationship between the pleasingness of landmarks and the judgement of distance in cognitive maps. *Journal of Environmental Psychology*, 4, 229-234.
37. Turnbull, C. (1961). Some observations regarding the experiences and behavior of the Bambuti pygmies. *American Journal of Psychology*, 74, 304-308.
38. 28. 参照
39. Wohlwill, J. F. (1973). The environment is not in the head! In W. F. E. Preiser (Ed.), *Environmental design research*, Vol. 2. Stroudsburg, PA: Dowden Hutchinson and Ross.
40. Thiel, P. (1970). Notes on the description, scaling, notation, and scoring of some perceptual and cognitive attributes of the physical attributes. In H. Proshansky, W. Ittelson, & L. Rivlin (Eds.), *Environmental*

psychology: Man and his physical setting. New York: Holt, Rinehart, & Winston.
41. Pederson, D. M., & Topham, T. L. (1990). Perception of enclosure effects of architectural surfaces in a large scale interior space. *Perceptual and Motor Skills,* 70, 299-304.
42. Thiel, P., Harrison, E. D., & Alden, R. S. (1986). The perception of spatial enclosure as a function of the position of architectural surfaces. *Environment and Behavior,* 18, 227-245.
43. Dainoff, M. J., Sherman, R. C., Miskie, D., & Grovesnor, J. (1981). Perceived enclosedness of schematic architectural space. *Journal of Environmental Psychology,* 7, 1349-1356.
44. Lloyd, R. E. (1989). Color sensation and the realizations of color on exterior architecture: An archival and experimental study of color perception, preference, and meaning. *Dissertation Abstracts International,* 49(11-A), 3186.
45. 1. 参照
46. Okabe, A., Aoki, K., & Hamamoto, W. (1986). Distance and direction judgement in a large-scale natural environment: Effects of a slope and winding trail. *Environment and Behavior,* 18, 755-772.
47. Sadalla, E. K., & Magel, S. G. (1980). The perception of traversed distance. *Environment and Behavior,* 12, 65-79.
48. Sadalla, E. K., & Staplin, L. J. (1980). The perception of traversed distance: Intersections. *Environment and Behavior,* 12, 167-182.
49. Sadalla, E. K., & Oxley, D. (1984). The perception of room size: The rectangularity illusion. *Environment and Behavior,* 16, 394-405.
50. Cadwallader, M. (1979). Problems in cognitive distance: Implications for cognitive mapping. *Environment and Behavior,* 11, 559-576.
51. Sadalla, E. K., Burroughs, W. J., & Staplin, L. J. (1980). Reference points in spatial cognition. *Journal of Experimental Psychology: Human Learning and Memory,* 5, 516-528.
52. Hirtle, S. C., & Jonides, J. (1985). Evidence of hierarchies in cognitive maps. *Memory and Cognition,* 13, 208-217.
53. 49. 参照
54. Korte, C., & Grant, R. (1980). Traffic noise, environmental awareness, and pedestrian behavior. *Environment and Behavior,* 12, 408-420.
55. Maslow, A. H., & Mintz, N. C. (1956). Effects of aesthetic surrounding: I. Initial effects of three aesthetic conditions upon perceiving "energy" and "well-being" in faces. *Journal of Psychology,* 41, 247-254.
56. Wilmot, D. (1990). Maslow and Mintz revisited. *Journal of Environmental Psychology,* 10, 293-312.
57. Brunswik, E. (1956). *Perception and the representative design of psychological experiments.* Berkeley: University of California Press.
58. Brunswik, E. (1957). Scope and aspects of the cognitive problem. In H. Gruber, K. R. Hammond, & R. Jessor (Eds.), *Contemporary approaches to cognition: A symposium held at the University of Colorado.* Cambridge, MA: Harvard University Press, p. 5.
59. Craik, K. H., & Appleyard, D. (1980). The streets of San Francisco: Brunswik's lens model applied to urban inference and assessment. *Journal of Social Issues,* 36(3), 72-85.
60. Gibson, J. J. (1966). *The senses considered as perceptual systems.* Boston: Houghton Mifflin.
61. Gibson, J. J. (1979). *The ecological approach to visual perception.* Boston: Houghton Mifflin.
62. Gibson, J. J. (1976). *The theory of affordances and the design of the environment.* Paper presented at the annual meetings of the American Society for Aesthetics, Toronto.
63. Kaplan, S., & Kaplan, R. (1982). *Cognition and environment: Functioning in an uncertain world.* New York: Praeger.
64. 62. 参照
65. Berlyne, D. E. (1971). *Aesthetics and psychobiology.* New York: Appleton-Century-Crofts.
66. Berlyne, D. E. (Ed.) (1974). *Studies in the new experimental aesthetics: Steps toward an objective psychology of aesthetic appreciation.* New York: Halsted Press.
67. Rapoport, Am., & Kantor, R. E. (1967). Complexity and ambiguity in environmental design. *Journal of the American Institute of Planners,* 33, 210-221.
68. Venturi, R. (1966). *Complexity and contradiction in architecture.* New York: Museum of Modern Art.
69. Wohlwill, J. F. (1976). Environmental aesthetics: The environment as a source of affect. In I. Altman & J. F. Wohlwill (Ed.), *Human behavior and environment,* Vol. 1. New York: Plenum.
70. 69. 参照
71. 69. 参照
72. Heidegger, M. (1971). *Poetry, language, and thought.* New York: Harper and Row.

##● 第 2 章 ●●
環境知覚と環境認知

73. Seamon, D. (1982). The phenomenological contribution to environmental psychology. *Journal of Environmental Psychology*, **2**, 119–140.
74. Korosec–Serfaty, P. (1984). The home from attic to cellar. *Journal of Environmental Psychology*, **4**, 303–321.
75. Jacobs, J. (1961). *The death and life of great American cities*. New York: Random House.
76. Seamon, D., & Nordin, C. (1980). Marketplace as place ballet: A Swedish example. *Landscape*, **24**, 35–41.
77. Tuan, Y. F. (1974). *Topophilia*. Englewood Cliffs, NJ: Prentice–Hall.
78. Relph, E. (1976). *Place and placelessness*. London: Pion.
79. Livingstone, D. H., & Harrison, R. T. (1983). Reflections on a phenomenological approach. *Journal of Environmental Psychology*, **3**, 295–296.
80. Sixsmith, J. (1983). Comment on "The phenomenological contribution to environmental psychology" by D. Seamon. *Journal of Environmental Psychology*, **3**, 109–111.
81. Seamon, D. (1983). Response to Sixsmith's comments on the phenomenological contribution. *Journal of Environmental Psychology*, **3**, 199–200.
82. Low, S. M., & Ryan, W. P. (1985). A methodology for the integration of architectural and local perceptions in Oley, Pennsylvania. *Journal of Architectural Planning and Research*, **2**, 3–22.
83. Hendrick, C., Martyniuk, O., Spencer, T. J., & Flynn, J. E. (1977). Procedures for investigating the effect of light on impression: Simulation of a real space by slides. *Environment and Behavior*, **9**, 491–510.
84. Kaye, S. M., & Murray, M. A. (1982). Evaluations of an architectural space as a function of variations in furniture arrangement, furniture density, and windows. *Human Factors*, **24**, 609–618.
85. Kitchin, R. M. (1994). Cognitive maps: What are they and why study them? *Journal of Environmental Psychology*, **14**, 1–19.
86. Downs, R. M., & Stea, D. (1977). *Maps in minds: Reflections on cognitive mapping*. San Francisco: Harper & Row.
87. Mauser, C. (1996). A kaleidoscope model: Defining natural environments. *Journal of Environmental Psychology*, **16**, 335–348.
88. Gladwin, T. N., Newburry, W. E., & Reiskin, E. D. (1997). Why is the northern elite mind biased against community, the environment, and a sustainable future? In M. H. Bazerman & D. M. Messick (Eds.), Environment, ethics and behavior: *The psychology of environmental valuation and degradation*. San Francisco: The New Lexington Press/Jossey–Bass.
89. Bostrom, A., Fischhoff, B., & Morgan, M. (1992). Characterizing mental models of hazardous processes: A methodology and application to radon. *Journal of Social Issues*, **48**(4), 85–100.
90. Taylor, J. G., Stewart, T. R., & Downton, M. (1988). Perceptions of drought in the Ogallala Aquifer region. *Environment and Behavior*, **20**, 150–175.
91. Brown, R. S., Williams, C. W., & Less–Haley, P. R. (1994). The effects of hindsight bias and causal attribution on human response to environmental events. *Journal of Applied Social Psychology*, **24**, 661–674.
92. Cherulnik, P. D. (1991). Reading restaurant facades: Environmental inference in finding the right place to eat. *Environment and Behavior*, **23**, 150–170.
93. Leff, H. L., & Gordon, L. R. (1979). Environmental cognitive sets: A longitudinal study. *Environment and Behavior*, **11**, 291–327.
94. Bazerman, M. H., Moore, D. A., & Gillespie, J. J. (1999). The human mind as a barrier to wiser environmental agreements. *American Behavioral Scientist*, **42**, 1277–1300.
95. Chawla, L. (1986). The ecology of environmental memory. *Children's Environments Quarterly*, **3**, 34–42.
96. Pinheiro, J. Q. (1998). Determinants of cognitive maps of the world as expressed in sketch maps. *Journal of Environmental Psychology*, **18**, 321–339.
97. Peron, E. M., Baroni, M. R., Job, R., & Salmaso, P. (1990). Effects of familiarity in recalling interiors and central places. *Journal of Environmental Psychology*, **10**, 255–271.
98. Schiavo, R. S., & McWalter, S. (1990, August). *Building renovation and memorableness*. Paper presented at annual meetings of the American Psychological Association, Boston.
99. Hammitt, W. E. (1987). Visual recognition capacity during outdoor recreation experiences. *Environment and Behavior*, **19**, 651–672.
100. Tversky, B. (2000). Remembering spaces. In E. Tulving, F. I. M. Craik, et al. (Eds.), *The Oxford Handbook of Memory* (pp. 363–378). New York: Oxford University Press.
101. Lynch, K. (1960). *The image of the city*. Cambridge, MA: MIT Press.

102. Aragones, J. I., & Arredondo, J. M. (1985). Structure of urban cognitive maps. *Journal of Environmental Psychology*, 5, 197-212.
103. Magana, J. R. (1978). *An empirical and interdisciplinary test of a theory of urban perception*. Doctoral dissertation, University of California, Irvine.
104. Abu-Ghazzeh, T. M. (1996). Movement and wayfinding in the King Saud University built environment: A look at freshman orientation and environmental information. *Journal of Environmental Psychology*, 16, 303-318.
105. Ramadier, T., & Moser, G. (1998). Social legibility, the cognitive map and urban behavior. *Journal of Environmental Psychology*, 18, 307-319.
106. Downs, R. M. (1981). Maps and metaphors. *Professional Geographer*, 33, 287-293.
107. 63. 参照
108. Chase, W. G., & Chi, M. T. H. (1981). Cognitive skill: Implications for spatial skills in large-scale environments. In J. H. Harvey (Ed.), *Cognition, social behavior, and the environment*. Hillsdale, NJ: Erlbaum.
109. Golledge, R. G. (1976). Methods and methodological issues in environmental cognition research. In G. T. Moore & R. G. Golledge (Eds.), *Environmental knowing: Theories, research, and methods*. Stroudsberg, PA: Dowden, Hutchinson & Ross.
110. Kearney, A. R., & Kaplan, S. (1997). Toward a methodology for the measurement of knowledge structures of ordinary people: The Conceptual Content Cognitive Map (3CM). *Environment and Behavior*, 29, 579-617.
111. Tlauka, M., & Wilson, P. N. (1996). Orientation-free representations from navigation through a computer-simulated environment. *Environment and Behavior*, 28, 647-664.
112. Wilson, P. N. (1999). Active exploration of a virtual environment does not promote orientation or memory for objects. *Environment and Behavior*, 31, 752-763.
113. Cutmore, T. R. H., Hine, T. J., Maberly, K. J., Langford, N. M., & Hawgood, G. (2000). Cognitive and gender factors influencing navigation in a virtual environment. *International Journal of Human Computer Studies*, 53, 223-249.
114. Rossano, M. J., West, S. O., Robertson, T. J., Wayne, M. C., & Chase, R. B. (1999). The acquisition of route and survey knowledge from computer models. *Journal of Environmental Psychology*, 19, 101-115.
115. Aadland, J., Beatty, W. W., & Maki, R. H. (1985). Spatial memory for children and adults assessed in the radial maze. *Developmental Psychobiology*, 18, 163-172.
116. Hart, R. (1979). *Children's experience of place*. New York: Irvington.
117. Evans, G. W. (1980). Environmental cognition. *Psychological Bulletin*, 88, 259-267.
118. Blades, M. (1990). The reliability of data collected from sketch maps. *Journal of Environmental Psychology*, 10, 327-339.
119. Magana, J. R., Evans, G. W., & Romney, A. K. (1981). Scaling techniques in the analysis of environmental cognition data. *Professional Geographer*, 33, 294-301.
120. Sonnenfeld, J. (1985). Tests of spatial skill: A validation problem. *Man-Environment Systems*, 15, 107-120.
121. Holahan, C. J., & Dobrowolny, M. B. (1978). Cognitive and behavioral correlates of the spetial environment: An interactional analysis. *Environment and Behavior*, 10, 317-333.
122. O'Neill, M. (1991). A biologically based model of spatial cognition and wayfinding. *Journal of Environmental Psychology*, 11, 299-320.
123. 111. 参照
124. Sherman, R. C., Croxton, J., & Giovanatto, J. (1979). Investigating cognitive representations of spatial relations. *Environment and Behavior*, 11, 209-226.
125. 50. 参照
126. Waller, G. (1986). The development of route knowledge: Multiple dimensions? *Journal of Environmental Psychology*, 6, 109-119.
127. Kitchin, R. M. (1997). Exploring spatial thought. *Environment and Behavior*, 29, 123-156.
128. Downs, R. M., & Siegel, A. W. (1981). On mapping researchers mapping children mapping space. In L. S. Liben, A. H. Patterson, & N. Newcombe (Eds.), *Spatial representation and behavior across the life span*. New York: Academic Press.
129. Moore, G. T. (1979). Knowing about environmental knowing: The current state of theory and research on environmental cognition. *Environment and Behavior*, 11, 33-70.
130. Bryant, K. J. (1984). Methodological convergence as an issue within environmental cognition research.

131. Bryant, K. J. (1991). Geographical/spatial orientation ability within real-world and simulated large-scale environments. *Multivariate Behavioral Research*, 26, 109-136.
132. Webley, P. (1981). Sex differences in home range and cognitive maps in eight-year old children. *Journal of Environmental Psychology*, 1, 293-302.
133. Rovine, M. J., & Weisman, G. D. (1989). Sketch-map variables as predictors of way-finding performance. *Journal of Environmental Psychology*, 9, 217-232.
134. Nasar, J. L. (1984). Visual preferences in urban street scenes: A cross-cultural comparison between Japan and the United States. *Journal of Cross-Cultural Psychology*, 15, 79-93.
135. Karan, P. P., Bladen, W. A., & Singh, G. (1980). Slum dwellers' and squatters' images of the city. *Environment and Behavior*, 12, 81-100.
136. Herman, J. F., Miller, B. S., & Shiraki, J. H. (1987). The influence of affective associations on the development of cognitive maps of large environments. *Journal of Environmental Psychology*, 7, 89-98.
137. Anooshian, L. J., & Seibert, P. S. (1997). Effects of emotional mood states in recognizing places: Disentangling conscious and unconscious retrieval. *Environment and Behavior*, 29, 699-733.
138. Coshall, J. T., & Potter, R. B. (1987). Social psychology variations in the distance cognitions of urban consumers in Britain. *Journal of Social Psychology*, 127, 611-618.
139. Janowsky, J. S., Oviatt, S. K., & Orwoll, E. S. (1994). Testosterone influences spatial cognition in older men. *Behavioral Neuroscience*, 108, 325-332.
140. Sako, T., Ando, T., & Fukui, I. (1990). Effects of orientation on direction judgment of places. *Proceedings of the 54th Annual Convention of the Japanese Psychological Association*, 54, 533.
141. Hart, R. A., & Moore, G. T. (1973). The development of spatial cognition: A review. In R. M. Downs & D. Stea (Eds.), *Image and environment: Cognitive mapping and spatial behavior*. Chicago: Aldine.
142. 141. 参照
143. Heth, C. D., & Cornell, E. H. (1998). Characteristics of travel by persons lost in Albertan wilderness areas. *Journal of Environmental Psychology*, 18, 223-235.
144. 117. 参照
145. Spencer, C., & Darvizeh, Z. (1981). The case for developing a cognitive environmental psychology that does not underestimate the abilities of young children. *Journal of Environmental Psychology*, 1, 21-31.
146. Acredolo, L. P. (1988). From signal to "symbol". The development of landmark knowledge from 9 to 13 months. *British Journal of Developmental Psychology*, 6, 369-372.
147. Biel, A. (1982). Children's spatial representation of their neighborhood: A step towards a general spatial competence. *Journal of Environmental Psychology*, 2, 193-200.
148. Matthews, M. H. (1985). Young children's representations of the environment: A comparison of techniques. *Journal of Environmental Psychology*, 5, 261-278.
149. Conning, A. M., & Byrne, R. W. (1984). Pointing to preschool children's spatial competence: A study in natural settings. *Journal of Environmental Psychology*, 4, 165-175.
150. Neisser, U. (1976). *Cognition and reality*. San Francisco: Freeman.
151. 131. 参照
152. Ohta, R. J., & Kirasic, K. C. (1983). The investigation of environmental learning in the elderly. In G. D. Rowles & R. J. Ohta (Eds.), *Aging and milieu*. New York: Academic Press.
153. Pearce, P. L. (1981). Route maps: A study of traveller's perceptions of a section of countryside. *Journal of Environmental Psychology*, 1, 141-155.
154. Aubrey, J. B., & Dobbs, A. R. (1989). Age differences in extrapersonal orientation as measured by performance on the Locomotor Maze. *Canadian Journal on Aging*, 8, 333-342.
155. Kirasic, K. C., Allen, G. L., & Haggerty, D. (1992). Age-related differences in adults' macrospatial cognitive processes. *Experimental Aging Research*, 18, 33-39.
156. Aubrey, J. B., & Dobbs, A. R. (1990). Age and sex differences in the mental realignment of maps. *Experimental Aging Research*, 16, 133-139.
157. McCormack, P. (1982). Coding of spatial by young and elderly adults. *Journal of Gerontology*, 37, 80-86.
158. Kirasic, K. C. (1991). Spatial cognition and behavior in young and elderly adults: Implications for learning new environments. *Psychology and Aging*, 6, 10-18.
159. Burns, P. C. (1998). Wayfinding errors while driving. *Journal of Environmental Psychology*, 18, 209-217.
160. Brown, L. N., Lahar, C. J., & Mosley, J. L. (1998). Age and gender-related differences in strategy use of route information: A "map-present" direction-giving paradigm. *Environment and Behavior*, 30, 123-

143.
161. Georgemiller, R., & Hassan, F. (1986). Spatial competence: Assessment of route-finding and route-learning, and topographical memory in normal aging. *Clinical Gerontologists*, 5, 19-38.
162. 159. 参照
163. 159. 参照
164. 191. 参照
165. 153. 参照
166. 154. 参照
167. 157. 参照
168. 151. 参照
169. Evans, G. W., Smith, C., & Pezdek, K. (1982). Cognitive maps and urban form. *Journal of the American Planning Association*, 48, 232-244.
170. Porteous, J. D. (1977). *Environment and behavior: Planning and everyday life*. Don Mills, ON: Addison-Wesley.
171. Evans, G. W., Brennan, P. L., Skorpanich, M. A., & Held, D. (1984). Cognitive mapping and elderly adults: Verbal and location memory for urban landmarks. *Journal of Gerontology*, 39, 452-457.
172. 151. 参照
173. Kirasic, K. C., & Mathes, E. A. (1990). Effects of different means for conveying environmental information on elderly adults' spatial cognition and behavior. *Environment and Behavior*, 22, 591-607.
174. Pearson, J. L., & Ialongo, N. S. (1986). The relationship between spatial ability and environmental knowledge. *Journal of Environmental Psychology*, 6, 299-304.
175. Pearson, J. L., & Ferguson, L. R. (1989). Gender differences in patterns of spatial ability, environmental cognition, and math and English achievement in later adolescence. *Adolescence*, 24, 421-431.
176. 113. 参照
177. Fenner, J., Heathcote, D., & Jerrans-Smith, J. (2000). The development of wayfinding competency: Asymmetrical effects of visuo-spatial and verbal ability. *Journal of Environmental Psychology*, 20, 165-175.
178. Simon, S. L., Walsh, D. A., Regnier, V. A., & Krauss, I. K. (1992). Spatial cognition and neighborhood use: The relationship in older adults. *Psychology and Aging*, 7, 389-934.
179. 131. 参照
180. Weisman, J. (1981). Evaluating architectural legibility: Way-finding in the built environment. *Environment and Behavior*, 13, 189-204.
181. Garling, T., Lindberg, E., & Mantyla, T. (1983). Orientation in buildings: Effects of familiarity, visual access, and orientation aids. *Journal of Applied Psychology*, 68, 177-186.
182. Schouela, D. A., Steinberg, L. M., Levelton, L. B., & Wapner, S. (1980). Development of the cognitive organization of an environment. *Canadian Journal of behavioral Science*, 12, 1-16.
183. Giraudo, M., & Peruch, P. (1988). Spatio-temporal aspects of the mental representation of urban space. *Journal of Environmental Psychology*, 8, 9-17.
184. Foley, J. E., & Cohen, A. J. (1984). Mental mapping of a megastructure. *Canadian Journal of Psychology*, 38, 440-453.
185. 115. 参照
186. Kirisic, K. C., Allen, G. L., & Siegel, A. W. (1984). Expression of configurational knowledge of large-scale environments: Students' performance of cognitive tasks. *Environment and Behavior*, 16, 687-712.
187. Garling, T., Book, A., Lindberg, E., & Nilsson, T. (1981). Memory for the spatial layout of the everyday physical environment: Factors affecting rate of acquisition. *Journal of Environmental Psychology*, 1, 263-277.
188. Cohen, R., Weatherford, D. L., Lomenick, T., & Koeller, K. (1979). Development of spatial representations: Role of task demands and familiarity with the environment. *Child Development*, 50, 1257-1260.
189. Moeser, S. D. (1988). Cognitive mapping in a complex building. *Environment and Behavior*, 20, 21-49.
190. Carr, A., & Schissler, D. (1969). The city as a trip: Perceptual selection and memory in the view from the road. *Environment and Behavior*, 1, 7-36.
191. 152. 参照
192. Orleans, P. (1973). Differential cognition of urban residents: Effects of social scale on mapping. In R. M. Downs & D. Stea (Eds.), *Image and environment: Cognitive mapping and spatial behavior*. Chicago: Aldine.
193. Windley, P. G., & Vandeventer, W. H. (1982). Environmental cognition of small rural towns: The case for older residents. *Journal of Environmental Psychology*, 2, 285-294.

●●第2章●●
環境知覚と環境認知

194. Karan, P. P., Bladen, W. A., & Singh, G. (1980). Slum dwellers' and squatters' images of the city. *Environment and Behavior*, **12**, 81-100.
195. Ward, S. L., Newcombe, N., & Overton, W. F. (1986). Turn left at the church, or three miles north: A study of direction giving and sex differences. *Environment and Behavior*, **18**, 192-213.
196. 146. 参照
197. Webley, P., & Whalley, A. (1987). Sex differences in children's environmental cognition. *Journal of Social Psychology*, **127**, 223-225.
198. 160. 参照
199. 113. 参照
200. 131. 参照
201. Lawton, C. A., Charleston, S. I., & Zieles, A. S. (1996). Individual and gender related differences in indoor wayfinding. *Environment and Behavior*, **28**, 204-229.
202. Devlin, A. S., & Bernstein, J. (1997). Interactive way-finding: Map style and effectiveness. *Journal of Environmental Psychology*, **17**, 99-110.
203. 187. 参照
204. 186. 参照
205. 117. 参照
206. 175. 参照
207. Webley, P. (1981). Sex differences in home range and cognitive maps in eight-year old children. *Journal of Environmental Psychology*, **1**, 293-302.
208. Matthews, M. H. (1986). Gender, graphicacy and geography. *Educational Review*, **38**, 259-271.
209. Matthews, M. H. (1986). The influence of gender on the environmental cognition of young boys and girls. *Journal of Genetic Psychology*, **147**, 295-302.
210. 184. 参照
211. Schmitz, S. (1997). Gender-related strategies in environmental development: Effects of anxiety on wayfinding in and representation of a three-dimensional maze. *Journal of Environmental Psychology*, **17**, 215-228.
212. 159. 参照
213. 193. 参照
214. Orleans, P., & Schmidt, S. (1972). Mapping the city: Environmental cognition of urban residents. In W. J. Mitchell (Ed.), *Environmental design: Research and practice*. Los Angeles: University of California.
215. 195. 参照
216. Antes, J. R., McBride, R. B., & Collins, J. D, (1988). The effect of a new city traffic route on the cognitive maps of its residents. *Environment and Behavior*, **20**, 75-91.
217. Lawton, C. A. (1996). Strategies for indoor wayfinding: The role of orientation. *Journal of Environmental Psychology*, **16**, 137-145.
218. Byrne, R. (1979). Memory for urban geography. *Quarterly Journal of Experimental Psychology*, **15**, 157-163.
219. 117. 参照
220. Sadalla E. K., & Montello, D. R. (1989). Remembering changes in direction. *Environment and Behavior*, **21**, 346-363.
221. Montello, D. R. (1991). Spatial orientation and the angularity of urban routes: A field study. *Environment and Behavior*, **23**, 47-69.
222. Stevens, A., & Coupe, P. (1978). Distortions in judged spatial relations. *Cognitive Psychology*, **10**, 422-437.
223. Allen, G. L., & Kirasic, K. C. (1985). Effects of the cognitive organization of route knowledge on judgments of macrospatial distance. *Memory and Cognition*, **13**, 218-227.
224. 1. 参照
225. Appleyard, D. (1976). *Planning a pluralistic city*. Cambridge, MA: MIT Press.
226. Tzamir, Y. (1975). *The impact of spatial regularity and irregularity on cognitive mapping* (Technical Report). Haifa, Israel: Technion-Israel Institute of Technology, Center for Urban and Regional Studies.
227. Canter, D., & Tagg, S. K. (1975). Distance estimation in cities. *Environment and Behavior*, **7**, 59-80.
228. Holahan, C. J., & Sorenson, P. F. (1985). The role of figural organization in city imageability: An information processing analysis. *Journal of Environmental Psychology*, **5**, 279-286.
229. 216. 参照
230. Hart, R. A., & Moore, G. T. (1973). The development of spatial cognition: A review. In R. M. Downs

&D. Stea (Eds.), *Image and environment: Cognitive mapping and spatial behavior.* Chicago: Aldine.
231. Siegel, A. W., & White, S. H. (1975). The development of spatial representations of large-scale environments. In H. W. Reese (Ed.), *Advances in child development and behavior*, Vol. 10. New York: Academic Press.
232. 225. 参照
233. 101. 参照
234. Evans, G. W., Marrero, D. G., & Butler, P. A. (1981). Environmental learning and cognitive mapping. *Environment and Behavior*, **13**, 83-104.
235. 187. 参照
236. 117. 参照
237. Weisman, G. D. (1979). *Wayfinding in the built environment: A study in architectural legibility.* Doctoral dissertation, University of Michigan, Ann Arbor, MI.
238. Garling, T., Book, A., & Lindberg, E. (1986). Spatial orientation and wayfinding in the designed environment: A conceptual analysis and some suggestions for postoccupancy evaluation. *Journal of Architectural Planning and Research*, **3**, 55-64.
239. 180. 参照
240. O'Neill, M. J. (1991). Effects of signage and floor plan configuration on wayfinding accuracy. *Environment and Behavior*, **23**, 553-574.
241. Peponis, J., Zimring, C., & Choi, Y. K. (1990). Finding the building in wayfinding. *Environment and Behavior*, **22**, 555-590.
242. Hunt, M. E. (1985). Enhancing a building's imageability. *Journal of Architectural Planning and Research*, **2**, 151-168.
243. Wolkomir, R. (1987, December). It is easy to get bushed when you're threading a maze. *Smithsonian*, **18**, 109-118.
244. 225. 参照
245. 169. 参照
246. Wohlwill, J. F. (1966). The physical environment: A problem for a psychology of stimulation. *Journal of Social Issues*, **22**(4), 29-38.
247. Helson, H. (1964). *Adaptation-level theory.* New York: Harper and Row.
248. Suedfeld, P., Landon, P. B., & Ballard, E. J. (1983). Effects of reduced stimulation on divergent and convergent thinking. *Environment and Behavior*, **15**, 727-738.
249. Kalish, N., Landon, P. B., Rank, D. S., & Suedfeld, P. (1983). Stimulus tasks and environmental characteristics as factors in the cognitive processing of English sentences. *Bulletin of the Psychonomic Society*, **21**, 1-3.
250. 23. 参照
251. 101. 参照
252. 225. 参照
253. 169. 参照
254. Bartram, D. J. (1980). Comprehending spatial information: The relative efficiency of different methods of presenting information about bus routes. *Journal of Applied Psychology*, **65**, 103-110.
255. Garland, H. C., Haynes, J. J., & Grubb, G. C. (1979). Transit map color coding and street detail: Effects on trip planning performance. *Environment and Behavior*, **11**, 162-184.
256. Bronzaft, A. L., Dobrow, S. B., & O'Hanlon, T. J. (1976). Spatial orientation in a subway. *Environment and Behavior*, **8**, 575-594.
257. Wright, P., Hull, A. J., & Lickorish, A. (1993). Navigation in a hospital outpatients' department: The merits of maps and wall signs. *Journal of Architectural and Planning Research*, **10**, 76-89.
258. 129. 参照
259. Pick, H. L. (1976). Transactional-constructivist approach to environmental knowing: A commentary. In G. T. Moore & R. G. Golledge (Eds.), *Environmental knowing: Theories, research, and methods.* Stroudsburg, PA: Dowden Hutchinson and Ross.
260. 259. 参照
261. Golledge, R. G., Smith, T. R., Pellegrino, J. W., Doherty, S., & Marshall, S. P. (1985). A conceptual model and empirical analysis of children's acquisition of spatial knowledge. *Journal of Environmental Psychology*, **5**, 125-152.
262. Leiser, D., & Zibershatz, A. (1989). The traveller: A computational model of spatial network leaning. *Environment and Behavior*, **21**, 435-463.

263. Couclelis, H., Golledge, R. G., Gale N., & Tobler, W. (1987). Exploring the anchor-point Hypothesis of spatial cognition. *Journal of Environmental Psychology*, **7**, 99-122.
264. Sadalla, E. K. (1988). Landmarks in memory, Conference on Landmarks in Spatial Cognition and Spatial Development. *British Journal Of Developmental Psychology*, **6**, 386-388.
265. Presson, C. C., & Montello, D. R. (1988). Points of reference in spatial cognition: Stalking the elusive landmark. *British Journal of Developmental Psychology*, **6**, 378-381.
266. 263. 参照
267. Aginsky, V., Harris, C., Rensink, R., & Beusmans, J. (1997). Two strategies for learning a route in a driving simulator. *Journal of Environmental Psychology*, **17**, 317-331.
268. Gotts, N. M. (1989). Unplanned wayfinding in path-networks: A theoretical study of human problem solving. *Dissertation Abstracts International*, **50**(4-B), 1670.
269. Mutter, L. R., & Westphal, J. M. (1986). Perspectives on neighborhoods as park-planning units. *Journal of Architectural and Planning Research*, **3**, 149-160.
270. Rossano, M. J., & Reardon, W. P. (1999). Goal specificity and the acquisition of survey knowledge. *Environment and Behavior*, **31**, 395-412.
271. Cornell, E. H., & Heth, C. D. (1984). Report of a missing child. In S. H. White (Chair), *Human development in the real world*. Symposium at the annual meetings of the American Psychological Association, Toronto.
272. Taylor, B., & Taylor, A. (1993). Wayfinding training for the several mentally ill. *Families in Society*, **74**, 434-440.
273. Saisa, J., & Garling, T. (1987). Sequential spatial choices in the large-scale environment. *Environment and Behavior*, **19**, 614-635.
274. Halperin, W. C. (1986). Spatial cognition and consumer behavior: A panel data approach. *Dissertation Abstracts International*, **46**(11-A), 3458.
275. Bailenson, J. N., Shum, M. S., & Uttal, D. H. (1998). Road climbing: Principles governing symmetric route choices in maps. *Journal of Environmental Psychology*, **18**, 251-264.
276. Kitchin, R. M. (1997). Exploring spatial thought. *Environment and Behavior*, **29**, 123-156.
277. Garling, T., Book, A., & Lindberg, E. (1984). Cognitive mapping of large-scale environments: The interrelationship of action plans, acquisition, and orientation. *Environment and Behavior*, **16**, 3-34.
278. Russell, J. A., & Ward, L. M. (1982). Environmental psychology. *Annual Review of Psychology*, **33**, 651-688.
279. Gauvain, M. (1993). The development of spatial thinking in everyday activity. *Developmental Review*, **13**, 92-121.
280. Ward, L. M., Snodgrass, J., Chew, B., & Russell, J. A. (1988). The role of plans in cognitive and affective responses to places. *Journal of Environmental Psychology*, **8**, 1-8.
281. 279. 参照
282. Passini, R. (1984). Spatial representations: A wayfinding perspective. *Journal of Environmental Psychology*, **4**, 153-164.
283. Cornell, E. H., Heth, C. D., & Skoczylas, M. J. (1999). The nature and use of route expectancies following incidental learning. *Journal of Environmental Psychology*, **19**, 209-229.
284. Smith, C. J., & Patterson, G. E. (1980). Cognitive mapping and the subjective geography of crime. In D. E. Georges-Abeyie & K. D. Harries (Eds.), *Crime: A spatial perspective*. New York: Columbia University Press.
285. Brantingham P. L., & Brantingham. P. J. (1993). Nodes, paths and edges: Considerations on the complexity of crime and the physical environment. *Journal of Environmental Psychology*, **13**, 3-28.
286. Pyle, G. F. (1980). Systematic sociospatial variation in perceptions of crime location and severity. In D. E. Georges-Abeyie & K. D. Harries (Eds.), *Crime: A spatial perspective*. New York: Columbia University Press.
287. Canter, D., & Larkin, P. (1993). The environmental range of serial rapists. *Journal of Environmental Psychology*, **13**, 63-70.
288. O'Keefe, J., & Nadel, L. (1974). Maps in the brain. *New Scientist*, 749-75 1.
289. O'Keefe, J., & Nadel, L. (1978). *The hippocampus as a cognitive map*. Oxford: Clarendon Press.
290. Tolman, E. C. (1932). *Purposive behavior in animals and men*. New York: Century.
291. Tolman, E. C. (1948). Cognitive maps in rats and men. *Psychological Review*, **55**, 189-208.
292. Anooshian, L. J. (1996). Diversity within spatial cognition: Strategies underlying spatial knowledge. *Environment and Behavior*, **28**, 471-493.

293. Beatty, W. W., & Bernstein, N. (1989). Geographical knowledge in patients with Alzheimer's disease. *Journal of Geriatric Psychiatry and Neurology*, **2**, 76-82.
294. De Renzi, E. (1982). Memory disorders following focal neocortical damage. *Philosophical Transactions of the Royal Society of London*, **298**, 73-83.
295. Kritchevsky, M. (1988). The elementary spatial functions of the brain. In J. Stiles-Davis, M. Kritchevsky, & U. Bellugi (Eds.), *Spatial cognition: Brain bases and development*. Hillsdale, NJ: Erlbaum.
296. Neisser, U. (1976). *Cognition and reality*. San Francisco: Freeman.
297. Kosslyn, S. M. (1975). Information representation in visual images. *Cognitive Psychology*, **7**, 341-370.
298. 117. 参照
299. Lieblich, I., & Arbib, M. A. (1982). Multiple representations of space underlying behavior. *The Behavioral and Brain Sciences*, **5**, 627-659.
300. Levine, M. (1982). You-are-here maps: Psychological considerations. *Environment and Behavior*, **14**, 221-237.
301. Levine, M., Marchon, I., & Hanley, G. (1984). The placement and misplacement of you-are-here maps. *Environment and Behavior*, **16**, 139-157.
302. Warren, D. H., Rossano, M. J., & Wear, T. D. (1990). Perception of map-environment correspondence: The roles of features and alignment. *Ecological Psychology*, **2**, 131-150.
303. Warren, D. H., & Scott, T. E. (1993). Map alignment in travelling multisegment routes. *Environment and Behavior*, **25**, 643-666.
304. Butler, D. L., Acquino, A. L., Hissong, A. A., & Scott, P. A. (1993). Wayfinding by newcomers in a complex building. *Human Factors*, **35**, 159-173.
305. Evans, G. W., Fellows, J., Zorn, M., & Doty, K. (1980). Cognitive mapping and architecture. *Journal of Applied Psychology*, **65**, 474-478.
306. Carpman, J. R., Grant, M. A., & Simmons, D. A. (1983-84). Wayfinding in the hospital environment: The impact of various floor numbering alternatives. *Journal of Environmental Systems*, **13**, 353-364.
307. Passini, R., Pigot, H., Rainville, C., & Tetreault, M. H. (2000). Wayfinding in a nursing home for advanced dementia of the Alzheimer's type. *Environment and Behavior*, **32**, 684-710.

【参考図書】

Brantingham, P. L., & Brantingham, P. J. (1993). Nodes, paths, and edges: Considerations on the complexity of crime and the physical environment. *Journal of Environmental Psychology*, **13**, 3-28.
Buttimer, A., & Seamon, D. (Eds.) (1980). *The human experience of space and place*. London: Croom Helm.
Downs, R. M., & Stea, D. (1977). *Maps in minds: Reflections on cognitive mapping*. San Francisco: Harper & Row.
Garling, T., & Evans, G. (1991). *Environment cognition, and action: An integrative multidisciplinary approach*. New York: Oxford.
Golledge, R. G. (1987). Environmental cognition. In Altman, I. & Stokols, D. (Eds.), *Handbook of environmental psychology*. New York: Wiley.
Gauvain, M. (1993). The development of spatial thinking in everyday activity. *Developmental Review*, **13**, 92-121.
Kitchin, R. M. (1994). Cognitive maps: What they are and why study them? *Journal of Environmental Psychology*, **14**, 1-19.
Lynch, K. (1960). *The image of the city*. Cambridge, MA: MIT Press.
Marans, R. W., & Stokols, D. (1993). *Environmental simulation: Research and policy issues*. New York: Plenum.
Rossano, M. J., West, S. O., Robertson, T. J., Wayne, M. C., & Chase, R. B. (1999). The acquisition of route and survey knowledge from computer models. *Journal of Environmental Psychology*, **19**, 101-115.

第3章
環境に対する態度,評価と査定

□環境に対する態度:場所への関心
　環境に対する態度とは何か
　ともあれ,われわれはどの程度関心があるのか
　誰もが関心を持っているのか
　どうやって環境への関心を高めるか
　関心は行動につながるか
□環境の評価:場所についての個人的な印象
　記述:何があるのか
　評価:それはよいものか
　美学:それは美しいか
　感情:どのように感じるのか
　意味:何が重要なのか
　リスク:それは安全か
□環境の査定:場所に対する集団の印象
　差異と定義
　観察者による環境査定の使用
　パラダイムと方法論の考察
□観察者による環境査定の2例
　谷間の風景の質
　近隣の環境の質

[美］は［もの］を凝視する心の中で存在するにすぎない。そしてそれぞれの心が異なった美を見る。ある人は醜いと見るかもしれないけれども，別の人は美しさを感じとっている。それぞれの人は，他の人の意見に左右されることなく，自分自身の意見に従うべきである。
——デヴィッド・ヒューム（David Hume, 1757)[1]

> 　トムとジェーンは，友だちとコーヒーショップに座り彼らのキャンプ旅行についての話をしていた。友だちの1人が，その公園はどうだったかと尋ねた。
> 「それは信じられないほどのものよ」とすぐジェーンが答えた。その時彼女は，そんな言い方ではほとんど情報が伝わっていないことに気がつき，険しい谷や花こう岩の山，小さく光る湖があった高山の牧草地のことを説明しようとした。そこにトムが割り込んできて，公園の深く茂った森がどんなに美しかったかを話し始めたが，ジェーンは当惑した表情で彼を見た。
> 「その森は身の毛がよだつように怖かったわ，閉じこめられたみたいに。日が差していないんだもの」と彼女は言った。今度は，トムが当惑する番だった。彼らはまだお互いをそれほどよく知らなかった。
> 「僕はあのような森のそばで育ったんだ。森の中でよく長い時間遊んだりしたものだよ」と彼は言った。「囲まれているけど，とらわれてるわけじゃない。君が君自身の内なる世界にとらわれているんじゃなければね」と彼は冗談めかした。
> 　1人の友人が，その公園に計画されている新しい鉱山について知っているかどうか，彼らに尋ねた。「何だって？」トムとジェーンはいっせいに叫んだ。「君たちは新聞を読んでいないのか？」と友人が尋ねた。「グージ鉱業の推計によると，あそこには，露天掘りで十分儲かるほどの亜鉛があるらしいんだ。掘った後でちゃんと土地を埋め戻さなくてもいいならね。彼らはそこの近くに精錬所を建設することも提案していて，地元の人はその仕事を期待している」
> 　トムとジェーンは顔を見合わせた。「信じられない」と彼らは声をそろえた。
> 「だけど，政府はある調査を行うように要請しているんだ」と友人が続けた。「鉱山と精錬所がその地域の景観の質に与える影響の査定だそうだよ。その調査では，観察者の調査委員会をつくって開発前の公園を調べ，開発後はどう見えるようになるかシミュレーションをするんだ」
> 「どこで募集しているんだろう？」とトムが尋ねた。

　あなたの知っているどんな場所でもいい，たとえば休日を過ごすお気に入りの場所，寝室，あるいは友人の山小屋などを思い浮かべてみよう。あなたはその場所に関心があるだろうか。その場所を言葉で説明するとしたらどうなるだろう。美しい？　質がよい？　あなたはそこでどう感じるだろう。その場所はあなたにとって，あるとすれば，どのような意味があるだろう。そこは安全だろうか。その場所についてのあなた自身の評価は，専門家の委員会による評価や，そこを訪れた他の人による評価とどの程度似ているのだろうか。町にやってきた人はそれぞれに「違う」町を経験するのだ

●●第3章●●
環境に対する態度，評価と査定

ろうか。

　この章では，われわれが日常的な物理的な環境を知り，理解する過程についての，第2章で始めた議論を継続する。最初に行われる，場面からの情報収集である「環境の知覚」に続き，情報に対しての多くの認知的解釈が行われる。つまり，場所についての知識をわれわれが保持し，変形し，体系化し，忘却し，想起するという過程である。

　ここでは，環境に対する態度，および評価と査定（アセスメント）という2つの判断過程について焦点を当てる。環境に対する態度には，自然や建築に関するあらゆる態度が含まれるが，通常注目しているのは，自然環境に対する関心，もしくは自然環境の状況についてどの程度危惧しているかということである。部分的には，特定の構築環境に対する関心にも配慮する価値がある。

　環境評価と環境査定という用語は，著者が違えば使い方も異なるが，この本では次の定義を用いることにする[2]。環境評価は，場所への個人的な印象のことをいう。環境の評価も査定も，観察者と場所とに関係するものだが，環境評価の研究では，場所を理解することよりも人を理解することを重視する。多種多様の評価が研究されてきたが，この章では6種類の評価について論じる。環境査定は，何人かの観察者（通常は専門家か，あるいは環境の利用者）による評価を，より総合的な環境の判断に結びつけることを意味する。ここで重視することは，判断を行った人々について理解することではなく，その環境（通常はその質，あるいは質の欠如）を詳細に調査することである。

環境に対する態度：場所への関心

環境に対する態度とは何か

　環境に対する態度とは，環境の多くの側面に関連するが，ここでは，ある物理的環境を保護したり，理解したり，改良したりする価値があるとする個人の関心，と広く定義する。あなたは，自分の部屋や住宅，近隣や都市，近くの自然地域，あるいは地球という惑星がよい場所であることにどのくらい関心があるだろうか。他の人はどのくらい関心があるだろうか。

　ところで，なぜ環境に対する態度を研究するのだろうか。態度が常に行動に結びつくわけではないとしても，次に示すように，政策決定者，公園管理者，狩猟監視官，林業公務員，建物管理者，リサイクルのコーディネーターなどの環境の管理者にとって，環境に対する態度は非常に役に立つ。第1に，環境に対する態度によって，特定のプログラムや環境一般に対して，どれくらい支持されているのか，あるいはいない

のかを，これらの管理者は知ることができる[3]。第2に，環境に対する態度は，環境についての目標（たとえば，2年以内に新聞紙の60%をリサイクルするようにする）を設定するのに役立つ。この目標は，現在の一般の人たちの支持から考えて非現実的であってはいけないが，多くの人があまりに容易に達成し得るようなものであってもいけない。第3に，環境に対する態度は，人々が今，環境について何を行っているか，あるいは彼らが少なくとも何をするつもりかを，ある程度正確に示すことができる。

■環境に対する態度の構成要素　一般に，態度は，認知的，情動的，意志的という3つの構成要素を持つといわれる。環境に関する場合の認知的な構成要素とは，個人が環境について知っていること，あるいは考えていることをいい，それは事実と意見を含む。情動的な構成要素とは，環境に対する態度の感情的な側面をいう。意志的な構成要素とは，環境に対して行動しようとする個人的な意図のことをいう。

■測定手段　環境に対する態度を測定するために，われわれは信頼性と妥当性を持つ測定手段を必要としている。消費者向き製品とか核廃棄物の輸送に対する生態的な関心といった特定の目的のために，多くの手段が開発されてきた[4,5]。ここでは，11の測度（尺度）を論じる。

1. マロニー－ウォードエコロジー目録（Maloney-Ward Ecology Inventory）は45項目からなるもので，感情，知識，言葉による関与，実際の関与という4つの下位尺度にまとめられる[6,7]。感情は態度の情緒的な構成要素に関連し，知識は認知的な構成要素に関連している。あとの2つは意志的な構成要素を表す。言葉による関与は，回答者が環境保護のために行うつもりであるということを測定する。実際の関与では，彼らが実際に行ったことを報告するように求める。
2. ウェイゲル環境関心尺度（Weigel Environmental Concern Scale）は，下位尺度を持たない，16項目の短めの尺度である[8]。
3. ニューエコロジカルパラダイム（New Ecological Paradigm: NEP）尺度は，一般的な「惑星地球」という視点について同意を測定する15項目の指標[9]であり，おそらく2，3の下位尺度[10]あるいは因子[11]からなる。
4. 環境に対する態度の測定において，研究者たちはより細かい区別をするようになっている[12]。たとえば，ある人々（生態中心主義者）は，自然そのものに自然の価値を置くのに対し，環境問題を支持している他の人々（人間中心主義者）は，人間の快適さや健康，生活の質の基盤として自然を見ている[13-15]。生態中心主義であるほど環境問題により大きな関心を示す一方，人間中心主義であるほど環境問題への関心は少なくなる。
5. 環境主義尺度（Environmentalism Scale）は，以前につくられた3つの尺度をもとにしてつくられたものである[16]。環境に対する態度は，3つの下位尺度によって，異なる次元の組み合わせのグループに分類される。内面的な環境主義とは，人類と

●●第3章●●
環境に対する態度，評価と査定

自然との関係に対する個人的な信念と，環境問題に対する個人的な関与を意味する。外面的な環境主義は，消費財，法律，環境問題の経済的な側面などのような，自分の外部にある問題に対する態度である。本質的な環境主義は，環境問題の深刻さ，公害，森林伐採，生物の絶滅などに対する態度を評価するものである。

6．ドイツで開発された尺度は，環境について人が感じる絶望感の程度を評価する[17]。その考え方とは，すでに手遅れであると個人が思いこんでいる度合いを測り，環境問題は解決し得るという望みを人々が捨てたときに起こる悲劇的な結果について探求することである。国際調査によって，旧社会主義の東ヨーロッパの大学生のほうが西ヨーロッパの大学生よりも，環境について悲観的であったことが明らかになった[18]。このような環境への悲観主義は増加しているかもしれないが，それはそれほど新しいものではない。私は1960年代に，大学院に行かないという選択をした非常に優秀な学生を知っている。彼は，大学院が価値あるものになる前に生態学は頓挫するのではないかと考えたからである。

7．環境危惧尺度（Environmental Worry Scale）は，関心や悲観主義から危惧へと移行する。その尺度は，有機溶剤にさらされることによる影響についての作業者の危惧を調べるために開発された[19]。多くの産業技術的な害への接触による健康上の影響は，（あったとしても）何年もの間明らかにならないので，多くの人々が危惧している。危惧は悲観することと同じように思えるかもしれないが，その違いは，悲観が運命に甘んじることに対して，危惧は，危険にさらされた（そして危惧している）人を，危険そのものや彼らが危険にさらされることに対抗する行動をとるように駆り立てるために適切で必要な条件なのだ，ということである。

8．ドイツの尺度も，環境への関心や知識，報告された行動を測定するものである[20]。

9．ドイツ，フランス[21]，スペイン[22]では，環境への関心に加えて，環境配慮行動を行う動機を測定する尺度が開発されている。

10．大学生のための環境問題に対する態度の調査が開発されている[23]。

これらの尺度の妥当性は，エコロジー重視の態度を持つと知られている人（たとえば，シエラクラブやグリーンピースのメンバー）のほうが，活動団体のメンバーではない人よりも，環境への関心の得点が通常際立って高いことが示されることで実証されている。したがって，環境に対する態度がわからない人に対し尺度を適用したとき，そのスコアが高ければ実際に環境重視の態度を示していることをわれわれは合理的に確認できる。これら10の尺度はすべて，主に成人のために開発されたものである。子ども用として，11番目の尺度が開発されている。

11．子どもの環境態度テスト（Test for the Environmental Attitudes of Children: TEACH）が開発されている[24]。それは，次のような5つのテーマに同意するかどうかを調査するものである。すべての生命体の相互関係，環境の所有か環境への奉仕

か，環境問題解決のための行動の必要性，質の高い環境への関与，自然に対する畏怖と驚きの感覚，である。

これらの尺度はみな，全体としての環境への関心か，あるいは環境の構成要素への関心を測定するために特に開発されたものである。関心は1つの態度である。環境に対する価値観，あるいは価値があるとして文化的に共有されている基準を測定するための尺度も開発された[25]。従来の心理測定法のうち，環境に対する価値観を含むように修正されたものもある。古典的な尺度の1つであるロキーチ（Milton Rokeach）の価値観調査は，平等，世界平和，家族の安全，健康などのような20の価値について，個人的な重要性を評定するものである。現在，そこに21番目の価値として，きれいな環境が含まれるように修正された[26]。これらの測定法により，後述するような，環境に対する態度や価値観をめぐる重要な問題に答えられるようになってきた。

ともあれ，われわれはどの程度関心があるのか

■**関心のレベル**　最近は，すべての人が環境に関心を持っているのではないだろうか。メディアや意識調査，世論から判断すると，そのように思えるだろう（図3-1参照）。確かに，反環境論者であることは時代遅れである。けれども個人としては，それほど関心を持っていない人もいる。そういう人たちは環境よりも仕事や健康，あるいは他の事柄のほうに関心を持っているのであろう。正しい質問は次のようになる。人々は環境についてどの程度関心があるのだろうか。この関心は，長年の間にどれぐらい変化したのだろうか。環境的な災害は，関心のレベルに影響を与えるのだろうか。

アメリカの大学生を対象にしたある大規模調査では，環境への関心が10年の間に実際に低下したことがわかった[27]。別の調査（ケンタッキーで行われた成人を対象にし

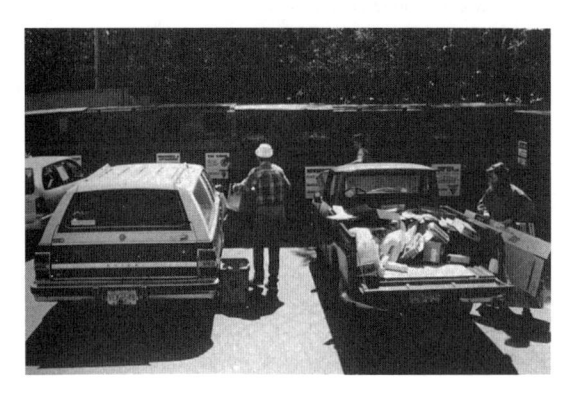

図3-1　リサイクルは，人々が環境への関心を具体的な行動で表すための代表的な方法になってきた。

第3章
環境に対する態度，評価と査定

たもの）では，4年の間に関心が高まったことがわかった[28]。アメリカの大学生を対象とした研究では，学生は環境に「高い」関心を持っていると報告された[29]。60数％の人が，社会は環境のために十分な費用をかけていないと考えていた。しかしその研究では，この環境への支持は表面的なものかもしれないと結論づけた。自分たちのライフスタイルを拘束するような修正が必要だと思った場合には，多くの学生の変化への熱意は低下したのである。環境に対する支持は「強い」が，それほど熱心に関わってはいないのだろうか。

この疑問を解決する1つの方法は，他の関心と比較して，環境がどれぐらい重要なのかを尋ねることである。ある研究では，ロキーチの価値観調査の21の価値観のうち，きれいな環境は，自由，家族の安全，健康，世界平和に続く5番目であり，自尊心と同点だったと報告されている[30]。学生を対象とした別の大規模調査では，1970年代から1980年代にかけて，環境保全のためには物質的な豊かさを放棄してもよいという意思が低下したことが示されている[31]。再度述べるが，われわれが環境に対して熱心であることはデータに示されているが，それがわれわれのちょっとした贅沢や快適性を犠牲にすることを意味しない限りにおいてである。また別の心配な傾向として，ある研究で，環境への関心が大きいことと客観的に環境知識が少ないこととの間に結びつきがあることがわかった[32]。

■**環境への関心の一般性と安定性**　関連して，環境への関心は一般性を持つのかという問題が，2つの意味で存在する。第1に，われわれはあらゆる種類の環境に対して同じような関心を抱くだろうか。研究者はいろいろな環境に対してどのように関心が変化するかを調査してきた。さまざまな場所やさまざまな生活領域に対しても関心が変わらないとは安易に考えられない[33-35]。たとえばわれわれは，交通，買い物の選択，掃除，われわれの関心を世間に主張することに関して，それぞれ別個の（異なる）関心を抱くだろう。しかし，複数の領域においても環境重視の態度を崩さない人々も当然ながら存在しており，そういう人たちは一般化された環境倫理観を持っているといえるかもしれない[36]。

第2に，われわれは長期にわたって同じように関心を持ち続けるだろうか。何かが悪化するとき，関心は増大する。たとえば，スリーマイル島の原発事故の後では，核エネルギーについての関心が増大し，経済や健康，社会福祉などのような生活の中心的な関心と同等にまでなった[37]。オランダの研究によると，原子力についての関心は，チェルノブイリ原発事故の前は「否定的」だったものが，事故の1か月後には「非常に否定的」になり，1年半後には元のレベルの否定になったことがわかった[38]。

また別のオランダの調査によると，環境への関心は，集団レベルあるいは全体の平均レベルでは，個人レベルに比べて安定しており，一方個人レベルでは時間に伴って大きな変化が起きていた[39]。また，原子力エネルギーの支持派のほうが，反対派以上に意見が揺れた。このように，災害は関心を高めるが，人によっては，すぐに災害前

のレベルに下がる。

誰もが関心を持っているのか

　われわれが見てきたように，皆が等しく環境について関心があるわけではない。多くの研究が，関心に違いがあることを報告している。このような相違を示す研究結果のいくつかを以下にあげる。それらの結果に一貫性がなかったことを断っておかなければならない。この結果は，1つには，どのように質問が問われたかによる[40]。

■**性別（ジェンダー）**　女性たちは通常（常にではないが）[41]，環境について関心が高いといわれているが[42-45]，性差については気がかりなことがある。女性たちは，環境に反する出来事に怒っているといい（感情），彼女たちは問題についてさらに多くのことをしたいというが（言語の関与），実際に環境について行うことは男性より少なく（実際の関与），男性ほど環境問題について知っているわけではない[46-48]。

　このような，女性のほうが関心を強く表すが男性のほうが知識があるというパターンは，別の研究でも確認された[49-52]。おそらくこれは，早い時期から少女たちの科学と環境に関する興味を失わせるような社会と学校システムがもたらした結果である。このことは，教育者が少女や女性に対する環境教育にもっと多くの注意を払うべきであることを示唆している。また別の説明としては，女性，中でも家に子どもといる女性にとって，健康と安全がより重要であるからであるといえる[53]。

■**年齢と幼児体験**　どんな場所にいる子どもでも，環境についての関心を持っている。たとえば，熱帯雨林に住んでいるブラジルの13歳は，同じ年齢のアメリカの子どもと同様に関心を持っている[54]。少なくとも一般的な環境については，ほとんどの（しかしすべてではない）調査は，若い人のほうが年配の人よりも環境に関心があることを示している[55-58]。この調査結果は，もっと若い年齢層にも当てはまる。ドイツの研究では，12歳のほうが15歳と18歳よりも関心があったことがわかっている[59]。

　この傾向については3通りの解釈が可能である。第1に，われわれは年をとるにつれて，環境への関心を低下させるのかもしれない。これは真の「年齢効果」である。一方，第2の可能性は，重大な出来事が年配の世代（たとえば，大恐慌の子どもたち）に起こらずに，特定の世代（たとえば，ベビーブーマー）に起こったということがある。このような「コホート効果」は，加齢に起因するのではなく，ある年齢のグループに対して，他の年齢グループに対してよりも，大きな影響を与えた出来事が起こったことに起因する。第3の可能性は，時代が変化していることである。全体的に政治的，社会的な風潮がだんだん保守化している。そのため，われわれはかつてほどには環境について関心を持たなくなっている。また，われわれはみな同じように以前より年をとっているため，もしこの「時代効果」が真であるなら，年配の人ほど環境への関心がより低くなるように思われる。

　この疑問に答えるために，異なる年代，世代，時代にわたって関心を比較した研究

では，年齢により環境への関心が低下するのは，主に「時代効果」であったようだ。ただし，青年層においては真の「年齢効果」が強く見受けられる[60]。

一般的な環境への関心は，生態中心主義（ecocentrism），すなわち自然というものは人間の費用や利益とは無関係に保護する価値があるといった信念と区別されなくてはならない。ある研究では，若い人々ほど年長者より生態中心主義ではないという[61]。

幼児体験も部分的には，環境への関心の原因となり得る。世界中の200人以上の環境教育者を対象とした調査を行ったところ，環境への関心を最も強く予測するのは，子どものときの野外経験の量であった[62]。家庭で環境について会話し，自然の映画を見て，環境に関する本を読む子どもたちのほうが関心が高い[63]。

■**宗教，政治と社会階層**　保守的な政治観を持ったり[64,65]，キリスト教原理主義の信仰を持つ[66-69]人は，環境への関心が低いことが報告されている。ただし，このような結果にならなかった研究もあるし[70]，またアフリカ系アメリカ人については反対のことが当てはまるかもしれない[71]。この論の土台となっているのは，これらの政治的，宗教的な信念が，自然を支配しようとする哲学的な観点と密接に結びついていることであろう[72,73]。

環境主義者は中流階級あるいは中流上層階級に属している傾向が強いことを示唆する研究がある[74,75]。しかしながら，環境保護団体の会議で職業を調べた研究では，ある階層の職業が他よりも多いということはなく[76]，また，ある大規模調査では，低所得者のほうが高所得者より関心が高いことがわかった[77]。豊かさによって環境への関心が異なるかどうかは，それが世界規模の関心か，地域的な関心かによる。貧しい国の市民は裕福な国の市民よりも地域的な環境問題について関心が高いが，国際的な問題に関しては，両者の関心に差は見いだされなかった[78]。この状況を複雑にしているのは，あるアフリカの国では，裕福な人々のほうが貧しい人々よりも環境問題をよく認識していたことである[79]。

たとえ環境配慮の行為が長い目で見てお金を節約するとしても，裕福な人々のほうが容易に初期費用を負担することができるのである。ある心理学者は，このことが環境保護運動に有利に働くように，友人の心理学者に，省エネルギー技術を開発している会社へ投資するよう強く促した[80]。

■**国家的，文化的，民族的な多様性**　環境への関心は，民族や国家のグループで異なることが報告されている。アメリカでは，初期の研究ではアフリカ系アメリカ人は関心が低いといわれていたが，それが最近では，ヨーロッパ系アメリカ人と同等か[81]，それ以上に関心が高い[82,83]という研究結果に取って代わられた。初期の調査結果は，アフリカ系アメリカ人にとってそれほど重要ではない環境に対する活動を測定したことに起因するのかもしれない[84]。

ある民族グループでは，アメリカへの移住と，環境への関心とが結びついている。ある研究では，より文化的に適応したラテン系アメリカ人は，あまり文化的に適応し

なかったラテン系アメリカ人に比べ，関心が低かった[85]。別の研究によると，環境に対する態度は一般的に移民は非移民と似ているが，アメリカ生まれの人に比べ新しい移民ほど，環境に対する強い関心を表した[86]。一般に，発展途上国の人々は，先進国の人々と同じかそれ以上，環境への関心を持っているように思われる[87]。

　世界中での環境への関心についてわかっていることは何だろうか。スペインの調査結果では，環境主義がスペイン人の信念体系の「中心的な要素」になったことを示唆している[88]。中国の10代の若者は，環境汚染と人口過剰を最大の関心事とみなしており，親の死や核戦争の不安，あるいはよい仕事を得ることよりも重要であるとしている[89]。カルカッタでは，大規模な調査の結果，回答者の80％以上が，大気汚染は現在の主要な問題である，あるいはすぐに主要な問題になるだろう，と思っている[90]。タイの学生は環境について適度に関心はあるものの，それ以上に経済・社会・政治・教育の問題について関心がある[91]。このように，一般に環境への関心は，常に最上位にあるわけではないが，関心の上位にはある。

　ある研究者は，関心のレベルの相違ではなく，さまざまな社会における態度の構造に注目している。たとえば，アメリカの人たちは，人間対自然という問題とみなす傾向があるが，メキシコやブラジルの人たちは，開発と自然とは必ずしも対立しているわけではないと考えているようである[92,93]。伝統的社会は資源をうまく管理していて，近代的な工業化社会が模倣すべきモデルであると述べる評論家もいる。しかしある研究者は調査から，伝統的社会における低負荷の生活習慣は，彼らが資源を大事にすることに起因するものではなく，むしろ人口密度が低いこと，収穫技術が非効率的であること，資源によって利益が得られる市場がないことによる，と結論づけた[94]。

■**都会と地方の違い**　地方に住んでいる人々は，都会の人々とは非常に異なった方法で「環境」を経験する。その経験により，環境への関心は強くなるのだろうか，それとも弱くなるのだろうか。ノルウェーでの研究によると，農民が自然資源を利用するのは人間の目的に適合しているからであり，彼らは他の人よりも，生態中心的（ecocentric）ではなく，より人間中心的（anthropecentric）であることがわかった[95]。ブリティッシュ・コロンビアでの研究では，地方，都市の双方の住民とも，環境への関心が高いことが報告されている[96]。ドイツの研究では，都会の学生のほうが環境問題についての言葉での関与は多いが，言葉以外の関心の示し方では差がなかったことが報告された[97]。

■**価値観，責任感，モラルの開発**　明らかに，価値観は環境に対する態度と関係している[98]。環境への関心が高く，価値志向が強い人々は，より人間志向（people oriented）であり，権威主義的ではなく[99]，より倫理志向で[100]，道義的な発達レベルが高い[101]。自分たちの行為が変化を生むと信じており[102]，寛大で理解力がある人のほうが，環境への関心が高いことが報告されている[103]。オーストラリアの研究では，熱烈な環境主義者は，よりポスト物質主義で世俗的な価値観を持っていると報告されている[104]。

第 3 章
環境に対する態度，評価と査定

学生においては，道徳的な信条が環境保護行動を予測する要因となる。地域住民においては，経済的な報酬のような目に見える成果が環境保護行動のよい予測変数となる[105]。

責任感は環境への関心の重要な一部であると予想できよう[106]。責任感は，主に罪悪感から生じるのは明らかである[107]。オランダのティーンエージャーの全国的なサンプル調査では，「環境のために経済を犠牲にする」というような，（何かを）犠牲とするといった自発的意志が環境への関心に関係していた[108]。

■**活動と教育**　環境への関心は，活動の選択と関連する。たとえば，狩りや釣りのような，消費型レジャーを好む人たちはあまり関心がない[109]。新聞を長時間読む人ほど関心が高く，テレビをよく見る人は関心が低く[110]，環境のために何かを犠牲にしようとは思わない[111]。ただし，テレビの科学番組をよく見る若者は関心が高い[112,113]。自分や家族の世話をしている（個人のヘルスケアに携わる）女性たちは，より関心が高い[114]。

同様に，教育や知識による差は明らかである。ビジネス[115]や工学[116]を専攻する学生は関心が低い[117]。大学の環境教育（Environmental Education: EE）プログラムを受講する学生は，EE プログラムを受講しない学生に比べ，環境の知識や言語的関与，そして実際の関与は際だって大きい[118]。ただし，おそらく EE プログラムの学生は，EE プログラムに参加する前から環境に対する関心が高く[119,120]，EE プログラムによって環境に対する態度がそれほど高められるわけではないのかもしれない[121]。生態系を回復しようとする仕事を行っていることは，一般的な自然関連の活動に携わっているのと同様に，環境に対する肯定的な態度につながる[122,123]。私立学校の学生は，公立学校の学生よりも知識がある[124]。一般に，教育を多く受けた人ほど環境に関心が高いが[125-128]，ノルウェーの研究では反対の結果が見いだされた[129]。イギリスの研究では，環境に関心があるか無関心かを最もよく分けるのは，知りたいと思っている特定の環境問題についての知識の量であることがわかった。ただし，関心の高い10代は無関心の10代に比べ，科学的な知識の量も多かった[130]。

■**問題の場所への近さと脅威**　他の要因の果たす役割もあるが，埋め立て地や廃棄物処分場のような問題のある場所から遠くに住んでいる人は，少なくともその環境問題については関心が低いという傾向がある[131-133]。南カリフォルニアの研究では，彼らの健康状態が環境問題によって脅かされていると感じる住民ほど，リサイクル，節水，自動車運転の制限，環境によい製品の購入などをすることに携わっているようだった[134]。

どうやって環境への関心を高めるか

環境への関心は広まっているが，それが望ましいほどに深くはなく，熱心でもなく，普遍的でもないとすると，どうやって関心を増すことができるのだろうか。大まかに

答えれば，それは教育である。しかし，人々を教育する最もよい方法は完全には理解されていない。これまでの主なアプローチは，伝統的な教室での講義，フィールド見学，活動団体への勧誘，参加の要請，望ましい行動のモデルづくり，目標の設定などであった。新しいアプローチには，メディアの利用，環境問題のシミュレーション，物語の朗読，公共的なイベントや集会などが含まれる[135]。

■**環境教育**　環境教育は，多くのさまざまな手法を通して態度や行動を変化させるための幅広い多様な試みを含んでおり，それらのすべては，広義の教師－生徒アプローチを採用していた。その有効性に対する多くの研究では，伝統的な講義と革新的な環境教育コースの題材とを比較してきた。代表的な研究では，オーストラリアの5年生，6年生に「サンシップ・アース（Sunship Earth）」と呼ばれるEEプログラムが行われ，その前と後での環境への知識・態度の変化が比較された[136]。この研究では，そのプログラムは生態学的な知識を増やすことには成功したが，より積極的な環境に対する態度はもたらさなかった。

あなたは，EEは非常に本質的であるゆえに効果的であると思うかもしれない。しかし，効果的でないEEプログラムもあったし[137]，裏目に出たものさえあった。プログラムによっては，学生が環境問題へ取り組んでいこうとする力を減少させてしまったものもある[138]。発表された34のEEプログラムの研究を調べ直してみると，正の効果が報告されていたのは14だけであった[139]。効果がなかった研究は，しばしば学術雑誌に不採用になることがあるとすれば，本当の失敗率はおそらくさらに高い[140]。別のレビューでは，教室での授業のほうが屋外のEEプログラムより効果的であったことが示された。

「問題分析と行動訓練（Issue Investigation and Action Training: IIAT）」と呼ばれるアプローチでは，より多くの成功が報告された[141,142]。IIATでは，学生は特定の環境問題を分析・調査して，その問題を解決する方法を考える。たとえば，標準的な科学の指導を受けた7年生（訳注：中学1年生）と比較して，IIATプログラムを受けた学生は，環境の知識，技術，信念を増した。別のIIATの実験では，高校生に対して6日間の合宿のワークショップを行った。環境についての認識を高める指導のみを受けた人たちの結果と，認識についての指導および行動の戦略を受講した人たちの結果が比較された[143]。行動戦略の訓練を受けた人たちのほうが，環境に対する行動について多くを学び，そして環境に関連する行動に携わっていることが報告された。

環境教育は現在，大学レベルでは普及している。ある研究では，EEコースの学生と標準の科学コースの学生を比較した[144]。2つのグループは，環境への関心についての差はなかったが，EEコースの学生のほうが際立って，現実に対する考え方を主張することができた。

環境への関心を増すための別のEEのアプローチでは，人々が自然の中に入ることを提唱している。あるカナダの高校生は，大自然の中に入った6日間の体験の後，環

●●第3章●●
環境に対する態度，評価と査定

境についての知識が著しく増加した[145]。サマーキャンプでの野外教育プログラムが9歳から14歳に対して及ぼす影響について調査が行われ，長期プログラムほど環境への関心の変化が大きいことがわかった。また，以前にキャンプをしたことのある人よりも初めてキャンプした人のほうが変化が大きかった[146]。そこなわれた環境の修復を手伝うプロジェクトに大学生を参加させると，彼らのエコロジー行動が増加した[147]。EE と結びついた楽しいゲームなども，子どもには有効だろう[148]。

このように，EE によって環境への関心を増やすことはできるが，前に述べた通り，すべての EE プログラムがすべての参加者に効果があるわけではない。多数のプログラムのレビューによって，参加者の変化をもたらす能力を増すような EE プログラムの4つの指針がつくられた。

・相手の現在の知識，態度，道徳的な発達のレベルにプログラムを合わせる。
・問題の両側面を説明する。
・直接自然に接するよう促す。
・責任感と個人によるコントロールの感覚を刺激する[149]。

他の著者も，研究のレビューに基づいて，9つの指針を追加した。

・行動戦略を知る。
・行動のための技術を用いる。
・環境に対する態度を高める。
・コントロールの感覚を養う。
・個人的な責任感を備える。
・問題を知る。
・環境を支持するような社会的規範を促進する。
・環境への感度を増す[150]。
・感情を絡ませる[151]。

同じ著者によると，EE プログラムが失敗する理由の1つには，他のガイドラインを犠牲にして知識に過度の依存をすることがあるという。

■シミュレーション　　関心を高めるもう1つの方法は，環境の現状と結果のシミュレーションをすることである。ある大学教授は，地域エネルギーの使用と管理についてのシミュレーションを計画し，活用した[152]。同じ題材で標準的な講義を受けた他の学生と比較して，シミュレーションに参加した学生はエネルギー節約の態度が大きく改善され，行動の可能性も高まった。

■環境の「物語」　　（直接的な教科書通りの題材とは対照的に）「物語」は，少なくと

も，小学6年生から中学2年生にとっては役立つだろう。生徒たちは，若い人たちが環境保護活動に取り組んでいることを描いた物語に大きな興味を示すので，その物語によって，環境の知識と関心を同時に増加させることができる[153]。環境の物語は，世界を変えようとする生徒の期待感や能力を増すための強力な仕掛けになり得る。

■**イメージの力**　　グリーンピースのような活動組織は，もう長いこと環境への関心に対するメディアの影響力に気がついており，放送局に彼らの活動や環境問題のフィルムを配給している。私がこれを書いているある日，日本近海で核廃棄物を海中に捨てているロシア船を映したグリーンピースのフィルムが，即座に効果を発揮した。ロシアがその廃棄の中止を発表したのである。それにもかかわらず，不思議なことに，このようなイメージが視聴者の環境への関心にどのように影響を与えるかについては実証的な研究に欠けている。しかし，海岸に針が打ち上げられているような風景描画が，それを見る人の環境に対する態度に及ぼす影響を調べた研究がある。建築物のイメージを見た対照グループと比較して，その風景描画は，地域の公害対策グループに対する言語的な関与や実際の寄付を著しく引き起こすこととなった[154]。

■**組織された公共のイベント**　　最後に，アースデイのような公共のイベントは，態度変化に有効なのだろうか，それともただの派手な騒ぎなのだろうか。ある研究者は，1990年のアースデイの6か月前と6か月後に環境への関心を調査する機会があった[155]。アースデイの前から学生たちが関心を持っていたのは明白だが，その後学生たちは前以上に，環境問題が存在することを受け入れるようになり，前以上にリサイクルをし，世界人口を心配するようになった。アースデイのようなイベントは，肯定的な影響があるように思われる。

関心は行動につながるか

　環境に対する態度の研究における非常に重要な問題は，人の態度が行動につながるのかどうか，つながるとすればどの程度か，ということである。人が何かに賛成であるとか，何かしようと思うと言っていながら，実際には実行しなかったということを，あなたはこれまでに何度聞いたことがあるだろうか。

　環境への関心と実際の行動との結びつきが非常に弱いことを示す証拠がいくらかある[156,157]。態度と行動の間に有意な結びつきがあると主張する研究では，実際に，態度と自己申告された行動とには相関があった[158,159]。残念ながら，自己報告された行動は，実際の行動といつもよく一致しているわけではない。実際，報告された（あるいは意図された）行動と実際の行動は，必ずしも同じ予測変数から予測されるわけでもない[160,161]。研究者たちは，人々がどのように環境に対する態度と実際の行動の間のギャップを正当化するかを調査し始めている[162]。

　しかし，環境心理学者の中には，環境配慮の行動は環境配慮の態度から生じるらしいことを見いだし，態度と行動の結びつきの強さが過小評価されてきたと力説する者

第3章
環境に対する態度，評価と査定

もいる[163-165]。彼らの意見では、態度と行動の結びつきが弱いとする研究は、環境に対する行動のうち、通常1つか2つにしか焦点を合わせていないという。彼らは、多様な態度とほんの2、3の行動との結びつきが弱いであろうことには同意するが、より幅広く多様な行動を調べれば、結びつきはもっと強いと断言する。

「環境関心尺度（Environmental Concern Scale）」における態度得点と、署名の回覧、リサイクル、環境配慮運動への友人の勧誘など、さまざまな個人の行動との関係を調べることにより、このことを実証した研究がある[166]。個々の行動（それぞれ単独で）との相関は弱く、結びつきが弱いとする立場を支持しているように思われた。しかし、すべての環境配慮行動から構成される指標との相関はずっと高く、環境配慮の態度が一般的な環境配慮行動を実際に予測するという考えが支持された[167]。明らかに、環境を気にする人々はこれ、あれといった特定の環境配慮活動には携わっていないかもしれない。しかし環境配慮活動全体を見ると、多くの活動に参加している。

一般的なエコロジー行動をうまく測定する尺度をつくる努力が重ねられ[168]、その有効性は数か国で実証されている[169,170]。

■**媒介変数と調整変数**　それでもなお、環境に対する態度と環境に対する行動との関係は、いくつかの要因によって比較的強いこともあれば弱いこともある。態度と行動の結びつきについてのより精緻な調査では、調整変数と媒介変数を調べる。調整変数とは、相関関係が強まったり弱まったりするのはどんなグループのときか、あるいはどういう状態のときかを示す変数である。たとえば、ある研究では、農民の土壌保護の態度と彼らの実際の土壌保護行動との関連を調べた[171]。その相関関係はそれほど強くはなかった。しかし、農民の収入によりその関係は調整され、態度と行動の結びつきは、低収入の農民より高収入の農民のほうが強かった。おそらく、裕福な農民であればあるほど、彼らの態度を実行に移す余裕があったのだろう。別の研究では、一般的な態度と行動の相関は、高所得層、保守的な政治観がある人、教育レベルの低い人は弱かった[172]。環境に対する態度と環境に対する行動との関係を調整（変化）させる他の条件や状況としては、行動にどの程度の努力が必要か[173]、その人は行動を変化させる初期の段階か後期の段階か[174]、その人がその行動の環境に対する意味を理解しているかどうか[175]、などがある。

媒介変数とは、態度と行動とを因果関係として対応させる変数である。態度はある変数（媒介変数）を変化させ、変化した変数は次に実際の行動を変化させる。たとえば、環境への関心と特定の行動（ビンのデポジット法への賛成投票）との関連についての研究では、その関連は規範の変化を含むいくつかの変数によって媒介されたことがわかった[176]。したがって結論は、態度が行動規範を変え、次に行動規範が行動を変えるということであり、つまり自分の行動規範が自分の態度によって変化しないなら、行動は変化しないことになる。

また別の研究は、誰が湿地保護の努力に関わるようになるかを予測することを目的

97

としていた[177]。積極的行動主義は，人のパーソナリティ（都会的）と湿地についての知識の関数であるが，ただし直接的な関数ではないという仮説が設定された。研究者が提案したことは，パーソナリティと知識は2つの媒介変数——問題の評価と問題への情動喚起——に影響を与え，これらの2つの媒介変数によって，積極的行動主義が予想できる，ということである。研究の結果，このモデルは支持された。

■**責任ある行動の鍵となる予測変数**　もし問題が適切に調査される場合に環境に対する態度が実際の行動をうまく予測できるとすると，次に尋ねたいことは，環境に対する責任ある行動を最も予測するのはどのような態度なのか，ということである。この疑問に答える1つの方法は，メタ分析を行うことである。それは一般的な結論を得ることを目的に，多くの類似研究の結果を統計的に統合する方法である。この問題を調べた315の研究のメタ分析を行うことにより，責任ある環境の行動を最もよく予測する以下のような変数が見いだされた。

・環境問題の知識
・行動方法の知識
・内的コントロールの所在
・言葉による関与
・環境への関心
・個人としての責任感[178]

　近年，さらに2種類の態度が環境に対する行動に結びつくことが示されている。抑制を実行しようとする意志，つまり質素や簡素であろうとする意志があることと[179-181]，責任感や罪悪感があることである[182,183]。

　態度以上のものとしては，個人的，社会的規範（norms，自分や他人が「通常」するべきことであると信じていること）が，態度よりも環境に対する行動のパターンをよく予測できることが多い[184-186]。変化に対して寛大であることやユニバーサリズム（普遍主義）などの個人的価値観も，同じようにそれを予測する[187,188]。

　もし，行動の動機を欠いているのならば，おそらく，人々は，環境に対して責任ある方法で行動しないだろう[189]。自発的な動機からどのような人が環境配慮活動[190]や毎日のエコロジー行動[191]を行うかを予測できる。

　最後に，いろいろな人口統計的な変数によって，環境配慮活動によく携わる人たちと，ほとんど携わらない人たちとが区別できる。これらの中には，政治的な自由主義，地域社会との関わり，コスモポリタリズム（汎世界主義）などがある[192]。しかし，必ずしもすべての環境に対する行動が，同じ要因によって同じように影響を受けるわけではない。たとえば，省エネルギー，反核運動，リサイクルのような行動には，それぞれに独自の有意な予測変数群がある[193-195]。

行動が実際に変化する可能性がずっと高いのは，われわれが態度を変えようとしているときよりも，社会的環境が再構成されるときであると考える人もいる[196]。たとえば，そのような社会科学者たちは，リサイクルすることの利益について啓蒙することよりもまず，缶とボトルのデポジット金を3倍にすることを支持している。

■**応用行動分析**　一般に，応用行動分析のアプローチの考えは，行動に対しての正または負の結果が重視されるということである。スコット・ゲラー（Scott Geller）は，B. F. スキナー（Burrhus F. Skinner）の考えを環境問題に応用して，頭文字から DO-RITE と呼ばれている，環境に対する行動を変える方法を提唱している。それは以下の通りである[197]。

1．変えようと思う行動を定義（Define）しなさい。
2．その行動を観察（Observe）しなさい。
3．行動の発生率を記録（Record）しなさい。
4．その行動に携わることの結果を変化させるプログラムを導入（Intervene）しなさい。
5．プログラムの前後の行動頻度を比較して，プログラムの影響力をテスト（Test）しなさい。
6．プログラムを評価（Evaluate）しなさい。それは費用効果があっただろうか。その影響は十分適切で，十分なものだっただろうか。

　応用行動分析学者は，環境についてのメッセージを伝えたり教育することの，行動変化の因子としての価値は限られていると考えている。プログラムでは，モデル化，現場への関与，具体的方法の実演，目標の設定，書面による関与などを用いることが，より効果的であると彼らは考えている。多くの行動介入研究をレビューした結果，環境に関する行動を変える最もよい方法は，人々の関与を得ること，望ましい行動のモデルを示したり実演すること，そして人々に目標設定をするよう説得することであるという結論に達した[198]。さらに，人々も積極的に関心を持つべきである[199]。しかし，行動を永続的に変化させようとすることは，より複雑な問題であると結論づける研究もある[200]。

　　まとめると；環境への関心は環境に対する態度あるいは評価であり，行動との関係が少しでもあるならば，それは特に重要である。初期の研究では，環境への関心と行動との結びつきが弱いことが示唆されたが，後の研究において，行動をもっと広くとらえれば，その結びつきが強いことが示された。環境に対する関心や行動は，多くの個人的・社会的な要因と相互に関係がある。環境への関心は，人が生活全体の中で抱く関心のうち，上位5位以内に入ることが多い。しかし関心の大きさや持続性は，場所と時間によって変化する。関心は必ずしもあらゆる所で増加するわけではない。応用行動分析では，より直接的で結

果に基づく方法を使って，環境配慮行動の頻度を高めるための青写真を提供している。

環境の評価：場所についての個人的な印象

　人々は，ある環境は好むが，他の環境は好まない。われわれは，場所についての感覚を発達させている。ある建物は，われわれにとって意味を持っている。ある地域は，危険だと思われている。一般に環境の評価は，環境への関心だけでなく，記述，評価，美の判断，感情的な反応，意味，危険や安全といった，少なくとも6種類の個人的な印象に関係する。

　この6種の印象は，ある程度重複する。たとえば，あなたがある都市が美しいと考えたとしたら，そこに行くことについて好感を持ち，そこは立派な都市で，個人的にも意味のある都市であるという可能性が高い。とはいうものの，別種の印象がいつも互いに関連して得られるというわけでもない。たとえば，ある場所はある人にとっては重要かもしれないが，この場所の意味は，快適なというよりもむしろ恐ろしい経験に由来するのかもしれない。つまり，別種の評価は時には重複することもあるが，それらは概念的にまったく別のものである。

　環境の評価と査定を理解するのに役立つ体系的な枠組みが，ケネス・クレイク（Kenneth Craik）によってつくられた[201]。それを多少手直ししたものを表3-1に示す。クレイクの枠組みには多くの可能性が含まれており，そのプロセスは明らかに複雑である。多くの種類の観察者が，たくさんの異なる提示形式による環境の展示物を

表3-1　環境提示理解のためのプロセス

誰が観察者（調査対象者か）	どの環境提示手法か	どの評価か	どんな形式か
利用者グループ：	現場で：	記　述	自由記述
住民	歩きながら	査　定	チェックリスト
従業員	車の中から	美　的	尺度
学生	空から	感　情	見ている時間
顧客	スライドか写真	意　味	人間の重要性についての信条
専門家：	ビデオか映画	リスク	
施設管理者	模型		
建築家	スケッチか製図		
不動産鑑定人	音声（サウンドスケープ）		
特定集団：	展示なし		
高齢者			
内向的な人			
貧困者			
障害者			
すべての人			
すべての観察者			

見せられ、たくさんの異なる判断形式によって印象を報告するように求められるかもしれないし、また、その精度は多くの異なる妥当性の基準で判断されるかもしれない。

多くの研究では、クレイクの枠組みの各列から1つか2つの要素を選択するが、何人かの研究者は、さまざまな要素が関係し合ってどのように知覚に影響を与えるのかを知ろうと研究を行い、いくつかの列の要素を体系的に比較してきた[202]。研究にどの要素が選ばれるのか、どのように結果のデータが分析されるのかによって、環境の評価と査定の両方がこの枠組みの中で研究され得る。特定の環境や地球全体としての環境に対する、幅広いもしくは精密な判定についてを研究することができるだろう。

個人と環境の多様な特性と、それらの相互作用が合わさって評価に影響を与えているという証拠がレビューされるだろう。個人の特性には、ライフステージ、文化、パーソナリティ、気分、経験などが含まれる。環境に対する人の計画、目標、意思は、特に重要である[203,204]。環境の特性には、複雑さ、自然の多さ、建築様式、内容、修復の状態、その他多くの比較的客観的な特徴が含まれる。

記述：何があるのか

環境の記述は、有史以来ほぼ詩人と小説家に任されてきた。何世紀にもわたる活動が多くの実を結んでいる。家、山、木、海、農場、町、刑務所などの、最も正確で印象的な記述が、最良の小説家や詩人のペンによってもたらされてきた。もしあなたの目的が、心にしみこんで忘れ難いような、場所の描写を行うことであれば、よい作家に仕事を依頼すべきだ。

しかし、もしあなたの目的が、人々が日々の生活の中で周囲の環境についてどのように考えるかを理解することであるなら、違う方法が必要だろう。クレイクの枠組みの中で提案された、環境の記述を得る1つの方法は、人々に自分で自由に記述するように頼む——つまり、ただ彼らに何も書かれていない紙とペンを与える——ことだった。この方法でも、何らかの貴重な洞察がもたらされる（たとえば、最初に書かれるのは、あるいはすべてに書かれるのは、環境のどんな特徴なのか。どんなテーマが自然に書き手の談話から生まれてくるのか）。しかし難点もある。1枚の白紙の紙に恐れをなす人もいるし、書き手にとって重要な環境の特徴がうっかり見落とされるかもしれない。もし比較することが研究の目的だとしたら、異なる書き手による記述を比較することは難しい。

このような理由で環境心理学者は、包括的で標準的な環境の記述子のセットを開発しようとしてきた。自由記述の手法では、研究者は観察者が環境を記述するためにどのような要因を選ぶかがわかる。しかし研究の目的が、環境のある特定の側面に対する観察者の意見を見いだすことにあるのであれば、標準的な記述子セットを用いることで、包括的にとらえることができ、また多くの観察者に容易に回答させることができる。

■**次元はいくつあるか？**　効率的にかつ重要なことを切り捨てることなく，環境を記述するためには，別個の次元やテーマ，因子がいくつ必要なのだろうか。研究される建物や観察者，そこに含まれる個別の項目によって

> DAVID CANTER
> デビッド・カンターは，イギリスの環境心理学の第一人者で，環境評価研究のパイオニアであり，20年にわたり，Journal of Environmental Psychology の編集長であった。

異なる次元が現れるということが，その1つの答えである。しかし，他の心理学の分野で意味を研究している心理学者が，3つの次元（力量性，活動性，評価性）がさまざまな物理的・文化的・個人的な違いを超えた意味をもたらしているようであることを示すことに成功したために[205]，初期の環境心理学者の多くは，建築的意味の基本的な次元を見いだすことを試みている[206-210]。このような研究は多種多様な次元を生み出した。その中には頻繁に現れたものもあり，また1，2の研究でしか見いだされないものもあった。力量性・活動性・評価性だけを含む3要因の単純な体系では，物理的環境を特徴づけるには明らかに不適当である。

すべての物理的環境を記述し得る，広く受け入れられる次元のセットは，これまで見いだされていない。しかし，建物の内部空間を記述するのに有効な，中心的次元と周辺的次元からなる要因群が，ある研究チームによって提案された[211]（表3-2参照）。しかしながら，これらの要因の中には，建物内部のさまざまな特性が寄与するという意味でかなり包括的なもの（たとえば，美しさ）もあれば，数少ない特性のみが主に反映されるという意味で限定的なもの（たとえば，温度）も含まれる。

■**都市の記述**　環境心理学者の中には，都市に対して同様の記述子のセットを開発した者もいる。研究者たちは，町の居住者の代表サンプルに対して自由回答形式の質問をすることから始め，都市環境のイメージをつくり上げる特質や要因についての，短いが包括的なリストを開発した[212]。それらの要因は以下の通りである。

・経済的な可能性（商業あるいは産業成長の余地）

表3-2　設計された環境の意味を測定する意味上の尺度

要因またはコンセプト	主要尺度	代替尺度
1. 一般的評価	良い－悪い	快適－迷惑
2. 効用評価	便利－不便	友好的－敵意のある
3. 美的評価	ユニーク－普通	おもしろい－飽き飽きした
4. 活動	能動的－受動的	複雑－単純
5. 空間	狭い－広い	私的－公共的
6. 力量性	無骨－優美	デコボコ－平坦
7. 整然	清潔－不潔	きちんとした－取り散らかした
8. 組織	整然－混然	フォーマル－カジュアル
9. 温度	温かい－ひんやりした	熱い－冷たい
10. 明暗	明るい－暗い	輝いた－ぼんやりした

第3章
環境に対する態度，評価と査定

・土地利用の多様性（娯楽，公共サービス，工業，商業，居住地の組み合せ）
・歴史的な重要性（歴史的なランドマーク，出来事，境界など）
・楽しい思い出（居住者個人にとっての肯定的な思い出）
・構築環境の外観（建物の築年数，様式，種別）
・自然の特徴（水，丘陵，樹木など）
・移動と場所（交通，歩道，配置の求心性など）
・都市活動の中心地としての重要性（式典，買い物，スポーツ，公的行事などに対する住民参加の活発さ）

　もちろんこれらの要因は，どんな町においても，一様ではないし，あったりなかったりするだろう。これらの要因は都市の部分によって変化するだろう。居住者全体か，あるいは一部の特定の居住者かに応じて，異なる次元が重要かもしれない。しかし一般的にいって，その枠組みは簡潔な方法で都市環境を記述するのに役に立つ。このような記述は，既存の町のイメージが時代によってどのように変化するかを記したり，あるいは都市を比較したりするのに使える。

評価：それはよいものか

　ある場所の印象を尋ねられると，人は好きかどうかについてのコメントを常に含める。評価には，好き嫌い，長所，質，嗜好，金銭的価値のような価値判断が含まれる。これらの評価に関する価値判断に影響を与えるのは何だろう。

■**個人的な影響**　個人の評価が肯定的か否定的かは，ある程度，その人の生い立ちによる。まったく同じ平凡な建物であっても，社会的な階層や性別，年齢，精神状態，教育水準などによって，その判断は異なる[213,214]。ある先駆的研究では，アラスカとデラウェアの風景が映ったスライドのどちらが好きかを成人に尋ねた[215]。観察者の好みは，年齢と性別，文化などの影響から予測することができた。たとえば，若者ほど異国的な風景のほうが好きであった。他の研究では，年上の子どもたち（16歳児）は，幼い子どもたち（12歳児）よりも，異国的な景観や危険な景観のほうを好むことがわかった[216]。このように，一般的には，荒々しい景観は子どもや高齢者よりも若者に好まれるようである。女性については，少なくともアラスカとデラウェアの研究では，草木が豊かで，暖かい景色のほうを好んだ。

　デラウェアの人もアラスカの人も，どちらも自分の故郷の景色のほうを好んだ。より最近の研究においても，馴染みの景観が好まれるという考えは支持されているが，しかしこのような馴染み効果は常に成り立つわけではない[217,218]。他の研究では次のことがわかっている。スコットランド人とオーストラリア人にスコットランドとオーストラリアの住宅風景を見せたところ，自分の国ではないほうの場面を好んだ[219]。日本人とアメリカ人の学生は，自分の国の街路の風景よりそうでないほうの街路の風景

を好んだ[220,221]。また，韓国人が自国の景観よりも西洋の景観を好むのに対して，西洋人は韓国の景観を好んだ[222]。

> **JACK NASAR**
> ジャック・ナサーは，環境美学研究の第一人者である。

デザインの専門家か，平均的な居住者かということは好みに影響する。たとえば，さまざまな老人ホームの設計案を評価するとき，老人ホームの管理者や設計者は，社会的関係を促すような設計を好んだ（彼らは明らかに，老人ホーム居住者が社会関係を望んだり必要とすると思っていたのだ）。しかし，居住者自身は一貫して自分たちのプライバシーを高めるような設計に好感を持った[223]。10の住宅設計案の中から地域の専門デザイン審査会によって選ばれた案は，同じ案に対して地域居住者が選択したものと，ほとんど一致しなかった[224]。刑務所やゴミの埋立地といった論争の的になる施設をつくることに対する好みは，都市計画者と平均的居住者では異なる[225]。

ある研究では，建築家は奇抜な住宅形式を好み，建築家でない人は典型的な住宅形式のほうを好むことがわかった[226]。建築家たちは教育を受けたにもかかわらず（あるいは，おそらく教育を受けたがために），建築家以外の人と好みが異なっているというだけではない。建築家は教育されている間，学校や専門集団によって，特定の建築様式を好むように社会化される[227]。おそらく驚くべきことに，建築家はまた，一般の人々が何を好んでいるかを理解していないように見える。建築家は，建築家ではない人が何を望んでいるのか予測するように特に求められたときでさえ，予測できないことが多い[228,229]。たぶんこれは，建築家と非建築家では建物を判断するのに異なる解釈の枠組み（スキーマ）を用いているからであり，建築家が建物を判断する際には，好き嫌いよりも設計の問題としてとらえているのだ[230]。

たまたま建物内における自分の役割を考えながら評価することになったという理由だけでも，好みの評価は変化するだろう（たとえば，妻として家の間取りを判断するときと，妻の役割を気にせずに判断するときのように）[231]。精神の健康状態[232]，パーソナリティ[233]，発達段階[234]，職業的な地位[235]，環境に対する敏感さ[236]は，環境の好みに影響を与える。機械好きの観察者や高齢の観察者は，十分に明るい建物を好み，開発を支持する観察者は，大規模な新しい都市建築を好む[237,238]。一般に，個人差は環境の好みに大いに関係している。ただしある調査が示したところでは，好みに主に影響するのは，当然予想できるかもしれないが，建築様式や風景の内容といった環境の物理的特徴だった[239-241]。

■**物理的な影響**　環境自体の特徴も，もちろん重要である。屋外環境の中でも，廃タイヤや不審な浮遊物のあふれている川に向かって赤みがかったオレンジ色の化学物質を放出している排水パイプが描かれた景色のほうが，野生の花が咲く日当たりのよい牧草地が描かれている風景より好ましいと思う人がいるだろうか。けれども，まったく魅力に欠ける景色や，あるいは魅力的でない景色において，視覚の好みに結びつ

く物理的要素は明らかになってはいない。ある景色を見た人が，それを別の景色より好むようになる手がかりを識別するための研究が必要である[242]。たとえば私自身の研究室で最近注目しているのは，どんな建物の特徴が建築家とそれ以外の人という2つのグループの好みに影響を与えるのかを突きとめ，なぜ建築家の好みはそれ以外の人たちと異なるのかを理解することである[243,244]。

このアプローチはまた，建築家ではない人の好みだけを調査するのにも使われてきた。たとえば，窓のある部屋は窓がない部屋より魅力的であり[245]，正方形の部屋は長方形の部屋より好まれ[246]，そして通常の高さの天井より高い天井のほうが好まれる[247]。しかし，好みは特徴を列挙するように単純なものではない。その時の状況も考慮されなければいけない。たとえば，窓の好みは，彼らがいる部屋の大きさに影響される。特に，小さい部屋であればあるほど，大きい窓を好むように思われる[248]。

建物の外観の研究では，次のことが示唆されている。観察者が好んだのは，過去の感覚が表現された外観で，その表面は細かく曲線的で，飾りつけられたり溝が彫られていたりして，隠れ家となりそうな三次元的な表面を持ち，触れたり探検してみたくなったりする外観なのである[249]。よく整備されている限り，古い建物は一般的に好まれ[250]，近代的な環境よりも伝統的な田舎の環境のほうが好まれる[251]。ある特定の建築様式は他のものよりも好まれる。ただし，このような形式上の好みは，流行が変化するように，おそらく時間がたてば変化するものであるが[252]。

たいていの観察者は，豪華な，汚れのない，開放的で，単一目的の（たとえば，居住用だけの）建物を好む[253]。好まれる都市地区は，次の5つの特徴のいくつか，あるいはすべてを持つ傾向がある。それは，自然の豊富さ，よい維持管理，秩序のある外観，開放性，歴史的重要性，である[254]。最も好まれるショッピングセンターは，よく整備され，魅力的なウィンドウディスプレイがあり，街路での活動が盛んで，また緑が多いものである[255]。関連研究では，囲まれた都市空間のほうが快適であるという点で意見を異にしたが，それ以外の特徴についてはその価値が確認され，さらに次の2つの特徴が追加された。望ましい都市景観は，車が少なく，そしてざわめきがある（機械的な騒音ではなく，人の生み出す音がある）というものである[256]。人々は目障りな標識のある道路が嫌いである[257]。木や植物の多い道路が好まれていることは予想通りであろう[258]。都市の海岸線の景観においても，同じような特徴が好まれる[259]。

評価に関係する他の環境の特徴は，より抽象的なものである。ある初期の体系では，（他の要素の中から）快適性，複雑性，一貫性，力量性，囲まれ感，独創性といった要素が提案された。それは，前述のものより明らかに概念的である[260]。

バーライン（D. Berlyne）の対比の特性は物理的特徴に基づく，もう1つの抽象的な性質のセットである。物理的特徴の中には，調和しているものとコントラストを持つものがある。ある研究では，すばらしい建築模型と写真を用いて，さまざまな建築物が配置された風景のシミュレーションを，観察者に提示した[261]。建物を含む景観は，

（以前の観察者によれば）まったく調和しておらず，コントラストが強いと判断され，その景観はとても嫌われた。これは驚くべきではないだろう。しかし観察者は，周囲の状況にすっかり合致した，コントラストの度合いが極めて低い建物を好むものなのだろうか，それともこれらの性質が中程度な建物を好むものなのだろうか。

何人かの観察者は，あまりにもきれいに調和した退屈な建物よりも，（適度なコントラストのある）後者のほうを好み，他のグループの観察者はどちらも好まなかった。このことから，コントラストと調和が低位から中位である景色については，観察者の個人差が好みに影響を与え得るが，コントラストが強く不調和に開発された景観を好む観察者はほとんどいない（図3-2参照）。

他にも3つの対比があり，複雑性（非常に細かい多くのデザインの要素があること），一貫性（景色が秩序よく見える度合い，あるいは「まとまっている」度合い），新奇性（場所の外観が普通ではないこと）である。都市の看板についての研究でわかったことは，最も快適な街路には，中程度の複雑性と強い一貫性を持つ看板があるということである[262]。単純な高層ビルよりも，複雑な高層ビルのほうが好まれた[263]。複雑なファサードを持つ住居ほど好まれる[264]。建築家が設計した家は建築家でない人が設計した家よりも，新奇で一貫性がある傾向がある。建築家も建築家でない人も，新奇であっても一貫性のある設計を好むようである[265,266]。その一方で，新奇もしくは変則的な家を好むのは建築家だけであり，建築家でない人は典型的な設計を好んだ[267]。

ジャック・ナサー（Jack Nasar）の手法では，肯定的あるいは否定的な評価となるような物理的であるが抽象的な質を特定し，これに該当する3つの質，すなわち形態性（formal），象徴性（symbol），スキーマ（schemas）があることを提案している[268]。形態的な質はデザインの複雑性と秩序を含む。象徴的な質は様式で表される（たとえば，コロニアルあるいはポストモダン）。スキーマは，デザインの典型性（typicality）に関係するが，それは平均的なものに対してだろうか，それとも平均的でないもの

図3-2　この風景の中の新しい建物は，景観に適合するか，それとも状況に調和しないか？

第3章
環境に対する態度，評価と査定

に対してだろうか。ナサーは，質が異なれば評価も異なるであろうという仮説を立てた。たとえば，（多くの人の目にとって）快適な建物は，整然としており，適度の複雑性をもち，見慣れた様式の要素を示すだろう。刺激的な建物は，型にはまっておらず，複雑で，そして整然としていないだろう。

自然の風景ではどうだろうか。ブリティッシュ・コロンビアの海岸線の特徴に対する好みの研究で，観察者（フェリーの乗客）は，まったく開発されていない単純な海岸線よりも，自然な海岸線に小さな建造物が建っている場合のほうを好んだ[269]。このことは，適度に複雑だったり，開発されていたり，コントラストがあったりするほうが，これらの質が極めて低いレベルしかない場合よりも好まれるという考えを裏づけるようである。ほとんどの人々は，背の高い茶色い雑草の茂った野原や，耕作地や低木地よりも，草原のほうを好む[270]。われわれは，一般的に，穏やかな自然の風景のほうを好むようである[271,272]。

環境に基づく風景の好みに関するもう1つのアプローチは，見晴らし・隠れ家理論（prospect-refuge theory）である[273]。それは，進化論的考えに基づいており，人々は開かれたエリア（たとえば，野原，サバンナ）と閉じられたエリア（たとえば，森林あるいはジャングル）との境界にある環境を好むことを示している。開かれたエリアでは見晴らしが与えられる，つまり獲物や危険を少し離れたところから見いだす機会を得ることができ，閉ざされたエリアでは隠れ家が与えられる，つまり身を潜める機会を得ることができる。他の種と比較して，人間は，最も強いわけでも，最も速く動けるわけでもないが，それでもわれわれは食べて生き抜いていかなくてはならない。このように，見晴らし・隠れ家理論が示しているのは，われわれは境界の環境を好むことで，「ヒット・エンド・ラン（一撃離脱）」をすることができるということである。ある研究では，レクリエーションに来ている人に見晴らしと隠れ家の点で異なる風景を評価させた。その時最も好まれた風景は，見る人が明らかに隠れ家の近くにいることを示すものであったが，それは草の生えた開けた牧草地にすぐに近づける風景でもあり，そのことはこの理論を支持している[274]。

しかし，ここにおける主なポイントは，好みは，窓や木の数のような具体的な尺度や，あるいは一貫性，調和，見晴らしと隠れ家といった，より抽象的な言葉で説明されるかもしれないということである。とはいうものの，好みは観察者について知り，そして環境について知ることによって，最もよく説明できることは明らかである[275]。多くの研究によって，環境の特性と同様，観察者の特性により好みが変わることが示されている。そして，好みを完全に理解するためには，われわれは，共通性（すべての観察者が物理的環境の価値にほとんど同意するとき）と差異（ある種の観察者はある特徴のほうを好むが，他の人はそうではないとき）の両方を研究することが必要である[276]。たとえば，どの景観が美しいかについて多くの観察者は同意するかもしれないが，文化の相違は，観察者がある景観のほうを他の景観より好むという，好みの違

いに影響を及ぼすかもしれない[277]。

■**知覚者－環境アプローチ**　環境の好みについてのもう1つの研究法は，観察者と環境の両方を含む概念を含めて，両者を本質的に融合するものである。認知や進化論の観点を

> **STEPHEN KAPLAN**
> ステファン・カプランは，環境との調和，特に自然風景との調和の理解に大きな貢献をしてきた。

利用したそのようなアプローチの1つとして，ステファン・カプラン（Stephen Kaplan）とレイチェル・カプラン（Rachel Kaplan）は環境の好みを統合した概念化を進めてきた[278,279]。カプラン夫妻は，環境に対する人間の好みは，われわれの種の進化の歴史と，特定の環境のもたらす適応的価値に起因すると考えている[280]。たとえば，景観の好みに関するある研究によると，子どもたちは他の景観のタイプよりもサバンナのほうを好むことがわかった[281]。人間は明らかにアフリカのサバンナで誕生したのであるから，この景観に対する子どもたちの好みは，景観の好みに対する進化論的な根拠を示し得る，と著者は提案している。しかし，他の研究者はすぐに，この提案の性質はほとんど推察的にすぎないと指摘した。より単純な説明では，人々は単に地方のサバンナのような景観に親しみを感じているだけだというのである[282]。

　人間は（人類として）自然の景観を膨大に経験してきたために，新しい風景にごく短期間さらされただけで好みを形成することが可能であると，カプラン夫妻は考えている。彼らは，環境がアフォーダンス，つまり定位・安全・移動・新しい情報獲得を可能にする直接的な知識を提供するというギブソンの考えを拡張する。彼らの考えは，われわれが安全であることや食物や住まいを見つけることなど，人間の主要な目的を果たすことができる場所を好むというものである。環境心理学者の中には，われわれの好みは，自分たちにとって重要なものや，われわれの選択の結果に基づく傾向があると指摘する者もいる[283-285]。カプラン夫妻は，われわれが重要な目的を達成するのに役立つ環境の機能的な性質を，認知的アフォーダンスと呼ぶ。

　これらの基本的な欲求に加え，人は環境について理解し，関わろうとする強い欲求を持っていることを，カプラン夫妻は前提とする。前の章で論じたように，場所についての理解が必要になった結果，われわれは認知地図の作成と利用をした。一般的にいうと，カプラン夫妻の主張は，人々は，関与することができ，理解することができる見込みのある景観やインテリアを好むということである[286]。環境は，この見込みを，今すぐにか，あるいは将来において，もたらすことができる。環境への関与と理解を，現在と将来の見込みと組み合わせると，2×2の行列ができ，好みに関する4つの要素がもたらされる（表3-3参照）。

　カプラン夫妻による好みの枠組みによると，一貫性（すぐに理解できること）とは，ある風景が認知的に体制化される容易さのことをいう。複雑性（すぐに関与すること）とは，人を忙しい状態（退屈させられずにいる，あるいは刺激過剰な状態）にしておくだけの，その風景のキャパシティをいう。わかりやすさ（将来理解できるとい

第3章
環境に対する態度，評価と査定

表3-3 カプランの好みの枠組み

風景に対する好みは，風景を理解しようとするニーズと，風景に関与しようとするニーズの機能であるといわれている。情報は，ただちに観察者が利用できるかもしれないし，あるいは「角を曲がったところに」見込まれるものかもしれない。一貫性のある風景は，すぐに観察者がその風景要素を構造化したり組織化したりできる。複雑な風景は，多くの情報を提供して，観察者を引きつけたままにする。わかりやすい風景は，観察者に迷子になるとか，方向感覚を失うという印象を与えない。神秘的な場面は，もし観察者がその風景に踏み込んでいけばもっと知ることができるだろうと示唆する。

| 情報の | 欲求 | |
入手可能性	理解	関与
現在／すぐ	一貫性	複雑性
将来／期待	わかりやすさ	ミステリー

う見込み）は，環境が，迷わずに探索できるように見えることを意味する。つまり，明確な方法で配置されているのである。ミステリー（将来関与しえる見込み）とは，もし人がその環境に入れば，環境のことがより理解でき，環境とより関わり合い，環境により専念することができるようになるだろうと，環境が暗示することを意味する。これらの要素は，カプラン夫妻が好みを概念化する際に，人と環境の問題を統合した方法の核心部分である。一貫性について考えてみよう。認知の体系化は人間の活動であるが，ある景色は他のものより体制化することが容易である。したがって，一貫性は，われわれの頭の中でも環境の中でもなく，われわれが環境を評価する方法の中にある。

カプラン夫妻にとって，好みは，一貫性，わかりやすさ，複雑性，ミステリーから予測できることになるが，それは必ずしも単純な形でなされるわけではない。一般に，これらのそれぞれの特性が増すにつれて好みは増すが，限界がある。環境がわかりやすすぎると，必然的にミステリーが減少するかもしれない。環境が明確であると，興味に欠け退屈なものになるだろう。

認知的アフォーダンスがどれほど好みと関連しているのかを示す証拠が急速に積み上げられてきている。たとえば，風景はミステリーを持てば持つほど，より好まれる[287-295]。しかしこのことは，自然の風景のほうが（また，おそらく個々の建物の風景も），それ以外の風景（たとえば，都市街路の風景）よりも当てはまるようである。たぶんミステリアスな風景は，それらが危険であると思われない限りにおいて好まれるのである。一方，都市の街路の風景はしばしば危険だと思われている。少なくとも動物園[296]，都会の風景[297]，田舎の風景[298]については，複雑であるほど好みに結びつくようだ。一貫性があることもおおむね，好みの増加に結びついている[299-302]。

カプラン夫妻は，好みにおける馴染んでいること（知悉度）の役割についても強調している。ある場所がわれわれにとって初めての場所で，不慣れで，ことによると危険であるとき，われわれの好みは馴染みのある場所のほうに向く。たとえば，森林風

景の研究では，馴染みのある場面は馴染みのない場面より好まれることが示された[303]。しかし，馴染んでいることと理解することとは逆向きに作用する可能性がある。われわれは，いったんある場所をよく知ってすっかり馴染んでしまうと，新しく理解することはほとんどなくなり，その場所に対する好みは減少する。われわれは場所について理解するのは好きであるが，それは，そうすることがあまりにもたいへんだったり，危険だったり，もう完全に理解済みではない限りにおいてである。

美学：それは美しいか

　ここでは，美しさの評価に関する実証的な社会科学のアプローチに焦点を合わせる。それは環境の美しさを判断する際の個人差や心理学的要因を重視するものである。風景の美しさの査定は，風景要素そのものの中にある美しさを見いだすことに基づいている。それはこの章の環境査定の節で議論する。

　評価のアプローチは次の立場をとる。もし美しさが完全に環境の特性であるとすると，あらゆる風景の美しさや醜さについての評価は，すべての観察者で一致することになるだろう。しかし，砂漠が美しいと思う人もいれば，そうは思わない人もいることは明らかである。岩だらけの山頂，混沌とした市場，海中の眺めや超高層ビルを美しいと思う人もいるし，そう思わない人もいる。たとえばオーストラリアの研究によると，観察者に平均して最も美しいとされたのは，水と小径のあるような，自然で，青々した開かれた草原であったが，個々の観察者が好む風景はこれらの特性がさまざまに組み合わされたものであった[304]。田舎の風景の研究では，美しさは，風景の複雑さ，一貫性，ミステリー，生物学的多様性と正の関係にあったが，これらの特徴そのものが見た人にどう知覚されているかは非常に多様であった[305]。

　結局のところ，もしわれわれが環境の「美」についての完全な説明を構築しようとするのであれば，当然ながら，見る人と風景の両方を考慮しなくてはならない。評価的価値判断を用いて，観察者と風景を統合する概念を，研究者は提案し始めた。そのような概念の1つは視覚的な透過性，つまり風景の視覚的な深さである。テキサスの松と樫の森を対象にした自然美の研究において，視覚的な透過性が大きいことが，風景の美しさを最もよく予測していた[306]。

　美しさの評価の相違に関する明らかな要因の1つは文化である。これは，バリ島の村の美しさに対する，旅行者とバリの人の評価を比較した研究で確認された。2つのグループはほとんどの点で一致していたが，相違もあった。研究者は，それは，ある景観の特徴の意味を旅行者が誤解したせいであるとした[307]。別の研究では，水の風景の美しさが，観察者の環境に対する意識の発達とともに変わり得ることが示唆された。観察者が，水生植物の成長は自然現象というよりむしろ水質汚染の1つの結果であることを認識するほど，その水の風景は醜く見えるようになる[308]。

　一般に，風景の美しさの評価は，進化論的要素，文化的要素，個々の経験といった

●●第3章●●
環境に対する態度，評価と査定

要素によって変化することが予想される[309]。ある程度まで，美は見る人の目の中に存在する（訳注：美は主観であるということ）。本当の疑問は，これがどの程度まで正しいのか，ということである。というのも，美しさは風景の特徴によってほとんど決まるという考えを支持する人たちもまた，提示できる強力な証拠を持っているからである。そしてこれはこの章の環境査定の部分で論じる。

感情：どのように感じるのか

■**感情は評価や美しさと同じものだろうか**　われわれがよいものとして評価し，美しさを見いだすような環境は，おそらく，快適であるとも感じられるだろう。その時，質・美しさ・快適感は，ある程度重なり合う。しかしながら，このような3種類もの評価は過剰である，と断定できない理由がある。

1. 快適さはわれわれが経験する唯一の感情である。他の感情は評価や美しさの判断にぴたりと一致しないかもしれない。
2. 感情（または多くの心理学者が好む言葉では，情動）は，評価や美しさとは，概念的に区別される。感情の生理学的，行動学的，認知的な側面は，単によいとか美しいという判断に関わることとはまったく異なる。感情というのは，「生体の複雑な状態であり，悲しみ，畏怖，恐れ，激怒，驚き，喜びのような気持ちだけでなく，あらゆる形の行動に向かわせる衝動とさまざまな身体的変化を伴っている」と説明されてきた[310]。
3. 構築環境は，激怒や恍惚のような強く直接的な感情を呼び起こすことは通常なく，その影響は小さいけれども持続して累積されるものである。したがって，そうした環境は，日々大きく気づかされるのではなく，長期的にわれわれに重要な影響を与えているのだろう。このようないくつかの理由によって，環境に対する感情の影響は，環境に対する評価や審美的な価値判断とは分けて考える必要がある。

■**環境に対する感情的反応のモデル**　感情の評価を直接議論する前に，環境心理学における感情の2つの先行研究——ジェームス・ラッセル（James Russell）とアルバート・メーラビアン（Albert Mehrabian）——の業績を紹介しておくべきだろう。彼らは，感情を（すでに存在する影響力としての）環境やパーソナリティと（その結果としての）行動とを媒介するものとみなしている[311,312]。もともと彼らの研究は，3つの基礎的な感情の反応である快，覚醒，支配を識別するものであった。その後，ラッセルは研究によって，支配は基礎的な感情としては3番目の弱いものであると結論づけるにいたり，快と覚醒だけを含むモデルに注目した[313]。残った感情である快と覚醒とは，互いに独立していると考えられる，つまり，われわれはこれらのすべての組み合わせを経験する可能性がある（図3-3参照）。そのモデルがサーカンプレックス

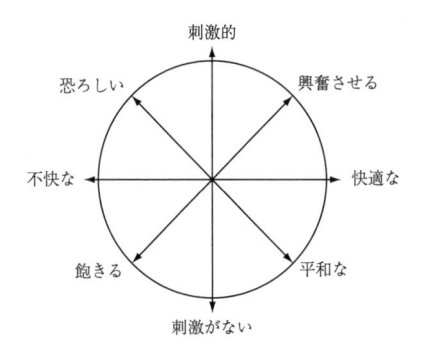

図3-3 感情の2つの主要な次元と、それらの混合はサーカンプレックス、すなわち円状の秩序を形成する。今あなたがいる環境によって呼び起こされた感情を考えてみよう。その感情はサーカンプレックスのどこに適合するだろうか？

（circumplex）である。これは、2つの主要次元である快と覚醒との組み合わせによって無数につくられる感情の円形パターンである。いずれの感情も場面によって引き出され得る。

ラッセルとメーラビアンの枠組みの中では、環境の変数（たとえば、光、温度、あなたに到達する情報が入ってくるスピードなど）と個人のパーソナリティの変数（たとえば、社交性や刺激追求傾向）との両方が、ある環境の中で感じる感情のレベルに影響すると主張されている。一方、これらの感情は、ある環境に近づいたり避けたりする欲求や、従業員の仕事の成績や、その環境における人と人との相互作用といった、重要な行動に影響を与える。

その枠組みは、次のような一連の研究で検証された。パーソナリティの傾向があらかじめわかっている参加者に対して、言葉による場面の説明がなされ、その場面の中でどのように行動するかを報告するよう依頼された[314]。結果は複雑であるが、1つの比較的単純な例を示そう。図3-4の曲線は、メーラビアンとラッセルの快-覚醒仮説を示している。場面の他の特性とは異なり、人は、中程度に刺激的で最大限に快適な物理的環境に接近しようとする。場面の快適さが増すと、そこに近づきたくなる願望は、覚醒のレベルが高いときに最大化すると予測されることに注意しよう。

図3-4での実線は、実際の実験の結果を描いたものである。予測されたように、快適な環境であればあるほど、その環境には近づきたくなると読み取れる。著しく快適であったり不快であったりしない場面において、この快-覚醒の仮説は支持された。刺激が弱かったり強かったりする環境よりも、中程度に刺激のある環境のほうが望まれたのである。

しかし、快適な環境においては、研究者が予測したように覚醒力が強い環境において近づきたさが減少するということはなく、それどころか増加した。不快な環境にお

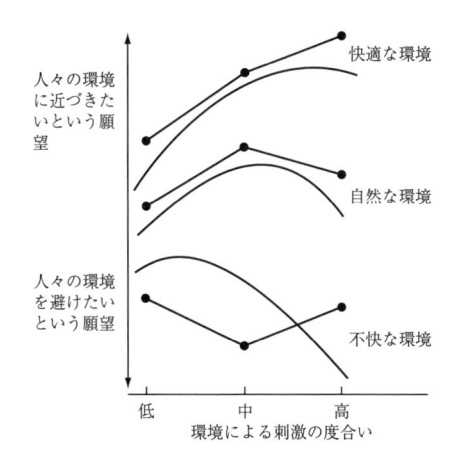

●●第3章●●
環境に対する態度，評価と査定

図3-4　環境に起因する刺激の度合い
　快適−刺激仮説。その環境に近づきたいという欲求は，環境の快適性および刺激をもたらす性質によって変化する。この仮説によると，われわれは，とても快適で適度に刺激がある場所にいることを最も望んでいる。

いては，中程度に刺激のある環境は，最も近づきたいどころか，最も近づきたくないものであった。理論としては時おり生じる予測とのズレを説明する微調整が多少必要かもしれないが，これらの研究結果は，物理的環境の感情的な影響が，実際にそこでの行動に体系的に関係していることを示しているように見える。

　この研究プログラムでは，パーソナリティ，環境，感情や行動といったすべての変数を，言葉によって描写することがしばしば行われている。自己報告という方法に頼っているということから，この理論は実際の場面における実際の行動に対する感情的な影響をとらえているのではなく，変数間の意味的な関連をとらえているにすぎないという批判がなされている[315]。しかしラッセルとその共同研究者は，同様の次元はさまざまな評価方法からも現れており，他の研究も快−覚醒仮説を支持していることを示して，自分たちの見いだした環境の感情的な性質の一般的構造の正当性を主張した[316,317]。森林の風景では，その風景が近づきやすいように表現されているとき（たとえば，開かれた小道では），より快適で覚醒が低いことを経験となる[318]。

意味：何が重要なのか

　これまで論じてきた評価のほかに，意味についての疑問がある。環境の知覚・記述・評価・感情などの研究を特徴づけるために，意味という言葉が広く使われることもあるが，この章においてこの言葉は，次の大きく異なる4つのプロセスのことをいう。

1．場所への愛着：場所の一部であるという深い経験。
2．観念的なコミュニケーション：建物あるいは場所がそれを見る人に対して哲学的，建築的，政治的な概念を伝える手段。
3．個人的なコミュニケーション：建物がその居住者について観察者に「語る」こと。
4．建築の目的：形態や外観に関連する建物の機能の評価。

■**場所への愛着**　われわれがある場所で，長く強烈な経験をすると，その後その場所は個人的な意味を持つことになる。前述した評価の多くは，それとは対照的に，場所に短時間接した後になされるものである。質，美しさ，好みの評価は，その場所で長く過ごして恩恵を受けた後で変わるかもしれないにもかかわらずである。

　場所への愛着とは，場所により馴染むとともに形成されていく意味の豊かさのことをいう[319]。それは，われわれの家や近隣，地元の自然環境に対して形成され得る。場所への愛着が強くなるにつれ，場所の意味とアイデンティティ（自己同一性）は融合し始める[320]。したがって，場所の1つの意味は，時として，個人のアイデンティティが場所とかたく結びついているということである。われわれは自分たちに，場所への愛着を反映する呼び名をつける。たとえば，イギリスには **Fenmen**（訳注：イングランド東部の沼沢地の住民），アメリカには **New Yorkers**，そしてカナダには **Maritimers**（訳注：カナダの Nova Scotia, New Brunswick, Prince Edward Island の3州の住人）がいる。大学生は彼らの学校と一体感を持つし，郡や州，地区，県，地域の居住者はそれぞれの行政地区と一体感を持つ。もっと小さい規模でも，多くの人々は自分の近隣，区，農場，家，あるいは部屋に対しても一体感を持つ。

　人々に，家と関連づけて考える意味，経験，知識，感情をリストアップしてくれるよう依頼して，家が何を意味するかを調査した研究がある[321]。家の意味として最も述べられた頻度が高かったのは，幸福，帰属感，自己表現に関するものであった。家の意味は大きくは，自己に関するもの，社会関係に関するもの，物理的特徴に関するものという，3つのカテゴリーにまとめることができた。

　場所への愛着は，いくつかの重大な意味を持っている。次章で見ていくことにするが，場所への愛着と密接な関係にある場所のアイデンティティは，個人のパーソナリティの重要な要因である。場所への愛着は，人を殺すことさえある。洪水や地震，ハリケーンのような自然災害の起こりやすい場所を人々が放棄しない主な理由は，彼らが深く感じている場所へのつながりであることを，後の章で見ていく。

■**観念的なコミュニケーション**　意味の2番目は，環境が表現している，もしくは設計者の意図にもかかわらず表現できないでいる抽象的な概念のことをいう[322]。たとえば，ある研究によると，ヒトラー政権によって建てられた建物はその時の建築家によって表されたナチのイメージを今なお伝えているということがわかった[323]。建物はそれらを建設する人たちの理想と願望を反映することができ，そしてこのことは実際

●●第3章●●
環境に対する態度，評価と査定

しばしば建築家の目標である。

　たとえばモダニズムは，形態の純粋性を信奉する提案者による，重要な建築の動向であった。彼らは，一般人もまた，彼らのつくった建物のファサードの，単純で明確な直角の線のよさがわかるであろうと考えた。モダニストは，古いスタイルの特徴である過度な装飾とディテールに飽き飽きしていた。彼らにとってモダンとは，きれいな直線を意味していた。完全に規則的な直線と対称的な細い窓のある超高層ビルは典型的なモダニズムの構造である。モダニズムの建築家はしばしばこの明快な形態を完成させて，彼らの自身の集団の中で（しばらくの間は）広く称賛された。しかし一般人は，決して彼らの「ガラスと鉄製の箱」を好きではなかった。

　革新的な建築動向の発展に影響を及ぼしたチャールズ・ジェンクス（Charles Jencks）は，自分が解決法を知っていると考えた[324]。ポストモダニズムというこの動きは，ある意味で，プロの建築家が用いるものと一般人が用いるものという，2種類のコードあるいは感覚が存在するという考えに基づいている。コードの単語の意味としては，ある様式上の要素がある信念や価値を表現したり暗示する（すなわち，意味する）ことの理解もしくは暗黙の合意である。ジェンクスは，モダニズムの建築物とは，建築家の間で受け入れられ評価される専門的なコードを用いて，専門的なコードに対して，設計されたものであると主張した。モダニズムの建築物は建築家にとって近代的（新しく，清潔で，明確）であることを意味した。しかし一般人は，同じ建築物を違うコードによって解釈した。彼らにとってその建物は疎外（冷たく，硬く，近づき難いこと）を意味した（図3-5参照）。

　ポストモダニズムは，建築家のコードと一般人のコードの両者を組み込もうとしたものであり，どちらのコードにおいても肯定的な意味を持っている。ポストモダン建築はすべて同じように見えるとは限らないし，同じことを意味するとは限らないが，ポストモダン建築に共通する様式的な流れには，伝統的な建築形式の暗示や曲線の多用，場違いだったり寄せ集めのように見える建築要素などがある。

　ポストモダニズムの建築家は，彼らの建築物が，専門家のコードにおいて肯定的な意味を持つ（たとえば，歴史的様式のしゃれた並置であるとか，デザインによる美的原理の巧みな解釈であるとか）とともに，一般人のコードでも肯定的な意味を持つ

図3-5　モダニズム建築（上）とポストモダニズム建築（下）の例

（たとえば，「あぁ，田舎の祖父母の家を思い出すなぁ」）ことを望んでいる。両者ともに肯定的な意味が意図されているため，専門家がポストモダン建築を好むだけでなく，人々にも広く普及することになるはずである。

　この考えは，建築家および建築家でない人を対象に，モダニズム，過渡期，ポストモダニズムの建物例を見せることで検証された[325]。その結果は，ジェンクスの二元的コード説，つまり，建築家と建築家でない人では，異なるプロセスによって建物の意味をとらえているという考え方を支持した。残念なことに建築家でない人々は，そうは言ってもモダン建築とポストモダン建築とを区別することができなかった。たいていの建築家は，今や，建築家自身のためのコードと建築家でない人のためのコードが別々に存在することに気がついているが，たいてい建築家は，ポストモダン建築を通して自分たちの意図を建築家でない人たちにうまく伝えるだけの感性を用いることができなかった。

■**個人的コミュニケーション**　　好むと好まざるとにかかわらず，われわれが生活したり働いたりする建物は，われわれのことについて何かしら観察者に対して「語る」のである。たとえば，大邸宅に住んでいるか掘立て小屋に住んでいるかによって，その人の裕福さについての明確な結論が引き出される。しかし，観察者はもう少し微妙な結論をも引き出している。高級住宅地の居住者は，裕福であるように見えるだけでなく，好ましい特質を持っているように思われている[326,327]。

　同様に，建築材料もまた居住者についての判断に影響を与える。ある研究において，れんが，コンクリートブロック，古色をつけた木材，スタッコ，板石，木製シングル（板葺き）の家をそれぞれ被験者に提示した[328]。コンクリートブロックの家の居住者は，冷たくて芸術的ではないように思われ，シングルの家の居住者は，温かくて創造的であるように思われた。

　建築様式もまた，知覚に影響を与える。6つの住宅様式（チューダー式，農家風，ソルトボックス型，コロニアル式，地中海風，スペイン風）に住む人々がどうとらえられるのかを比較した研究において，農家風の家の居住者は最も友好的にとらえられ，コロニアル風の家の居住者は最も友好的ではないようにとらえられることを，研究者は見いだした[329]。チューダー式やコロニアル式の家に住んでいる人々は，指導者であるように見られ，ソルトボックス型や地中海スタイルの家の居住者はそうではなかった。同じ建物であっても，異なるラベルが与えられると，異なる意味が引き出されるだろう。たとえば，同じアパートであっても，私有のコンドミニアムと呼ばれるよりも，公営住宅と呼ばれるほうが，好ましくない受けとめられ方をする[330]。

■**目　的**　　意味の4種類目は，建物の形態と機能がどのように普通の観察者に理解されるかに関係する。より近代的な建築は，曖昧である。つまり，もし建物を見る人に手がかり（入口の上の表示など）が与えられなければ，彼らは建物の目的や機能が何であるかを判断することができないかもしれない。建築家でない人が建物を見ると

●●第3章●●
環境に対する態度，評価と査定

きの第1の関心は，時間をかけて建物を見てその目的を発見することである[331]。このような関心を抱く理由はおそらく，建物の意味の決定的に重要な側面の1つが，建物の形態と機能との適合性ということに強く結びついていることである。われわれは，あるレストランの外見が，レストランとしては好きかもしれないが，その建物には住みたくないと思うだろう。たとえば，オランダの研究によると，ある建物がたとえば市庁舎とか鉄道駅といわれたり，建物の機能のラベルが表示されていなかったりすると，観察者は建物をまちがって判断してしまうことがわかった[332]。

　人々がある場所で起こると信じている行動は，その場所の意味に重要な影響がある。研究者は，観察者に20の場所を示して，以下のように尋ねた。

・なぜ人はここに行くのか。
・ここで何をするのか。
・ここでどんな活動がなされるのか[333]。

　その結果，場所の意味は個人が計画した活動と複雑に関係していることが示された。場所によっては，行動が非常に特定される。ほんの少しの活動だけしかそこでは実行可能ではない（電話ボックスのように）。他の場所では，それよりずっと行動が特定されず，多くの活動がそこではされ得る（浜辺のように）。それほど行動が特定されない場所は，おそらくより広い意味を持っている。したがって，もしあなたの計画がはっきりしないか，あるいは変化する可能性が高いなら，行動が特定される場所はその時点でほとんど価値がない。けれども，もしあなたが電話をする必要があるなら，浜辺には楽しいことがいろいろありそうだとしても，その価値は認められないだろう——少なくとも，あなたが電話をかけて戻ってくるまでは！

リスク：それは安全か

　われわれはほとんど毎日，われわれが住み，働き，訪れる場所の危険の可能性を評価している。おそらく，ある人々は幸運なことに，自分たちの安全（あるいは子どもたちや愛する家族の安全）のことにそれほど考えを巡らすことなく日々を過ごすことができる。あいにくわれわれの多くは，ある環境に入ろうと思うとき，その環境がどれぐらい安全か判断を強いられるように感じることが多い。

　リスクの評価には，犯罪や事故（交通事故など），大規模な技術的災害（原子力あるいは大気汚染など）から知覚される危険が含まれる。地震や洪水のような，自然災害から知覚されるリスクと危険は後の章で扱う。リスクの評価は，人によって，環境によって，そして人と環境の組み合わせによって変化するだろう。

　■**個人的な影響**　リスクの知覚には一般的な傾向がありそうだ。広範な脅威の可能性にわたって，人より多くのリスクを知覚する人々がいることが研究で示され，この

傾向を評価するために測定ツールである環境評価一覧表が開発された[334,335]。リスクの評価は，個人の何らかの違いによって変わってくる。たとえば，核廃棄物や核エネルギーによるリスクは，物理学者や化学者，エンジニアよりも，生命科学者によるほうが大きく評価される[336]。居住者の中でも，民族的な背景[337,338]，性差や教育水準[339-342]（女性たちは一般に多くのリスクを知覚する），コントロール可能性の知覚[343]，不安傾向[344,345]，危険な場所から居住地までの距離[346,347]，環境活動や環境に対する関心の度合いなどによって，リスクの評価は異なる[348-350]。原子力発電所の従業員のうち，あまり知識のない人ほどリスクを大きく評価し[351]，専門家の場合はどんな施設で働いているかによってリスクの評価は変わってくる[352]。自然についての考え方が異なる人であれば（たとえば，自然を害のない力であると考えるか，自然は気まぐれで思うようにならないと考えるか），リスクの評価は異なる[353]。人による違いでもう1つの非常に重要な点は，専門家と一般人との違いである[354]。専門家とそうでない人では，安全と保障の評価が異なるため，多くの社会政治的な衝突が起きる。

安全性の評価は多次元である。リスクの生じる可能性，そのリスクをどれぐらい受容できるのか，リスクにさらされることでどれくらいマイナスの結果が生じ得るのか，マイナスの結果の深刻さ，問題にしている本質の原因や結果がどのくらい個人的に関わることなのか，リスクにさらされることに対してどの程度コントロール可能なのか，そのリスクがどのくらいはっきりと現れるのか，などが考えられる[355]。この多次元性のために，リスク概念間の関係が複雑になっていることは，ほぼ確実である。

住民も専門家も，脅威のある施設を恐れる[356]。居住者の恐れは，よく知られたNIMBY（Not In My Backyard）症候群（うちの裏庭ではやらないで）という言葉で表されるものである。専門家の恐れの形は，それほどよく知られたものではないが，LULU（Locally Unwanted Land Use）症候群（地域で望まない土地利用）という言葉で表される。これは，施設が提案されたときに住民の間でNIMBY主義が起きるかもしれないという専門家の恐れである。

住民や専門家でない人の意見は，しばしば専門家によって退けられる。ある観点に従えば，住民の考え方は3つの傾向からなるという。それは，無知あるいは不合理，自分本位，用心深さである[357]。より肯定的にいうのなら，専門家でない人たちは，危険な施設の脅威について，より社会的で個人的な観点から考えているのである。結局のところ彼らは，専門家よりどちらかというと，脅威の近くで生活しなければならないのである。研究によって住民による評価がおおむね合理的なものであることが示されているが，このような評価は社会的ネットワークを通して「増幅」され得る[358]。

それとは対照的に，専門家による見方は，安全性評価に対して，客観主義的で，数値を重視し，物理的特性からアプローチすることへの強い信頼によって形成されている[359]。専門家と一般人では，欲求も目標も情報収集の手段も異なっているのである[360]。公務員に対する一般人の信頼は低い[361]。なぜ一般人と専門家の安全性評価が衝突する

●●●第3章●●●
環境に対する態度，評価と査定

かを知るのは難しいことではない。今やこれらの意見の相違は，多くの公的な衝突を通して定着しているので，それぞれの側は他方の立場を予想し始めている。LULU は1つの例であるし，多くの居住者が専門家に対してほとんど無意識に不信感を抱くこともまた1つの例である。行政機関は，しばしばリスクについての情報の公表を約束すると主張するが，しかし実際にはこの約束を実践していない[362]。不信は相互的なものである。

このような問題を乗り超えるためには，専門家と専門家でない人たちがこの問題についてどのように考えるのかについて，より多くの知識が必要である。目標とすることは，専門家が細かい技術的なことに対して執着していることと，一般人が個人的・社会的な関心を重視していることとを，何らかの方法で統合するような意思決定の枠組みをつくることである。専門家は一般人の評価を，不合理であるとして退けるのをやめ，彼らの恐れの背後にあるものを理解し始めなくてはならない[363]。

ある研究チームは，宇宙での原子力の使用に関する一般人と専門家の見方を比較することによって，この問題に取り組んだ。彼らの調査結果は，より地に足がついた問題として当てはまるかもしれない[364]。専門家的な意思決定モデルが一般人の意思決定モデルと，背景にある知識の種類と支持している信念の種類，一般的な信念，主要な問題ほどは重要視しされない派生的な信念，正しくない信念，他方のモデルには含まれていない信念などの点について，明確に比較された。

このような考え方から導かれる提案の1つは，科学法廷，つまり，両者がその前で問題を討論するような民主的機関の必要性である[365]。最終的な決断は，専門家の意見を聞いた教養のある市民が行うことになろう。しかしながら，もっとよい方法は，もっと多くの信頼を構築することかもしれない[366]。政府による厳格な基準を課すとともに，施設運営の制御を地元の住人ができるようにすることによって，信頼は増加し得る[367]。住人の個人的・社会的関心を考慮に入れて構成された正確な情報が，おそらく役に立つ。市民がリスク計画策定過程に参画していると，彼らがリスクを受け入れる可能性はいっそう高くなる[368]。

■**環境的な影響**　さまざまな環境に対して，ほとんど皆が同じように，リスクが多いと感じたり少ないと感じたりする。日中の田舎の小道と夜の暗い路地，静かな小川と激しい氾濫した川などを比べてみよう。そこまで明白でない比較でも，平均的な人は，原子力が殺虫剤より危険であり，登山はスキーより危険であると信じている[369]。

スコットランドの子どもたちを対象にした研究では，子どもたちが道路を渡る際，どんな手がかりを使ってそのリスクを評価しているのかが調査された[370]。これらの評価は，子どもたちの安全にとって明らかに重大である。評価が正確でなければ命に関わるのである。（5歳〜7歳の）幼い子どもたちは，道路を横断するときの安全の尺度として，彼らの視界に車があるかないかを使う傾向があった。つまり彼らは，駐車中の車や木々によって視野から隠れたまま近づいてくるかもしれない車のことを考慮

119

しないことが多い。11歳くらいになると，たいていの子どもたちが道路を横断するときの安全を評価するのに，隠れた車の可能性を考慮に入れる（図3-6参照）。

　ショッピングセンターのようなところの駐車場で，安全性の評価に影響を与えるのはどんな環境要因だろうか[371]。観察者は，ジョージア州の180の駐車場の景色を見て，その魅力と安全性を評価した。植栽の量が増加するにつれて魅力は増加したが，駐車場の安全性の評価が高まったのは，その植栽がよく手入れされ，景観デザインの一部のように見えたときだけであった。おそらく，管理されていない植栽は，被験者にとって，暴力が容認されるような放置された無法地帯を意味している。

　また別の研究によると，環境の好みの基礎として前に議論した見晴らし・隠れ家理論によっても，どの環境を人々が安全と評価するかが予測されることがわかった[372]。見晴らしと隠れ家という点で異なるさまざまなスライドを見せたところ，大学生は，見晴らしもよく隠れることもできる景色をより安全であると評価した。彼らはまた，光の多い景色のほうが安全であると判断した。したがって，われわれが見晴らしも隠れ家もある風景を好む1つの理由は，われわれがその中で安全に感じるということである。光は，その風景が見晴らしと隠れ家の特性を持っているかどうかを識別するのに役立つ。

■**人と環境の組み合わせ**　リスクの知覚はまた，個人と環境の固有の組み合わせによっても変化する。たとえば，ある都市あるいは国に対してとても愛着がある市民は，その都市や国にあまり愛着のない他の居住者よりも，地域の汚染された場所をそれほど汚染されていない（それゆえに，あまり危険でない）とみなすかもしれない[373]。

　まとめると：環境は多くの要因によって記述され得る。おそらく，あらゆる個別の環境を表現するのに最も適当な要因を選び適用することが最も上手なのは，優れた詩人や小説家

図3-6　5歳の子どもが通りを横断するとき，彼らが注意を払う手がかりでは，対向車から身を守れない。

第 3 章
環境に対する態度，評価と査定

である。それにもかかわらず，研究者は，平均的な人々が場所をどのように記述するかを知るために，標準的な記述子セットを開発しようとした。この標準的な記述子セットは改良されてきたが，場面の多様性と場面を記述する目的の多様性を考えると，普遍的な記述子セットを開発することは，不可能であるとともに望ましくもないのかもしれない。このような記述子群を見いだそうとする多くの努力の結果，ある特定の次元が繰り返し出現しているということが発見された。評価の判断は，好みの表明，質の評価，よさの順位づけといった形をとるかもしれない。初期の研究では，年齢，性別，場所への知悉度といった個人的要因と，部屋のデザイン，調和，コントラスト，複雑性のような客観的な特徴が役割を果たすことが示された。より新しいアプローチでは，人と環境とを巻き込んだ概念を用いて，人の要因と場所の要因を統合している。

好みは，これらの影響の複合的な結果とみなされる。景観の美しさの評価は，観察者が風景の中の異なる景観要素にどのくらいウェイトを置いているか，風景の要素に割り当てられた文化的意味，観察者の環境に対する知識レベル，視覚の透過性のような人と風景の構成概念などに依存する。環境に対する感情的な反応は通常，鋭敏で短時間であるというよりも，持続的で累積的である。とはいうものの，それは，行動的，認知的，生理的な反応が複雑に混合されたものである。環境はわれわれに，快と覚醒，そしておそらくは支配感と組み合わせたものを呼び起こす。これらの感情は快－覚醒仮説で行動に関連づけられる。その仮説は，快適である場合にはより覚醒力の多い場所に，われわれは近づいたり好んだりするというものである。

環境の意味には，4つの側面がある。それは，個人的な愛着あるいは帰属感，建物による何らかの建築的・哲学的な概念の伝達，その居住者について環境が語ること，そして目的や機能の伝達である。場所への愛着は，最も身近でわれわれも経験している人間－環境の結びつきを意味する重要なプロセスである。一部の建築芸術は，建物の創造者から利用者へとメッセージを伝える，非言語的で様式的な方法を見いだすことにある。最近の一般的な解決法であるポストモダニズムは，一部の建物に対してだけ，いまだに有効である。建物は，その中で生活し，働く人々についてのイメージも伝える。最後に，意味，つまり建物の実用的な機能として認識されていることは，その建物の評価に強く影響を与える。われわれは，漠然としていたり，機能上不適当な意味を持っている建物は好まない。

安全は，犯罪や事故，住宅・近隣地域・ゴミ捨て場・発電所・世界全体の環境災害との関係で評価されるだろう。他の評価と同様，それは人によって異なるし，問題の場所までの距離や場所自体の特徴といった物理的な変数とも関連して変化する。重要な相違は，専門家と平凡な人々の間にある。専門家は危険を評価するのに定量的な基準を信用するのに対し，一般人は個人的・社会的な基準を信用する。この2つの集団の間に橋を築くための努力が行われている。

環境の査定：場所に対する集団の印象

1つの場所に対して，多くの異なった印象が持たれることがある。しかし，だいた

いにおいて，場所の知覚は類似しているということも事実である。ここでは，査定の多様性と，評価と査定との相違を記述する。

人間の観点から環境特性を評価する対照的な（環境特性を観測する機械的な方法とは対照的な）パラダイムが議論される。観察者による環境査定の目的とパラダイムが記述される。最後に，いくつかの典型的な調査の要点をまとめて，自然環境と構築環境の質を評価しようとする現在の取り組みの特色を示す。

差異と定義

■**査定と評価**　評価と査定とは4つの点で異なる。

1. 評価は人間を中心とする。人が自分の周りの場所について考えたり感じたりする方法に焦点を合わせる。査定は場所を中心とする。人の包括的見地から見た環境の質に焦点を合わせる。人がどのように環境を評価するのかを理解するためには，通常，いくつかの場所について，その人自身の経験世界からどう判断されるのかが研究される。場所を理解するためには，通常，1つの場所について数人の観察者による判断が求められる。
2. 評価はたいてい，心理的な概念（すなわち，感情，意味，関心，好み）を統合したものである。査定はたいてい，人間の知覚的な能力を使って物理的特性（たとえば，環境の質）を測ろうとするものである。類似して聞こえる評価と査定であるが，概念的には異なっている。たとえば，好みの判断（評価）と質の判断（査定）とは違うものである。観察者は，ある都市の建築を質の高いものと判断するかもしれないが，それにもかかわらず他の都市の建築を好むかもしれない[374]。
3. 査定は評価に比べ，公共政策の導入や変更を目的として着手されることが高い。たとえば，多くの景観査定の研究の動機は，公園の眺望が維持されるべきか開発されるべきかを決めるのに役立てるためである。
4. 査定は場所を中心にしているため，観察者としては通常，その場所に特定の役割を持って関わっている人が選ばれる。これらの査定の査定者はたいてい，環境に関わる専門的訓練を受けているという意味での専門家（たとえば，大学の植物園の質の査定を行っている造園家など）か，あるいは，環境に特別な関心を持っているという意味での専門家（たとえば，団地開発計画の質の査定を行っている住民など）のどちらかである。

■**場所の査定の多様性**　かつて（環境心理学の短い歴史の中であるが）ケネス・クレイクは，主に人を評価するためにそれまで使われていた心理的評価手法を用いて，社会学者

KENNETH CRAIK
ケネス・クレイクは，環境パーソナリティと環境アセスメント研究の本質的な基盤をもたらした。

第3章
環境に対する態度，評価と査定

が場所の査定をどのように行い始めたかを記述した[375]。個人のパーソナリティや知性やその他の特徴は，注意深く人間を観察することによって測定することができる。それと同様の一般的な技術群を，物理的環境の査定に用いることができるだろう。クレイクは着手されるべき5種類の場所の査定を記述している。

1. 環境の物理的・空間的な特性の測定。屋根の谷の傾斜，天井の高さ，日の当たる日数，家の中の部屋数などは，査定を受ける可能性のある膨大な数の物理的・空間的特性のうちのわずかなものにすぎない。
2. 場所にあるモノの数や多様性の評価。リビングルームにはどのような種類の家具があるのか。キャンプ場にはどんな設備があり，製造工場にはどんな機械があるのか。
3. 場所の特性の評価。その風景は感じがよいか。そのオフィスは魅力的か。その家には威厳があるか。環境特性の査定は，1人ひとりの見方を表す環境評価と区別されなくてはならない。ある特性がある場所に当てはまるということについて，慎重に選ばれ訓練された査定者のグループの意見が一致したとき，その特性は本当にその場所の特徴を示しているのであって，判断している誰か個人の欲求や経験が反映されたものではない，ということが確信できるのである。パーソナリティという用語は，個人の特性の全体的な傾向を表現するために使われているので，私は環境の特性の全体的な傾向を記述するために環境性（environmentality）という用語を用いてきた。
4. ある場所で決まって生じる行動の評価。前述したことだが，多くの異なる活動を許す場所もあれば（たとえば，公園），一方，比較的わずかの活動しか許さない場所（たとえば，小麦畑）もある。2つの類似した場所でも，まったく異なる一連の行動が含まれることがある（あなたの居間と隣人の居間を比べてみよう）。
5. 施設特性または場所の社会環境の評価[376]。学校は，まとまっているだろうか混乱しているだろうか，暖かいかそれとも冷たいだろうか，協力的だろうかそうでないだろうか。病院は快適だろうか，静かだろうか，清潔だろうか。

クレイクがこの類型を提案してから何年もの間，研究はこの5種類の査定のどれかに適当に分類されてきた。大気汚染や風致地区・原生自然地域の絶え間ない破壊などの問題の緊急性によって，自然環境の保護に向けた法律が制定されるにいたっている。環境保護の第1段階は，現在や将来の被害の場所・範囲・深刻性を割り出すことである[377]。

つまり，環境査定領域における取り組みのほとんどは，結果的に，場所のある特性——すなわち質——と，あるタイプの環境——すなわち自然環境——に焦点を合わせてきた。査定研究の他の主題をなおざりにして，この主題が多くの注意をあびてきた

理由は，地球上のいたる所での生態系の悪化に対する関心である。このような関心を表明する人たちによる過激な論調を典型的に示す例が，次のようなある環境保護機関の代表者の言葉である。彼は環境悪化の一面にすぎない可視的な大気汚染について，こう話していたのだ。「われわれが視界を失うとき……人としての見通しについても，その重要な部分が失われるだろう」と[378]。

　しかし，われわれは，他の種類の環境査定もまた重要であること，そこにはわれわれの大部分の時間を過ごす屋内の査定を含んでいること，そして今や屋内の査定研究もいくつか行われているということを忘れるべきではない[379]。自然地域の環境の質についての研究から離れた，もっと多くの環境査定研究が，今後の課題となっている。

■**技術的な環境査定と観察者による査定**　　前述したように，ほとんどの環境査定は環境の質について行われている。一般にこれらの査定は，技術的方法か，観察者による方法によってなされる。技術的な環境査定（Technical Environmental Assessment: TEA）では，環境の質を読み取るために，機械的な観測装置や他の物理的な方法を用いる。観察者による環境査定（Observer-Based Environmental Assessment: OBEA）では，環境の質（または他の特徴）を判断するために，人の知覚能力を用いる。OBEAとは，経験される環境の質を測定するものである[380]。

　TEAとOBEAとは，査定の目標に応じて，両者とも有用である。たとえば，TEAは，空気・水・土壌の中の，人が感知することができない危険物質のレベルを査定することにとても役立つ。研究の目標が，環境変化の社会的側面，審美的側面，好みの側面，満足の側面などの視点から質を評価することが目的の場合には，OBEAがより有効である。大気汚染の視覚への影響や騒音の聴覚への影響を測定するような目的の場合には，TEAとOBEAとは補完的な役割を果たすことができる。たとえば，TEAでの測定（たとえば，眺望の有無や居間の大きさ）はOBEAでの測定（たとえば，老人ホームでの満足）をはっきりと予測する[381]。

　TEAを客観的な測定として，OBEAを主観的な測定として考えたい誘惑にかられるが，これは適当ではない[382]。環境を抽出する時間と場所は査定者が選んでいるという点で，そして時には彼らの教育や経験に従ってデータを解釈しなくてはならないという点で，TEAは主観的であり得るのだ。さらに重要なことは，環境のどの要因を調べるべきかを選ぶことが主観的であるということである。人間の観察者では査定が大きく異なると思われており，つまり，信頼がおけないと思われているので，OBEAは主観的であるとみなされるのかもしれない。こういうことが起きるかもしれないが，必ず起こるとは限らない。多くのOBEAでは，観察者間で意見が一致する度合いは著しく高い[383]。

　それにもかかわらず，標準化されたOBEAはいまだに存在しないのである。異なる研究グループでそれぞれ多種多様な名前を与えている（環境水準知覚指標，視覚的影響査定，多面的環境査定手順など）ということは，それらがまだ発展途上段階にある

という証拠である。このような標準化の欠如は，今日のOBEAの価値がないことを意味するのではない。それらは，実際には標準化することが不可能であり，かつ望ましくないのかもしれない。それは，環境の種類も査定の目的の種類も膨大であることに起因する。最善の方法は，ちょうどTEAが多くのさまざまな専門的な機械装置を取り入れたように，それぞれの環境のタイプに最も可能性のあるOBEAを開発することである。たとえば，ルドルフ・ムース（Rudolf Moos）と共同研究者は，保護収容（sheltered-care）環境を査定するため，標準的な手法を開発するのに何年も費やしたし[384]，クレイクは風景の査定を行うための手順を開発するのに何年も費やした[385]。

観察者による環境査定の使用

環境評価は，人が環境についてどのように考え感じるのかを理解しようとする人にとって，特に関心をひくものである。環境の査定には，別の一連の用途がある[386]。これらの用途の中には，公共政策問題に端を発するものがある。というのも，1960年代後期から1970年代の初期に，環境質の悪化に対する関心が頂点に達し，環境を監視することを法律で求めるようになったためである。風致地区や大気や水，都市地域に対して経済成長がどのような影響を与えるのかを調査するため，TEAとOBEAの双方ともが，公的な影響力の一部として取り組まれてきた。OBEAには少なくとも5つの目的あるいは用途がある。

1. OBEAは，環境の質について，人間による測定と機械的測定との比較を可能にする。TEAとOBEAとの間に大きな相違があれば，TEAの信頼性に対する疑問を呈することになる。TEAとOBEAのどちらがより正確かによって，最終的に，公共教育の充実かTEA技術の改良かのどちらかが保証されるだろう。しかしながら，TEAとOBEAは常に異なるわけではない。それぞれはもう一方を補完し，補強するかもしれない。
2. OBEAはTEAの開発を促進する。OBEAによって，環境質の高い場所，低い場所を明らかにすることができる。次に，環境質が高い場所と低い場所を区別する物理的特徴を明らかにすることができ，そのため最終的には，TEAを使って，場所の環境質をその物理的特徴から直接評価できるようになる。たとえば公園の管理者が，キャンプ場候補地がたくさんあったときに，そこから開発のために2，3か所だけを選ばなくてはならない場合について考えよう。キャンパーによる委員会を候補地に見学に連れていき，キャンプ場としてそれぞれの質を評価するように依頼する。すると，質が高いと評価されるような場所に共通する物理的要素が確定されるかもしれない。したがって，将来のキャンプ場の選択は，これらの鍵となる物理的要素についての知識に基づくようになり，また新たなキャンパーの見学委員会を組織する必要はなくなるだろう。

3．OBEAは，人間の観点から見た，環境に対する影響の傾向についての知識を提供する。都市や公園環境の開発が進められている間に定期的に行われたOBEAは，政策立案者に対して，あらゆる段階におけるプロジェクトの影響の大きさについて情報を与えることができた。同様に，環境保護や環境向上プログラムの進捗状況を，OBEAを通してモニターすることができよう。たとえば，イギリスのテムズ川で集中的な浄化プログラムが行われた。TEAは汚染レベルの低下を示すことで有効である一方，川の色や臭い，魚を生み出す力の変化をロンドンの居住者や訪問者が気づいていることを，OBEAは実証することができる。実際に，このような研究がフランスの川で行われた。ここでは，水質汚染の技術的な指標と河岸のキャンパーの知覚とが比較された[387]。

4．OBEAが役に立つのは，人間と環境との相互作用に特に関係があるような環境質の査定が必要とされるからである。たとえば，音の物理的特徴の多くは機械的に計測することができるが，音は騒音と同じではない。音はある条件のもとでは騒音公害になるだけであるが，その条件には環境の中での聞き手の好み・目的・活動が含まれる。ある人にとっての耐え難い金きり声が，他の人にとってのジャズ・フェスティバルである！

5．OBEAはその環境の中のスタッフを教育する[388]。公園管理者や老人ホーム経営者，設計者などはたいてい，自分の施設における重要な問題について熟知していると確信しているが，実はそんなことはない。私は新しく分館を建設した図書館の評議会会合に出席したことがある。それが開催されていたのは，ほんの2，3か月のことだった。プロジェクトの立ち上げから完了まで，1年以上もプロジェクトに携わった人が，その図書館の査定の必要性に疑問を投げかけた。彼は，「この図書館には，すべて最良のものがあるんですよ」と言った。図書館長は彼に向かって，「ビル，言いたくはないんだが，すでに照明が問題として確認されているんだ」と，言った。ビルは，その図書館を期限内，予算内で建築させるという目標と，建物を利用者要求に確実に適合させるという目標とを混同したのである。しばしばあることだが，「期限内」と「予算内」だけでは十分ではない。

　この話で例示されたように，OBEAも建物を評価するために使われるだろう。環境査定は，利用者の要求によく合った建築をつくるためには絶対に必要である。図書館であったり原生自然地域であったりといった大きな環境において，その長所と短所をすべて把握している人はいない。OBEAは，多くの人々による観察を利用して，環境の管理者を教育する。このOBEAの建築への利用は大きな話題なので，建築の設計課程の一部として13章（下巻）で詳細に論じることにする。そこでは本質的に同じ活動を示す用語は使用後評価（POE）である。

パラダイムと方法論の考察

　観察者による環境査定のアプローチには，少なくとも4つの異なるパラダイムがある[389,390]。

■**専門的パラダイム**　　専門的パラダイムは，訓練された観察者による環境の質の評価を必要とする。その訓練は，林業，不動産，造園，資源管理，建設，あるいは機械工学のような，いくつかの関連する分野のいずれかであろう。専門家は通常，自分の分野の原則に従って環境を評価する。その原則には，様式，調和，コントラストといった芸術的概念や，木材，樹齢，密度，（木材の）健康状態といった林業概念が含まれる。専門的OBEAとは，特定の分野の熟練した人々による，限定された環境質要因の査定なのである。

■**心理物理的パラダイム**　　心理物理的パラダイムでは，観察者によるカテゴリー評価，一対比較法，順位づけなどといった古典的な心理測定法を使って，景観美評価（Scenic Beauty Estimation: SBE）と呼ばれる正確で信頼性の高い指標をつくっている[391]。SBE法では，環境評価を予測する検出力の多くが，観察者よりむしろ風景の中に存在することを想定している。したがって心理物理的パラダイムは，この想定を論理的に拡張し，環境の質を確実に判断することのできる環境の特性を見極めるために使われてきた。

　そして，心理物理的パラダイムは，最初の段階だけが観察者に基づいている。その時，美しさや質の査定をもたらすのは風景のどの特性なのかを知るために，人間の観測者が用いられるのである。心理物理的パラダイムがうまくいっているなら，これ以降，環境査定には観察者を必要としない。というのも，どの観察者も，与えられた1つの風景に対して多かれ少なかれ同じように反応すると推測されるからである。環境がある特定の特徴を持っている（そして他の特徴を持たない）とわかることで，予測方程式を用いて質や美しさのレベルが計算できるようになるだろう。

　心理物理的パラダイムのほとんどの研究は，風景，特に自然の風景の美しさに関連している。たいていの人々は，典型的な自然の風景のほうが典型的な都市や郊外の風景よりも美しいと感じ[392]，そのような風景は構築環境の風景よりも，好ましい生理的作用をもたらすようだと考えている[393]。この研究の実質的な目標は，国立公園の利用者にとってどの眺めが美しいのか，ということを判断する客観的方法を見いだすことであった。原野の風景は，水面を含むときのほうが美しいのだろうか。森林の風景は，そこに空地が見えるときと，密集した高い木々が風景を埋めているときと，どちらのほうが美しいのだろうか。風景の中の景観要素，つまり植物，水，空などの量や種類，配置（中心か周囲か，近いか遠いか）などを体系的に変えた研究では，物理的要素が，観察者の個人的な差異の余地なく，美しさの判断の多様性を説明できることが示されたことで，心理物理的アプローチが支持された[394]。美しさの判断を予測する物理的刺

激の検出力は，風景と観察者の選択によって研究ごとに異なるが，それらは明らかに主要な影響力である。いいかえれば，この研究では，あらゆる自然景観の美しさに対して，大多数の人々の意見が一致するであろうということが示唆されている。問題は，どの景観要素が美を定義する際に最も影響力を持っているかを見いだすことである（図3-7参照）。

2つの最近の研究が，この課題を調査している。1つは，美しさが，風景の中のある特徴までの距離の関数として判断されるものとして研究した[395]。6つの類似した風景が調査された。それぞれの風景には，前景には草原，中景には小さな尾根，そして背景には大きな尾根が現れていた。それぞれの風景において，後方の大きな尾根からの距離が異なる写真が撮られていた。風景の美しさは，直線的かどうかではなく，後方の尾根までの距離によって変化した。後方の尾根が比較的近いときと遠いときの両方で，その風景はより美しいと判断され，中間的な距離の場合は，あまり美しくないとされた。

もう1つの研究では，その風景における植物の配置が美の重要な予測変数であった[396]。植物が中景の中心部や背景の中心部で見られるような風景のほうが，より美しいと判断された。

■**認知的パラダイム**　認知的パラダイムは，環境から受け取った情報を人間が処理することを重視している。観察者は，環境の多くの特徴を，満足や好みといった幅広い査定に結びつけると思われている。心理物理的パラダイムと認知的パラダイムは，行動的パラダイムと呼ばれる1つの統一パラダイムに結びつけられるだろう[397]。

■**人間的パラダイム**　人間的パラダイム，もしくは経験的パラダイム。それは，活動的で敏感で，しばしば現象学的な方法をとる観察者の査定に注目する。関与し共感

図3-7　景観美評価（SBE）法は，景観の美しさに対し確実な量的評価を提示することが可能である。この手法によれば，これは美しい風景である。

している観察者の，社会的で審美的な関心は，人間的な OBEA に反映される。

　まとめると；場所の査定は，場所の評価とは対照的に，（人中心ではなく）場所を中心としたものであり，（心理的特性ではなく）物理的特性を測ることを目的とし，（1人ひとりを理解する志向よりむしろ）しばしば政策志向であり，査定を行う場所に専門的に関わる観察者や頻繁に利用する観察者を採用することが多い。場所の査定は，環境の物理的・空間的特性，環境の結果や目的，環境の特徴，行動の発生，あるいは社会状況などを測定するという形をとり得るが，研究者たちはある種類の環境（原生自然公園）におけるある種類の特徴（環境の質）にずっと集中してきた。場所の査定では，観察するために，技術的手段か人間的手段かを使うだろう。どちらにも，それが適する場所がある。必ずしもどちらがより信頼できて効果的であるとはいえない。どちらも多様な手段を用いる（技術的査定のための多様な機械，人間の観察者のための多様な質問表や評価フォーム）。

　OBEA には少なくとも 5 つの意味がある。それは，TEA と OBEA の間での比較を可能にすること，環境の質の物理的な測定の開発に寄与すること，人間の見方から環境の質の傾向についてのデータを提供すること，特定の人が関与するという要因を含んだ環境の質の査定を提供すること，評価した環境の長所と短所についてスタッフを教育することである。OBEA のパラダイムは，専門的，心理物理的，認知的，人間的の 4 つに識別される。それぞれが価値と目的を持っており，結果として異なった種類の査定になる。

観察者による環境査定の 2 例

　これまでの20年にわたり，OBEA によって多くの理論的，方法論的な進歩がもたらされた。それにもかかわらず，一部の政策立案者はそのプロセスが漠然としていると考え，依然として疑問を抱いたままでいる[398]。OBEA は必要であり，有効であり得るが，資金を出す立場にある政策立案者が，常に有効であると見ているとは限らない。しかし，OBEA の潜在的な価値は大きく，また必要とされているために，研究者はそれらを開発しようと一生懸命努力してきた。ここに，2 つの代表的な OBEA の物語がある。

谷間の風景の質

　多くの国々の自然の風景は急速に失われている。そこなわれていない風景は，重要な，再生不可能な資源である[399]。経済発展には利点はあるが，そのために支払わなくてはならない大きな代価の 1 つは，在来の動物や植物に適した環境であり，人々のための美しくて静かなレクリエーションの場所でもある土地が破壊されることである。政策当局は，経済発展が継続すると認識して，最も保存に適した風景を識別しようとする法律を制定した。

　アーヴィン・ズービー（Erwin Zube）らによって報告された一連の研究では，何が

風景の質を形成するかについて，一般的な仮説を検証している[400]。多くの観察者にアメリカ北東部の田舎のスライドを見せ，他の観察者は直接景色を見るために現場へ連れて行った。観察者は，さまざまな評価方法を用いて風景を査定した。特に問題となったことは，次の通りである。(1)風景のどのような特徴によって，観察者は景色がよいと査定するようになるのか，(2)違う人生を歩んできた査定者が，何がよい景色かについての意見が一致するかどうか，(3)スライドによる擬似的風景は，外で見た風景と同じ質に評価されるのか。

最初の問題については，ズービーらは，自然の風景は構築された風景より景色がよいという結論にいたった。人は「いまだに，最良の自然の風景に匹敵する質を持った風景をつくりだしていない」[401]。特定の風景の特徴について，著者が報告していることは，風景の質は，一般に，起伏があるとき（たとえば，風景の中でさまざまな垂直方向の高さが現れるとき），風景の中でたくさんの海岸線が見えるとき，急勾配であるときなどのほうが，他に比べて風景の質が増加するということである。その時，頭に浮かぶイメージは，高い山々の中できらめく湖といった，古典的な絵はがき写真である。

2番目の問題は，異種の査定者の間で意見が一致するかどうかである。完璧な合意は期待できないものの，ズービーらは，異なったグループであってもあらゆる風景の質に対して合意が得られる傾向が強いということを見いだした。秘書や学生から専門の環境デザイナーにまで及ぶグループ間の相関は0.77で，非常に強かった。これは，査定者の立場が異なるからといって異なる見解を持つことはないということを意味するわけではないし，OBEAにはさまざまな役割の査定者に参加してもらう必要はないということでもない[402]。実際には，査定者グループで強く意見が一致することがある場合もあれば，同時に著しい相違があることもある。ズービー自身は，世代や文化による相違を見いだした[403,404]。景色のよい峡谷の研究では，これらの相違は現れなかった。なぜならば，たった1つの文化だけが研究され，風景の質について異なった基準を持つ世代のグループ（子どもと高齢者）は参加しなかったからである。

3番目の問題は，風景の質について，現場を訪問した人によっても同じ査定結果がもたらされたとき，シミュレーションは効果があるかどうかということである。もちろん，結果は使用されたシミュレーションの質に依存している。ズービーらは，カラー写真を使い，写真を見た後の査定と実際の風景を見た後の査定との間に，非常に強い相関関係があることを見いだした。

そして，このOBEAでは，まず地方公共団体に対して，その地域の中で質が高い風景のリストを提供した。次に風景の質が最も高いのは，そこなわれていない，海岸線が見える起伏のある地形であるという，暫定的な結論に達した。また同じ文化を持っていれば，生い立ちは異なっても，若者から中年層の大人たちまで風景の質が非常に似ていることが見いだされた。そして，カラー写真を使えば現場で観察された風景の

質を効果的にシミュレーションできることが示された。

近隣の環境の質

　構築環境のOBEAはわずかしか行われていないが，住宅・道路・都市公園・近隣・都市の質についての関心も，少なくとも自然環境に対する関心と同じぐらい高い。われわれの大多数は，どうあろうと，ほとんどの時間をさまざまな建物の中で過ごしている。構築環境の質の査定は，より住みやすい都市や郊外の場所をゆっくりつくっていくプロセスの，中心であることは明らかである。

　フランセス・カープ（Frances Carp）とアブラハム・カープ（Abraham Carp）は，サンフランシスコ地域の2,500人以上の居住者を巻き込む大規模なOBEAに着手した[405]。広範囲にわたる質問表により，空気の質や屋外の騒音，道路の維持管理，美しさの質など，それぞれが互いに関係し合うような，近隣の物理的な質に関する15の要素，あるいは項目グループがつくられた（図3-8参照）。

　この15の要素によって，調査対象となったそれぞれの近隣環境の物理的な長所と短所についての査定が得られただろうから，OBEAはここまでで止めることもできた。しかしながら，カープ夫妻はさらに進めることを決めた。彼らはこれらの査定と都市の客観的な特徴——最も近いフリーウェイまでの距離，半径4分の1マイル（訳注：約400m）以内での土地利用の種類，ブロック内に戸建住宅や集合住宅が含まれているかどうか——との間の関係を見いだそうと努めた[406]。OBEAの活用についての議論のところで前述したように，OBEAと高い相関があるとわかった環境の特徴は，指標として用いることができるだろう。将来の査定では，近隣の質に問題があるかを知るための，客観的な特徴を測定すればよく，OBEAのために多くの査定者を募集するという時間のかかるプロセスは必要なくなるだろう。

図3-8　商業の内容，緑の空間，交通の異なる都市地域に住んでいる結果，何がもたらされるだろうか。

カープ夫妻の研究は，その方向への第一歩となる研究の1つである。この時点で，「地域の質に問題があるときには，われわれにはすでにわかっているのではないか。そんなことを見いだすための特別な研究が必要なのだろうか？」とあなたは考えているかもしれない。近隣がかなりひどい状況である場合，OBEAはおそらく必要ではないだろう。しかし，その分野の専門家でさえ，多くのまちがいを犯してきた。たとえば，数年前ボストンにおいて，ややみすぼらしく見える地域が再開発され，住人にはピカピカの新しい住居が与えられた。住人にとって，破壊された地域の表面的なみすぼらしさが重要なのではないということが，次第に都市計画者にはわかってきた。むしろ，地域との物理的，社会的な結びつきのネットワークが再開発によって破壊されたことで，多くの住人は自分たちのわが家（home）を失ったことを本当に悲しんだ[407]。最も重要な人々，すなわち住人によって査定された地域の質は，再開発業者が考えていたほど悪くはなかった。都市計画者のまちがいは，彼らが地域の質が乏しいことの指標として物理的な手がかりを解釈し，それによって住人が地域に問題があると思っているだろうとみなしたことであった。

　カープ夫妻の研究の議論にもどると，物理的指標となり得るものの長いリストの中に，以前に示したような9つの因子（項目群）が含まれていることがわかった。9つの指標群は質の15次元を予測するために使われた。これらの予測がより正確になれば，都市計画者は，地域の物理的な特徴から，住人による自分たちの地域の査定をもっと正確に測定できるようになるだろう。

　明らかに，近隣のOBEAはそれ自体で，住人の視点から見た地域の質について，貴重な情報を都市計画者に提供し得る。近隣地域の質については，OBEAと物理的指標との結びつきは，たとえば，風景の質の指標と同じほどにはまだ確立されていない。しかし，原則は同じであり，さらなる研究によって，OBEAと物理的指標との関係についての知識が深まるだろう。

要　　約

　環境への関心は，多くの植物や動物，それにおそらくわれわれ自身の生存のために重要である。関心は高いように見えるが，実際の関与はわれわれが考えるほど強くはない。関心の高さがさまざまであるのは確かだが，環境への関心が必ずしも環境保護行動につながるとは限らない。人々は環境を評価する。われわれは評価しながら，環境を言葉で記述したり，環境の価値や美しさ，感情への影響，意味，安全などについて個人的に判断をしている。選ばれた観察者のグループは，確実に場所の査定を行うことができる。多種多様な場所の査定が可能であるが，その大部分はこれまで自然環境の風景の質に焦点を当ててきた。観察者による査定（OBEA）は，評価に比べて，

より場所志向，政策志向である。それは，技術的査定（TEA）を補完し，とりわけ人に関わりのある質の要因を査定するのに有効であり，また，教育ツールとしても役立つものである。専門的で，心理物理的で，認知的で，人間的なパラダイムを用いるOBEAが開発された。OBEAの汎用性は，美しい谷間の風景についての査定と近隣地域の査定で立証されている。

【引用文献】

1. Hume, D. (1757). Of the standard of taste (An essay). Four Dissertations. Modem reference: Miller, E. F. (Ed.) (1987). Of the standard of taste. *Essays: Moral, political and literary* (p. 230). Indianapolis: Literary Classics.
2. Craik, K. H., & Zube, E. H. (Eds.) (1976). *Perceiving environmental quality.* New York: Plenum.
3. Heberlein, T. A. (1989). Attitudes and environmental management. *Journal of Social Issues,* 45(1), 37-57.
4. Kinnear, T. C., & Taylor, J. R. (1973). The effect of ecological concern on brand perceptions. *Journal of Marketing Research,* 10, 191-197.
5. Larsen, K. S. (1994). Attitudes toward the transportation of nuclear waste: The development of a Likert-type scale. *Journal of Social Psychology,* 134, 27-34.
6. Maloney, M. P., & Ward, M. O. (1973). Ecology: Let's hear from the people. *American Psychologist,* 28, 583-586.
7. Maloney, M. P., Ward, M. P., & Braucht, G. N. (1975). A revised scale for the measurement of ecological attitudes and knowledge. *American Psychologist,* 30, 787-790.
8. Weigel, R., & Wiegel, J. (1978). Environmental concern: The development of a measure. *Environment and Behavior,* 10, 3-15.
9. Dunlap, R. E., & Van Liere, K. D. (1978). The "New Environmental Paradigm." *Journal of Environmental Education,* 9(4), 10-19.
10. Noe, F. P., & Snow, R. (1990). The New Environmental Paradigm and further scale analysis. *Journal of Environmental Education,* 21(4), 20-26.
11. Bechtel, R. B., Verdugo, V. C., & Pinheiro, J. D. Q. (1999). Environmental belief systems: United States, Brazil, and Mexico. *Journal of Cross-Cultural Psychology,* 30, 122-128.
12. Eckersley, R. (1992). *Environmentalism and political theory.* Albany, NY: State University Press.
13. Thompson, S. C. G., & Barton. M. A. (1994). Ecocentric and anthropocentric attitudes toward the environment. *Journal of Environmental Psychology,* 14, 149-157.
14. Grendstad, G., & Wollebaek, D. (1998). Greener still? An empirical examination of Eckersley's ecocentric approach. *Environment and Behavior,* 50, 653-675.
15. Hernandez, B., Ernesto, S., Martinez-Torvisco, J., & Hess, S. (2000). The study of environmental beliefs by facet analysis: Research in the Canary Islands, Spain. *Environment and Behavior,* 32, 612-636.
16. Banerjee, B., & McKeage, K. (1994). How green is my value: Exploring the relationship between environmentalism and materialism. *Advances in Consumer Research,* 21, 147-152.
17. Sohr, S. (1994). Ist es schon "funf nach zwolf"? Entwicklung einer Skala zu "Okologischer Hoffnungslosigkeit" (Is it "five past twelve" already? Development of a new instrument to measure "ecological hopelessness.") *Praxis der Kinderpsychologie und Kinderpsychiatrie,* 43, 203-208.
18. Larsen, K. S., Groberg. D. H., Simmons, D. D., & Ommundsen, R. (1993). Authoritarianism, perspectives on the environment, and work values among social science students in former socialist and Western societies. *Social Behavior & Personality,* 21, 251-263.
19. Bowler, R. M., & Schwarzer, R. (1991). Environmental anxiety: Assessing emotional distress and concerns after toxin exposure. *Anxiety Research,* 4, 167-180.
20. Schahn, J., & Holzer, E. (1990). Konstruktion, Validierung und Anwendung von Skalen zur Erfassung des individuellen Umweltbewu. (Construction, validation, and application of scales for the measurement of individual environmental concern). *Zeitschrift fur Differentielle und Diagnostische Psychologie,* 11, 185-204.
21. Pelletier, L. G., Tuson, K. M., Green-Demers, I., Noels, K., & Beaton, A. M. (1998). Why are you doing things for the environment? The motivation toward the environment scale. *Journal of Applied Social Psychology,* 28, 437-468.

22. Corraliza, J., & Berenguer, J. (1998). Structure of environmental attitudes: General orientation or attitudinal. *Revista de Psicologia Social*, **13**, 339-406.
23. Schindler, F. H. (1999). Development of the survey of environmental issue attitudes. *Journal of Environmental Education*, **31**(3), 12-16.
24. Brown-Allen, B. P. (1992). The development of the Test for the Environmental Attitudes of Children. *Dissertation Abstracts International*, **52**(12-A), 4200-4201.
25. Zimmerman, L. K. (1996). The development of an environmental values short form. *Journal of Environmental Education*, **28**(1), 32-37.
26. Simmons, D. D., Binney, S. E., & Dodd, B. (1992). Valuing "a clean environment": Factor location, norms, and relation to risks. *Journal of Social Behavior and Personality*, **7**, 649-658.
27. Thompson, J. C., & Gasteiger, E. L. (1985). Environmental attitude survey of university students: 1971 vs. 1981. *Journal of Environmental Education*, **17**(1), 13-22.
28. Arcury, T. A., & Christianson, E. H. (1990). Environmental worldview in response to environmental problems: Kentucky 1984 and 1988 compared. *Environment and Behavior*, **22**, 387-407.
29. Krause, D. (1993). Environmental consciousness: An empirical study. *Environment and Behavior*, **25**, 126-142.
30. 26. 参照
31. Gigliotti, L. M. (1992). Environmental attitudes: 20 years of change. *Journal of Environmental Education*, **24**(1), 15-26.
32. Bang, H. K., Ellinger, A. E., Hadjimarcou, J., & Traichal, P. A. (2000). Consumer concern, knowledge, belief, and attitude toward renewable energy: An application of the reasoned action theory. *Psychology and Marketing*, **17**, 449-468.
33. Smythe, P. C., & Brook, R. C. (1980). Environmental concerns and actions: A social-psychological investigation. *Canadian Journal of Behavioral Science*, **12**, 175-186.
34. Van Liere, K. V., & Dunlap, R. E. (1981). Environmental concern: Does it make a difference how it's measured? *Environment and Behavior*, **13**, 651-676.
35. 31. 参照
36. Painter, J., Semenik, R., & Belk, R. (1983). Is there a generalized energy conservation ethic? A comparison of the determinants of gasoline and home heating energy conservation. *Journal of Economic Psychology*, **3**, 317-331.
37. MacGregor, D. (1991). Worry over technological activities and life concerns. *Risk Analysis*, **11**, 315-324.
38. Verplanken, B. (1989). Beliefs, attitudes, and intentions toward nuclear energy before and after Chernobyl in a longitudinal within-subjects design. *Environment and Behavior*, **21**, 371-392.
39. Midden, C. J., & Verplanken, B. (1990). The stability of nuclear attitudes after Chernobyl. Special Issue: Psychological fallout from the Chernobyl nuclear accident. *Journal of Environmental Psychology*, **10**, 111-119.
40. Dietz, T., Stern P. C., & Guagnano, A. (1998). Social structural and social psychological bases of environmental concern. *Environment and Behavior*, **30**, 450-471.
41. Mukherjee, B. N. (1993). Public response to air pollution in Calcutta proper. *Journal of Environmental Psychology*, **13**, 207-230.
42. Gutteling, J. M., & Wiegman, O. (1993). Gender-specific reactions to environmental hazards in the Netherlands. *Sex Roles*, **28**, 433-447.
43. Zhang, J. (1993). Environmental hazards in the Chinese public's eyes. *Risk Analysis*, **13**, 509-513.
44. Blocker, T. J., & Eckberg, D. L. (1997). Gender and environmentalism: Results from the 1993 General Social Survey. *Social Science Quarterly*, **78**, 841-858.
45. Tikka, P. M., Kuitnen, M. T., & Tynys, S. M. (2000). Effects of educational background on students' attitudes, activity levels, and knowledge concerning the environment. *Journal of Environmental Education*, **31**(3), 12-19.
46. Gifford, R., Hay, R., & Boros, K. (1982-83). Individual differences in environmental attitudes. *Journal of Environmental Education*, **14**(2), 19-23.
47. Arcury, T. A., & Christianson, E. H. (1993). Rural-urban differences in environmental knowledge and actions. *Journal of Environmental Education*, **25**(1), 19-25.
48. Gambro, J. S., & Switzky, H. N. (1999). Variables associated with American high school students' knowledge of environmental issues relates to energy and pollution. *Journal of Environmental Education*, **30**(2), 15-22.

49. Stern, P. C., Dietz, T., & Kalof, L. (1993). Value orientations, gender, and environmental concern. *Environment and Behavior*, **25**, 322–348.
50. Schahn, J., & Holzer, E. (1990). Studies of individual environmental concern: The role of knowledge, gender, and background variables. *Environment and Behavior*, **22**, 767–786.
51. Grieve, K. W., & Van Staden, F. J. (1985). Environmental concern in South Africa: An attitudinal study. *South African Journal of Psychology*, **15**, 135–136.
52. Arcury, T. A., Scollay, S. J., & Johnson, T. P. (1987). Sex differences in environmental concern and knowledge: The case of acid rain. *Sex Roles*, **16**, 463–472.
53. Davidson, D. J., & Freudenburg, W. R. (1996). Gender and environmental risk concerns: A review and analyses of available research. *Environment and Behavior*, **28**, 302–339.
54. Howe, D. C., Kahn, Jr., P. H., & Friedman, B. (1996). Along the Rio Negro: Brazilian children's environmental views and values. *Developmental Psychology*, **32**, 979–987.
55. Honnold, J. A. (1984–85). Age and environmental concern: some specification of effects. *Journal of Environmental Education*, **16**(1), 4–9.
56. 43. 参照
57. 47. 参照
58. Klineberg, S. L., McKeever. M., & Rothenbach. B. (1998). Demographic predictors of environmental concern: It does make a difference how it's measured. *Social Science Quarterly*, **79**, 734–753.
59. Szagun, G., & Mesenholl, E. (1993). Environmental ethics: An empirical study of West German adolescents. *Journal of Environmental Education*, **25**(1), 37–44.
60. 55. 参照
61. 14. 参照
62. Palmer, J. A. (1993). Development of concern for the environment and formative experiences of educators. *Journal of Environmental Education*, **24**(3), 26–30.
63. Eagles, P. F., & Demare, R. (1999). Factors influencing children's environmental attitudes. *Journal of Environmental Education*, **30**(4), 33–37.
64. Eiser, J. R., Hannover, B., Mann, L., Morin, M., et al. (1990). Nuclear attitudes after Chernobyl: A cross-national study. *Journal of Environmental Psychology*, **10**, 101–110.
65. Schultz, P. W., & Stone, W. F, (1994). Authoritarianism and attitudes toward the environment. *Environment and Behavior*, **26**, 25–37.
66. Eckberg, D. L., & Blocker, T. J. (1989). Varieties of religious involvement and environmental concerns: Testing the Lynn White thesis. *Journal for the Scientific Study of Religion*, **28**, 509–517.
67. Greeley, A. (1993). Religion and attitudes toward the environment. *Journal for the Scientific Study of Religion*, **32**, 19–28.
68. Newhouse, C. H. (1986). An investigation of the relationship between environmental behaviors and personality factors in church members and environmentalists. (Doctoral dissertation, Michigan State University, 1986). *Dissertation Abstracts International*, **46**, 3884A.
69. Shultz, P. W., Zeleny, L., & Dalrymple, N. J. (2000). A multinational perspective on the relation between Judeo-Christian religious beliefs and attitudes of environmental concern. *Environment and Behavior*, **32**, 576–591.
70. Wolkomir, M., Futreal, M., Wooddrum, E., & Hoban, T. (1997). Substantive religious belief and environmentalism. *Social Science Quarterly*, **78**, 96–108.
71. Arp, W., & Boekelman, K. (1997). Religiosity: A source of Black environmentalism and empowerment? *Journal of Black Studies*, **28**, 255–267.
72. Hand, C. M., & Van Liere, K. D. (1984). Religion, mastery-over-nature, and environmental concern. *Social Forces*, **63**, 555–570.
73. Eckberg, D. L., & Blocker, T. J. (1996). Christianity, environmentalism, and the theoretical problem of fundamentalism. *Journal for the Scientific Study of Religion*, **35**, 343–355.
74. Balderjahn, I. (1988). Personality variables and environmental attitudes as predictors of ecologically responsible consumption patterns. Special Issue: Marketing research. *Journal of Business Research*, **17**, 51–56.
75. Howard, G. S., Delgado, E., Miller, D., & Gubbins, S. (1993). Transforming values into actions: Ecological preservation through energy conservation. *Counseling Psychologist*, **21**, 582–596.
76. Ray, J. J. (1981, March). Are environmental activists middle class? *Tableaus*, pp. 6–7.
77. Uyeki, E. S., & Holland, L. J. (2000). Diffusion of pro-environment attitudes. *American Behavioral Scientist*, **43**, 646–662.

78. Brechin, S. R. (1999). Objective problems, subjective values, and global environmentalism: Evaluating the postmaterialist argument and challenging a new explanation. *Social Science Quarterly*, 80, 793-809.
79. Chanda, R. (1999). Correlates and dimensions of environmental quality concern among residents of an African subtropical city: Gaborone, Botswana. *Journal of Environmental Education*, 30(2), 31-39.
80. Howard, G. S, (1993). Thoughts on saving our planet: Political, economic, cultural, and bureaucratic impediments to ecological activism. *Counseling Psychologist*, 21, 597-617.
81. Parker, J. D., & McDonough, M. H. (1999). Environmentalism of African Americans: An analysis of the subculture and barriers theories. *Environment and Behavior*, 31, 155-177.
82. Mohai, P., & Bryant, B. (1998). Is there a "race" effect on concern for environmental quality? *Public Opinion Quarterly*, 62, 475-505.
83. 77. 参照
84. Arp III, W., & Kenny C. (1996). Black environmentalism in the local community context. *Environment and Behavior*, 28, 267-282.
85. Shultz, P. W., Unipan, J. B., & Gamba, R. J. (2000). Acculturation and ecological worldview among Latino Americans. *Journal of Environmental Education*, 31(2), 22-27.
86. Hunter, L. M. (2000). A comparison of the environmental attitudes, concern, and behaviors of native-born and foreign-born U. S. residents. *Population and Environment: A Journal of Interdisciplinary Studies*, 21, 565-580.
87. Furman, A. (1998). A note on environmental concern in a developing country: Results from an Istanbul survey. *Environment and Behavior*, 30, 520-534.
88. Herrera, M. (1992). Environmentalism and political participation: Toward a new system of social beliefs and values? *Journal of Applied Social Psychology*, 22, 657-676.
89. Dodds, J., & Lin, C. (1992). Chinese teenagers' concerns about the future: A cross-national comparison. *Adolescence*, 27, 481-486.
90. 41. 参照
91. Srichai, N. K. (1989). A study of environmental perceptions and attitudes of selected university students in Thailand. *Dissertation Abstracts International*, 50(4-A), 833.
92. Corral-Verdugo, V., & Armendariz, L. I. (2000). The "new environmental paradigm" in a Mexican community. *Journal of Environmental Education*, 31(3), 25-31.
93. 11. 参照
94. Low, B. S. (1996). Behavioral ecology of conservation in traditional societies. *Human Nature*, 7, 353-379.
95. Bjerke, T., & Kaltenborn, B. P. (1999). The relationship of ecocentric and anthropocentric motives to attitudes toward large carnivores. *Journal of Environmental Psychology*, 19, 415-421.
96. Lutz, A. R., Simpson-Housley, P., & de Man, A. F. (1999). Wilderness: Rural and urban attitudes and perceptions. *Environment and Behavior*, 31, 259-266.
97. Bogner, F. X., & Wiseman, M. (1997). Environmental perception of rural and urban pupils. *Journal of Environmental Psychology*, 17, 111-122.
98. Schultz, P. W., & Zelezny, L. (1999). Values as predictors of environmental attitudes: Evidence for consistency across 14 countries. *Journal of Environmental Psychology*, 19, 255-265.
99. 65. 参照
100. Borden, R. J., & Francis, J. L. (1978). Who cares about ecology? Personality and sex differences in environmental concern. *Journal of Personality*, 46, 190-203.
101. Swearingen, T. C. (1990). Moral development and environmental ethics. *Dissertation Abstracts International*, 50(12-B, Part 1), 5905.
102. Axelrod, L. J., & Lehman, D. R. (1993). Responding to environmental concerns: What factors guide individual action? *Journal of Environmental Psychology*, 13, 149-159.
103. Kinnear, T. C., Taylor, J. R., & Ahmed, S. A. (1974). Ecologically concerned consumers: Who are they? *Journal of Marketing*, 38, 20-24.
104. McAllister, I., & Studlar, D. T. (1999). Green versus brown: Explaining environmental commitment in Australia. *Social Science Quarterly*, 80, 775-792.
105. 102. 参照
106. Kaiser, F. G., Ranney, M., Hartig, T., & Bowler, P. A. (1999). Ecological behavior, environmental attitude, and feelings of responsibility for the environment. *European Psychologist*, 4, 59-74.
107. Kaiser, F. G., & Shimoda, T. A. (1999). Responsibility as a predictor of ecological behavior. *Journal of Environmental Psychology*, 19, 243-253.

●●第 3 章●●
環境に対する態度，評価と査定

108. Kuhlemeier, H., van den Bergh, H., & Lagerweij, N. (1999). Environmental knowledge, attitudes, and behavior in Dutch secondary education. *Journal of Environmental Psychology*, 30(2), 4-14.
109. di Nenna, P. M., Paolillo, V., & Giuliani, M. M. (1987). Le convinzioni ambientaliste dei cacciatori italiani: Indagine conoscitiva per mezzo dell' "I.C. A. test." (Environmental values of Italian hunters: A cognitive study based on the ICA test). *Movimento*, 3, 104-110.
110. Ostman, R. E., & Parker, J. L. (1987). Impact of education, age, newspapers, and television on environmental knowledge, concerns and behaviors. *Journal of Environmental Education*, 19(1), 3-9.
111. Shanahan, J., Morgan, M., & Stenbjerre, M. (1997). Green or brown? Television and the cultivation of environmental concern. *Journal of Broadcasting and Electronic Media*, 41, 305-323.
112. Lyons, E., & Breakwell, G. M. (1994). Factors predicting environmental concern and indifference in 13- to 16-year-olds. *Environment and Behavior*, 26, 223-238.
113. 63. 参照
114. Greenwald, J. M. (1993). Environmental attitudes: A structural developmental model. *Dissertation Abstracts International*, 53(12-B), 6550.
115. Synodinos, N. E. (1990). Environmental attitudes and knowledge: A comparison of marketing and business students with other groups. *Journal of Business Research*, 20, 161-170.
116. McKnight, M. D. (1991). Socialization into environmentalism: Development of attitudes toward the environment and technology. *Dissertation Abstracts International*, 52(1-A), 301.
117. 45. 参照
118. 46. 参照
119. Bogner, F. X. (1998). The influence of short-term outdoor ecology on long-term variables of environmental perspective. *Journal of Environmental Education*, 29(4), 17-29.
120. Reid, I., & Sa'di, I. (1997). Jordanian and British primary schoolchildren's attitudes towards the environment. *Educational Studies*, 23, 473-480.
121. Bowler, P. A., Kaiser, F. G., & Hartig, T. (1999). A role for ecological restoration work in university environmental education. *Journal of Environmental Education*, 30(4), 19-26.
122. 45. 参照
123. Hausbeck, K. W., Milbrath, L. W., & Enright, S. M. (1992). Environmental knowledge, awareness and concern among 11th-grade students: New York state. *Journal of Environmental Education*, 24(1), 27-34.
124. 110. 参照
125. 47. 参照
126. Hsu, S. J., & Rothe, R. E. (1996). An assessment of environmental knowledge and attitudes held by community leaders in the Hualien area of Taiwan. *Journal of Environmental Education*, 28(1), 24-31.
127. 58. 参照
128. 79. 参照
129. 14. 参照
130. 112. 参照
131. Elliott, S. J., Taylor, S. M., Walter, S., Stieb, D., Frank, J., & Eyles, J. (1993). Modelling psychosocial effects of exposure to solid waste facilities. *Social Science and Medicine*, 37, 791-804.
132. 84. 参照
133. Bassett, G. W., Jr., Jenkins-Smith, H. C., & Silva, C. (1996). On-site storage of high level nuclear waste: Attitudes and perceptions of local residents. *Risk Analysis*, 16, 309-319.
134. Baldassare, M., & Katz, C. (1992). The personal threat of environmental problems as predictor of environmental practices. *Environment and Behavior*, 24, 602-616.
135. Gillilan, S., Werner, C. M., Olson, L., & Adams, D. (1996). Teaching the concept of recycling: A campaign and evaluation. *Journal of Environmental Education*, 28(1), 11-18.
136. Keen, M. (1991). The effect of the Sunship Earth program on knowledge and attitude development. *Journal of Environmental Education*, 22(3), 28-32.
137. 63. 参照
138. Bull, J. N. (1993). The effect of participation in an environmental action program on empowerment, interest, and problem-solving skills of inner city students. *Dissertation Abstracts International*, 53(10-B), 5481.
139. Leeming, F. C., Dwyer, W. O., Porter, B. E., & Cobern, M. K. (1993). Outcome research in environmental education: A critical review. *Journal of Environmental Education*, 24(4), 8-21.
140. Zelezny, L. C. (1999). Educational interventions the improve environmental behaviors: A meta-analysis. *Journal of Environmental Education*, 31(1), 5-14.

137

141. Ramsey, J. M., & Hungerford, H. (1989). The effects of issue investigation and action training on environmental behavior in seventh grade students. *Journal of Environmental Education*, 20(4), 29-34.
142. Ramsey, J. M. (1993). The effects of issue investigation and action training on eighth-grade students' environmental behavior. *Journal of Environmental Education*, 24(3), 31-36.
143. Jordan, J. R., Hungerford, H. R., & Tomera, A. N. (1986). Effects of two residential environmental workshops on high school students. *Journal of Environmental Education*, 18(1), 15-22.
144. Yount, J. R., & Horton, P. B. (1992). Factors influencing environmental attitude: The relationship between environmental attitude defensibility and cognitive reasoning level. *Journal of Research in Science Teaching*, 29, 1059-1078.
145. Gillett, D. P., Thomas, G. P., Skok, R. L., & McLaughlin, T. F. (1991). The effects of wilderness camping and hiking on the self-concept and the environmental attitudes and knowledge of twelfth graders. *Journal of Environmental Education*, 22(3), 33-44.
146. Shepard, C. L., & Speelman, L. R. (1985-86). Affecting environmental attitudes through outdoor education. *Journal of Environmental Education*, 17(2), 20-23.
147. 120. 参照
148. Hewitt, P. (1997). Games in instruction leading to environmentally responsible behavior. *Journal of Environmental Education*, 28(3), 35-37.
149. Newhouse, N. (1990). Implications of attitude and behavior research for environmental conservation. *Journal of Environmental Education*, 22(2), 26-32.
150. Boerschig, S., & de Young, R. (1993). Evaluation of selected recycling curricula: Educating the green citizen. *Journal of Environmental Education*, 24(3), 17-22.
151. Pooley, J. A., & O'Conner, M. (2000). Environmental education and attitudes: Emotions and beliefs are what is needed. *Environment and Behavior*, 32, 711-723.
152. Dresner, M. (1989-90). Changing energy end-use patterns as a means of reducing global-warming trends. *Journal of Environmental Education*, 21(2), 41-46.
153. Monroe, M. C. (1992). The effect of interesting environmental stories on knowledge and action-taking attitudes. *Dissertation Abstracts International*, 52(11-A), 3867.
154. Hine, D. W., & Gifford, R. (1991). Fear appeals, individual differences, and environmental concern. *Journal of Environmental Education*, 23(1), 36-41.
155. Riesenberg, R. D. (1991, August). Was Earth Day a moving experience? *Pre- and post-environmental attitudes in a midwestern suburban population sample?* Paper presented at the 99th Annual Convention of the American Psychological Association, San Francisco, CA.
156. O'Riordan, T. (1976). Attitudes, behavior, and environmental policy issues. In I. Altman & J. F. Wohlwill (Eds.), *Human behavior and environment: Advances in theory and research* (Vol. 1). New York: Plenum.
157. Scott, D., & Willits, F. K. (1994). Environmental attitudes and behavior: A Pennsylvania survey. *Environment and Behavior*, 26, 239-260.
158. Dispoto, R. G. (1977). Interrelationships among measures of environmental activity, emotionality, and knowledge. *Education and Psychological Measurement*, 37, 451-459.
159. Borden, R. J., & Schettino. A. P. (1979). Determinants of environmentally responsible behavior. *Journal of Environmental Education*, 10(4), 35-39.
160. Syme, G. J., & Nancarrow, B. E. (1992). Predicting public involvement in urban water management and planning. *Environment and Behavior*, 24, 738-758.
161. Manzo, L. C., & Weinstein, N. D. (1987). Behavioral commitment to environmental protection: A study of active and nonactive members of the Sierra Club. *Environment and Behavior*, 19, 673-694.
162. Diekman, A., & Preisendorfer, P. (1992). Personliches umweltverhalten: Diskrepanzen zwischen Anspruch und Wirklichkeit. / Ecology in everyday life: Inconsistencies between environmental attitudes and behavior. *Kolner Zeitschrift fur Soziologie und Sozialpsychologie*, 44, 226-251.
163. Heberlein, T. A., & Black, J. S. (1981). Cognitive consistency and environmental action. *Environment and Behavior*, 13, 717-734.
164. Vogel, S. (1996). Farmers' environmental attitudes and behavior: A case study for Austria. *Environment and Behavior*, 28, 591-613.
165. Tarrant, M. A., & Cordell H. K. (1997). The effect of respondent characteristics on general environmental attitude-behavior correspondence. *Environment and Behavior*, 29, 618-637.
166. Weigel, R. H., & Newman. L. S. (1976). Increasing attitude-behavior correspondence by broadening the scope of behavioral measure. *Journal of Personality and Social Psychology*, 33, 793-802.

第 3 章
環境に対する態度，評価と査定

167. Kaiser, F. G. (1998). A general measure of ecological behavior. *Journal of Applied Social Psychology*, 28, 395-422.
168. Kaiser, F. G., Woelfing, S., & Fuhrer, U. (1999). Environmental attitude and ecological behavior. *Journal of Environmental Psychology*, 19, 1-19.
169. Kaiser, F. G., & Biel, A. (2000). Assessing general ecological behavior: A cross-cultural comparison between Switzerland and Sweden. *European Journal of Psychological Assessment*, 16, 44-52.
170. Kaiser, F. G., & Wilson, M. (2000). Assessing people's general ecological behavior: A cross-cultural measure. *Journal of Applied Social Psychology*, 30, 952-978.
171. Lynne, G. D., & Rola, L. R. (1988). Improving attitude-behavior prediction models with economic variables: Farmer actions toward soil conservation. *Journal of Social Psychology*, 128, 19-28.
172. 165. 参照
173. Schultz, P. W., & Oskamp, S. (1996). Effort as moderator of the attitude-behavior relationship: General environmental concern and recycling. *Social Science Quarterly*, 59, 375-383.
174. Dahlstrand, U., & Biel, A. (1997). Pro-environmental habits: Propensity levels in behavioral change. *Journal of Applied Psychology*, 27, 588-601.
175. Hormuth, S. E. (1999). Social meaning and social context of environmentally-relevant behavior: Shopping, wrapping, and disposing. *Journal of Environmental Psychology*, 19, 277-286.
176. Gill, J. D., Crosby, L. A., & Taylor, J. R. (1986). Ecological concern, attitudes, and social norms in voting behavior. *Public Opinion Quarterly*, 50, 537-554.
177. Syme, G. J., Beven, C. E., & Sumner, N. R. (1993). Motivation for reported involvement in local wetland preservation: The roles of knowledge, disposition, problem assessment, and arousal. *Environment and Behavior*, 25, 586-606.
178. Hines. J. M., Hungerford, H. R., & Tomera, A. N. (1986-87). Analysis and synthesis of research on responsible environmental behavior: A meta-analysis. *Journal of Environmental Education*, 18(2), 1-8.
179. De Young, R. (1996). Some aspects of reduced consumption behavior: The role of intrinsic satisfaction and competence motivation. *Environment and Behavior*, 28, 358-409.
180. Obregon-Salido, F. J., & Corral-Verdugo, V. (1997). Systems of beliefs and environmental conservation behavior in a Mexican community. *Environment and Behavior*, 29, 213-235.
181. Princen, T. (1997). Toward a theory of restraint. *Population and Environment: A Journal of interdisciplinary Studies*, 18, 233-254.
182. Kaiser, F. G., & Shimoda, T. A. (1999). Responsibility as a predictor of ecological behavior. *Journal of Environmental Psychology*, 19, 243-253.
183. Kaiser, F. G., Ranney, M., Hartig T., & Bowler, P. A. (1999). Ecological behavior, environmental attitude, and feelings of responsibility for the environment. *European Psychologist*, 4, 59-74.
184. Widegren, O. (1998). The new environmental paradigm and personal norms. *Environment and Behavior*, 30, 75-100.
185. Harland, P., Staats, H., & Wilke, H. A. M. (1999). Explaining proenvironmental intention and behavior by personal norms and the theory of planned behavior. *Journal of Applied Social Psychology*, 29, 2505-2528.
186. Steinheider, B., Fay, D., Hilburger, T., Hust, I., Prinz, L., Vogelgesang, F., & Hormuth, S. E. (1999). Soziale normen als praediktoren con umweltbezogenem verhalten. / Social norms as predictors of environmental behavior. *Zeitschrift fur Sozialpsychologie*, 30, 40-56.
187. Schultz, P. W., & Zeleny, L. C. (1998). Values and proenvironmental behavior: A five-country survey. *Journal of Cross Cultural Psychology*, 29, 540-558.
188. Karp, D. G. (1996). Values and their effect on pro-environmental behavior. *Environment and Behavior*, 28, 111-133.
189. Pelletier, L. G., Dion, S., Tuson, K., & Green-Demers, I. (1999). Why do people fail to adopt environmental protective behaviors? Toward a taxonomy of environmental motivation. *Journal of Applied Social Psychology*, 29, 2481-2504.
190. Seguin, C., Pelletier, L. G., & Hunsley, J. (1998). Toward a model of environmental activism. *Environment and Behavior*, 30, 628-652.
191. Green-Demers, I., Pelletier, L. G., & Menard, S. (1997). The impact of behavioral difficulty on the saliency of the association between self-determined motivation and environmental behaviors. *Canadian Journal of Behavioural Science*, 29, 157-166.
192. Swenson, M. R., & Wells, W. D. (1997). Useful correlates of pro-environmental behavior. In M. E. Goldberg, M. Fishbein et al. (Eds.), Social marketing: Theoretical and practical perspectives. Advertising

and consumer psychology (pp. 91-109). Mahwah, NJ: Erlbaum.
193. 74. 参照
194. Sivek, D. J., & Hungerford. H. (1989-90). Predictors of responsible behavior in members of three Wisconsin conservation organizations. *Journal of Environmental Education*, **21**(2), 35-40.
195. Nemiroff, L. S., & McKenzie-Mohr, D. (1992). Determinants and distinguishing variables of pro-disarmament behavior and responsible environmental behavior. *Journal of Social Behavior and Personality*, **7**, 1-24.
196. Etzioni, A. (1972). Human beings are not very easy to change after all. Saturday Review, June 3.
197. Geller, E. S. (1992). Solving environmental problems: A behavior change perspective. In S. Staub & P. Green (Eds.), *Psychology and social responsibility: Facing global challenges*. New York: New York University Press.
198. Dwyer, W. O., Leeming, F. C., Cobern, M. K., Porter, B. E., & Jackson, J. M. (1993). Critical review of behavioral interventions to preserve the environment. *Environment and Behavior*, **25**, 275-321.
199. Allen, J. B., & Ferrand, J. (1999). Environmental locus of control, sympathy and proenvironmental behavior: A test of Geller's actively caring hypothesis. *Environment and Behavior*, **31**, 338-353.
200. de Young, R. (1993). Changing behavior and making it stick: The conceptualization and management of conservation behavior. *Environment and Behavior*, **25**, 485-505.
201. Craik, K. H. (1968). The comprehension of the everyday physical environment. *Journal of the American Institute of Planners*, **34**, 29-37.
202. Feimer, N. R. (1984). Environmental perception: The effects of media, evaluative context, and observer sample. *Journal of Environmental Psychology*, **4**, 61-80.
203. Canter, D. (1985). Intention, meaning and structure: Social action in its physical context. In G. P. Ginsburg, M. Brenner, & M. von Cranach (Eds.), *Discovery strategies in the psychology of action*. Orlando, FL: Academic Press.
204. Ward, L. M. (1977). Multidimensional scaling of the molar physical environment. *Multivariate Behavioral Research*, **12**, 23-42.
205. Osgood, C., Suci, G., & Tannenbaum, P. (1957). *The measurement of meaning*. Urbana: University of Illinois Press.
206. Canter, D. (1968). *The measurement of meaning in architecture*. Unpublished manuscript, Building Performance Research Unit, Glasgow.
207. Canter, D. (1969). An intergroup comparison of connotative dimensions in architecture. *Environment and Behavior*, **1**, 37-48.
208. Cass, R. C., & Hershberger, R. G. (1973). *Further toward a set of semantic scales to measure the meaning of designed environments*. Paper presented at the annual meeting of the Environmental Design Research Association, Blacksburg, VA.
209. Collins, J. B. (1969). *Perceptual dimensions of architectural space validated against behavioral criteria*. Unpublished doctoral dissertation, University of Utah, Salt Lake City.
210. Hershberger, R. G. (1972). *Toward a set of semantic scales to measure the meaning of architectural environments*. Paper presented at the annual meeting of the Environmental Design Research Association. Los Angeles.
211. 208. 参照
212. Sancar, F. H., & Matari, H. (1988). *A situational research approach for discovering the meaning of city image*. Paper presented at the 19th annual meetings of the Environmental Design Research Association, Pomona, CA.
213. Verderber, S., & Moore, G. T. (1977). Building imagery: A comparative study of environmental cognition. *Man-Environment Systems*, **7**, 332-341.
214. Gifford, R. (1980). Judgments of the built environment as a function of individual differences and context. *Journal of Man-Environment Relations*, **1**, 22-31.
215. Sonnenfeld, J. (1966). Variable values in space and landscape: An inquiry into the nature of environmental necessity. *Journal of Social Issues*, **22**(4), 7 1-82.
216. Bernaldez, F. G., Gallardo, D., & Abello, R. P. (1987). Children's landscape preferences: From rejection to attraction. *Journal of Environmental Psychology*, **7**, 169-176.
217. Lyons, E. (1983). Demographic correlates of landscape preference. *Environment and Behavior*, **15**, 487-511.
218. Pedersen, D. M. (1986). Preferred city size by ruralists and urbanites. *Perceptual and Motor Skills*, **63**, (2, Part 1), 441-442.

●●第3章●●
環境に対する態度，評価と査定

219. Canter, D., & Thorne, R. (1972). Attitudes to housing: A cross cultural comparison. *Environment and Behavior*, 4, 3-32.
220. Nasar, J. L. (1984). Visual preferences in urban street scenes: A cross-cultural comparison between Japan and the United States. *Journal of Cross-Cultural Psychology*, 15, 79-93.
221. Nasar, J. L. (1984). *Cognition in relation to downtown street-scenes: A comparison between Japan and the United States*. Paper presented at the annual conference of the Environmental Design Research Association, June-July.
222. Yang, B., & Brown, T. J. (1992). A cross-cultural comparison of preferences for landscape styles and landscape elements. *Environment and Behavior*, 24, 471 -507.
223. Duffy, M., Bailey, S., Beck, B., & Barker, D. G. (1986). Preferences in nursing home design: A comparison of residents, administrators, and designers. *Environment and Behavior*, 18, 246-257.
224. Stamps, A. E. (1991). Comparing preferences of neighbors and a neighborhood design review board. *Environment and Behavior*, 23, 618-629.
225. Takahashi, L. M., & Gaber, S. L. (1998). Controversial facility siting in the urban environment. *Environment and Behavior*, 30, 184-215.
226. Nasar, J. L. & Purcell, T. (July, 1990). Beauty and the beast extended: Knowledge structure and evaluations of houses by Australian architects and non-architects. In H. Pamir, V. Imamoglu, & N. Teymur (Eds.), *Culture, space, history*. Ankara, Turkey: Sevki Vanh Foundation for Architecture.
227. Wilson, M. A. (1996). The socialization of architectural preference. *Journal of Environmental Psychology*, 16, 33-44.
228. Nasar, J. L. (1988). *Architectural symbolism: A study of house-style meanings*. Paper presented at the 19th annual meeting of the Environmental Design Research Association, Pomona, CA.
229. Brown, G., & Gifford, R. (2001). Architects predict lay evaluations of large contemporary buildings: Whose conceptual properties? *Journal of Environmental Psychology*, 21, 93-99.
230. Devlin, K. (1990). An examination of architectural interpretation: Architects versus non-architects. *Journal of Architectural and Planning Research*, 7, 235-244.
231. James, K. (1989). Family-role salience and environmental cognition. *Journal of Environmental Psychology*, 9, 45-55.
232. Srinivasan, T. (1987). A study of mental health of the adolescents in relation to geographical environments. *Child Psychiatry Quarterly*, 20, 55-60.
233. Kaplan, R. (1977). Patterns of environmental preference. *Environment and Behavior*, 9, 195-215.
234. Malinowsky, J. C., & Thurber, C. A. (1996). Developmental shifts in the place of preferences of boys aged 8-16 years. *Journal of Environmental Psychology*, 16, 45-54.
235. Priestley, T., & Evans, G. W. (1996). Resident perceptions of a nearby electric transmission line. *Journal of Environmental Psychology*, 16, 65-74.
236. Iwata, O. (1990). The relationship of social evaluation and subjective sensitivity to environmental evaluation. *Psychologia: An International Journal of Psychology in the Orient*, 35, 69-75.
237. Gifford, R. (1980). Environmental dispositions and the evaluation of architectural interiors. *Journal of Research in Personality*, 14, 386-399.
238. 237. 参照
239. Stamps III, A. E., & Nasar, J. L. (1997). Design review and public preferences: Effects of geographical location, public consensus, sensation seeking, and architectural styles. *Journal of Environmental Psychology*, 17, 11-32.
240. Stamps, A. E. (1996). People and places: Variance components of environmental preferences. *Perceptual and Motor Skills*, 82, 323-334.
241. Peron, E., Purcell, A. T., Staats, H., Falchero, S., & Lamb, R. J. (1998). Models of preference for outdoor scenes: Some experimental evidence. *Environment and Behavior*, 30, 282-305.
242. Im, S. (1984). Visual preferences in enclosed urban spaces: An exploration of a scientific approach to environmental design. *Environment and Behavior*, 16, 235-262.
243. Gifford, R., Hine, D. W., Muller-Clemm, W., Reynolds, Jr., D. J., & Shaw, K. T. (2000). Decoding modern architecture: A lens model approach for understanding the aesthetic differences of architects and laypersons. *Environment and Behavior*, 32, 163-187.
244. Gifford, R., Hine, D. W., Muller-Clemm, W., & Shaw, K. T. (2001). Why architects and laypersons judge buildings differently: Cognitive properties and physical bases. *Journal of Architectural and Planning Research*, 18, 131-149.
245. Kaye, S. M., & Murray, M. A. (1982). Evaluations of an architectural space as a function of variations

in furniture arrangement, furniture density, and windows. *Human Factors*, 24, 609–618.
246. Nasar, J. L. (1981). Responses to different spatial configurations. *Human Factors*, 23, 439–446.
247. Baird, J. C., Cassidy, B., & Kurr, J. (1978). Room preference as a function of architectural features and user activities. *Journal of Applied Psychology*, 63, 719–727.
248. Butler, D. L., & Steuerwald, B. L. (1991). Effects of view and room size on window size preferences made in models. *Environment and Behavior*, 23, 334–358.
249. Frewald, D. B. (1990). Preferences for older buildings: A psychological approach to architectural design. *Dissertation Abstracts International*, 51(1–B), 414–415.
250. Herzog, T. R., & Gale, T. A. (1996). Preference for urban buildings as a function of age and nature context. *Environment and Behavior*, 28, 44–72.
251. Strumse, E. (1996). Demographic differences in the visual preferences for agrarian landscapes in western Norway. *Journal of Environmental Psychology*, 16, 17–31.
252. Pedersen, D. M. (1986). Perception of interior designs. *Perceptual and Motor Skills*, 63(2, Part 1), 671–676.
253. Nasar, J. L. (1983). Adult viewers' preferences in residential scenes: A study of the relationship of environmental attributes to preference. *Environment and Behavior*, 15, 589–614.
254. Nasar, J. L. (1990). The evaluative image of the city. *Journal of the American Planning Association*, 56, 41–53.
255. Oppewal, H., & Timmermans, H. (1999). Modeling consumer perception of public space m shopping centers. *Environment and Behavior*, 31, 45–65.
256. Nasar, J. L. (1987). Environmental correlates of evaluative appraisals of central business district scenes. *Landscape and Urban Planning*, 14, 117–130.
257. Nasar, J. L., & Hong, X. (1999). Visual preferences in urban signscapes. *Environment and Behavior*, 31, 671–691.
258. Wong, K. K. (1990). Scenic quality and cognitive structures of urban environments: The role of scene attributes and respondent characteristics. *Dissertation Abstracts International*, 51(5–B), 2269.
259. Nasar, J. L. (1987). Physical correlates of perceived quality in lakeshore development. *Leisure Sciences*, 9, 259–279.
260. Kuller, R. (1980). Architecture and emotion. In B. Mikellides (Ed.), *Architecture for people*. London: Studio Vista.
261. Wohlwill, J. F. (1982). The visual impact of development in coastal zone areas. *Coastal Zone Management Journal*, 9, 225–248.
262. Nasar, J. L. (1987). The effect of sign complexity and coherence on the perceived quality of retail scenes. *Journal of the American Planning Association*, 53, 499–509.
263. Stamps, A. E. (1991). Public preferences for high rise buildings: Stylistic and demographic effects. *Perceptual and Motor Skills*, 72(3, Part 1), 839–844.
264. Stamps, A. E. (1999). Physical determinants of preference for residential facades. *Environment and Behavior*, 31, 723–751.
265. Devlin, K., & Nasar, J. L. (1989). The beauty and the beast: Some preliminary comparisons of "high" versus "popular" residential architecture and public versus architect judgments of same. *Journal of Environmental Psychology*, 9, 333–334.
266. Stamps, A. E. (1993). Public preferences for residences: Precode, code minimum, and avant-garde architectural styles. *Perceptual and Motor Skills*, 77, 99–103.
267. Purcell, T., & Nasar. J. L. (August, 1990). *Australian architect and non-architect students experiences of American houses*. Paper presented at the Conference of the International Association of Empirical Aesthetics, Budapest, Hungary.
268. Nasar, J. L. (1994). Urban design aesthetics: The evaluative qualities of building exteriors. *Environment and Behavior*, 26, 377–401.
269. Miller, P. A. (1984). *Visual preference and implications for coastal management: A perceptual study of the British Columbia shoreline*. Unpublished doctoral dissertation, University of Michigan, Ann Arbor, MI.
270. Kaplan, R., Kaplan, S., & Brown. T. (1989). Environmental preference: A comparison of four domains of predictors. *Environment and Behavior*, 21, 509–530.
271. Herzog, T. R., & Bosley, P. J. (1992). Tranquility and preference as affective qualities of natural environments. *Journal of Environmental Psychology*, 12, 115–127.
272. Herzog, T. R., & Barnes, G. J. (1999). Tranquility and preference revisited. *Journal of Environmental Psychology*, 19, 171–181.

●●第3章●●
環境に対する態度，評価と査定

273. Appleton, J. (1975). *The experience of landscape.* New York: Wiley.
274. Ruddell, E. J., & Hammitt, W. E. (1987). Prospect refuge theory: A psychological orientation for edge effect in recreation environments. *Journal of Leisure Research,* 19, 249–260.
275. Peterson, G. L., & Neumann, E. S. (1969). Modeling and predicting human response to the visual recreation environment. *Journal of Leisure Research,* 1, 219–237.
276. Abello, R. P., Bernaldez, F. G., & Galiano, E. F. (1986). Consensus and contrast components in landscape preference. *Environment and Behavior,* 18, 155–178.
277. Yi, Y. K. (1993). Affect and cognition interface in aesthetic experiences of landscapes. *Dissertation Abstracts,* 53(8-A), 3015–3016.
278. Kaplan, S., & Kaplan, R. (1982). *Cognition and environment: Function in an uncertain world.* New York: Praeger.
279. Kaplan, S. (1987). Aesthetics, affect, and cognition: Environmental preference from an evolutionary perspective. *Environment and Behavior,* 19, 3–32.
280. Ulrich, R. S. (1983). Aesthetic and affective response to natural environment. *Human behavior and environment: Advances in theory and research,* 6, 85–125.
281. Balling, J. D., & Falk, J. H. (1982). Development of visual preference for natural environments. *Environment and Behavior,* 14, 5–28.
282. 217. 参照
283. Butler, D. L., & Biner, P. M. (1989). Effects of setting on window preferences and factors associated with those preferences. *Environment and Behavior,* 21, 17–31.
284. Lindberg, E., Garling, T., Montgomery, H., & Waara, R. (1986). Preferences for housing aspects: A study of underlying beliefs and values. *Umea Psychological Reports,* No. 184.
285. Carmichael, B. A. (1991). *Tourist image and ski resort choice: An analysis of the Victoria, B. C. skier market.* Unpublished doctoral dissertation, University of Victoria, Victoria, British Columbia.
286. 278, p. 80. 参照
287. Herzog, T. R. (1984). A cognitive analysis of preference for field-and-forest environments. *Landscape Research,* 9, 10–16.
288. Herzog, T. R. (1985). A cognitive analysis of preference for waterscapes. *Journal of Environmental Psychology,* 5, 225–241.
289. Herzog, T. R. (1989). A cognitive analysis of preference for urban nature. *Journal of Environmental Psychology,* 9, 27–43.
290. Herzog, T. R., & Smith, G. A. (1988). Danger, mystery, and environmental preference. *Environment and Behavior,* 20, 320–344.
291. Scott, S. B. (1990). Preference, mystery and visual attributes of interiors: A study of relationships. *Dissertation Abstracts International,* 50(11-A), 3386.
292. 270. 参照
293. Friedman, C., Balling, J. D., & Valadez, J. J. (1985). *Visual preference for office buildings: A comparison of architects and non-architects.* Paper presented at the Annual Meeting of the Environmental Design Research Association, New York City, NY.
294. Gimblett, H. R. (1990). Environmental cognition: The prediction of preference in rural Indiana. *Journal of Architectural Planning and Research,* 7, 222–234.
295. Herzog, T. R., & Miller, E. J. (1998). The role of mystery in perceived danger and environmental preference. *Environment and Behavior,* 30, 429–449.
296. Finlay, T. W. (1990). The prediction of preference evaluations of zoo exhibits: A comparison of the informational and psychophysical theories of environmental preference. *Dissertation Abstracts International,* 51(1-B), 427.
297. Herzog, T. R. (1992). A cognitive analysis of preference for urban spaces. *Journal of Environmental Psychology,* 12, 237–248.
298. 294. 参照
299. 287. 参照
300. 288. 参照
301. 289. 参照
302. 297. 参照
303. 287. 参照
304. Fenton, D. M. (1985). Dimensions of meaning in the perception of natural settings and their relationship to Aesthetic response. *Australian Journal of Psychology,* 37, 325–339.

305. van den Berg, A. E., Vlek, C. A., & Coeterier, J. F. (1998). Group differences in the aesthetic evaluation of nature development plans: A multilevel approach. *Journal of Environmental Psychology*, 18, 141-157.
306. Ruddell, E. J., Gramann, J. H., Rudis, V. A., & Westphal, J. M. (1989). The psychological utility of visual penetration in near-view forest scenic-beauty models. *Environment and Behavior*, 21, 393-412.
307. Hull, R. B., & Revell, G. R. (1989). Cross-cultural comparison of landscape scenic beauty evaluations: A case study in Bali. *Journal of Environmental Psychology*, 9, 177-191.
308. Thornton, J. A., McMillan, P. H., & Romanovsky. P. (1989). Perceptions of water pollution in South Africa: Case studies from two water bodies (Hartbeesport Dam and Zandvlei). *South African Journal of Psychology*, 19, 199-204.
309. Bourassa, S. C. (1990). A paradigm for landscape aesthetics. *Environment and Behavior*, 22, 787-812.
310. Kuller, R. (1980). Architecture and emotions. In B. Mikellides (Ed.), *Architecture for people*. Studio Vista, London.
311. Mehrabian, A., & Russell. J. A. (1974). *An approach to environmental psychology*. Cambridge, Mass: MIT Press.
312. Mehrabian, A., & Russell, J. A. (1975). Environmental effects on affiliation among strangers. *Humanitas*, 11, 219-230.
313. Russell, J. A., Ward, L. M., & Pratt. G, (1981). Affective quality attributed to environments: A factor analytic study. *Environment and Behavior*, 13, 259-288.
314. 311. 参照
315. Daniel, T. C., & Ittelson, W. H. (1981). Conditions for environmental perception research: Comment on The psychological representation of molar physical environments by Ward and Russell. *Journal of Experimental Psychology: General*, 110, 153-157.
316. Russell, J. A., & Ward, L. M. (1981). On the psychological reality of environmental meaning: Reply to Daniel and Ittelson. *Journal of Experimental Psychology*, 110, 163-168.
317. Foxall, G., & Greenly, G. (1998). The affective structure of consumer situations. *Environment and Behavior*, 30, 781-798.
318. Staats, H., Gatersleben, B., & Hartig, T. (1997). Change in mood as a function of environmental design: Arousal and pleasure on a simulated forest hike. *Journal of Environmental Psychology*, 17, 283-300.
319. Gold, J. R., & Burgess, J. (Eds.) (1982). *Valued environments*. London: George Allen & Unwin.
320. Tuan, Y. F. (1974). *Topophilia*. Englewood Cliffs, NJ: Prentice-Hall.
321. Sixsmith, J. (1986). The meaning of home: An exploratory study of environmental experience. *Journal of Environmental Psychology*, 6, 281-298.
322. Hershberger, R. G. (1970). Architecture and meaning. *Journal of Aesthetic Education*, 4, 37-55.
323. Espe, H. (1981). Differences in the perception of National Socialist and Classicist architecture. *Journal of Environmental Psychology*, 1, 33-42.
324. Jencks, C. (1978). Post-modern history. *Architectural Design*, 1, 13-58.
325. Groat, L. (1982). Meaning in post-modern architecture: An examination using the multiple sorting task. *Journal of Environmental Psychology*, 2, 3-22.
326. Cherulnik, P. D., & Souders, S. B. (1984). The social contents of place schemata: People are judged by the places where they live and work. *Population and Environment: Behavioral and Social Issues*, 7, 211-233.
327. Cherulnik, P. D., & Bayless, J. K. (1986). Person perception in environmental context: The influence of residential settings on impressions of their occupants. *Journal of Social Psychology*, 126, 667-673.
328. Sadalla, E. K., & Sheets, V. L. (1993). Symbolism in building materials: Self-presentational and cognitive components. *Environment and Behavior*, 25, 155-180.
329. 228. 参照
330. Nasar, J. L., & Julian, D. (1985). Effects of labelled meaning on the affective quality of housing scenes. *Journal of Environmental Psychology*, 5, 335-344.
331. Groat, L., & Canter, D. (1979). Does post-modernism communicate? *Progressive Architecture*, 12, 84-87.
332. Prak, N. L., & van Wegen, H. B. R. *The influence of cognitive factors on the perception of buildings*. Paper presented at the annual meeting of the Environmental Design Research Association, Lawrence, Kansas, 1975.
333. Genereux, R. L., Ward. L. M., & Russell, J. A. (1983). The behavioral component of the meaning of places. *Journal of Environmental Psychology*, 3, 43-55.

●●第 3 章●●
環境に対する態度，評価と査定

334. Schmidt, F. N., & Gifford, R. (1989). A dispositional approach to hazard perception: Preliminary development of the Environmental Appraisal Inventory. *Journal of Environmental Psychology*, 9, 57-67.
335. Walsh-Daneshmandi, A., & MacLachlan, M. (2000). Environmental risk to the Self: Factor analysis and development of subscales for the Environmental Appraisal Inventory (EAI) with an Irish sample. *Journal of Environmental Psychology*, 20, 141-149.
336. Barke, R. P., & Jenkins-Smith, H. C. (1993). Politics and scientific expertise: Scientists, risk perception, and nuclear waste policy. *Risk Analysis*, 13, 425-439.
337. Vaughn, E., & Nordenstam, B. (1991). The perceptions of environmental risks among ethnically diverse groups. *Journal of Cross-Cultural Psychology*, 22, 29-60.
338. Vaughn, E. (1993). Individual and cultural differences in adaptation to environmental risks. *American Psychologist*, 48, 673-680.
339. Pilisuk, M., Parks, S. H., & Hawkes, G. (1987). Public perception of technological risk. *Social Science Journal*, 24, 403-413.
340. Barke, R. P., Jenkins-Smith, H., & Slovic, P. (1997). Risk perceptions of men and women scientists. *Social Sciences Quarterly*, 78, 167-176.
341. Bord, R. J., & O'Conner, R. E. (1997). The gender gap in environmental attitudes: The case of perceived vulnerability to risk. *Social Science Quarterly*, 78, 830-840.
342. Wilson, M., Daly, M., Grodin, S., & Pratt, A. (1996). Sex differences in valuations of the environment? *Population and Environment: A Journal of Interdisciplinary Studies*, 18, 143-159.
343. Prince-Embury, S., & Rooney, J. F. (1987). Perception of control and faith in experts among residents in the vicinity of Three Mile Island. *Journal of Applied Social Psychology*, 17, 953-968.
344. Larrain Navarro, P., Simpson-Housley, P., & deMan, A. F. (1987). Anxiety, locus of control and appraisal of air pollution. *Perceptual and Motor Skills*, 64, 811-814.
345. Mehta, M. D., & Simpson-Housley, P. (1994). Trait anxiety and perception of potential nuclear power plant disaster. *Psychological Reports*, 74, 291-295.
346. Pedigo, S. K. (1986). The risks of radiation: A study of the attitudes of a select sample of residents of southeast Tennessee. *Dissertation Abstracts International*, 47(3-B), 1016.
347. Williams, B. L., Brown, S., Greenberg, M., & Kahn, M. A. (1999). Risk perception in context: The Savannah River site stakeholder study. *Risk Analysis*, 19, 1019-1935.
348. Maharik, M., & Fischhoff, B. (1993). Contrasting perceptions of the risks of using nuclear energy sources in space. *Journal of Environmental Psychology*, 13, 243-250.
349. Kuhn, K. M. (2000). Message format and audience values: Interactive effects of uncertainty information and environmental attitudes on perceived risk. *Journal of Environmental Psychology*, 20, 41-51.
350. Der Karabetian, A., Stephenson, K., & Poggi, T. (1996). Environmental risk perception, activism and world-mindedness among samples of British and U. S. college students. *Perceptual and Motor Skills*, 83, 451-462.
351. Sjoberg, L., & Drottz-Sjoberg, B.-M. (1991). Knowledge and risk perception among nuclear power plant employees. *Risk Analysis*, 11, 607-618.
352. 336. 参照
353. Steg, L., & Sievers, I. (2000). Cultural theory and individual perceptions of environmental risks. *Environment and Behavior*, 32, 250-269.
354. Flynn, J., Slovic, P., & Mertz, C. K. (1993). Decidedly different: Expert and public views of risks from a radioactive waste repository. *Risk Analysis*, 13, 643-648.
355. Vaughan, E. (1986). Some factors influencing the nonexpert's perception and evaluation of environmental risks. *Dissertation Abstracts International*, 47(3-B), 1332.
356. Freudenburg, W. R., & Pastor, S. K. (1992). NIMBYs and LULUs: Stalking the syndromes. *Journal of Social Issues*, 48(4), 39-61.
357. 356. 参照
358. Renn, O., Burns, W. J., Kasperson, J. X., Kasperson, R. E. et al. (1992). The social amplification of risk: Theoretical foundations and empirical applications. *Journal of Social Issues*, 48(4), 137-160.
359. Cvetkovich, G., & Earle, T. C. (1992). Environmental hazards and the public. *Journal of Social Issues*, 48(4), 1-20.
360. Brown, P. (1992). Popular epidemiology and toxic waste contamination: Lay and professional ways of knowing. *Journal of Health and Social Behavior*, 33, 267-281.
361. MacGregor, D., Slovic, P., Mason, R. G., Detweiler, J., et al. (1994). Perceived risks of radioactive waste transport through Oregon: Results of a statewide survey. *Risk Analysis*, 14, 5-14.

145

362. Chess, C., & Salomone, K. L. (1992). Rhetoric and reality: Risk communication in government agencies. *Journal of Environmental Education*, **23**(3), 28-33.
363. Wandersman, A. H., & Hallman, W. K. (1993). Are people acting irrationally? Understanding public concerns about environmental threats. *American Psychologist*, **48**, 681-686.
364. Maharik, M. & Fischhoff, B. (1992). The risks of using nuclear energy sources in space: Some lay activists' perception. *Risk Analysis*, **12**, 383-392.
365. Winder, A. E. (1992-93). Risk assessment-risk perception: Who shall decide? *International Quarterly of Community Health Education*, **13**, 405-410.
366. Bord, R. J., & O'Connor, R. E. (1992). Determinants of risk perceptions of a hazardous waste site. *Risk Analysis*, **12**, 411-416.
367. Kunreuther, H., Easterling, D., Desvousges, W., & Slovic, P. (1990). Public attitudes toward siting a high-level nuclear waste repository in Nevada. *Risk Analysis*, **10**, 469-484.
368. Summers, C., & Hine, D. W. (1997). Nuclear waste goes on the road: Risk perceptions and compensatory tradeoffs in single-industry communities. *Canadian Journal of Behavioral Science*, **29**, 211-223.
369. Slovic, P., Fischoff, B., & Lichtenstein, S. (1979). Rating the risks. *Environment*, **21**, 14-20, 36-39.
370. Ampofo-Boateng, K. (1989). Children's perception of safety and danger on the road. *Dissertation Abstracts International*, **49**(10-B), 4567-4568.
371. Shaffer, G. S., & Anderson, L. M. (1985). Perceptions of the security and attractiveness of urban parking lots. *Journal of Environmental Psychology*, **5**, 311-323.
372. Loewen, L. J., Steel, G. D., & Suedfeld, P. (1993). Perceived safety from crime in the urban environment. *Journal of Environmental Psychology*, **13**, 323-331.
373. Bonaiuto, M., Breakwell, G. M., & Cano, I. (1996). Identity processes and the environmental threat: The effects of nationalism and local identity upon perception of beach pollution. *Journal of Community and Applied Social Psychology*, **6**, 157-175.
374. Craik, K. H. (1971). The assessment of places. In P. McReynolds (Ed.), *Advances in psychological assessment, Vol. 2*. Palo Alto, CA: Science and Behavior Books.
375. 374. 参照
376. Moos, R. H. (1973). Conceptualizations of human environments. *American Psychologist*, **28**, 652-655.
377. Rowe, R. D., & Chestnut, L. G. (1983). Introduction. In R. D. Rowe & L. G. Chestnut (Eds.), *Managing air quality and scenic resources at national parks and wilderness areas*. Boulder, CO: Westview Press.
378. Yuhnke, R. E. (1983). The importance of visibility protection in the national parks and wilderness. In R. D. Rowe & L. G. Chestnut (Eds.), *Managing air quality and scenic resources at national parks and wilderness parks*. Boulder, CO: Westview Press.
379. Christenson, D. L., & Carp, F. M. (1987). PEQI-based environmental predictors of the residential satisfaction of older women. *Journal of Environmental Psychology*, **7**, 45-64.
380. 2. 参照
381. 379. 参照
382. Zube, E. H. (1980). *Environmental evaluation: Perception and public policy*. Monterey, CA: Brooks/Cole.
383. Anderson, T. W., Zube, E. H., & MacConnell, W. P. (1976). *Predicting scenic resource values: Studies in landscape perception* (Technical report). Amherst: Institute for Man and Environment, University of Massachusetts.
384. Moos, R. H., & Lemke, S. (1984). *Multiphasic environmental assessment procedure*. Unpublished manuscript, Stanford University, Social Ecology Laboratory, Palo Alto, CA.
385. Craik, K. H. (1983). A psychology of large scale environment. In N. R. Feimer & E. S. Geller (Eds.), *Environmental psychology: Directions and perspectives*. New York: Praeger.
386. 2. 参照
387. Moser, G. (1984). Water quality perception, a dynamic perspective. *Journal of Environmental Psychology*, **4**, 201-210.
388. 384. 参照
389. Zube, E. H. (1984). Themes in landscape assessment theory. *Landscape Journal*, **3**(2), 104-110.
390. Zube, E. H., Sell, J. L., & Taylor, J. G. (1982). Landscape perception: Research, application and theory. *Landscape Planning*, **9**, 1-33.
391. Daniel, T. C. (1990). Measuring the quality of the natural environment: A psychophysical approach. *American Psychologist*, **45**, 633-637.
392. Kaplan, S., Kaplan, R., & Wendt, J. S. (1972). Rated preference and complexity for natural and urban visual material. *Perception and Psychophysics*, **12**, 354-356.

●●第 3 章●●
環境に対する態度，評価と査定

393. Ulrich, R. S. (1981). Natural versus urban scenes: Some psychophysical effects. *Environment and Behavior*, **13**, 523-556.
394. Hull, R. B., & Buhyoff, G. J. (1983). Distance and scenic beauty: A nonmontonic relationship. *Environment and Behavior*, **15**, 77-91.
395. 394. 参照
396. Patsfall, M. R., Feimer, N. R. Buhyoff, G. J., & Wellman, J. D. (1984). The prediction of scenic beauty from landscape content and composition. *Journal of Environmental Psychology*, **4**, 7-26.
397. 389. 参照
398. Hamilton, W. G. (1985). The Okanagan Valley, British Columbia: Visual landscape assessment and planning policy. *Environments*, **17**, 46-58.
399. Dearden, P. (1980). Landscape assessment: The last decade. *Canadian Geographer*, **24**, 316-325.
400. Zube, E. H., Pitt, D. G., & Anderson, T. W. (1975). Perception and prediction of scenic resource values of the Northeast. In E. H. Zube, R. O. Brush and J. G. Fabos (Eds.), *Landscape assessment: Values, perceptions, and resources*. Stroudsburg, PA: Dowden, Hutchinson and Ross.
401. 400. 参照
402. Craik, K. H. (1983). A role theoretical analysis of scenic quality judgments. In R. D. Rowe and L. G. Chestnut (Eds.), *Managing air quality and scenic resources at national parks and wilderness areas*. Boulder, CO: Westview Press.
403. Zube, E. H., & Pitt, D. G. (1981). Cross-cultural perceptions of scenic and heritage landscapes. *Landscape Planning*, **8**, 69-87.
404. Zube, E. H., Pitt, D. G., & Evans, G. W. (1983). A life-span developmental study of landscape assessment. *Journal of Environmental Psychology*, **3**, 115-128.
405. Carp, F. M., & Carp, A. (1982). Perceived environmental quality of neighborhoods: Development of assessment scales and their relation to age and gender. *Journal of Environmental Psychology*, **2**, 295-312.
406. Carp, F. M., & Carp, A. (1982). A role for technical environmental assessment in perceptions of environmental quality and well-being. *Journal of Environmental Psychology*, **2**, 171-191.
407. Fried, M., & Gleicher, P. (1961). Some sources of satisfaction in an urban slum. *Journal of the American Institute of Planners*, **27**, 305-315.

【参考図書】

Craik, K. H., & Zube, E. (Eds.) (1976). *Perceiving environmental quality: Research and applications*. New York: Plenum.
Daniel, T. C. (1990). Measuring the quality of the natural environment: A psychophysical approach. *American Psychologist*, **45**, 633-637.
de Young, R. (1993). Changing behavior and making it stick: The conceptualization and management of conservation behavior. *Environment and Behavior*, **25**, 485-505.
Kaiser, F. G. (1998). A general measure of ecological behavior. *Journal of Applied Social Psychology*, **28**, 395-422.
Kaplan, S., & Kaplan, R. (1982). *Cognition and environment: Functioning in an uncertain world*. New York: Praeger.
Nasar, J. L. (Ed.) (1988). *Environmental aesthetics: Theory, research and applications*. New York: Cambridge University Press.
Wandersman, A. H., & Hallman, W. K. (1993). Are people acting irrationally? Understanding public concerns about environmental threats. *American Psychologist*, **48**, 681-686.

第4章 パーソナリティと環境

- □弁明，背景，そして現状
  - パーソナリティと環境との間の5つのつながり
  - 結びつきのルーツ：マーレーとレヴィン
- □伝統的なパーソナリティの次元
  - 外交的 対 遠慮深い パーソナリティ
  - LOC（コントロールの所在）
  - 他の伝統的な次元
  - パーソナリティと環境
- □環境パーソナリティの次元
  - 人－モノ志向性
  - 環境パーソナリティ目録
  - 環境反応目録
  - 自然への方向づけ
  - 環境刺激に対する敏感さ
  - コントロールに関わる環境の気質
- □環境デザインにおけるパーソナリティのいくつかの使用法
  - 記述
  - 比較
  - 予測

子どもにおける外向性の初期の兆候は，環境に対するすばやい適応と，特に彼が関わっている事物に向ける並々ならぬ注意である。
　　　　　　　　　　　　　　　　　　　　　　　——カール・ユング（Carl Jung）[1]

>「君は，これらの環境調査委員にすぐに加わることはできないよ。たいてい，専門家かいつもその場所を訪れる人だけが参加するよう招かれる」とトムの友人が言った。トムは，年に数回その公園にキャンプに行くことを気乗りせずに認め，そして，勉強するために図書館の閲覧用の個室に行くと告げた。これは少しジェーンを悩ませた。
>「どうしてあなたは，パットの家で勉強するために，私たちと一緒に行かないの？　なぜあなたは，感覚に刺激がない部屋に，いつも1人でいるの？」
>　トムは答えた。「勉強するためには，ぼくにはいつも静けさが必要だ。高校時代，たいていの子どもが宿題をするために親によって部屋に閉じ込められて，音楽を流しているときだって，ぼくは静かに勉強するのが好きだった」
>　ジェーンはこれを一応受け入れたが，懐疑的なままでいた。彼女はいつも人と勉強することで恩恵を受けていた。彼女は会話を交わすことで仕事を楽に感じ，難しいことについて質問したり，そしていつもあまり孤独を感じないですんだ。「そう」，彼女は言って，議論にならないように話題を変えようとして「あなたは，何のために勉強しているの？」と言った。
>「理解するため」
>「それはどういうことなの？」
>「それは，知っての通り，ぼくの大きな課題の1つだよ」と彼は言った。「君は，ぼくが学校で取り組んでいる課題のどれかって聞くかもしれないけど，場所の意味に関するレポートだよ。ぼくは，自分の視点から，なぜ図書館の閲覧用の個室が自分にとってそんなに重要になっているのか，ということを書こうと思ってる。それは，ほとんどわが家のようだ」
>　ジェーンは，怒り出さないように10まで数えた。「あなたとその図書館の閲覧用の個室」，と彼女はついに言った。「刑務所の独房に恋するのはどんな人なの」
>　トムはなだめようと試みた。しかし，彼は自分自身の長年のやり方を自覚していた。彼は言った。「ごめん。その通りだ」

　パーソナリティは，環境心理学の本には奇妙なテーマに思えるかもしれない。しばしば，パーソナリティはわれわれの内にある何かであるとみなされる。そして環境はわれわれの外にあるものである。したがって，パーソナリティと物理的環境との間に，あるとしたら，どんなつながりがあるのだろうと戸惑うかもしれない。
　この当惑は，いくつかの影響力のあるパーソナリティの理論家によるパーソナリティの定義を目にすることで強められる。ある理論家は，パーソナリティを，「その人固有の性格特性のパターン」といっている[2]。また別の理論家は，それを，「その人の特徴的な行動や思考を決定する心理物理的な体系の中にある力動的な組織」として定義する[3]。もし，パーソナリティがわれわれの内にあるもので環境が外にあるものならば，おそらくそれらは研究に値する結びつきがないということになる。
　なぜこの結論がまちがっているのかのいくつかの理由を次に説明していく。その後

●●第4章●●
パーソナリティと環境

で，伝統的なパーソナリティ変数を人間−環境関係を理解するのに役立てる方法を概観する。環境パーソナリティ——それは物理的な環境に関わる，ないしは，物理的な環境によって生じる個人の行動傾向のことだが——を査定するためのいくつかのシステムが論じられる。最後に，環境デザインにおけるパーソナリティの使用に関する議論で，章を閉じる。

弁明，背景，そして現状

パーソナリティと環境との間の5つのつながり

なぜパーソナリティが環境心理学にとって不可欠な一部なのかには，5つの理由がある。

1. 最も初期の頃のあるパーソナリティの理論家は，物理的環境に密接に関連したものとしてパーソナリティをとらえた。特性論でさえ，それは環境を無視するように思われるが，よく見れば，状況の要因を認めている。たとえば，外向−内向のもともとの定義——それはわれわれが人の内部にあると考えている特性だが——は，環境に対する人の関わり方に基づいている。この概念を考案した，カール・ユング（Carl Jung）は，外向と内向との間の違いは，外部の状況に対する好みの程度に基づくものとしている。

   もちろん，単に，パーソナリティと環境との間のつながりの存在を力説することだけでは，理由は成り立たない。しかし，2番目の理由は，最初の理由を強めるだろう。

2. 個人の特性に対する知識は，われわれが環境に関わる行動を理解し予測するのに役立つ。たとえば，人が気質的に社交的で精力的であるかどうかという知識は，選択が求められる状況にあるときに，その人が選択しそうな行動セッティングの種類を予測する[4]。

3. 環境心理学者は，外向もしくは社交性といった伝統的なパーソナリティ理論家によって記述される特性ないし気質だけではなく，個人が，人−環境のトランスアクションに特に関連する気質を持っているということを例証している。たとえば，ジョージ・マッキーニー（George McKechinie）はいくつかの環境に対する気質を同定しているが，そのうちの1つは環境に対する信頼であり，これは，潜在的に，脅威的な環境を安全と感じる個人の傾向についての尺度である[5]。

4. 個人の気質は，環境心理学者の最も重要な概念——すなわち，人−環境の適合性という概念——の主要な1つである。デザイナーと建築家の基本的な目標の1つは，

151

人と場面との間によい適合をつくり出すことである。これを達成するためには，人は，最初に，人と環境の両方を適切に査定しなければならない。もしこれらが適切に査定されなければ，人はそれらの間によい適合が達成されているのかどうかについて確信を持つことができない。人の査定は，人-環境の一致の概念における人側の重要な部分である，人の気質のパターンに拠っている。
5．その発想はいまだに十分に進展しているわけではないけれども，われわれは，パーソナリティの概念を見直し，人ではなく，場所にそれを応用することができるだろう[6]。プラザ，近隣，住居，そして海辺は，人間と同じように，永続的な特徴を有している。第3章で導入される，環境性という用語がここでは適切である。人を理解するために多くの年月をかけてパーソナリティ心理学者たちが開発してきた方法やアプローチは，場面を理解するためにも，少し修正すれば使用できるかもしれない。

結びつきのルーツ：マーレーとレヴィン

■**マーレーのパーソノロジー**　実は，パーソナリティと環境とが互いに影響し合うという考えは，昔からある。さまざまな人がその考えについて論じていたが，近代では，その考えは1930年代，40年代のヘンリー・マーレー（Henry Murray）によって，より明確にそして説得力をもって記述されている[7]。心理学的に関心を持つばかりではなく，マーレーは，才知に長けた万能の学者であり，そのうえ，主席で卒業した医者であった。彼はまた，ハーマン・メルヴィル（Herman Melville）の「白鯨（モビィディック）」の古典的な解釈を含めた文学上の重要な仕事を成し遂げている。驚くべきことではないが，この幅広い興味から，マーレーのパーソナリティに対する考え——彼はそれをパーソノロジーと呼んだ——は，明らかな環境要因を含んでいる[8]。

HENRY MURRAY
ヘンリー・マーレーは，物理的環境を含めた圧力の概念を考案した。

　マーレーにとって，パーソノロジストが検討する基本的な事象は，行為の進行であり，それは重要な行動における開始から遂行までの一連の過程である。彼は，内的過程——すなわち，何かを表そう，説明しようとしたり，われわれ自身に関して世界を予測しようとしたり（たとえば，計画を立てる，空想する，問題を解決する）ということ——と，外的過程——すなわち，他者や物理的環境と相互に作用する（たとえば，会話をする，船旅をする，はたらく）ということ——とを区別している。外的過程は，2つの側面を持っている。1つは外的過程がわれわれの経験と対応するということ，もう1つは行動の連続の客観的説明と対応するということである。たとえば，船に乗っているとき，われわれは天候や水の様子，船の状態について考えたり感じたりする。しかし，われわれの操船行動——どれくらい長く，そしてどれくらいしばしば船をジグザグに進ませるのかといったこと——は客観的に測定できるだろう。

●●第4章●●
パーソナリティと環境

　マーレーは，環境それ自体を圧力，すなわち，「ある方法，もしくは別の方法で生活体の心理的状態に影響を与える力」とみなした[9]（図4-1参照）。圧力は，われわれに肯定的な，ないしは否定的な影響をもたらすことができる。たとえば，船旅の間，天候は，穏やかな風が吹く，温かく日が照っている状況かもしれないし，突然のスコールによって船が転覆するかもしれない。圧力は，社会的または物理的な形をとる。最も重要なことは，圧力が，外的過程のように，経験的で客観的な側面を持っているということである。アルファ（α）圧力は，客観的で，第三者の視点からそうとみなされている環境である。ベータ（β）圧力は，その人自身の観点からそうとみなされている環境である。

　アルファ圧力とベータ圧力は，しばしば対応関係がある。しかし，いくつかの場合にはそれらは極端に異なることもあり得る。アルファ圧力とベータ圧力との間の違いは，その人が問題を抱えていることを示すのかもしれない。20度（華氏71度）の部屋で，誰かが「この部屋は本当に寒い」と文句を言う状況を考えてみよう。もし，われわれがアルファ圧力とベータ圧力との違いに気づいたならば，われわれはいくつかの理由を考え始めるだろう。その人が風邪を悪化させそうだと推測すれば，われわれは「大丈夫かい」と気にかけるだろう。

　マーレーは圧力に関していくつかのリストを提示した。これらは，物理的そして社会的環境の両方の側面を含んでいる。あるリスト，それは子どもへの圧力を表すためにつくられたものだったが，そのリストにおいて，両親，賞賛，友情とともに水，天候，持ち物を含めた[10]。

■**クルト・レヴィンの場の理論**　心理学において，多大な重要性を環境にもたらしたもう1人の理論家は，クルト・レヴィン（Kurt Lewin）であり，彼の業績は第1章で紹介した。彼の場の理論は，数学の一部門であるトポロジー的図示の用語を用いて人と環境とを表すことを試みたものである。人（P）は，環境における物理的・社会的影響の表象である心理的環境（E）内に存在するものとみなされた。PとEが合わ

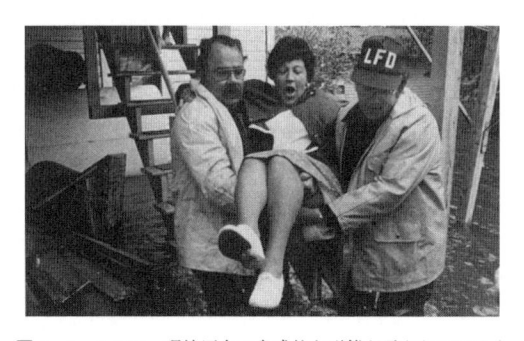

図4-1　ここに，環境圧力の脅威的な形態が示されている！

153

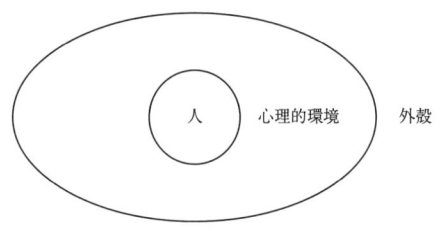

```
        ┌─────────────────────────┐
        │      ┌─────┐            │
        │      │ 人  │  心理的環境 │   外殻
        │      └─────┘            │
        └─────────────────────────┘
              人＋心理的環境＝生活空間
```

図4−2　環境内の人に関するクルト・レヴィンの見解を単純化した記述。それぞれの人（P）は心理的環境（E）に存在しており，それらがともにある場所が生活空間（L）を生じさせる。Lの外側は外殻（F）であり，人が知覚や気づきを通してLに取り込むことのない客観的な世界の一部である。

さって生活空間，すなわち人の内と外の事象全体を構成する。これらの主張から，レヴィンの有名な公式，$B = f(P, E)$ が導き出される（図4−2参照）。

生活空間の外側では，外殻（foreign hull）が他人事の事象から構成される。すなわち，特定個人の生活空間内に位置づけられることがない現実世界の事象である。たとえば，見たことも聞いたこともない，多くの辺鄙な惑星があるが，それらは実際存在しているのである。しかしながら，決定的に重要なことは，生活空間と外殻との間の境界は透過的であるというレヴィンの主張である。おそらく，われわれが辺鄙な惑星の１つを訪れるとき，他人事は心理学的に重要な事象となるかもしれない。それが，レヴィンが他人事それ自体に関する研究，すなわち彼が心理学的生態学と呼んだ領域に価値があると信じるようになった理由である[11]。

この透過性が意味することは，それまでいかなる心理的な意味でも個人に重要な影響を持たなかった物理的環境の要素が，意味を持ち始めることがあるということである。キュリー夫人はラジウムを用いた実験による健康への影響について，特に気にしてはいなかった。しかしながら，もうわれわれは放射性物質の発ガン性をよく知っている。それらについての関心は，いまや原子力発電所の近くで暮らしていくためには重要なことである。

第２に，そして，おそらくは透過性の重要さというのは，それが双方向的であるということである。すなわち，心理学的な事実もまた，他人事に影響を与えるかもしれない。このレヴィンの理論の特徴は，環境心理学者たちに現在の重要な観点の初期の公式的な認識を与えた。つまり，人々は環境の変化に対する動的主体とみなされるべきである。しばしば，われわれは，特定の目的のために使用したい場面を選択することができるし，必要があればその場面を改変することもできる。より大きな規模では，政府や会社や他の組織によって環境の問題における意思決定に影響を与える選択をすることができる。

●●● 第 4 章 ●●●
パーソナリティと環境

　われわれは，自分自身に影響を与える物理的な環境の多くの要素に気づくにつれ，さらに多くの生活空間の外殻を取り込んでいく。この増加した気づきは，われわれすべてが環境的に活発になるということを意味しない。どちらかといえば，われわれの多くは，少なくとも自分自身のテリトリーでは，より活動的になる。また大きなスケールでもより活動的になる。そしてわれわれほとんどは，環境の改善に対するより活動的な行為者となることができる。

　透過性に関してもう1つ示唆されることは，われわれが時として，効果を持つかどうか，またその効果がどの程度かを理解することなく，無意図的に外殻に影響を与えるということである。社会的なレベルにおいては，広範なDDTの使用によって生じたことがその例である。何年間も，われわれは，それが食物連鎖の過程で働き，卵の殻を脆くすることで捕食性の鳥を危険にさらしてきたということを認識しなかった。個人のレベルでは，使用を減らしたり，再利用したり，リサイクルするという決定は，生活空間をはるかに越えて，人々に，組織に，そして物理的環境に影響を与えている。

　レヴィンの理論は非常に単純に見えるが，概念的な力を持っており，心理学において大きな影響を持ってきた。環境心理学においては，それは，生態学的心理学や社会心理学に含まれるいくつかの現代の理論の直接的な基礎である。しかしながら，その理論は，E（心理的環境）とP（物理的環境）との間の違いについての不明確さから批判されてきた[12,13]。レヴィンは客観的な環境と環境に対する人の心理的な表象とを混同している，と批評家が主張している。おそらくこの混乱は，むしろより多くの影響力を理論にもたらした。社会心理学者たちは，社会的そして物理的世界に対する人の認知的な表象としてEを有益にとらえてきた。ある環境心理学者たちは，客観的で物理的な世界としてEを有効に使用した。両方ともに，研究を有益に導いてくれる枠組みとして理論を見てきた。

　多くの応用的または応用的でない研究は，時として直接的であり，時として間接的であったが，レヴィンの考えを基にしてきた。応用的な研究は，しばしばレヴィン自身の概念，すなわちアクションリサーチ——社会的で物理的な状況を変更したり改善したりすることを目指すある方法——を採用する[14]。

　まとめると：パーソナリティは環境心理学の一部である。それは，特性ないしは気質が単に人にのみ関係するものではなく，どのように人が環境と相互に作用し合うのかという観点を含み，また環境の中で個人の行動を予測する手助けとなり，そして，われわれの環境に対する行動傾向を特徴づけ，人−環境の適合性の重要な人側を形成するという理由からである。ヘンリー・マーレーとクルト・レヴィンの初期の重要な公式が，彼らの考えがいまだに影響力があるために紹介された。マーレーのパーソノロジーは，アルファ圧力とベータ圧力という概念（われわれの心理的幸福に影響を与える環境の持つ実際の力と知覚された力）と，内的−外的過程（一連の行動の開始と完了の主観的な説明と客観的な説明）という概念を提唱した。レヴィンの場の理論は，生活空間において人々が環境と活発に相

互に影響しているとみなしたが，有名な公式，B＝f (P, E) という公式を生み出した。物理的環境に関するわれわれの表象と，表象されない物理的環境（外殻）のいくつかの要素が，われわれの行動や経験に影響を与える。レヴィンのアクションリサーチの概念——理論と応用とが融合しているもの——は，今日でも多くの環境心理学者を導いている。

■ 伝統的なパーソナリティの次元

　環境心理学ができたばかりの当時，人－環境のトランスアクションを特に考慮したパーソナリティの測度を開発した人はまだいなかった。個人の気質の研究が環境における行動を理解するのに役立つと考えた人々は，既存のパーソナリティの測度を用いることを強いられた。伝統的なパーソナリティの測度は，環境に関係する行動を予測するためにデザインされてはいなかったが，いくつかのものは有用であった。したがって，環境心理学者たちは，彼らにとって特別な構成概念は含まれていないものの，環境－行動の関連を説明する手助けとするためにそれらを使用した。
　たとえば，ある研究では，6つの野外レクリエーション活動に従事する頻度が，一般的な目的で使用されるパーソナリティテストの得点と関連づけられた[15]。その結果，パーソナリティは，人の野外活動の選択と，ある程度関連するということが示された。もちろん，これらの伝統的な測度は，環境活動の優れた予測変数ではないが，まずまず役割を果たした。
　この節では，環境行動に関しての伝統的なパーソナリティの測度の成果を見ていく。そこでは2つの伝統的な概念である社交性とLOCが大半を占めているが，2，3の別の伝統的な概念も研究されてきた。

外交的 対 遠慮深い パーソナリティ

　伝統的なパーソナリティ理論の基本的な次元の1つは，外向的－内向的，社交的－非社交的，あたたかい－冷たい，といった構成概念でとらえられる。これらの構成概念は同一ではないが，一般的にそれらはすべて，他者といることを楽しまない人とそれを楽しむ人とを区別する。

■社会的空間　社会性は多くの環境に関係する行動，特に人の場所の使用法を予測する。特に，これは好まれる個人間の距離，過密状況への反応，家具配置の好みを含む。
　たいていの研究は，外向的な人々が，内向的な人よりも他者と物理的に近いことを好むということを示す[16]（図4-3参照）。たとえば，外向的な人々は，ロビーやバー，そこはより社会的な相互作用が生じる場所であるが，そこでより多くの時間を過ごす[17]。別の研究では，内向的な教授は，外向的な教授とは異なってオフィス家具を配

●●第4章●●
パーソナリティと環境

図4-3　接近の好まれる例

置することを示している[18]。教員のオフィスは開放的（机が壁から遠くに配置され，教授と訪問者との間の障壁を形成していないとき），もしくは閉鎖的（机が教授と訪問者との間にあるとき）と特徴づけることができるかもしれない。外向的な教授は，しばしば開放的な家具の配置を行った。

　もし，社交性のみが社会的空間の選択に影響を与えるなら，おそらく，類似した結果がいつも見いだされるだろう。しかしながら，少なくとも4つの他の要因もまた，われわれの好みに影響を与える。

1. 社会的要因（今記述された研究における教授のオフィスへの訪問者数といった要因）は，家具配置に影響を与えるだろう[19]。同様に，あなたは，社交的な人がそうでない人よりも人混みを楽しみ，あまり社交的でない人がそうでない人よりも1人を楽しむ，ということを予測するかもしれない。学生寮の居住者の研究においては，高密度な寮に住んでいる外向的な学生は，同様の寮に住んでいる控えめな学生よりもあまりストレスを感じていないということが（予測通り）報告された。しかしながら，2つの集団は（人は外向的な学生がより多くのストレスを経験すると予測するだろう），低密度の寮では同じ量のストレスを経験した[20]。
2. 人口統計上の要因は，パーソナリティと環境行動との関連を緩和する。たとえば，ある研究では，より社交的な人々は，そうでない人よりも家のリビングの同じ単位面積内に大人数で座る傾向があることを見いだしている。彼らはまた，イス（離れて座る）よりはソファやベンチ（近づいて座る）を所有している[21]。しかしながら，これらの知見は，男性よりも女性のほうでよく見られたのである。
3. 行動は単に1つの気質によるのではなく，しばしば多様な気質の結果生じる働きである。この考えを調査した研究では，実験参加者は，部屋の図面にイスを描くように求められ，彼らは18の異なった社会的状況で別の人と快適に話せると感じるイスの場所を位置づけた[22]。一般に，あたたかい人々は，そうでない人よりもイスを

他者の近くに位置づけた。これは，すでに論じられたパーソナリティタイプとの直接的な関連である。しかし，より複雑なパターンもまた明らかになった。より冷たくより野心的な人々は，冷たいが野心的ではない人よりも，明らかに大きな距離を選択した。また，よりあたたかい人の間では，野心的な人もそうでない人も異なった距離を選択しなかった。このように，もしわれわれが，少なくとも，人の2つの気質についての知識を結びつけるならば，ただ1つの気質のみを考えるときよりも，人の好まれる個人間の距離についてよりよい予測を立てることができる。

■**景観，方向感覚，騒音**　外交的な人々が遠慮がちな人々とは違って景観を評価することが，いくつかの証拠により示唆されている[23,24]。ある研究では，他者の援助を必要としている人々は，そうでない人よりも，サンフランシスコ近くの景観を，より穏やかで，美しく，手がかかったものとみなしていた。別の研究では，同じ地域における景観を，外交的な人々は，内向的な人よりもより活動的で多忙なものとして知覚した。これらの研究は，パーソナリティが，あまり明確ではない形で，環境に関係する行動に関連しているということを示している。

もう1つの不明確なパーソナリティ－環境の関連は，外交的－遠慮深いという次元が人の方向感覚と関連するという知見である[25]。社交的な人は，そうでない人よりも，より正確に地理的な方向指示ができるように思われる。このような関連がまったく明確ではないというさらなる証拠としては，研究者は，彼らの方向感覚がどのくらいよいのかを被験者に尋ねたときには，外向的な人と遠慮がちの人との間には違いがなかったことを見いだしている。このように，より効果的に方向感覚を使える人でさえ，彼らがそれ以外の人より優れた能力を持っているということに気づいていないように思われる。

最後に，ユングがその概念を初めて述べたときに彼が予測したように，外向的な人と内向的な人とでは，入力刺激——たとえば騒音のような——に異なる反応をする。仕事のような課題では，神経症的で内向的な人の遂行は，非神経症的で外向的な人よりも，騒音によって悪い影響を受けがちであった[26]。もちろん，実験参加者の神経症的傾向と外向性のいずれが，より重要な要因だったかをこの研究から知ることは難しい。神経症的傾向を要因に含まない別の研究では，外向的な人が周囲の照明が明るいときジェット機からの騒音によって苛立たされた一方で，内向的な人は照明が薄暗いとき騒音によって苛立たされた[27]。

LOC（コントロールの所在）

われわれのうち何人かは，自分の運命に合理的な量のコントロールを及ぼすことができると感じたり，自分の生活が強力な他者もしくは運命によって強く影響を受けていると感じたりする人もいる。コントロールが主に自分の内的なものか外的なものか

第4章
パーソナリティと環境

（内的 対 外的コントロールの所在）というこの信念は，人－環境の関連への明らかなつながりのため，環境に関係する行動との関わりが調査されてきた。

しかしながら，実際たいていのLOC（locus of control）測度は，われわれの生活が，物理的環境よりは，悲運や幸運やチャンスや強力な他者によってコントロールされているという信念に言及している。このように，伝統的なLOC測度は，物理的環境とは概念的に関連がない。それにもかかわらず，伝統的なLOCは環境行動の重要な予測要素となってきた。そのような環境行動としては，社会的空間の使用，環境災害・被害への反応，環境配慮活動，建築様式への好みがある。

■**社会的空間**　内的 対 外的コントロールは，個人間距離の好みや高人口密度への反応に関連している。自分の生活が外的な力によってコントロールされていると信じる人は，より大きな個人間距離を好むようである[28,29]。おそらく，他の人々が彼らのうえにかなりの影響を及ぼすと信じる人々は，その人々が文字通り手が届かないのならばより安全に感じる。

内的な人は，外的な人よりも高密度に対する耐性が明らかに高い[30,31]。高密度で居住する状況においては，知覚的コントロールの欠如が心理的ストレスの増加を引き起こす[32,33]。おそらく内的な人は，より多く，よりよく対処方略を学んでいる。生活生が合理的にコントロール可能であると信じる人は，高密度のような，困難な状況への対処についてより多く，よりよい方法を開発することによって，自然にその信念を維持している。

■**環境災害**　この見解は，内的な人と外的な人の環境の脅威に反応する仕組みに関するいくつかの研究によって支持されている[34]。内的な人は，外的な人よりも，幸運と竜巻の損害にあまり関係がないと思っていた。より重要なことは，実際，内的な人が，外的な人よりもより推奨された準備をしていたことだった。

しかし，ロサンゼルスの居住者が別の危険，たとえば大気汚染にどのように反応するかを調査した研究者にとっては，いつものように人生はもう少し複雑なものになる[35]。今述べた研究から，われわれは，内的な人は，外的な人よりもより予防をすることによってスモッグに対処するであろうということを予想できるだろう。最近ロサンゼルスに移ってきた内的な人の場合はそうであった。彼らはより汚染に反対する態度をとった。しかし，残念なことに，内的な長期居住者は，外的な長期居住者と同じくらい少ししか予防の措置をとらなかった。悲しいことに，順応は内面的な人の反汚染行動を阻むように思われた（図4-4参照）。

■**環境配慮行動**　LOCは責任を伴う環境保護主義と関連がある。一般的に，内的な人ほど環境上の責任ある行動に従事し，そして，政治的な活動家である可能性がある[36-39]。ある研究では，リサイクラー（リサイクルをする人）とノンリサイクラー（リサイクルをしない人）とが比較された。リサイクラーは，明らかに内的な人であった[40]。内的な人は，環境に対する悲観性を測定する尺度では高い得点をとっている

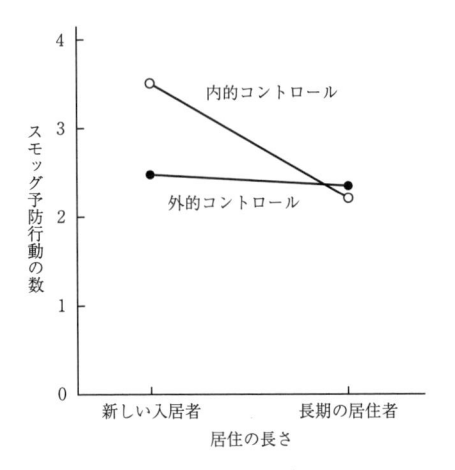

図4-4 人が，その衝撃を減じる行動に従事することによってスモッグに対処するかどうかは，パーソナリティと居住の長さの両方の作用による。ロサンゼルスに移住してきた内的コントロール群は，当初は，新しく移ってきた外的コントロール群よりもスモッグに対処していたが，時間がたつにつれて，彼らの対処行動は外的コントロール群のレベルに近づく。

にもかかわらず，リサイクルをたくさんしていた，すなわち，彼らは，自分たちの努力が環境問題を解決するだろう点で，ノンリサイクラーほど楽観的ではなかった。別の尺度で測ったところ，環境問題が彼らの個人的な責任であるとより強く信じていたため，おそらく内的な人はよりリサイクルをしたのだろう。

LOCと他の要因との間のいくつかの相互作用は，より検討が必要である。たとえば，LOCと反汚染行動に関する別の研究では，内的な人は，外的な人よりも，5つの生態保護活動に，より従事していた[41]（例として，環境保護団体に参加する，ないしは生態学的な問題について政府に手紙を書く）。これは，予測されることである。しかし，研究者が被験者の楽観主義を測定したところ，楽観的で内的な人は，悲観的で内的な人より，活動に従事するということが見いだされた。

LOCと楽観主義との間のこの相互作用は，悲観主義者がよりリサイクルを行うという以前のリサイクラーの研究の結果と対照的である。より多くの調査が，この違いを解決するには必要である。しかしながら，一般に，生活を自分自身である程度コントロールしていると信じている人が，責任を伴う環境保護活動に従事していると結論づけることはできるだろう。

人は自分の生活をコントロールしていると感じないとき，環境と自分自身の両方が脅かされてしまうかもしれない。研究者は，知覚されたコントロールの欠如が，ヴァンダリズム（破壊行為）またはその他の環境破壊行動として発現するフラストレーシ

ョンを引き起こすと考えてきた[42,43]。自己に関することでは，南極で冬を過ごす風変わりな少数の人々の間では，無力に感じる人が不快な環境に適応するのが最も困難だった[44]。

■**建築様式に対する好み**　LOC は建築様式に対する好みにも関連している。研究者は，古典的な建物の様式（ルネサンス様式や1950年代のインターナショナル様式）とロマン主義的な建物の様式（バロック様式や1950年代の自然主義）とを写したスライドを提示した[45]。外的コントロールの傾向にある人では，ロマン主義的な様式の建物を好み，内的コントロールの傾向を持つ人では，古典的な伝統に基づく建物を好んだ。これを説明するために，研究者は，おそらくは内面性はコントロールの行使を意味し，そしてこのコントロールへの好みが，よりコントロールされた様式や環境へ好みにまで及ぶと推測した。多くの建築家が同意するように，古典的な建物様式は多くの直線を含んでおり，流暢にうねった線で特徴づけられるロマン主義的な様式よりも簡素である。

他の伝統的な次元

外交的－遠慮深いという次元や内的－外的な LOC の次元にほとんどの研究が注意を払ってきたが，その他のさまざまな次元もまた調べられている。これらのうちの1つは，自我の強さ，適応，自信，もしくは神経症的状態の欠如といったものとして測定される，心理的健康という用語で表されるかもしれない。心理的健康が良好な人々は，劣悪な住宅から受けるストレスによく耐え[46]，より有益な場面を選択し[47]，より方向感覚に優れていさえする[48]ように思われる。

慣習主義と伝統主義もまた検討されてきた。これは教授が指導する学生の数の影響を受けるものの，教育に対して伝統的な志向を持つ教授は，閉鎖的なオフィス配置にそれを反映させていた[49]。あなたが予測するように，習慣にとらわれない人ほど，習慣にとらわれない場所を選択するし[50]，保守的でない人ほどよりリサイクルをする[51]。

最後に，環境問題に対する個人の認知スタイルの関連が検討されてきた[52]。われわれの思考を記述する1つの方法は，認知的活動の多くを2つの次元で特徴づけられると仮定する[53]。客観的－主観的の次元は，「確実で冷たい事実」への好み 対 その人自身の感情や価値の好みを示す。分析的－包括的の次元は，問題を部分に分割することへの好み 対 その文脈の中での全体として問題を考えることへの好みについてのものである（図4-5参照）。

これらの次元は，4つの認知スタイルを表す象限を形成する。分析的，客観的の両方の傾向を持つ人は，分析的科学者であり，還元主義者的な方法で客観的な事実に焦点を当てる。おそらく，通常の化学者はこのタイプを代表する。システム理論家は，客観的なアプローチを好むが，還元主義者ではなく，相互作用するシステム全体に焦点を当てる。おそらく，たいていの生物学者はこの認知スタイルをとっている。ヒュ

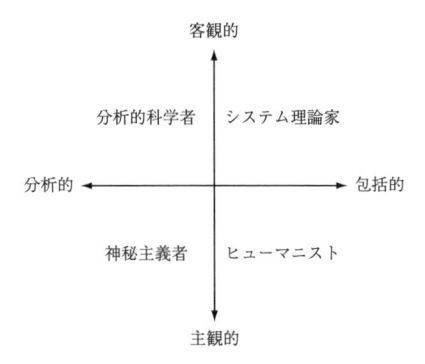

```
                    客観的
                     ↑
                     |
         分析的科学者  | システム理論家
                     |
   分析的 ←―――――――――+―――――――――→ 包括的
                     |
         神秘主義者   | ヒューマニスト
                     |
                     ↓
                    主観的
```

図4-5 認知スタイルの二次元（客観的－主観的，分析的－包括的）は
環境に関する4つの一般的な考え方を記述する。

ーマニストは，主観的で全体論的な用語で思考する傾向がある。この人は，しばしば，真実はそれ自身の意味を持つが，より大きな文脈の中でわれわれの感情や価値も考慮される必要があると主張する異端の科学者である。神秘主義者は，主観的であるが分析的な思考スタイルを好む。彼らの主要な関心事は，他者が取り組んでいる外部の問題に対するその人自身の反応の要素を探求することである。神秘主義者たちは，科学者にはなりそうもなく，おそらくは詩人もしくは精神的な探求者であろう。あなたは，これらの認知スタイルの違う人が，どのように原子力発電や殺虫スプレーについて考えるのかを理解することができるだろうか。

関連する構成概念である認知的複雑性は，どのようにわれわれが環境問題について考えるのかに影響を与える。認知的複雑性とは，単純，具体的，二分法的（良い－悪い，正しい－まちがっている）から複雑までの範囲をもつ，ある問題に関する人の思考法の程度である。それはまた，自己や他者について考慮する，多くの選択肢を評価する，結果について考える，また妥協を受け入れる程度でもある。予想されるように，認知的複雑性が高い人は，より複雑な方法で環境問題についてより考える[54]。彼らは物事の両面を見て，疑問を持ち，すべての妥協案に関心を払い，統合する傾向がある。

パーソナリティと環境

すでに論じたように，パーソナリティと物理的場面は，同時に行動に影響を与える作用をする。より詳しくこのことを示すために，会話への参加の研究について考えてみよう[55]。パーソナリティ（防衛的 対 信じやすい）と着席配置（列 対 半円）のいずれも，単独では参加を予測しなかった。しかしながら，イスが列に配置されたときの防衛的な人の参加と，イスが半円に配置されたときの信じやすい人の参加は有意味に高かった。

明らかに，半円の座席の位置は参加者とそれ以外の人に向き合わせ，まっすぐな列

●●第4章●●
パーソナリティと環境

よりも視覚的な探求がしやすいので，防衛的な人は用心して「口を閉ざす」。これに対して，信じやすい人は，明らかに，列配置での会話の持続を不快であると感じ，半円でのときよりもその場に加わらない。会話への参加を予測するためは，個人のパーソナリティのみならず，座席配置をも知る必要がある。

まとめると；いくつかの伝統的なパーソナリティ測度は，その目的のために開発されたのではないとはいえ，環境に関わる行動の理解に役立ってきた。一般に，外交的な人は，より小さい個人間距離を望み，高密度な状況であってもさほどストレスを感じないようである。彼らは，遠慮がちな人よりも開放的な仕方で家具を配置し，異なって景観を知覚し，よい方向感覚を身につけている。内的コントロールを持つ人もまた，外的コントロールを持つ人よりも小さい個人間距離を望み，高密度状態を受容できる。内面的な人は，他の要因に打ち消されてしまうこともあるが，リサイクルといった環境配慮行動をよく行う。彼らはまた，「コントロールされた」建築を好むだろう。心理的健康と保守性もまた，環境への適切な行動に関連づけられてきた。いくつかの行動は，パーソナリティと物理的環境の合わさった効果によって影響されることが示されている。

環境パーソナリティの次元

パーソナリティ理論の基本的な命題は，研究者は研究対象の行動のために設定された気質を使用すべきであるということである。この命題に従えば，すべての先行研究は不十分なものである。しかし，すでに述べたように，環境心理学の先駆者たちは，パーソナリティと環境の研究に使用するという目的のためにつくられた測度を持っていなかった。このような測度はつくられるべきであるが，それには時間を要する。

目的のために開発された測度は，伝統的な測度より最近のものなので，環境心理学のために特別に開発された測度の研究は豊富とはいえない。いくつかの研究は，新しい測度の信頼性と妥当性を査定することを目的としている。しかしながら，十分な研究が新しい測度の潜在的な使用に特色を与えている。それぞれの構成概念の調査とそれら使用するいくつかの研究を以下に続けよう。

人－モノ志向性

■概　念　　初期のこのような構成概念の1つは，ある個人は主に対象物と環境に注意を向けており，他の者は人々により注意を向けていると仮定する[56,57]（あなたは，環境またはその他の何かに注意を払っていますか？）。この単純な区別は，最初の環境のパーソナリティ次元として適切であるように思われる。しかしながら，人－モノ志向性は，それよりももっと複雑で細かなことである。

この概念の開発者，ブライアン・リトル（Brian Little）は，われわれが2つの方向

づけの各々において高くまたは低くあり，その組み合わせが4つの可能な志向性を生み出すということを提案している[58-60]。これらのうちの2つは，明らかである。人のスペシャリストとモノのスペシャリストは，1つの次元で高いが，別の次元では低い。他の者は人とモノの両方に，顕著な興味を示すゼネラリストと，人とモノのどちらかにもほとんど興味を持っていないスペシャリストではない人たちのことである。これらのタイプのいずれかがその個人をよく特徴づけるのかを知ることで，われわれは，人の行動のいくつか——それは環境に関連する行動も含めた人の行動の一部——を予測することができる。どのタイプが，コンピュータの授業を最も選択するのだろうか。どのタイプが社会心理学の授業を好むのだろうか。どのタイプが，環境心理学の授業に最も向いているのだろうか。

リトルに従えば，人のスペシャリストは，より小さなパーソナルスペースの領域を持ち，会話ではより多くファーストネームを使い，手紙を送る傾向がある。モノのスペシャリストは，コンピュータやコレクションに取り組まないときは，独りでの自然の散策や庭仕事をしたり，趣味やエレクトロニクスや他のものに関する雑誌を読んでいることを好むだろう（図4-6参照）。

ゼネラリストは，人とモノの両方について注意を払うが，情報の過剰負荷の問題を抱えているかもしれない。このタイプの人は，いわゆるコンピュータクラブに属するコンピュータ中毒者の知人（モノのスペシャリスト）と親しくなることが難しいと知ったとき，またソーシャルワークを専攻する友人（人のスペシャリスト）にコンピュータを見せることすらほとんど不可能であるときに，不満を感じるだろう。

スペシャリストではない人たちの範疇にいる人は，もっぱら彼ら自身に関心がある。リトルは，このタイプのよりよい名称は自己の専門家（セルフスペシャリスト）であるかもしれないといっている。これらの人は，彼ら自身の行動を理解し予測するため

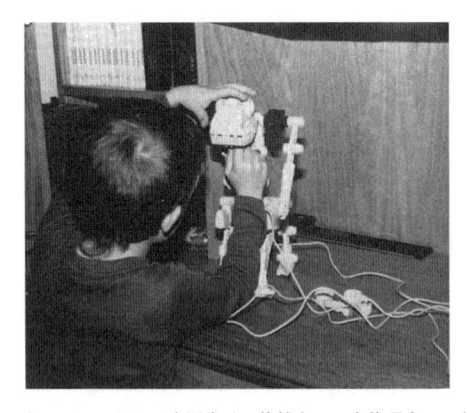

図4-6　たいていのモノの専門家は，複雑なモノを修理することを好む。

第4章
パーソナリティと環境

に、そして彼らの進歩や進歩の欠如についてあなたや他の皆に話をするために多くの時間を使う。そしてそれは他者や環境に割かなければならない時間の量を極めて制限する。

リトルのこれらの構成概念の測度――人－モノの方向づけ尺度と呼ばれる――は質問紙形式をとる。同じ基礎的な構成概念を持つ別の測度は、モノ－認知的複雑性と呼ばれる[61]。パーソナリティの理論家であるジョージ・ケリー（George Kelly）のレパートリーグリッドを用いて、ステファン・フリードマン（Stephen Friedman）は、個人のモノに対する概念の複雑さを査定しようと試みた[62]。モノ－認知的複雑性が高い人は、モノないしは環境を区別したり、モノを分類するのに、多くの異なった方法を持っている。あなたは、コンピュータの100万もの異なったモデルについてあなたに話すことができる人と、ウィンドウズマシンとマックを区別できない人をご存知でしょう。

■**研究結果**　人もしくはモノ（あるいはその両方、もしくはどちらでもない）に特化する気質はわれわれの環境とのトランスアクションとどのように関連しているのだろうか。リトルは、人のスペシャリストが、実際、他の人を区別するためのより多くの構成概念を持っているということを報告している。彼らは、存在する個人の無数のタイプについて豊富な知識を獲得している[63]。モノのスペシャリストは、スコアの低い人と比較して、場所を査定するときに、多くの物理的な構成概念を使用する。

別の研究において、リトルはバークレイの住民に、3つの地方の商業地域を区別する概念をつくり出してほしいと依頼した。ゼネラリストが最も多く考え出したが、人のスペシャリストはより人に志向した構成概念を考え出し、モノのスペシャリストはより物理的な概念を考え出した。これらの結果は、人－モノ志向性尺度がある程度の妥当性を持っていることを示している。個人は、その得点からわれわれが予想するように行動するのである。

別の研究では、多少不明瞭な結果を報告している[64]。ブリティッシュコロンビア州のバンクーバーの居住者が、（6kmの単位で）都市における距離を推定するよう求められた。すべての人は、実際の距離よりも大きく評価する傾向が見られたが、誤差の量に大きな相違があった。ゼネラリストは、8％による過大評価だけであったが、モノのスペシャリストは15％、人のスペシャリストは33％、ノンスペシャリストは45％であった。あなたは、人－モノ志向性の概念に基づいて、これらの結果を説明できるだろうか。

環境パーソナリティ目録

■**概　念**　2つ目の環境のパーソナリティ類型（環境パーソナリティ目録：Environmental Personality Inventory: EPI）が、ジョセフ・ソンネンフェルド（Joseph Sonnenfeld）によってつくり出された[65]。それは、4つの概念を含んでいる。

1．環境への敏感さ：この次元は，知覚された環境の彼らへ影響の量や複雑性を測定する。彼らの家庭環境が，肯定的か否定的か，あるいはそれらに対して中立の意味を持っているかどうかを尋ねられたとき，環境に敏感な個人は，多くの特徴が1つないしは複数の意味を持っていると報告した。
2．環境移動性：人に世界中のある特定の場所を訪れるのがどのくらい好きか，そしてそれぞれの場所がどのくらい危険でエキゾチックであると思っているかを順位づけさせることによって，ソンネンフェルドは個人の移動性を測定している。一般に，より移動性が高い人は，彼らが危険でエキゾチックであると信じている場所を訪れたり，移住しさえすることをたいへん好む。
3．環境のコントロール：この次元は，人がどのくらい，自然災害に関して，環境が彼らをコントロールしていると信じるか，もしくはその逆の関係か，ということを測定する。洪水の場合では，この次元についての違いから，人々は氾濫源を避けることを好んだり，洪水をコントロールしようとしたり，洪水とともに生活することを学んだり，洪水がもたらす興奮と挑戦を肯定したりさえする。
4．環境リスクテイキング：これは，個人がどのくらいリスクを冒し，さまざまな活動を危険か危険ではないかと評価する傾向を測定するものである。岸壁を登り，急流の川を下り，あるいは自動車レースをする人もいれば，これらの活動に決して参加しない人もいる。また，ソンネンフェルドの構成概念は，これらのそして他の多くの活動が危険であるかどうかに関しての個人の信念も含んでいる。したがって，クリスは山に登ることがとても危険であると信じているかもしれないが，毎週末には岩の絶壁を登るし，一方，パットはしばしば山に登るが，それを危険と信じてはいない。リンゼイは，山登りが危険であると信じていてそれを避けているが，ジェイミーは危険を感じてはいないものの決して山に行こうとは考えない。環境のリスク負担は，あなたが一か八かやってみるかどうか，そしてあなたが身の危険を感じさせるものに気づくかどうかということの組み合わせである。

■**研究結果**　ソンネンフェルドは，彼の尺度におけるさまざまな人口統計的差異を報告している[66]。たとえば，年配の人と女性は，環境的リスクテイキングのスコアが低い。危険でエキゾチックな場所は，若い男性によってより好まれていた。エキゾチックと危険な場所は同じように好まれるわけではない。ビジネス，製造業，技術者といった職業の人は，エキゾチックさは好むが危険な行き先は好まなかった。創造的な職種の人はよりエキゾチックな場所を好んだ。医療に関連した人は，おそらくは奇妙にも，より危険な場所を好んだ。都会に住む人（あるいは住みたいと思っている人）は，環境への敏感さで最も高い得点を示したが，大都市で育った人は最も低い得点を示した。環境の敏感さに関する異なった測度を用いた研究者は，環境への敏感さが自己報告された環境配慮行動と強く関連することを見いだした[67,68]。

●●第4章●●
パーソナリティと環境

環境反応目録

■概　念　　今日までの，環境に関係したパーソナリティ測度の最も野心的な試みは，ジョージ・マッキーニーの環境反応目録（Environmental Response Inventory: ERI）であり，それは8つの概念を測定するための尺度を含んでいる[69]。マッキーニーは，ERIを広域型の査定器具と呼んでいるが，それは，物理的環境との日常的な相互作用に関連するほとんどもしくはすべての個人の気質を測定するための試みが初めてなされたことを意味している。

　ここで1つの疑問が生じる。すなわち，どれくらい多くのそうした気質があるのかということである。これまでのところ，環境に関係する行動に特定化したパーソナリティ研究者は，この問いに回答するような包括的な説明理論を持っていない。しかし，このような理論を発展させることは価値ある目的であるだろう[70]。したがって，ERIは今日の他のどんな査定方法よりも多くの概念を含んでいるけれども，それを包括的なものとしてみなすことはできない。しかし，ERIはわれわれが手にしている最も全般的な環境パーソナリティの査定システムである。

　ERIは，複雑で多段階のテスト構成手続きで開発された。多くの作成，調査，評価，尺度の集約やテストの後，以下の8つの概念が考案された。それらは，それぞれ約20問からなる尺度により的確に測定するように考えられたものだった。

1．田園趣味：土地開発に反対したり，オープンスペースを維持したり，自然の影響力を受け入れたり，自給自足を好む傾向。
2．都会主義：高密度の暮らしを楽しんだり，都市生活に見られる変化にとんだ対人的で文化的な刺激を高く評価する傾向。
3．環境順応：人間の欲求や欲望に適した環境の変化を好んだり，開発のコントロールに反対したり，高度に洗練された状況や物体を好む傾向。
4．刺激探究：旅行や探検に興味を持ったり，複雑ないしは激しい物理的感覚を楽しんだり，極めて幅広い関心を持つ傾向。
5．環境への信頼：環境において安全であり，自分の道を見つけることがうまく，新しい場所や1人でいることを恐れない傾向。
6．懐古趣味：歴史的な場所やものを楽しんだり，伝統的なデザインを好ましいと感じたり，他の人より貴重な所有品を集めていたり，初期の生産物を高く評価する傾向。
7．プライバシーへの欲求：1人でいることを必要としたり，隣人に関心がなく，気を散らせる行為を避けたり，孤独を求める傾向。
8．機械への志向性：技術的で機能的なプロセスを楽しんだり，手作業を楽しんだり，ものがどのように作動しているのかについて注意を向ける傾向。

われわれは、これらの次元の中に、初期のシステムとのある種の類似性を見いだすだろう。刺激探求は、ソンネンフェルドの環境移動性と同じである。機械への志向性は、リトルのモノへの方向づけに類似している。しかし、マッキーニーの体系は、いくつかの新しい次元を含んでおり、同一の基本的な教示と器具で同時に測定された概念の組を提供する。より重要なことは、環境心理学者にとっての興味のある次元がどれくらい多く存在するか、そしてどのようにそれらが関連しているのかという疑問に対する最初のとっかかりとなることである。たとえば、マッキーニーの自身の研究から、われわれは、懐古趣味と田園趣味が強く関連している（しかしそれらが重複しているとみなされるほど同じではないが）ことを知り、一方で、環境への信頼と環境順応がまったく関連しないことを知ることができる。最終的には、目標はすべての重要な次元を知ることであり、それらがどのように互いに適合するかを知ることである。

　これまで、われわれは、環境パーソナリティの次元の1つひとつに順番に焦点を当ててきた。マッキーニーの広域型アプローチはもう1つの可能性を広げた。すなわち、個人の気質に関するパターンを査定することである。ある個人のために家や仕事場をデザインするといったような意味を形態化する応用的な仕事のために、その人の環境への傾向の全体像を知ることは、とても価値のあることである。たとえば、マッキーニーは実際に、どのようにERIが、環境保護団体のメンバー、政府の官僚、フィッシングクラブやハンティングクラブのメンバーの間の違い、または学生のプランナー対　プロのプランナーといったような、専門家内の違いを図式に示すことができるかを説明している[71]。8つの、あるいはそれ以上の傾向を考慮することで、決定は複雑になる可能性があるが、比較的単純な仮説の事例を考えてみよう。

　モーガンは、刺激探求と懐古趣味とで非常に高い得点をとり、レスリーは、懐古趣味で非常に高い得点をとり、刺激探求では非常に低い得点をとった。問題を単純にしておくために、両名とも他の尺度では平均点であると仮定する。私は、サファリと山頂の写真で一杯のオフィスにいるモーガンを見るだろう。机には、カリブ海でのダイビングの間に見つけ出した何枚かの古いペソ銀貨がある。隅に本物の鎧一式がある。アンティークな地図のコレクションが、壁一面を満たしている。私はレスリーにもコレクター傾向を示すオフィスで会う。しかしながら、レスリーは切手やコインに没頭している。展示ケースは、オフィスの一角に目立つように置かれている。モーガンオフィスのエレクトリックブルーのカーペットとオレンジ色の壁とは対照的に、レスリーの部屋には茶色のカーペットと、古びた納屋板を張った壁がある。やわらかい照明、ビクトリア調の革張りの家具、初版本が詰まった本棚が、レスリーのオフィスの光景を完全なものにしている。

　ERIは、子どもへの適用がはかられているところに価値がある[72]。ERIを構成する多くの項目が、9歳程度の子どもの活動や関心を反映するように改定され、児童用環境反応目録（Children's Environmental Response Inventory: CERI）になった。それは、

●●第4章●●
パーソナリティと環境

1人ひとりの子どもの傾向を発見し,なぜ彼らがある状況を好むのか,そして嫌うのかを理解し,子どものための環境を計画する手助けをすることを研究者に可能にするに違いない。

もう1つのERIのテーマの改定は,過去ないしは懐古趣味への個人の気質に関する細分化した測度の開発である[73](図4-7参照)。トロントにおける歴史上のそして有史以前の場所の研究において,懐古趣味的なパーソナリティの4つの下位概念が明らかにされた。

保存は,歴史的な建物と考古学的な場所の保存を支援する(ないしは支援しない)傾向である。遺産は,国家のアイデンティティの源として,もしくは現在における決定を有効に導くことのできる教訓の源として,今日において価値がある文化的存在である過去を正当に評価する(もしくは評価しない)傾向である。経験は,再建された開拓者の村を訪れることを望んだり,素敵な古い家に住んだりといった,歴史的または有史以前の場所に関する直接的な経験を望む(もしくは望まない)傾向である。興味は,過去の出来事や場所についてしばしば考えたり懐かしんだりする(もしくはそうしない)傾向である。4つの尺度すべては,懐古趣味と高い相関があるが,これらの下位概念の開発者は,研究者が特に過去や過去の遺物に対する異なった気質の側面に興味を持つときに使用するための道具として,それらを提供している。

■**研究結果**　マッキーニーは,個人が毎日の物理的環境についてどのように考え,それをどのように物理的環境に関連づけるかについての情報を得ることを望む場合も,いかなる研究状況でも有用な,広域型査定道具としてERIを提案した[74]。この目的のために,ERIは,学生や街の居住者がどのようにして大学のキャンパスの中とその周囲の小さな都市にある10の日常的に見かける建物を判断するかを予測するために使われた[75]。実験参加者は,建物のカラースライドを連続して提示され,いくつかの次元

図4-7　好まれる懐古の例

でそれらを評定するよう求められた。

建物は，より新しい－より古い，より大きい－より小さい，より明るい－より暗い，人が写っている建物－人が写っていない建物，という客観的なカテゴリーで分類された。田園愛好家，懐古趣味者，機械志向の実験参加者は，人が現れている写真よりも，人が見えない建物の写真を好んだ。これら3つのパーソナリティのタイプは，人間があまり強調されない活動に対して強い興味を共有することを思い出してほしい。

環境順応を高く評定したものは，より古く，より小さい建物よりも，より大きく，より新しいものを好んだが，懐古主義者は，予想した通り，新しい建物よりはより古いものを好んだ。より一般的なレベルにおいては，参加者は建物を全体として評価した。すなわち，日常的な建築についての彼らの一般的な考えで建物を評価した。環境順応が高い人は，ビルを好み，田園愛好家と懐古主義者はそれらを嫌った。この研究は，ERI が，個人がどんな建物の種類を好みそうなのかを理解するために非常に有望な道具であると結論づけた。

現代の医学教育の問題の1つは，卒業生が田舎の地域より都会に引き寄せられ，結果として，医療サービスが人口とアンバランスになっているということである。ERI が，都市内部，都市部，準都市部，地方のそれぞれで働くことを選択した眼科医の違いを見つけるために使われた[76]。都市よりの地域で居所を定めた人は，都会主義尺度で高い得点を示した。この知見は，2つの意味を持っている。第1に，それは，ERI がある程度の妥当性を持っているということを示す（ERI の都会主義尺度において高い得点を示す人は，一般に都会に住むことを選択する）。第2に，もしも医大が地方への医療サービスの不均等さを是正する準備をすべきならば，ERI が田舎の地域で開業することを好むであろう医大への受験生の同定や選別に使えるかもしれないということを示唆する。

自然への方向づけ

■概　念　　環境パーソナリティを査定するもう1つの測度のセットは，大自然への志向の2つの気質を含む[77]。自然志向尺度は，荒野，森林地帯，キャンプファイヤー，そしてその他の自然が残った場所での野外活動を楽しむ傾向をとらえる。ロマンティックな逃避尺度も自然環境を訪れる傾向を測定するが，動機に違いがある。自然尺度において高い得点を示す人は，森に向かうことを望むが，一方で，ロマンティックに逃避する人は，都会，街の生活から逃げたがっている。

すばやく考えてほしい。あなたが次の言葉を読むときに，最初に思い浮かべる言葉は何だろうか。穴（隠れ家）。私が説明する間，心に浮かんだ言葉を忘れないでほしい。近年は，多くの人が自然に興味を持つので，自然尺度へのある程度の反応は，本当の関心というよりはむしろ，流行の答えであることを反映しているのかもしれない。このため，自然環境への注意単語関連テスト（Natural Environmental Awareness Test:

NEAT）と呼ばれる測度が開発されている[78]。

NEATは，いわゆる「流行」の問題を克服するために非反応的な言語連想的アプローチを使用する。それは，言語連想が，質問紙の項目よりも，人の本当の信念をとらえると仮定されるからである[79]。このように，あなたが思い浮かべた最初の単語が，洞窟，熊，または狼（あるいは別の自然に関連した言葉）であれば，あなたの自然への敏感さに対して1点が与えられる。もしそれが，部屋，学習，または暖炉（もしくは他の構築物に関する言葉）であれば，その時は，あなたの人工的な（非自然的な）敏感さ1点が与えられる。自然への連想か，非自然への連想かのどちらかでも持つことができる75の単語を繰り返して，NEATはその人がどのくらい自然志向なのか，もしくは非自然志向なのかを測定する。

■研究結果　カプラン夫妻（S. Kaplan & R. Kaplan）の自然尺度において異なった得点を持つ人は，単に異なった活動に従事するというだけではなく，異なった理由でそうするのである。たとえば，自然尺度で高得点をとる人は，平和や静けさを得るために，その活動に特有の作業をするために，そして野外の自然環境にいるために，自分の好きな活動を行う[80]。

環境刺激に対する敏感さ

■概　念　環境に敏感な人のうちのある者は，自然にだけではなく，彼らの周辺環境全般に敏感なのだろうか。ある人は，他の人より環境刺激を遮断することができるのか，あるいはあまりできないのか。環境に対する脆弱性に，個人差はあるのか[81]。ある種の環境パーソナリティテストにはこのような違いを測定する機能がある。

それは別々に開発された2つの測度がどのように個人が環境からの入力刺激を処理しているのかを扱っている。アルバート・メーラビアン（Albert Mehrabian）によって開発された刺激遮蔽（stimulus screening）の概念は，異なったパターン（新奇な，複雑な，突然の）を持つ，さまざまな異なった刺激の種類（音，テクスチャー，におい，熱）に対する個人の反応（気づくのが遅い，すばやく適応する）を調べる[82]。その目標は，関係ない刺激に対する個人の自動的な遮蔽を査定することである。スクリーナーとは，関係ない刺激がノンスクリーナーに生じさせる苛立ちを克服することができる人である（図4-8参照）。一般に，スクリーナーは，ノンスクリーナーより覚醒，興奮しにくいと考えられている。

ニール・ウェインシュタイン（Neil Weinstein）によって開発された，騒音感覚尺度は，すぐそばの騒音に対する人の情緒的反応に焦点を当てている[83]。ウェインシュタインは，われわれが騒音に対する最初の反応において異なり，また，継続する騒音に対する順応の能力において異なるという仮定に基づい

> **NEIL WEINSTEIN**
> ニール・ウェインシュタインは，騒音感覚尺度を開発，騒音の効果とラドンガスへの反応を調査している。

図4-8 高刺激環境では，このように，ノンスクリーナーよりもスクリーナーのほうがよく勉強することができる。

てそれを概念化した。騒音に対する敏感さは，物理的環境について批判的かそうでないかということに対する個人のより一般的な傾向と関連しているように思われる[84]。

■**研究結果** これらの刺激に対する敏感さの尺度が，いくつかの環境に関連した行動を予測することが示されている。たとえば，われわれは皆，好みの場所ないしはあまり好みではない場所を持っているが，スクリーナーとノンスクリーナーでは，どのように彼らがそれらの場所に反応するかに違いがある。ノンスクリーナーはスクリーナーよりも，嫌いな場所に入ることに抵抗するように思われる。そしてそこに入った場合には，彼らは，スクリーナーよりも非社交的で非活動的になる[85]。これらの知見は，環境のデザイナーと人の管理者の両方にとって重要な意味を持つように思われる。

スクリーナーの行動に関する別の研究では，異なったデザインの寮に対する居住者の反応を調べている[86]。一般に，長い廊下を持つデザインは，より混雑して見え，行動的な援助の欠如と結びつく。しかしながら，長い廊下を持つ住居に住むスクリーナーは，ノンスクリーナーよりもうまく状況に適応していた。

騒音に対する敏感さに関する研究では，尺度は予測したい反応を予測することができた。たとえば，より騒音に敏感な人は，通常，騒々しい状況では能力を発揮できず[87-89]，より低い騒音レベルを選び[90]，作業中ないしは読書中にあまり音楽を聞かず，近くの道路からの騒音によってより悩まされ，毎日の活動において騒音からの影響や他の刺激の種類に対してより敏感であることが報告されている[91-93]。騒音に敏感な大学生は，大学の学年のはじめには，寮の騒音によってより不快となり，年の終わりにはいっそう気分を害されていた[94]。騒音に敏感な学生はまた，おそらくはその敏感さのために，ずっと学業成績が悪かった。

これらの知見は，驚くべきことではないが，それらは，騒音から悪い経験を受けやすい個人を同定することが可能であり，前もって長期的に計画されるべきであること

●●●第4章●●●
パーソナリティと環境

をまさに示している。騒音に敏感な個人は，明らかに時間がたっても騒音に適応することができないため，彼らの欲求を踏まえた計画は重要である[95,96]。騒音に対する敏感さは客観的な騒音のレベルとは強く関連しない。というのは，ある人は，他の人より，客観的に測定された騒音のレベルにより敏感であるからであり，客観的な騒音のレベルは，健康や睡眠の不満に関連しない一方で，同じ空間においては，騒音への敏感さは健康や睡眠の問題とかなり関連しているからである[97,98]。したがって，計画は単に客観的な騒音のレベルに基づくべきではない。われわれは騒々しい状況の中で，誰が騒音に敏感であるかを特定し，特に彼らのために計画を立てなければならない。

コントロールに関わる環境の気質

■概　念　　すでに述べたように，伝統的な LOC の外的な次元は，物理的環境ではなく，運命，幸運，機会，ないしは強力な他者について扱っている。しかし，物理的環境のある特定の部分へのコントロールは，人々にとって重要であり，環境心理学者は物理的場面における知覚されたコントロールを測定するための特別な尺度を開発してきた。物理的環境の知覚された，実際の，そして望ましいコントロールを超えた特徴はすべて重要である[99]。

これらの新しいコントロールの尺度のうちのいくつかは，特定の環境もしくは目的のためにデザインされている。たとえば，1つはアパートの借家人の知覚的なコントロールの程度を査定する[100]。もう1つのものである環境評価目録（Environmental Appraisal Inventory: EAI）は，環境災害への知覚されたコントロールに焦点を当てている[101]。24の人為的または自然の災害に対して，ある人たちは，それらがよりコントロールされていると感じ，別のものはより無力に感じる。EAI はまた，これら24の災害がその人にとってどのくらい脅威かを測定し，新しい拡大版では，責任感のある人がそれぞれの災害をどのように感じるかを査定する[102]。

コントロールと密接に関連する1つの概念は，ものごとは進歩するという信念，ないしは，個人的にそうすることができないとしても，共同で問題をコントロールすることができるという楽観主義である。環境改善性テストと呼ばれるこのテストは，大気汚染といった特殊なケースのために開発された[103]。

第3の特別化した道具，環境行動内的コントロール指標は，環境配慮行動の文脈における LOC を査定する[104]。それは，その尺度において内的な人が外的な人よりも環境に責任のある活動に従事するだろうということを予測する（そして初期の研究はそれを確認している）。

上記の尺度は，どちらかというと特殊な環境の状況，すなわち，貸借，災害，そしてエコロジカルな行動におけるコントロールを測定する。日常的な場面で知覚されるコントロールを測定するためのより一般的な道具が必要である。このような道具は，現在開発中である[105]。一般的な環境における個人的影響の調査（Survey of Personal

Influence in Common Environments: SPICE）は，3つの日々の物理的場面，つまり家庭，仕事場，学校と，われわれのほとんどすべてがほとんどの時間を過ごす公的な場所（街路や商店といった）に関する多くの要素に対する知覚されたコントロール（とコントロールの重要性）を査定する。

■研究結果　たいていの環境コントロール尺度は非常に新しく，それらは多くの可能性のある目的を持っているが，それらを用いた研究は極めてわずかしかない。しかし，1つの知見は，環境災害に対してコントロールを多く知覚した人はまた，環境を保護することをより行っているということである[106]。

研究は，知覚されたコントロールと実際のコントロールとの間に大きな心理学的な違いがあるかもしれないということを示している。オフィスでの仕事環境において，自分たちで部屋の温度をコントロールしていると知覚していた従業員はより満足していたが，彼らが実際に温度のコントロールをしていたときには，満足度は下がった[107]。明らかに，従業員（そしてわれわれの大半）は，自分たちがコントロールしていると感じることを好ましく思うが，コントロールには労力が必要であり，この労力のコストはわれわれの満足を下げるのである。

まとめると：人－環境の関係のために特別にパーソナリティの次元が構成されたのは，比較的最近である。5群または5種類の次元が開発されてきた。すなわち，人ないしはモノへの志向（あるいはその両方，もしくはどちらでもない），物理的環境への知覚された，もしくは望ましいコントロールへの関心，環境刺激への敏感さ，そして自然への好み，である。環境のパーソナリティ次元の広がりを集めて整理した2つの試みが，環境反応目録（ERI）と環境パーソナリティ目録（EPI）である。パーソナリティ理論は，このような測度が，それらが，特にそのためにつくられた道具であるために，人－環境関係を理解する手助けとなることに関して，伝統的なパーソナリティ測度より有効となることを予測する。

環境デザインにおけるパーソナリティのいくつかの使用法

私は，環境心理学に最も関連があるパーソナリティの側面を査定するための異なったアプローチと，環境に関連する認知や行動とこれらの道具を結びつけるいくつかの研究を，ある程度詳細に記述してきた。おそらく，あなたはまだどのようにこのような知識が使用されるのか，不思議に思っているかもしれない。ケネス・クレイク（Kenneth Craik）は，パーソナリティ査定の効用に関して3つのカテゴリーをあげている。それは記述，比較，予測，である[108]。

記　述

記述は，すでに述べた環境パーソナリティの測度のいずれか，もしくはすべての適

●●●第4章●●●
パーソナリティと環境

切な使用によって達成することができる。それが，ある1人の人を記述するのに使われるのか，ある集団の典型的なメンバーを記述するのに使われるのかにかかわらず，環境のデザイナーは，その人の性質がわかるまで，その人を考慮に入れることはできない。記述は，この空間は誰のためにデザインされるのかという疑問に答える。加えて，疑問は次のように変更できるかもしれない。誰が，建築家，デザイナー，水源の管理者，そして組織の中で空間を割り当てる施設管理者であるのか。彼らのパーソナリティを知ることは，われわれにとって，彼らが環境をどのようにデザインし管理する傾向があるのかを理解するのに役立つ。

比　較

比較は，都市計画家，建築家，デザイナーたちが，個人ないしは集団間の違いを知ることを可能にする。たとえば，典型的なスノーモービル乗りとクロスカントリーのスキーヤーのパーソナリティの違いについての知識は，公園のプランナーが優れた新しい遊戯施設をデザインし，既存の施設に対して効果的な施策をすることを援助するだろう。他の多くの可能な集団の比較が，デザインプロセスの一部になり得る。典型的な学生は，環境に対する傾向の点で，典型的な教授とは異なっているのだろうか。看護師は外科医とは違うのだろうか。患者はその両方と違うのか。それぞれの行動セッティングには，複数の使用者の集団がある。もし彼らの典型的なパーソナリティが異なっていたら，どうなってしまうのか。これらの特定の違いを明確にすることは，デザイナーが，それぞれの集団の欲求により適した場面をつくり出すこと助けるに違いない。

予　測

パーソナリティの知見に関する第3の効用は，予測である。個人差の査定は，ある環境における個人の満足や生産性，または関連の行動の推測をしばしば可能にする。たとえば，ERIが，どの医学部学生が移住するかを予測するために使用されたことを思い起こしてみなさい。環境パーソナリティ測度による予測の他の効用は，本書のこの章全体に示されている。それらは，どのようにして個人が周囲の環境を考え，それらの周りの空間を使用し，資源を管理するかということを理解するために使われるだろう。

要　約

この章は，パーソナリティと環境との間の表面上はありそうもない結びつきについて記述している。なぜ環境心理学者がパーソナリティのことを考えるのかという理由が提示されている。ヘンリー・マーレーとクルト・レヴィンによる古典的な理論が説

175

明された。伝統的なパーソナリティ変数（すなわち，外交的－遠慮深いや，内的－外的なコントロールの所在といったもの）が環境心理学者が関心を持つ行動を説明するのに役に立つことが示された。環境パーソナリティを査定するための6つのシステム，そしてそれらを使用している調査のいくつかを説明した。環境デザインにパーソナリティの査定を使用する方法には，記述，比較，予測がある。ある場面を使用したりコントロールしたりする人の行動傾向を知ることは，占有者と住居環境との間の優れた適合性をデザイナーが生み出すことを助けることができる。個人や集団が鍵となるパーソナリティ次元に関してどのように違うのかを知ることは，多様な人々を対象とする場面がどのように彼らの固有の心理的性質を反映すべきなのかをデザイナーが知るための手助けとなるだろう。個人の環境パーソナリティを知ることは，異なった物理的場面でのその人の満足やそこでの行為遂行をうまく予測することを可能にする。

【引用文献】
1. Jung, C. G. (1921/1971). *Psychological types.* Princeton: Princeton University Press.
2. Guilford, J. P. (1959). *Personality.* New York: McGraw-Hill, p. 5.
3. Allport, G. W. (1961). *Pattern and growth in personality.* New York: Holt, Rinehart and Winston, p. 28.
4. Gormly, J. (1983). Predicting behavior from personality trait scores. *Personality and Social Psychology Bulletin,* **9,** 267-270.
5. McKechnie, G. E. (1974). *ERI Manual: Environmental response inventory.* Berkeley, CA: Consulting Psychologists Press.
6. Veness, A. (1987). Place and personality. *Social Science,* **72,** 29-33.
7. Campbell, C. M. (1934). *Human personality and the environment.* New York: MacMillan.
8. Murray, H. A. (1938). *Explorations in personality.* New York: Oxford University Press.
9. 8, p. 121. 参照
10. 8. 参照
11. Lewin, K. (1951). *Field theory in social science: Selected theoretical papers.* New York: Harper and Row.
12. Allport, G. W. (1955). *Becoming: Basic considerations for a psychology of personality.*
13. Brunswik, E. (1943). Organismic achievement and environmental probability. *Psychological Review,* **50,** 255-272.
14. Sommer, R., & Amick, T. L. (1984). *Action research: Linking research to organizational change.* Davis, CA: Center for Consumer Research, University of California.
15. Driver, B. L., & Knopf, R. C. (1977). Personality, outdoor recreation and expected consequences. *Environment and Behavior,* **9,** 169-193.
16. Altman, I. (1975). *The environment and social behavior: Privacy, personal space, territoriality and crowding.* Monterey, CA: Brooks/Cole, p. 73.
17. Eddy, G. L., & Sinnett, R. (1973). Behavior setting utilization by emotionally disturbed college students. *Journal of Consulting and Clinical Psychology,* **40,** 210-216.
18. McElroy, J. C., Morrow, P. C., & Ackerman, R. J. (1983). Personality and interior office design: Exploring the accuracy of visitor attributions. *Journal of Applied Psychology,* **68,** 541-544.
19. Hensley, W. E. (1982). Professor proxemics: Personality and job demands as factors of faculty office arrangement. *Environment and Behavior,* **14,** 581-591.
20. Miller, S., Rossbach, J., & Munson, R. (1981). Social density and affiliative tendency as determinants of dormitory residential outcomes. *Journal of Applied Social Psychology,* **11,** 356-365.
21. Osborn, D. R. (1988). Personality traits expressed: Interior design as behavior-setting plan. *Personality and Social Psychology Bulletin,* **14,** 368-373.
22. Gifford, R. (1982). Projected interpersonal distance and orientation choices: Personality, sex, and social situation. *Social Psychology Quarterly,* **45,** 145-152.
23. Craik, K. H. (1975). Individual variations in landscape description. In E. H. Zube, R. O. Brush, & J. G. Fabos (Eds.), *Landscape assessment: Values, perceptions and resources.* Stroudsberg, PA: Dowden, Hutchinson and Ross.

第4章
パーソナリティと環境

24. Feimer, N. R. (1981). Personality and sociodemographic variables as sources of variation in environmental perception. In H. M. Proshansky (Chair), *Environmental cognition*. Symposium conducted at the meeting of the American Psychological Association, August. (ERIC Document Reproduction Service No. ED 211 393.)
25. Bryant, K. J. (1982). Personality correlates of sense of direction and geographical orientation. *Journal of Personality and Social Psychology*, **43**, 1318-1324.
26. Eysenck, M. W., & Graydon, J. (1989). Susceptibility to distraction as a function of personality. *Personality and Individual Differences*, **10**, 681-687.
27. Shigehisa, T., & Gunn, W. J. (1979). Annoyance response to recorded aircraft noise: IV: Effect of intensity of illumination in relation to personality. *Journal of Auditory Research*, **19**, 47-58.
28. Duke, M. P., & Nowicki, S., Jr. (1972). A new measure and social learning model for interpersonal distance. *Journal of Experimental Research in Personality*, **6**, 119-132.
29. Heckel, R. V., & Hiers, J. M. (1977). Social distance and locus of control. *Journal of Clinical Psychology*, **33**, 469-474.
30. Sundstrom, E. (1978). Crowding as a sequential process: Review of research on the effects of population density on humans. In A. Baum & Y. M. Epstein (Eds.), *Human response to crowding*. Hillsdale, NJ: Erlbaum.
31. Verbrugge, L. M., & Taylor R. B. (1980). Consequences of population density and size. *Urban Affairs Quarterly*, **16**, 135-160.
32. Ruback, R. B., & Pandey, J. (1991). Crowding, perceived control, and relative power: An analysis of households in India. *Journal of Applied Social Psychology*, **21**, 315-344.
33. Lepore, S. J., Evans, G. W., & Schneider, M. L. (1992). Role of control and social support in explaining the stress of hassles and crowding. *Environment and Behavior*, **24**, 795-811.
34. Sims, J. H., & Baumann, D. D. (1972). The tornado threat: Coping styles of the North and the South. *Science*, **176**, 1386-1391.
35. Evans, G. W., Jacobs, S. V., & Frager, N. B. (1982). Behavioral responses to air pollution. In A. Baum & J. E. Singer (Eds.), *Advances in environmental psychology*. Hillsdale, NJ: Erlbaum.
36. Sia, A. P., Hungerford, H. R., & Tomera, A. N. (1985-86). Selected predictors of responsible environmental behavior: An analysis. *Journal of Environmental Education*, **17**(2), 31-40.
37. Pettus, A. M., & Giles, M. B. (1987). Personality characteristics and environmental attitudes. *Population & Environment: Behavioral & Social Issues*, **9**, 127-137.
38. Huebner, R. B., & Lipsey, M. W. (1981). The relationship of three measures of locus of control to environmental activism. *Basic and Applied Social Psychology*, **2**, 45-58.
39. Tucker, Jr., L. R. (1978). The environmentally concerned citizen: Some correlates. *Environment and Behavior*, **10**, 389-418.
40. Arbuthnot, J. (1977). The roles of attitudinal and personality variables in the prediction of environmental behavior and knowledge. *Environment and Behavior*, **9**, 217-232.
41. Trigg, L. J., Perlman, D., Perry, R. P., & Janisse, M. P. (1976). Anti-pollution behavior: A function of perceived outcome and locus of control. *Environment and Behavior*, **8**, 307-314.
42. Propst, D. B., & Kurtzz, M. E. (1989). Perceived control-reactance: A framework for understanding leisure behavior in natural settings. *Leisure Studies*, **8**, 241-248.
43. Ruback, R. B., & Patniak, R. (1989). Crowding, perceived control, and the destruction of property. *Psychological Studies*, **34**, 1-14.
44. Palinkas, L. A. (1985). *Sociocultural influences on psychosocial adjustment in Antarctica*. US Naval Health Research Center Report No. 85-49, 17.
45. Juhasz, J. B., & Paxson, L. (1978). Personality and preference for architectural style. *Perceptual and Motor Skills*, **47**, 241-242.
46. Salling. M., & Harvey, M. E. (1981). Poverty, personality and sensitivity to residential stressors. *Environment and Behavior*, **13**, 131-163.
47. 17. 参照
48. 25. 参照
49. 19. 参照
50. 17. 参照
51. 40. 参照
52. Miller, A. (1985). Cognitive styles and environmental problem-solving. *Journal of Environmental Studies*, **26**, 21-31.

53. Cotgrove, S. (1982). *Catastrophe or cornucopia*. New York: Wiley.
54. Miller, A. (1982). Environmental problem-solving: Psychosocial factors. *Environmental Management*, 6, 535-541.
55. Gifford, R., & Gallagher, T. M. B. (1985). Sociability: Personality, social context, and physical setting. *Journal of Personality and Social Psychology*, 48, 1015-1023.
56. Cottle, W. C. (1950). A factorial study of the Multiphasic, Strong, Kuder, and Bell inventories using a population of adult males. *Psychometrika*, 15, 25-47.
57. Thurstone, L. L. (1946). Factor analysis and body types. *Psychometrika*, 11, 15-21.
58. Little, B. R. (1968). Factors affecting the use of psychological versus non-psychological constructs on the Rep Test. *Bulletin of the British Psychological Society*, 21, 113.
59. Little, B. R. (1972). Psychological man as scientist, humanist, and specialist. *Journal of Experimental Research in Personality*, 6, 95-118.
60. Little, B. R. (1976). Specialization and the varieties of human experience: Empirical studies within the personality paradigm. In S. Wapner, S. B. Cohen, & B. Kaplan (Eds.), *Experiencing the environment*. New York: Plenum.
61. Friedman, S. (1974). Relationships among cognitive complexity, interpersonal dimension and spatial preferences and propensities. In S. Friedman & J. B. Juhasz (Eds.), *Environments: Notes and selections on objects, spaces and behavior*. Belmont, CA: Wadsworth.
62. Kelly, G. A. (1955). *The psychology of personal constructs*. New York: Norton.
63. 60. 参照
64. 60. 参照
65. Sonnenfeld, J. (1969). Personality and behavior in environment. *Proceedings of the Association of American Geographers*, 1, 136-140.
66. 65. 参照
67. Sivek, D. J., & Hungerford, H. (1989-90). Predictors of responsible behavior in members of three Wisconsin conservation organizations. *Journal of Environmental Education*, 21(2), 35-40
68. 36. 参照
69. 5. 参照
70. Craik, K. H. (1970). Environmental psychology. In T. M. Newcomb (Ed.), *New directions in psychology*. New York: Holt, Rinehart and Winston.
71. McKechnie, G. E. (1977). The environmental response inventory in application. *Environment and Behavior*, 9, 255-276.
72. Bunting, T. E., & Cousins, L. R. (1985). Environmental dispositions among school-age children: A preliminary investigation. *Environment and Behavior*, 17, 725-768.
73. Taylor, S. M., & Konrad, V. A. (1980). Scaling dispositions toward the past. *Environment and Behavior*, 12, 283-307.
74. 5. 参照
75. Gifford, R. (1980). Environmental dispositions and the evaluation of architectural interiors. *Journal of Research in Personality*, 14, 386-399.
76. Kegel-Flom, P. (1976). Identifying the potential rural optometrist. *American Journal of Optometry and Physiological Optics*, 53, 479-482.
77. Kaplan, R. (1977). Patterns of environmental preference. *Environment and Behavior*, 9, 195-215.
78. Born, T. J., & Wieters, N. E. (1978). Non-reactive measurement of orientation toward the natural environment. *Journal of Environmental Education*, 10(1), 41-43.
79. 78. 参照
80. 77. 参照
81. Iwata, O. (1986). The relationship of personality to environmental vulnerability and proenvironmental orientation. *Progress in Experimental Personality Research*, 14, 165-203.
82. Mehrabian, A. (1976). *Manual for the questionnaire measure of Stimulus Screening and Arousability*. Unpublished manuscript, University of California at Los Angeles.
83. Weinstein, N. D. (1978). Individual differences in reactions to noise: A longitudinal study in a college dormitory. *Journal of Applied Psychology*, 63, 458-466.
84. Weinstein, N. D. (1980). Individual differences in critical tendencies and noise annoyance. *Journal of Sound and Vibration*, 68, 241-248.
85. Mehrabian, A. (1978). Characteristic individual reactions to preferred and unpreferred environments. *Journal of Personality*, 46, 717-731.

●●第 4 章●●
パーソナリティと環境

86. Baum, A., Calesnick, L. E., Davis, G. E., & Gatchel, R. J. (1982). Individual differences in coping with crowding: Stimulus screening and social overload. *Journal of Personality and Social Psychology*, 43, 821-830.
87. Bhatia, P., & Muhar, I. (1988). Noise sensitivity and mental efficiency. *Psychologia: An International Journal of Psychology in the Orient*, 31, 163-169.
88. Jelinkova, Z., Picek, M., & Hyncica, V. (1988). Psychophysiological factors determining responses to noise load. 2nd European International Association for Interdisciplinary Study of Higher Nervous Functions Conference. *Activitas Nervosa Superior*, 30, 146-147.
89. Dornic, S., Laaksonen, T., & Ekehammer, B. (1990). Noise sensitivity: General self-report versus noise effect in laboratory situations. *Reports from the Department of Psychology*, No. 716.
90. 89. 参照
91. Matsumura, Y., & Rylander, R. (1991). Noise sensitivity and road traffic annoyance in a population sample. *Journal of Sound and Vibration*, 151, 415-419.
92. 84. 参照
93. Stansfeld, S. A., Clark, C. R., Jenkins, L. M., & Tarnopolsky, A. (1985). Sensitivity to noise in a community sample: I. Measurement of psychiatric disorder and personality. *Psychological Medicine*, 15, 243-254.
94. 83. 参照
95. 87. 参照
96. Weinstein, N. D. (1982). Community noise problems: Evidence against adaptation. *Journal of Environmental Psychology*, 2, 99-108.
97. Topf, M. (1985). Personal and environmental predictors of patient disturbance due to hospital noise. *Journal of Applied Psychology*, 70, 22-28.
98. Nivison, M. E., & Endresen, I. M. (1993). An analysis of relationships among environmental noise, annoyance and sensitivity to noise, and the consequences for health and sleep. *Journal of Behavioral Medicine*, 16, 257-276.
99. Jorgensen, D. O. (1978). Measurement of desire for control of the physical environment. *Psychological Reports*, 42, 603-608.
100. LeBrasseur, R., Blackford, K., & Whissell, C. (1988). The Leford Test of Tenant Locus of Control: Introducing an effective measure relating locus of control and housing satisfaction. *Environment and Behavior*, 20, 300-319.
101. Schmidt, F. N., & Gifford, R. (1989). A dispositional approach to hazard perception: Preliminary development of the Environmental Appraisal Inventory. *Journal of Environmental Psychology*, 9, 57-67.
102. Fridgen, C. (1994). Human disposition toward hazards: Testing the Environmental Appraisal Inventory. *Journal of Environmental Psychology*, 14, 101-111.
103. Levenson, H. (1973). Perception of environmental modifiability and involvement in antipollution activities. *Journal of Psychology*, 84, 237-239.
104. Smith-Sebasto, N. J, (1992). Design, development, and validation of an instrument to assess the relationship between locus-of-control of reinforcement and environmentally responsible behavior in university undergraduate students. *Dissertation Abstracts International*, 53(6-A), 1736.
105. Eso, S., & Gifford, R. (1994). *Survey of personal influence in common environments*. In preparation, Department of Psychology, University of Victoria.
106. 102. 参照
107. Paciuk, M. T. (1990). The role of personal control of the environment in thermal comfort and satisfaction at the workplace. *Dissertation Abstracts International*, 50(8-A), 2276.
108. Craik, K. H. (1976). The personality research paradigm in environmental psychology. In S. Wapner, S. B. Cohen, & B. Kaplan (Eds.), *Experiencing the environment*. New York: Plenum.

【参考図書】

Craik, K. H. (1976). The personality research paradigm in environmental psychology. In S. Wapner, S. B. Cohen, & B. Kaplan (Eds.), *Experiencing the environment*. New York: Plenum.
Fridgen, C. (1994). Human disposition toward hazards: Testing the Environmental Appraisal Inventory. *Journal of Environmental Psychology*, 14, 101-111.
Little, B. R. (1987). Personality and environment. In D. Stokols & I. Altman (Eds.), *Handbook of environmental psychology*. New York: Wiley.
McKechnie, G. E. (1977). The environmental response inventory in application. *Environment and Behavior*, 9, 255-276.

第5章 パーソナルスペース

□パーソナルスペースとは何か
　基本的な定義
　3側面からの詳細な検討
　意識と選択
□パーソナルスペースの測定
　シミュレーション法
　停止距離法
　自然状態での観察
□パーソナルスペースへの影響要因
　個人的な影響
　社会的な影響
　物理的な影響
　文化，民族，宗教，法律による違い
□パーソナルスペースと人間の行動
　逃避行動と感情
　魅力
　覚醒
　社会的な影響
　推論と印象の形成
　他者を助ける場合
　小集団で仕事をする場合
□パーソナルスペースの理論
　パーソナルスペースの習得：社会的学習理論
　親和－対立理論
□パーソナルスペースと環境デザイン
　ソシオペタルおよびソシオフーガル配置
　図書館
　レストランおよびバー
　カウンセリング場面

見えない境界線の位置を知る最もよい方法は，文句を言われるまで，近づいてみることである。
──ロバート・ソマー（Robert Sommer）[1]

> 図書館の閲覧用の個室で何時間も続けて勉強したので，トムは気晴らしに映画を見に行くことにした。映画館に着いてみると，長い行列ができていた。彼の後ろの人があまりにも近づいて並んだので，トムは不快に感じ，いらいらした。
> 街の向こう側から，ジェーンは友人にある留学生を紹介された。彼は楽しい人のようだったが，なぜか彼女にとても近づいて立つので，彼女は困惑し，もっと離れたいと思った。彼女は離れようとしたが，彼を厚かましく感じ，30分ほどの会話の周中，追いつめられているように感じた。
> 映画が終わり，歩いて帰る途中にトムはジェーンの知人のマルタにばったり出会った。彼女は彼も試合の打ち上げパーティーに来るべきよ，と強く誘った。トムはロマンティックな意味で彼女に興味はなかったが，パーティーはおもしろいかもしれないと思い，行くことにした。会場に向かって歩いていく途中，マルタは突然トムの腕をとり，2人の肩と肩が触れ合った。トムはこの様子を友だちが誰も見ませんようにと思った。

パーソナルスペースを説明する最もよい方法は，ジェーンやトムが直面したように誰かと近づきすぎた状況にあなた自身が置かれた場面を想像してもらうことだろう。ほとんどの場合，他の人との間の距離が不快でないとき，あなたはパーソナルスペースには気づきもしないものだ。

この章では環境心理学において，最も広く研究されている領域について取り扱う。パーソナルスペースに関する研究は，1,300以上が報告されている。パーソナルスペースは，隠れた，静かな，見えない，しかし誰もが持っていて毎日利用しているものだと記述されてきた。もしあなたがパーソナルスペースについてこれまで一度も考えたことがないなら，この章はあなた自身と他者の関係についてあなたの考え方を変えるかもしれない。

パーソナルスペースとは何か

基本的な定義

パーソナルスペースの単純な定義は，ロバート・ソマーによってかつて提案されたものである。すなわち「パーソナルスペースは，人間の体のまわりをとりまく見えない境界を持つ他人に侵入されたくない領域のことである」[2]。

しかし，環境心理学において，単純なものはほとんどない。パーソナルスペースのこの「泡」のようなイメージにも，以下のように疑問が投げかけられた[3]。第1に，こ

●●●第5章●●●
パーソナルスペース

の定義からはパーソナルスペースは変化しないもののように見えるが，実際には状況に応じて伸び縮みする。第2に，それは「個人の」ではなく「対人的な」ものである。パーソナルスペースは，われわれが他者と関わる場合にのみ存在するものだ。第3に，この定義は距離を強調しすぎており，接近方向や視線といった，密接な関係を持つはずの社会的な相互関係が除外されている。第4に，この定義はパーソナルスペースが二者択一現象（侵入されているか否か）であることを示唆しているが，侵入はある境界を境に感じられるというよりも，もっと段階的に感じられるものである[4]。

> **ROBERT SOMMER**
> ロバート・ソマーは，パーソナルスペース，社会的デザイン（下巻15章を参照のこと），そしていろいろな多くの行動場面の研究の創始者である。

　そこで，私はパーソナルスペースを対人関係における空間的な要素，つまり相互に関係し合う人と人の間の距離と位置関係（横に並んでいるか，向き合っているかなど）として定義しようと思う。

3側面からの詳細な検討

　先に述べた簡潔な定義は，この章でこれから論じていく数々の重要な意味を含んでいる。それらの意味を説明するためにパーソナルスペースの3つの側面を取り上げる。

■**個人の，持ち運び可能ななわばり**　テリトリー（なわばり）はその中への進入がコントロールされている場所のことである。そこへは，進入を許される人と許されない人が存在する。パーソナルスペースがその他の多くのテリトリーと異なる点は，持ち運びが可能であるという点である。立っていようが座っていようが，人は常にパーソナルスペースによって取り囲まれている。しかし，このテリトリーの境界は，土地所有の境界線のようなはっきりしたものではなく，ゆるやかな境界である（図5-1）。この個人のテリトリーへの許可なしの侵入には，偶然の場合（前をよく見ていない人があなたにぶつかってくる場合など）と故意（強盗に襲われる場合など）の両方がある。認められる侵入もあり得る（お母さんがあなたの肩を抱くなど）。

■**間のとり方の構造**　ある種の鳥や動物は，その種に特有の個体間距離を保つことが以前より知られている[5,6]（図5-2）。このことは生物学的な意味を持っており，その距離によって餌集めや繁殖といった基本

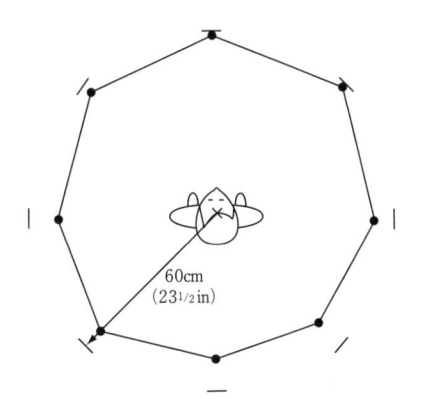

図5-1　パーソナルスペースの形態
線は，学生に若い男性の研究者が，不快であると言われるまで接近したときの，学生の体からの平均距離を示している。

60cm
($23^{1/2}$in)

図5-2 パーソナルスペースの研究は，動物と人間のどちらもが一定の個体間距離を用いていることの観察に始まっている。

的な行為がうまく調節されている。特定の時期におけるある種，たとえば繁殖期のアシカでは，パーソナルスペースはほとんどゼロに等しい。一方，ツンドラに住むオオカミなどでは，パーソナルスペースは非常に大きいものである。

■**意思伝達の手段**　パーソナルスペースは意思を発信する手段の1つになっている。パーソナルスペースの先駆的研究者であるエドワード・ホール（Edward Hall）が示したように，ある2人の人の間の対人距離は互いにとって，また周囲の人にとって，その2人の関係を非常によく示すものである[7]。たとえば，腕を組んで散策しているカップルを見たことがあるだろう。われわれの文化では，そこから読み取れるメッセージは，この2人はまちがいなく恋人同士だというものだ。

ホールは対人距離を8つに分類した[8]（図5-3）。それぞれの分類は，その2人について微妙に異なる感覚的情報を示すとともに，微妙に異なる2人の関係を示している。8つの距離分類は，それぞれが近接相と遠方相からなる4つの主要な距離分類により構成される（訳注：ホールによる対人距離は，密接距離・個体距離・社会距離・公衆距離と訳されてきたが，ここでは表現を変えている）。

1．親密距離（intimate distance）：近接相（0〜15 cm）は，なぐさめる，まもる，求愛する，格闘する，その他の接触を伴う行為のための距離である。この距離において行動している人は，親密な関係であるか，ある厳格に定められた規則に従って行動しているか（たとえば，レスリング），または相手に反対する強い感情を表している（たとえば，激高して審判に猛抗議している野球監督）。

　遠方相（15〜45 cm）は，非常に近しい間柄の人々によって使われる（ちなみに，英語には対人距離についての関係状態を表現する言葉，たとえば，close, in touch, distantなどがいかに多いかということに注意してほしい）。この距離における典型

●●第5章●●
パーソナルスペース

親密距離
近接相：0－15 cm（0－6インチ）
遠方相：15－45 cm（6－18インチ）

私的距離
近接相：45－75 cm（18－30インチ）
遠方相：75－120 cm（2 1/2－4フィート）

社交的距離
近接相：120－200 cm（4－7フィート）
遠方相：200－350 cm（7－12フィート）

公共的距離
近接相：350－700 cm（12－25フィート）
遠方相：700 cm以上（25フィート）

図5-3　エドワード・ホールが最初に，2人の個人の間の社会的関係を基にした，4つの主要な対人間距離帯に関して説明をした。

的な行為はささやきかけである。一般に，この距離で行動している人々は非常に仲のよい友人同士である。

2．私的距離（personal distance）：近接相（45〜75 cm）は，互いによく知っていて，よい関係にある人同士の距離である。よき友人同士，あるいは幸せなカップルはこの距離で会話をするだろう。ホールは，あなたの配偶者がこの距離まであなたに近づいても知人たちは気づきもしないだろうが，別の異性があなたにこの距離まで近づいたとしたら，それはまったく違う話となる，といっている[9]。

　遠方相（75〜120 cm）は，友人同士や知人同士の会話のために使われる。顔見知りだが親友というほどではない，あなたのクラスメート同士が廊下でしゃべっているのを見かけたとしたら，私的距離の遠方相にあたる距離に立っている可能性が高い。

3．社交的距離（social distance）：名称とはやや異なるが，この距離域では，知らない人同士の会話や仕事上のやりとりが行われることが多い。近接相（1.2〜2 m）は，ルームメートに母親を紹介されるような場面や，ステレオを買うような場面で選択されるような距離である。

　遠方相（2〜3.5 m）で典型的なのは，もう少し正式な仕事上のやりとりである。ホールはこれを「仕事上の距離」と呼ぶべきだったかもしれない。ここには特に友好的な感じも，いや友好的にしようとする感じさえもほとんどないからだ。この相

互関係行動としては，2つの組織の代表者による会合という場面が最もぴったりくる。たとえば，あなたのルームメートの母親が所有する会社がステレオ販売店の所有権を買い取ろうとしているとき，彼女とステレオ店員の上司はこの距離で交渉するだろう。

4．公共的距離（public distance）：この距離域は2人の人が会話をする場合よりも，話し手と複数の聴衆という関係で使われる。近接相（3.5～7m）は，たとえば，座って話すにはクラスが大きくなりすぎたと感じられたときに，教室で講師によって使われるような距離である。30人～40人のグループに対して話をするときの，話し手と聞き手の平均的な距離はこの距離域に入ると思われる。

　遠方相（7m以上）は，普通の人間が重要人物に会うときに使われる。もしあなたが国家元首に正式に紹介されるとしたら，あなたはこのくらいの距離でいったん近づくのをやめるだろう。この距離では普通に会話をすることは容易ではないので，あなた方2人の間でコミュニケーションが行われるとすれば，その重要人物はもっと近づくようあなたを手招きするに違いない。

　パーソナルスペースに関する3つの概念，すなわち，なわばり，間のとり方の構造，意思伝達の手段は互いに補完的である。この章の後のほうでパーソナルスペースの理論について探る際に，それらのほとんどがこれら3つの基本的な要素に基づいていることがわかるだろう。

意識と選択

　あなたはこの本でパーソナルスペースについて読む前からそれについて知っていただろうか。確かにあなたはホールのいうような距離を使っているはずだ。あなたが他者からとる間はでたらめではない。実際には，あなたは他のさまざまな要因も考慮に入れて，ホールの分類で提案されているよりもずっと細かく距離を選択している。しかしこの章の最初の部分を読む前からあなたが行ってきたこれらの行動的選択に気づいていただろうか。老賢者がかつていったように，バスケットボールを正確にシュートするために物理学の法則を知っている必要はないのである。同様に，われわれのほとんどはパーソナルスペースを毎日のようにある規則に従って使っているのに，それらの規則と距離のとり方の過程についてはあまり意識していない。

　パーソナルスペースを規定している規則は習得されるものである。子どもたちは徐々にそれらを学んでいく。いったんその規則を十分に学んでしまうと，もはや瞬間ごとの認知過程で規則を意識する必要はなくなってしまう。しかし，ひとたびパーソナルスペースの規則が破られると否定的な感覚が生じるだろう。まず第1に，当然のことだが，他の誰かの位置が近すぎたり遠すぎたりすると，われわれは快適でないと感じる。経験的にも[10]実験的な証拠からも[11]，他者が近くに接近しすぎると，第2の否定

●●第5章●●
パーソナルスペース

的な感覚が生じる。この好ましくない気配は彼らのせいだ，と。そしてわれわれは近づいてきた他者について，その人が実際にそうであるかどうかとは関係なく，ずうずうしく，失礼で，冷たい，あるいは攻撃的であると結論づける。

パーソナルスペースについての意識にはもう1つ別の次元がある。これまでのパーソナルスペースに関する記述はすべて客観的な距離に関するものであったことに注意してほしい。環境心理学者はこれらの距離を第三者として見晴らしのきく位置から測定している。しかしパーソナルスペースが実際に路上や廊下あるいはオフィスで使われる際には，それは知覚された対人距離に基づくのであって，客観的な距離に基づくわけではない。パーソナルスペースは主観的な体験でもある。長年にわたって，パーソナルスペースに関する文献の影響力のあるレビューにおいて，パーソナルスペースの認知的な側面への研究の必要性が訴えられてきた[12,13]。パーソナルスペースに関する実験は何百とあるが，パーソナルスペースの体験について検討したものはほんの一握りである。

1つの見方として，パーソナルスペースには2種類あるというものがある[14]。アルファ（α）・パーソナルスペースは客観的なものであり，外部から測定可能な互いに相互関係行動を行う個人間の距離と角度である。ベータ（β）・パーソナルスペースは距離のとり方についての主観的な体験である。他のすべての体験と同様，これは間接的にしか測定できない。ベータ・パーソナルスペースは社会的遭遇における距離と向きに関する個人的な感覚である。

ベータ・パーソナルスペースを調べる1つの方法は，通常の対人距離にいる人に，自分と他者の距離について評価するよう求めることである。ある研究では，自分と他者の間の知覚された距離として測定されたベータ・パーソナルスペースは，実際の対人距離であるアルファ・パーソナルスペースよりも24％大きかった[15]。通常の社会的な対人行動において，われわれは，実際よりも他者から離れていると信じているようだ。

さらに，ベータ・パーソナルスペースについての非対称な効果が示された。われわれは一般に他者は実際よりも自分に近いと知覚する（「トムはあなたからどれくらい離れているか？」と聞かれた場合）。一方，われわれは自分は実際よりも他者から離れていると知覚する（「あなたはトムからどれくらい離れているか？」と聞かれた場合）[16]。明らかに，われわれは，自分たちが他者のスペースを占めるよりも，他者が自分たちのスペースをより多く占めていると考えがちなのである。この非対称性は，周囲に他者が少なく，その時に自己を強く意識していない場合にのみ逆になる（他者が自分たちのスペースを占めるよりも，自分たちが他者のスペースをより多く占めていると考える）[17]。

まとめると：パーソナルスペースとは社会的な相互関係行動において選択される対人距離と位置関係によって決まるものである。パーソナルスペースはなわばり意識，距離のとり方，そしてコミュニケーションという要素を含んでいる。アルファ・パーソナルスペースは相互関係行動における個人間の客観的な距離であり，ベータ・パーソナルスペースはわれわれのその距離に関する体験である。

パーソナルスペースの測定

　パーソナルスペースを測定する方法は，さまざまな応用形があるものの，大別すれば3つになる。各方法には，測定の容易さ，さまざまな理論に見られるパーソナルスペースの鍵となる諸次元に対する有効性，測定の信頼性や妥当性について，それぞれ長所・短所がある。

シミュレーション法

　シミュレーション法とは，小さなフェルトの人形をフェルトのボード上に置くか，あるいは紙の上にマークをつけるというものである。シミュレーション法はパーソナルスペース研究の初期には広く用いられたが，いくつかの限界があるためにほとんど使われなくなってきた。4つの限界を以下に示す。(1)パーソナルスペースが測定されるときに人と人の関係が現実でない，(2)以前の(実際の)経験から距離を記憶していなければならない，(3)距離スケールを変換(縮尺)しなくてはならない（正確に変換できるとは限らない），(4)距離の決め方について意識された状態で行われる（通常の場面では意識されない）。シミュレーション法はパーソナルスペースの認知的側面を測定しているとはいえ，ベータ・パーソナルスペースの測定には有用かもしれないが，アルファ・パーソナルスペースについては有効ではない。次に述べる手法にはこれらの限界はほとんどなく，アルファ・パーソナルスペースの測定には特に向いている。

停止距離法

　アルファ・パーソナルスペースのもっと実際的な測定を目指す研究者たちには，停止距離法（stop-distance method）がよく用いられてきた。この方法は通常，実験室環境で行われるが，人と人の間の関係は現実のものである。被験者は通常まず離れた位置に立つよう指示され，次に実験者に向かってゆっくり歩き，不快に感じた地点で止まるように求められる。時には実験者が被験者に近づいていき，被験者が不快に感じたときに実験者を止めるという方法がとられることもある。これらの結果得られた対人距離が，アルファ・パーソナルスペースの測定値とされる。これらの手順は異なる方向からの接近について繰り返されることもあるが，たいていの場合は実験者と被験

者が測定の間，向かい合った状態で行われる。

　停止距離法は非常に再現性が高い。パーソナルスペースの測定を繰り返し行っても毎回同じような距離が得られるといってよい[18]。では，その妥当性はどうだろうか。シミュレーション法の2つの欠点（アルファ・パーソナルスペースの測定法として見た場合の）は停止距離法では解消されている。被験者は記憶に頼る必要がなく，パーソナルスペースの距離の縮尺を縮めることも求められない。しかし，明らかにあと1つの欠点が残っている。それは被験者が距離を決める過程を強く意識しているということである。

　意識の有無が問題になるかどうかについて多少の議論がある。たとえ被験者が距離の決め方の過程を意識しているときの測定値が，意識していないときの値と異なるとしても，その両者に対する他の要因（性別の違いや面識の程度など）の与える影響はほぼ同じである[19]。しかしながら，すべての要因において，影響は同じではないかもしれない[20]。

　この問題は被験者が意識することを避けるような停止距離法を工夫することができれば解決する。最近，以下のような簡潔な方法で，これが実現された。部屋に入り，ドアのところにいる被験者は，離れたところにいる実験者にこう指示される（この実験がパーソナルスペースについてのものだということを知らないままで）。「さあこちらへ来てください。始めましょう」[21]。被験者が近づいて好きなところで止まれば，シミュレーション法における3つの問題点をすべて解決した測定が可能となる。物理的な距離は特殊な感圧式のフロアマットにより測定することもできるだろう[22]。

自然状態での観察

　ここまで読んであなたは，次のような疑問を感じているのではないだろうか。なぜパーソナルスペースを研究するのに，つくられた場面ではなく，単に現実の状態において人と人の間の距離を測らないのか，そうすれば3つの問題点すべてを解消することができるのではないか，と。確かにそうかもしれないが，自然な状態での観察があまり行われない別の理由が3つある。まず，事前の同意なく人々の行動を測るのは非倫理的だと考える環境心理学者たちがいるということがあげられる。この点についてはデータを使用することについて後から同意を得ることで解決できるが，他にも問題がある。

　もう1つの決定的な問題は，自然な状態で測定する場合，多くのコントロールできない変数の影響を受けるということである。たとえば，公園においてそこにいる2人組のパーソナルスペースを測ったとすると，おそらく，それら2人組にはさまざまなレベルの友人関係，会話内容，社会的な役割やパーソナリティの組み合わせが含まれているだろう。これらの変数について各人の状態が不明であれば，なぜある2人は大きな対人距離を保って立ち，他の2人は小さな対人距離で立っているのかを説明する

ことは困難であろう。自然な状態での測定における問題点は，パーソナルスペースそのものの大きさの決定よりも，個々のパーソナルスペースの違いの原因を特定することが難しい点であり，しかも原因の特定はたいていの研究における主目的である。

　第3に，測定それ自身が技巧を要する。2人の人の間の対人距離を遠くから単に推定するのはどうだろうか。とても正確とはいえないだろう。何気なく近づいていって，動かないように頼み，胸と胸の間を巻き尺で測るのはどうか。もしあなたがこれができるほど大胆だったとしても，おそらくあなたの狙った人は振り向いて位置を変えてしまうだろう。いや，むしろ1，2歩下がるか，この明らかに頭のおかしな乱入者から逃げ出すかもしれない。2人組の写真を撮って，写真から距離を推定しようとすることはできるが，写真上の距離を実際の距離に換算するのは技術的にも非常に困難である。会話をしている2人を真横から撮影できなければ，なおさら難しい。これらの問題点は解決できないものではないともいえるが，常に解決できるものではないし，容易でもない。このようなわけでシミュレーション法と停止距離法が，自然な状態の観察法よりもよく使われるのである。

　まとめると：パーソナルスペースは，シミュレーション法，停止距離法，自然状態での観察によって測定されてきた。シミュレーション法には欠陥があるが，アルファ・パーソナルスペースでなく，ベータ・パーソナルスペースの研究には適用できるかもしれない。停止距離法は，これを応用すれば，シミュレーション法の欠陥を解消することができる。自然状態での観察は技術的に難しく，たいていの場合の調査者は個々のパーソナルスペースの違いについての原因を推定することが困難である。研究者は，それぞれの方法の長所と短所，方法の選択に伴う理論的背景との関係，実際の測定に付随する落とし穴に十分に注意しなくてはならない。

パーソナルスペースへの影響要因

　パーソナルスペースとは何の大きさなのだろうか。この素朴な問いは，1959年に人間のパーソナルスペースに関する最初の研究がロバート・ソマーによって発表されて以来，多くの研究において着目されている点である。おそらく予想できるだろうが，パーソナルスペースの大きさに関する簡潔で全体的な結論は，「それは状況による」というものである。パーソナルスペースに影響する状況は以下の4つに大別される。すなわち，個人的要素，社会的要素，物理的要素，そして文化的要素である。

個人的な影響

　パーソナルスペースは，1つには，各個人が状況に応じて持つ特徴，たとえば性別（ジェンダー），パーソナリティ，精神状態，年齢といったものによって決まるもの

である。これらの特徴のそれぞれはパーソナルスペースに重要な役割を果たしているが，現実の生活においては，人からの距離を決める過程は他の（社会的，物理的，文化的なものを含む）多くの要因が同時に影響していることを忘れてはならない。

■**性別（ジェンダー）**　一般に，男性と男性の組み合わせが最も大きな距離を保ち[23-27]，次に女性と女性の組み合わせ，そして男性と女性の組み合わせの順である[28,29]。しかし，さまざまな場合を見いだすことができる[30,31]。その理由の1つの可能性は，パーソナルスペースにおける性別の違いは，生物学的な違いというよりも，男性と女性の人間社会における違いによるものであるためと考えることができる。しつけやその他の社会的・文化的影響によって，男性が女性よりももっと親密につきあうことさえあるかもしれない。たとえば，性別，人種，年齢に同時に着目した研究において，性別は人種，年齢そして相手の性別との相互関連においてのみパーソナルスペースに影響し，それ自身が影響するのではないことがわかった[32]。

　遊んでいる子どもたちを対象にした研究では，男の子たちと女の子たちが一緒に遊んでいる場合，女の子たちは，女の子たちだけで遊んでいるときよりも大人たちの近くにとどまることが示された[33]。男性と女性の組み合わせでは，その2人が初対面の場合，恋人同士である場合よりもずっと大きな間をとることがある。このように，性別は単独では，他の要素と同様，単純にパーソナルスペースの強力な規定要因とはいえない。

■**年　齢**　パーソナルスペースは，少なくとも成人のはじめまでは，年齢とともに拡大する[34]。幼児のパーソナルスペースは，独立した行動の自由がほとんどないため測定することは難しい。しかし，発達心理学者たちには，抱きしめられることの好きな幼児と触れ合うことをいやがる幼児がいることがよく知られている。もし誰かが幼児のパーソナルスペースを測る方法を発見すれば，おそらく触れ合いをいやがる幼児たちは，抱かれるのを好む幼児たちよりも大きなパーソナルスペース領域を持っていることだろう。しかし18か月になる頃には，子どもたちは相手と状況によって異なる対人距離を選択するようになる[35]。12歳になる頃には，子どもたちは概ね大人たちと同じようにパーソナルスペースを使うようになる[36]。

　ここでもやはり他の要素が影響するが，その程度は性別に対する場合ほどではない。実際，性別というのは特別な要素なのである。ある研究で，5歳～18歳の男子と女子のパーソナルスペースが測定された[37]（図5-4）。通常通り，年長の子どもたちはより年少の子どもたちよりも大きな対人距離を示している。しかし，年齢と性別の交互作用もまた顕著である。全体として男の子たち，あるいは女の子たちのどちらかのパーソナルスペースが大きいというのではなく，年長の男の子たちは年長の女の子たちよりも大きな距離を選ぶが，年少の男の子たちと女の子たちではパーソナルスペースの大きさには違いは見られなかった。

　文化の違いは，パーソナルスペースと年齢の関係に影響するもう1つの要因である。

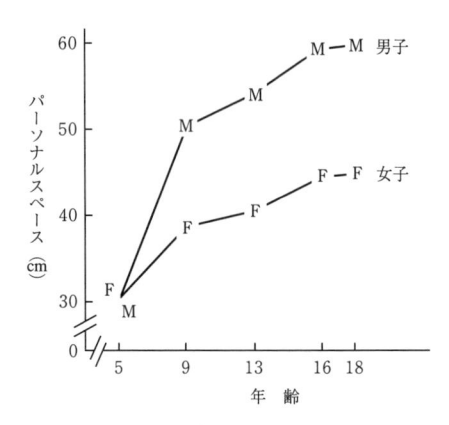

図5-4 パーソナルスペースは年齢につれて増加し，また男性のほうが女性よりも大きな増加をする。

　たとえば，プエルトリコの子どもたちは，ニューヨークに住んでいるプエルトリコ人の子どもたちよりも，より成長してから対人距離を広げる[38]。
　ところで，意外なことに幼年期以降のパーソナルスペースについては，ほとんど知られていない。中年期から壮年期にかけての加齢に伴う重要な変化を理解するにしたがって，これらの時期においてもパーソナルスペースは変化するかもしれないということが認識されてきた。しかしこれまでのところ，この可能性については研究されていない。
　■**パーソナリティ**　外向的で親しげ，あるいは人にあたたかく接する人ほどパーソナルスペース領域は小さい[39-41]。従属的であるように育てられた（判断を他からの指示に頼る）人は，あたたかく友好的な傾向があり，やはり小さな対人距離を選ぶ[42]。対人的な行動全般について調べた研究がある[43]。最も強い相関が見られたのは，外向性・社交性と小さめのパーソナルスペース，そして冷淡さ・けんかっ早さと大きめのパーソナルスペースであった。いつも他人の目を気にしているような人は大きな距離を保とうとする[44]。
　パーソナルスペースと関連するように見えるもう１つのパーソナリティの領域は気質である。気質の１つとして，心配性は（短期的あるいは一時的な不安状態とは対照的に）一貫して大きなパーソナルスペース領域につながっている[45-48]。タイプAパーソナリティ，すなわち，せっかちで競争心旺盛な人もまたパーソナルスペースが大きい傾向にある[49]。
　■**心理的障害と暴力**　何らかの情緒的な問題を抱えている人は，普通の人と異なるパーソナルスペース領域を持っていることが多い。このことは，たいていの心理的な障害が，不安やコミュニケーション，対人関係，知覚過程の能力の問題を伴うことを

第5章
パーソナルスペース

考えれば，驚くようなことではない。

人間のパーソナルスペースに関する最初の実証的な研究は，統合失調症患者による対人距離の分析であった[50]。病院の職員や統合失調症でない患者と比較すると，統合失調症患者は，時に非常に大きな座席間隔を選んだり，また時には非常に小さな間隔を選んだりした[51]。その後の研究によれば，統合失調症患者はより大きな距離を選ぶとされている[52]。

障害の程度とパーソナルスペースの大きさの関係については，これを説明した興味深い研究がある[53]。新たに入院した，つまり障害の程度が重いと推定される統合失調症患者のパーソナルスペースは非常に大きいことがわかったのだ。統合失調症患者のパーソナルスペースは，彼らが病院に入院中，3週間ごとに測定された。統合失調症が改善する（独立した判定による）と，彼らのパーソナルスペースは，患者でない人のそれにずっと近くなった。

囚人を対象とした初期の研究では，暴力をふるった履歴のある囚人の対人距離は，暴力をふるわない囚人に比べ大きいことがわかった。他人と衝突したことのある人たちは，安全上の理由からより大きな「身体緩衝域（body buffer zone）」を必要とするようだ[54]。もう少し最近の研究では，暴力的な囚人のうち，非言語的行為の理解力が乏しく精神病的な傾向のある囚人のみが大きな対人距離を必要とすること[55]，また暴力的な囚人は対人距離の選択過程が自分に主導権があるときのみ，ずっと小さな距離を選択することが示された[56]。

■**身体障害**　身体障害を持つ人々の対人距離について調べた研究は少ない。しかし，聴覚障害を持つ子ども同士は，聴覚障害のない子ども同士よりも大きな距離を用いることを示した研究がある[57]。また別の研究では，完全な自閉症症候群をもつ子どもたちは，不活発な自閉症，活動過多症や知的障害の子どもたちよりも大人たちの近くにいようとすることが見いだされた[58]。

社会的な影響

要約すれば，上にまとめたような個人の特徴が合わさって，状況を越えたパーソナルスペースの一般的な傾向になる。しかし，ひとたび個人が社会的な状況に置かれると，パーソナルスペースはまた新たな要因群の影響を受ける。状況の社会的特性はたとえば，魅力，恐れと安全，協力と競争，そして地位といった見出しのグループに大まかに分類できるだろう。それぞれの特性がパーソナルスペースに及ぼす影響について，順に検討してみよう。

■**魅　力**　パーソナルスペース研究において最も強い一般化の1つは，魅力は人を物理的に近づけるということである。ある古典的な研究では，よい友人として描かれた人の絵は，他人同士の絵よりも近づけて配置された[59]。これらの結果は自然状態での観察でも[60]，他の文化でも[61]，また子どもたちについても[62,63]確認されている。結婚

している複数のカップルを対象とした研究において，夫婦は妻同士の組み合わせよりも近く，妻同士は夫同士よりも近くに座り，最も距離をおいて座るのは夫婦でない男女の組み合わせだった[64]。

個人間の類似性と気持ちのよい態度という，いずれも魅力として作用すると考えられる2つの影響要素に関する研究も行われている。両者からは同様の結果が見いだされた。すなわち，類似性や態度の気持ちよさが増せば，パーソナルスペースは小さくなる[65-67]。

感情の表出もまたパーソナルスペースに影響を与える。幸せあるいは悲しみの表情を浮かべた人を見ると，女性はそうでない場合よりも近づく。男性の場合は悲しそうな人よりも幸せそうな人により近づく。男性も女性も恐れの表情を見ると，より離れた距離を保つ[68]。2人の人間が感情的に激しい議論を戦わせているときには，そうでないときに比べその2人の間を通り抜けようとする人は少なくなる[69]。

対人関係の否定的な面について調べた研究もいくつかある。ある研究では，男子大学生たちは実験に遅れたとして叱られた[70]。実は誰も遅れていなかった実験参加者たちは，実験者に「登録用紙に時間通りに来るよう書いてあるだろう，どうしたんだ，字が読めないのか？」と言われたのだ。同じようないくつかの侮辱を受けた後，パーソナルスペースが停止距離法によって測定された。予想通り，侮辱を受けた被験者は，侮辱されなかった被験者よりも大きなパーソナルスペースを選択した。この大きなパーソナルスペースは侮辱を行った人が相手である場合にのみ特有であった。他の人が相手である場合には被験者たちは大きな範囲を示すことはなかった。批判や侮辱は嫌悪に結びつき，距離の増加につながる[71]。

■恐れと安全　人々は安全であると感じているときには近い距離を選択し，安全でないあるいは怖いと感じるときには大きな距離を選択する。たとえば，知らない相手について，非犯罪者，暴力的でない犯罪者，暴力的な犯罪者であると聞かされると，その順に，より大きな距離を選択するようになった[72]。別の研究では，被験者は，相手が年配のきちんとした身なりの女性の場合，うす汚く，より若い男性の場合よりも近い距離を選択した[73]。たぶんその女性は男性よりも恐れを感じさせなかったといえるだろう。

身体の障害や他の目に見える傷あとは，不当ではあるが，他者からより大きな距離を保たれることにつながっている。被験者は，相手が精神障害患者，切断手術を受けた人[74]，麻薬常習者，身体障害者（車イス使用者）[75]，白杖使用者（視覚障害者）[76]，同性愛者，そして太った人[77]の場合に，より大きな距離を選択した。この大きな距離は，一部は不慣れなものに対する恐れに基づくのかもしれないし，一部は社会が望ましいものとする固定観念との違いに基づくのかもしれない。このような特徴をもつ人々は対人距離の増加に敏感である。彼らは，他者が親切に，たとえば道を聞かれて方向を示してくれていたとしても，大きな対人距離が選択されていれば，それを実は好意的

ではない態度の証拠として理解する[78]。

■**協力と競争**　社会的状況の3番目の特性は，相互関係行動の性質が競争的か協力的かということに関するものである。この話題に関する一連のシミュレーション研究では，予想通り，人々は相手が協力的である場合により近い座席を選択することが示された[79]。さらに，これらの研究から身体の向きが重要であることが示唆された。競争的な状況では，被験者はより直接的な向き（対面）を選ぶが，もっと協力的な状況では，直面しない向き（横に並ぶ）を選択すると答えた。

実際の場面では，習慣と特定の場所の物理的な配置がこれらの傾向に影響を与える[80]（図5-5）。たとえば，あなたがしゃれた，照明の暗いレストランにあなたの最愛の人と出かけた（おそらく競争的というより協力的な状況）なら，あなたはたぶん向かい合うような席を選ぶだろう。シングル・バーで適当な女性が現れるのを待っている（おそらく協力的というより競争的な大事業）2人の男は，たぶん壁を背にして横に並んで座ることが多いだろう。反対尋問を行っている弁護士（敵対的な状況）は，直接尋問を行っている弁護士（彼ら自身の証人との協力的状況）よりも，証人により近い距離を選ぶ[81]。

社会的状況の性質が競争的であるか協力的であるかは，その後に続く状況におけるパーソナルスペースにさえ影響することがある。ある研究では，被験者は実験者の協力者とゲームを行った[82]。協力者たちは，非常に協力的，あるいは競合的な戦略を使うように指示されていた。実験の第2段階として別室で被験者たちの対人距離が観察された。協力的な相手とゲームを行った被験者は，競合的な相手とゲームを行った被験者よりも小さな距離を選んでいた。

■**力と地位**　社会的状況の4番目の特性は，被験者の地位，力，支配に関係するものである。一般に，地位が高い，あるいは低いと感じる相手に対し，大きな距離をとる（あるいは離れさせる）ことはあたりまえのこととなっている。たとえば，キャン

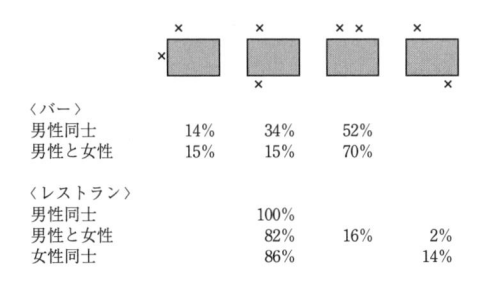

〈バー〉			
男性同士	14%	34%	52%
男性と女性	15%	15%	70%
〈レストラン〉			
男性同士		100%	
男性と女性		82%	16%	2%
女性同士		86%		14%

図5-5　着座位置

　3つのバーと1つのレストランでこれらの席の選択が観察された。場面のタイプ（バーとレストラン）と性別の組み合わせの両方が席の選択に影響する。

パスの水飲み場のそばに高い地位の人物が立っているとき、そこに誰もいないときと比べ、通りかかった人がそれを使うことは少なくなる[83]。他の研究によれば、学生たちは仲間の学生とより近くに座り、より地位の高い人（教授たち）や地位の低い人（落第したと聞かされた学生）の両者からはより離れて座った[84]。このように、パーソナルスペースは地位の絶対値というよりも地位の違いに関係している[85]。違いが大きければ、対人距離も大きくなる[86]。

物理的な影響

　パーソナルスペースはまた、相互関係行動の物理的な場面背景に影響される。近接した距離は照明が暗いときにはより不快である[87]。小さな距離は幅が広いか、または狭い部屋で好まれるようだ[88]。人々は部屋の中央よりも隅の空間をより利用するようだ[89]。劇場の支配人のつもりになるように指示された被験者は、ロビーや街角よりもオフィスの待合室において女優たちを離して配置した[90]。男性は天井が低いときにより多くの空間を必要とするようだ[91]。人々は屋内では屋外よりも大きな対人距離を選択する[92]。全体的な結論は、われわれは物理的な空間が限られているときには人との間により大きな空間を好むということのようである。しかし、これは目的によるかもしれない。トルコでの銀行のATM利用者の研究では、並んでいる人々は、混んでいるときにはすいているときよりも小さなパーソナルスペースを選択することが見いだされた[93]。

　屋内よりも、屋外において人々がより大きな空間を使う場合もある。外で遊ぶ子どもたちも、屋内で遊んでいるときの対人距離よりも広がって遊んでいる[94]。

　物理的な場面のもう1つの次元は、周囲にいる人々の数と彼らが何をしているかということである。実験室研究によれば、90分～150分の間隔離されていた人は、隔離された時間がより短い人よりも大きな対人距離を選び、他者が自分を見ていると思ったときにはさらに大きな距離を選んだ[95]。これは日常生活の中でも正しいだろうか。もしそうなら、隔離状態で働かされているオフィスワーカーは、人と一緒に働いている人たちより大きなスペースを必要とするはずだ。そこでコンピュータのデータ入力作業のみを行っている女性たちのパーソナルスペースと、同じ建物で、より人とのやりとりの多い仕事をしている女性たちのパーソナルスペースの比較が行われた[96]。その結果、孤独な作業をしているグループは、かなり大きなパーソナルスペースを好んだ。このことからすると、1人で行う仕事はもともと多くのスペースを好む人々にとって魅力的である、あるいは、そのような仕事の結果、孤独に慣れて他の人々と一緒にいることが快適に感じられなくなると考えられる。

　宇宙空間における社会的な相互関係行動の理解を助けるために、対人距離に対する無重力の影響を調べるというめずらしい研究が行われている[97]。無重力状態では、ひどく奇妙な人と人の位置関係が生じる。たとえば、うつ伏せで浮かんでいる姿勢や、

頭とつま先がくっつきそうな状態などである。全体として，たいていの非日常的な位置関係において対人距離は最も大きいという結果であった。

文化，民族，宗教，法律による違い

ここまでに論じたほとんどすべての研究は北アメリカで行われたものである。しかしエドワード・ホールのもともとの論点は，空間の利用が文化によって異なるということであった。すなわち，彼自身によるアラブ人，フランス人，南アメリカ人，日本人，イギリス人の観察を基に，ホールは彼の4つの距離帯の順序は変わらない，距離の絶対値は変わると信じていた。ホール自身の言葉を見てみよう。

> 私は，何年もの間ある外国の最高位の外交官であった非常に著名で学識のある人物の訪問を受けるという幸運に恵まれた。X博士は当時の私たちの研究のいくつかに興味を持っていて，私の講義の1つを聴講したいと申し出たのだ。講義が終わると，彼は時間中にふれられたいくつかの点について質問するために教室の前のほうにやってきた。話している間に彼は，それまで話していたことに加え，講義の言外の意味にも熱中し始めた。私たちはお互いが向かい合った状態で話し始めたが，彼が話しているうちに私は彼が少し近すぎる位置に立っていて，私が後ろに下がり始めていることにぼんやりと気づき始めた。幸い私は最初の衝動を抑えて後ろに下がるのをやめることができた。なぜなら彼のふるまいには会話の際の距離を除けば何ら攻撃性はなかったからだ。外交の分野で成功をおさめてきた彼のような人は，細かなことも意識するよう訓練を重ねてきたはずで，気づいていないのでなければ他人に対して無礼な態度で会話をすることは考えられなかった。
>
> 私は試しに少し遠ざかってみることで，2人の相互関係行動における，ある関連したパターンを観察をすることができた。私が遠ざかると，彼は彼自身を表現することが困難になった様子だった。私が快適だと感じる場所（約53cmの距離）に移動したとき，彼は少し困惑し傷ついた様子で，こう言っているようだった。「なぜそんなことをするのだ？ 私はできる限り友好的な態度で話しているのに，突然離れようとするなんて。私は何か悪いことでもしたのか？」[98]

ホール（彼は結局，議論を容易にするために近すぎると感じた距離から動かなかった）よりも鈍感な観察者とのこのような対話は望ましくない波紋を生じさせることがある。われわれは不適切な距離で対話する人々を，好ましくない人間だとみなそうとすることを思い出してほしい。このことは文化に対する固定観念に対して否定的な影響を与えられる，いや実際与えているといってよい。

初期の実験において，文化の違いはある程度詳細に調べられている[99]。4人ずつの男子学生グループが実験室に呼ばれ，観察されることだけは告げられたが，それ以外には何も指示されないという実験が行われた。半数のグループはアラブ人のグループで，半数はアメリカ人のグループだった。アラブ人たちによって選択された対人距離の平均はだいたい腕を伸ばした長さであった。しかしアメリカ人たちの対人距離はそれよりも明らかに遠かった。アラブ人たちは互いに触れ合う頻度がずっと多く，身体

197

の向きもずっと直接的だった。全般的にアラブ人たちはアメリカ人よりもずっと「直接関係する」といえる[100]。このような発見は，いくつかの単純すぎる固定観念の一般化につながった。

たとえば，ある研究者は，文化は接触型か非接触型のどちらかとして記述できるのではないかと主張した[101]。しかし，接触型の文化とされた国（ラテン・アメリカ，スペイン，モロッコ）からの学生たちが，非接触型の文化（アメリカ）からの学生たちよりも互いに離れて座ったという結果を見いだした研究が2つある[102,103]。さらに，すべてのラテン・アメリカ人が同じように空間を使うわけではない[104]。たとえばコスタリカ人は，パナマ人やコロンビア人よりも小さな対人距離を選択する。ヨーロッパ人の間にも違いがある。オランダ人同士はフランス人同士よりも大きいスペースを使い，フランス人同士はイギリス人同士よりも大きいスペースを使う[105]。

下位文化の一定でない違いも報告されている。いくつかの研究がアフリカ系アメリカ人は白人よりも大きいスペースを使うことを示したが，他の研究では逆の結果が示されたものや，違いのないものもある。他のアフリカ系アメリカ人と白人の差異と同様，これらの理由は文化的というよりも社会経済的なものかもしれない[106]。また他の研究では，アフリカ系アメリカ人と白人のパーソナルスペースの違いは，学校での体験が増すに従って小さくなるという結果が確認されている[107]。

いくつかの行き過ぎた一般化はあるものの，パーソナルスペースは確かに文化によって異なっている。たとえば，アラブとアメリカの男性は同じようなパーソナルスペースを持つ（先の結果とのもう1つの矛盾！）が，アラブとアメリカの女性はそうではない[108]。アラブの女性は男性の友人たちから大きな距離を保とうとする。見知らぬ男性の場合と同じくらい離れていようとするのだ。

このように，距離の決め方というのは複雑な過程なのである。もう1つの例として，日本人は会話の際にアメリカ人より大きな距離を使い，アメリカ人はベネズエラ人よりも大きな距離を使う。しかし日本人とベネズエラ人が，彼らの母国語ではなく英語で話す場合には，会話時の距離はアメリカ人の距離に近くなる[109]。文化の重要な要素である言語は，大きなあるいは小さな対人距離を使うという，人の文化的な性向を変化し得る（図5-6）。

文化のもう1つの重要な要素は宗教であり，パーソナルスペースの選択にまで関係がある。ナイジェリアの研究によれば，異なる宗教を持つ人々の間のパーソナルスペースは，同じ宗教を持つ人々の間よりも大きいことが見いだされた[110]。イスラム教徒同士は，キリスト教徒同士よりも対人距

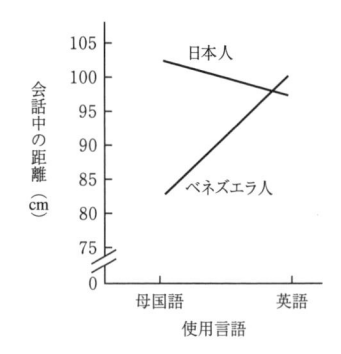

図5-6 対人間距離は会話の相手の話す言語に影響される。

●●●第5章●●●
パーソナルスペース

離が小さい。

エドワード・ホールのそもそもの目的は，異なる文化間の反感の理由を見つけることだった。彼はスペースの使い方の違いが1つの鍵となる要因だと提案した。ある研究者はこの考えを試すため，非言語的行為においてアラブ人らしくふるまう方法をイギリス人学生に教えた[111]。このような訓練を受けた学生と交流したアラブ人たちは，訓練を受けていない学生よりも彼らのことを気に入った。このことの外交官や一般の観光客への意味を考えてみるがいい！

最後に，パーソナルスペースは時として法的な手段に影響される。たとえば，相手を困らせる，悩ませる，あるいは虐待した配偶者は，時どき裁判所によってある一定の距離以上に近づかないように命じられることがある。コロラド州ボウルダーでは市議会が，妊娠中絶合法化に反対する示威運動家たちに対し，妊娠中絶病院に入る女性たちから一定の距離を保つよう命ずることができる条例を可決した[112]。中絶反対派のグループは法廷で，このパーソナルスペースの法的強制に対して異議を申し立てたが，法廷は，エドワード・ホールらの証言も一部の根拠として，条例を支持した。

まとめると；パーソナルスペースは個人の特徴を知ることによって一部予測できるかもしれない。男性は一般に女性よりも大きな距離を使う。若い成人は一般に子どもたちよりも大きなパーソナルスペースを使う。対人的にあたたかく，不安を感じない人はそうでない人よりも小さなパーソナルスペースを持つ。心理的な障害はしばしば，より変化しやすく不適切なパーソナルスペースにつながる。暴力の履歴を持つ人はしばしばより大きな対人距離を選択する。しかし，これらの組み合わせや他の要因が，日常生活においてこのような傾向を変化させるかもしれない。

その時の状況の社会的あるいは物理的特徴もまた対人距離を変える。魅力，協力，同等の地位は小さなパーソナルスペースに結びつく。恥辱や地位の違いは大きなパーソナルスペースにつながる。位置関係の影響は，距離と異なり，あまりわかっていない。われわれは物理的な空間が限られているときには，より大きなスペースを好むようである。

文化は対人距離に変化を与える主要なものである。アラブ人やラテン・アメリカ人の近さからイギリス人やドイツ人の遠さにいたるまで連続した微妙な変化があるという若干の証拠が存在する。しかしこれらのグループの中での違いは，時折このパターンに当てはまらない結果もある。たとえばその時に話されている言語といった他の要因もすべてがパーソナルスペースに影響を与えているのかもしれないのだ。日常の場面ではこれらのすべての要因が合わさって，それぞれの影響1つずつから予想されるのとは異なる，対人距離が決まっているのである。

■ パーソナルスペースと人間の行動

この節では，人が故意に他者のスペースに侵入した場合や悪気なく不適切な対人距

離を選択した場合に何が起こるかを見ていこう。適切な距離という考え方はパーソナルスペースの概念の中心となるものである。それぞれの状況において，ごく限られた距離域のみが許容される。たとえば，エドワード・ホールは先に引用した話の中で，最初は外交官が攻撃的なのではないかと考えたといっている。近すぎる側の場合，不適切な距離はパーソナルスペースの侵害として知覚される。遠すぎる側の場合は，よそよそしさや冷たさとして知覚される。さらに，ホールに敬服している外交官が実際，ホールが彼から遠すぎる距離に移動したときにコミュニケーションに困難をきたし始めたことを思い起こしてほしい。

逃避行動と感情

もしあなたがパーソナルスペースを侵害されたことがあるなら，あなたはその時，ほんの一瞬かもしれないが感情の爆発を感じただろう[113]。その侵害が，たとえば混みあったエレベーターに乗っている場合のように理由のあるものであったとしても，否定的な感情が浮かぶのが普通である。そこでわれわれは，その場の状況に適切な距離は肯定的なあるいは中立の感情効果を伴うが，近すぎるあるいは遠すぎる距離はいやな感じにつながるという仮説を考えることができる。

意外なことに，この考えを直接的に検証した研究はほとんどない。しかし，もしその場を立ち去るといった，人を避ける行為が否定的な感情の結果だとすれば，この単純な仮説を支持する証拠は非常にたくさんある。典型的なものは，やはりロバート・ソマーの研究に見られる[114]。彼は1人で座っている男性のすぐそば（6インチ，約20 cm）に単に座ってみるところから始めた。その男性たちは，ソマーが働いていた病院の精神病患者であったが，このあと見ていくように，他の人々の集団でも結果は同じであった。

1分後には，ソマーが観察した人たちの30％は場所を移動していた。10分後には，55％が立ち去っていた。次にスペースの侵害を受けた男性は他の侵害を受けていない同様に座っていた男性と比較された。1分後および10分後において，これらの対照群で移動したのは，それぞれ0％および25％であった。そこでわれわれは，誰かがあなたのパーソナルスペースの内側に座ったときは，そうでない場合と比べてより早く立ち去ることの原因になる可能性が高いと推論することができよう。その後，ソマーの女子学生の1人が，図書館で1人で勉強している女性のパーソナルスペースを侵害する実験を行った。彼女が近くに座るほど，座られた女性たちは早く立ち去った。ちなみに，これらの研究でパーソナルスペースを侵害された人々のうち，侵害者に言葉によって移動するか立ち去ることを求めた人は2％未満だった。

次に，侵害者の地位の影響が調べられた[115]。侵害者が教員のような装いの場合，学生たちは，侵害者が学生に見える場合よりも素早く立ち去った。ショッピングモールでの実験では，地位の低く見える人が近くに座ると，女性たちは座っていた場所から

立ち去ったが，男性は立ち去らなかった[116]。

　個人の性別による役割のイメージも影響を与える。伝統的な男らしさを持つ男性と男性的な女性は，女性的な男性や伝統的な女らしい女性と比べ，彼らのスペースに対する正面からの侵害を嫌う[117]。

　他の研究では，友人が非常に近くに来る場合は否定的よりむしろ肯定的な感覚が生じることも多いが[118]，侵害者が見知らぬ人で，特に男性である場合には否定的な感覚が生じる[119]。

魅　力

　直感的にいって，適切なスペースの使い方は魅力につながるか，少なくとも人間関係を害さない一方，不適切なスペースの使い方は反感につながるという仮説を立てることができるだろう。研究の結果はこの仮説を支持しているが，この簡潔ないい方の中で「適切な」という言葉には問題が残っている。まったく同じ距離が，ある人にとっては適切である一方，他の人にとってはそうではないことがある。たとえば，男性は女性によるスペースの侵害に対して，女性が男性による侵害に対する場合よりも寛容である[120]。他の研究では，大学の図書館に1人で座っている学生が対象とされた[121]。実験者は対象となる学生の，すぐ隣の席，1つおいて隣の席，あるいは真向かいの席に座り，短時間本を読んでいるように見せかけて立ち去った。

　続いてすぐに共同実験者が現れ，学生に先ほどの実験者についてどう思うか，いくつかの質問をした。学生たちは男女とも，すぐそばに座った実験者が女性の場合，それが男性実験者であった場合よりも好ましく感じていた。つまり，距離の適切さは，あなたのパーソナルスペースを侵害する人の性別に一部左右されるといえる。女子学生たちは，向かい側に座った人により魅力を感じたと答えたが，男子学生たちは並んで座った人のほうを好んだ。

　看護師と患者に関する研究では，男性患者たちは女性看護師に触られることを女性患者たちよりも好ましく思っていることがわかった[122]。皮肉なことは，女性看護師たちは女性患者たちのほうが触られることを受け入れていると信じていた。また，女性看護師たち自身は女性患者に触るほうを快く感じていた。

　男性と女性は日常の場面ではどのように座るだろうか。ある観察研究では，男女のペアの82％がレストランでは向かい合って座ったが，バーでは70％が隣り合って座った[123]。このことはバーとレストランの座席配置の違いと，カップルによる好みの両方の理由によるかもしれない。いずれにしても，図書館での研究結果を基にすれば，ふつうカップルは，夜早い時間にレストランでは女性にとって魅力的な配置に座ることを選択しているが，夜遅くのバーでは男性にとって魅力的な配置に座ることを選択しているようである（図5-7）。

　われわれの反応はまた，侵害者の見た目の動機に左右される。われわれは意図的な

図5-7 男女の座る位置は互いの魅力を反映している。

侵害と，混み合ったエレベーターのように仕方なく侵害することになった状況とを区別している。侵害が故意に見えた場合，われわれは侵害者を否定的に評価するが，侵害が避けられなかったと考えたときにはそのような評価はしない[124]。

魅力の結果として生じるものに，共有されたあるいはグループのパーソナルスペースがある。たとえば，2人組あるいはもっと大きなグループが廊下を歩いているときには結合力のあるかたまりが形成され，侵害に対して抵抗力のある集団のスペースとなる[125-127]。

覚　醒

不適切に近い対人距離はしばしば侵入とみなされる。われわれは不快に感じ，生理学的なレベルでいえば覚醒が生じる。覚醒の影響は，ちょっと変わった，そして広く議論の対象となった研究によって示された。スペースの侵害による覚醒は排尿のパターンの変化として現れるのではないかという仮説を立てた研究者がいた[128]。化粧室に隠しカメラが仕掛けられ，男性が放尿し始めるのにかかる時間と，放尿している時間が，1人の場合，1つおいて隣の便器に別の男性がいる場合，すぐ隣の便器に別の男性がいる場合について測定された。予測されたように，誰かが近くに立っているときには，放尿し始めるまでの時間は長く，放尿している時間は短かった。近さによる覚醒は文字通り被験者を緊張させたようだ。

社会的な影響

対人距離を調節するだけで，他人に影響を与えることができるだろうか。研究参加者たちは，いくつかの討論会の映像を見せられた。小さな対人距離で対面的でない位置関係（向かい合うよりも横に並ぶ）を使った登場人物は，映像を見た人たちから，より説得力があると判断された[129]。この研究では近くに立っていた人が実際に説得力

第5章
パーソナルスペース

があったということは示されておらず，単に外から観察した人たちが説得力があると感じたのであることに注意してほしい。

別の研究では，話し手がある意見を3種類の距離で話したときの聞き手の態度の実際の変化が分析された[130]。遠くで話した場合が最も影響力があり，これは先ほどの結論と逆である。可能性としては，遠くで話された場合，話し手が人を説得しようとする普通の対人距離よりも遠いことによって，聞き手の警戒心が薄れたことによって説得力が増したのではないか。しかしながら，この2つの研究は，知覚と行動が常に一致するわけではないことを示している。

推論と印象の形成

次のような映画のシーンを考えてみよう。男性が彼のオフィスで机に向かって書類整理をしている。もう1人の男性がドアをノックして入ってくる。1つ目のバージョンでは，2人目の男性はドアのすぐ内側で最初の男性に話し始める。2つ目のバージョンでは，2人目の男性は机に歩み寄り，書類を取り出し，それから話し始める。この映画を見た人たちは，部屋に入ってきた男性がドアのところにとどまった場合は彼のほうが部下であると判断したが，机に歩み寄った場合にはもっと対等な関係だと判断した[131]。

後の研究では，被験者たちが議論に参加するという実験が行われた。議論の相手は実は共同実験者であった[132]。共同実験者は4つの異なる距離に座ったが，被験者の質問に対しては同じ答えを返した。その共同研究者のパーソナリティについての評価を求められたとき，被験者たちはより遠い距離で議論を行った実験者を否定的に評価した。他の同様の研究においても実験者が通常より遠い距離を選択した場合，実験参加者たちは実験者を拒絶的で攻撃的だと評価した[133]。オランダにおける警察に関する研究では，警察によるパーソナルスペースへの侵害に対して容疑者が神経過敏な様子を見せるとき，警察官はこれを（しばしば，まちがっているのだが）容疑者にやましいところがある印だと解釈していた，と報告されている[134]。

イメージが先に与えられたらどうだろうか。すなわち，ある特徴を知らされた相手とあなたが会うことになっているような社会的状況に置かれたらどうなるだろうか。ある研究で，被験者たちはこれからあたたかく友好的な，あるいは友好的でない人と会うことになると聞かされた[135]。被験者たちはあたたかく友好的な共同実験者に対して小さめの対人距離を選択した。同様に，人々は物理的に近くにいると気づいた2人の人間の間には親密さがあると考えるだろう[136,137]。

この推論についての重要な点は，前に述べたように，人を説得しようとする場合には推論が個人の行動に適合するかもしれないし，しないかもしれないということである。オフィスでドアのすぐ内側にとどまって話した男性は，部下ではなくて単に非常に礼儀正しい上司であるかもしれない。大きめの対人距離を選択する人は，不快なパ

ーソナリティの持ち主ではないかもしれず，非常に近い距離で歩きながら相手に何かを教えている2人組は，恋人同士ではないかもしれない。しかしこれらの研究が示すのは，正確かどうかは別にして，人はこのような印象を形成するということである。あなたの対人距離の選択は，他の人の心にどのような印象を与えているだろうか。

他者を助ける場合

対人距離は他者を助けたいという願望に影響するようだが，ここでもまたその関係は単純ではない。ある研究で，歩行者のパーソナルスペースが侵害された後で，侵害した人が何かを落とすのを見た場合が検討されている。落とした物が大事な物であっても，スペースを侵害された歩行者は，スペースを侵害されていない歩行者と比べて，手助けする（落とした物を拾ってあげる）場合が少なかった[138]。

侵害した人に責任がない場合，つまり周囲の状況が侵害の原因であることが明らかな場合でも手助けは減ってしまった[139]。このことは納得できる。理由はともかく，スペースを侵害されたばかりの人に非常に寛大であることを期待することはできないだろう。しかし，これに続く研究では，手助けを頼む場合には，侵害が起こった後のほうが応えてもらえることが多いという結果が得られている[140]。その論文の著者は，矛盾する結果は，2つの研究におけるスペースを侵害した人に対する推論が異なるためかもしれないと示唆している。最初の研究で，スペースを侵害した人は不快な人とみなされたのに対し，2番目の研究では，お願いするという行為の重要性が顕著であった，すなわち侵害は故意だとは認識されなかった。

そこでスペースを侵害した人の欲求の違いによる影響を明示的に調べることによって，この矛盾を解明しようとする新たな研究が考えられた。侵害者がどうしても助けが必要だと懇願し，近くに立った場合に，歩行者たちが手助けしようとした割合は最も多かった。侵害者が近くには立ったが助けてもらうことがどうしても必要だと強調しなかった場合，歩行者たちが手助けしようとした割合は最も少なかった。侵害者の立つ位置が比較的遠くなると，この状況は逆になった。手助けの必要性を強調しなかった場合のほうが，手助けの必要性を懇願した場合よりも手助けされやすかった[141]。

この研究はパーソナルスペースと他者を助ける行為のつながりを明らかにしたという意味で価値があるだけでなく，変数がいかに相互に影響し合って，それぞれの変数1つずつからは予測できないような結果をもたらすかが，またもや示されたといえる。先の研究は，それぞれ1つずつの変数に着目し，多変量的なアプローチを行わなかったことから，矛盾する結果にいたったわけである。

そうするとしかし，覚醒の増大は手助けを増す方向に働くのだろうか，それとも減らす方向に働くのだろうか。ある研究では，侵害を受けた人のほうがより手助けを行った。その研究者は，手助けを行うことが，侵害された人の覚醒を静める役に立っているのだと推測した[142]。別の研究では，侵害者の外見が重要だということがわかった。

パンク・ロックをやっているように見える侵害者は普通に見える侵害者ほど手助けをしてもらえない[143]。興味深いことに，両者とも比較的遠くに立っていて手助けを求めたときには，同じくらいの手助けを受けることができた。貧しそうな，または平均的に見える人々によって侵害が行われたときには，肯定的な，手助けをしようという形での覚醒が誘発されるようだが，普通でない人々によって侵害が行われたときには，不安（否定的な形の覚醒）や侵害者による要請の拒絶につながるようだ。

小集団で仕事をする場合

　他の何人かの小グループと，あるプロジェクトで一緒に働く場合を想像してみよう。あなた方の間の対人距離のパターンや位置関係は，生産性あるいはメンバー同士の相互関係行動に影響を与えるだろうか。人々はしばしば（アンケートの回答で）競争相手とは対面する位置を選ぶと答えるという研究結果がある[144]。しかし，面と向かって座ることは，実際には協力につながるようであり，競争にではない[145]。男性被験者たちは，勝つために協力的作戦または競争的作戦のどちらかが使えるようなゲームを行うよう求められた。被験者たちは互いが隣り合って，または向かい合って座るよう指示された。どちらの場合も，被験者たちは互いを見ることができる場合と見ることができない場合がある（目隠し壁が用いられた）。その結果は，向かい合って互いが見える状態のとき，最もよく協力が行われた。つまり，このような配置はしばしば競争的に見えるが，実際には協力を誘発するようである。

　このことは向かい合った配置の場合，相手がとても目につきやすいからかもしれない。相手の視覚的存在がこれだけ大きいとき，われわれは，競争がもたらす対立や否定的な感情を恐れ，競争がいやになるのかもしれない。おそらくアンケートに答えるときには対面したときの感情の力は過小評価されるのだろう。それが競争的な行為を行うためには向かい合って座る（固定観念的な配置）と答えたと報告されている理由だろうが，実際には現実の対面状況に置かれるともっと協力が行われる。

　別の研究では，男性と女性の4人グループが，小さな距離あるいは大きな距離で，互いに協力するか競争するように求められた[146]。彼らの作業はある複雑な迷路を解くというものであった。教示が被験者たちに互いに競争せよというものであったとき，成績は距離が大きい（約150 cm＝5フィート）ほうが距離が小さい（約60 cm＝2フィート）場合よりもよかった。しかし被験者たちが協力するよう求められたときは，距離が小さいほうが成績がよかった。

　先に述べた研究では，グループのメンバーを直接見える位置に配置したときのほうが，たとえ距離が遠くてもより協力が行われた。今回の研究では，人々を（向きは変えずに）近づけると，彼らが協力を求められているときには成績が向上するが，競争が指示されているときには，もっと遠い配置のほうが成績が向上した。

　協力は，グループのメンバーが向かい合っているか非常に近くにいることで互いの

存在が非常に意識されているときに，より起こりやすく，よい成績につながるように見える。競争は，競争する人たちが直接向き合わない配置か単純に離れているときに，より起こりやすく，より高い生産性に結びつく。これらの結論は仮説であり，限定的なものに違いないが，論じている問題は非常に重要なものである。何百万人もの会社員たちが，習慣やオフィスの装飾様式による型，何の理由もない座席配置の環境で働いている。これらの研究は協同作業や生産性が家具を移動することによって高められるかもしれないことを示唆している。

まとめると：パーソナルスペースは人間行動の数多くの側面によって深く絡み合わされている。対人距離を変えることによって他者への社会的影響力をふるうことができる場合がある[147]。肯定的な関係があるときに近づくことは大きな魅力につながるかもしれないが，知らない人に同じことをすると逃げていくだろう。印象は多くの場合，われわれの，他者の対人距離の観察に基づいて形成されるが，これらの推論は常に正しいとは限らない。比較的近い距離で，必要性を印象づけることができたときには手助けが得られやすい。互いが直近に（距離が近くて向かい合って）いるとき，協力が行われやすく作業成績の向上に結びつく。互いが直近でないとき，競争的な状況では作業成績が向上する。これらの行動のいくつかは，相手が異性の場合，地位が異なる場合，または外見や明らかな動機によってある印象が形成される場合には変化する。われわれの行動は複雑なのである。それではこれらの法則を明快にしようとするいくつかの考え方について見てみよう。

パーソナルスペースの理論

ここまでに，われわれはパーソナルスペースを定義し，どのように測定できるかを説明し，多くの影響要因について論じ，そして他人の行動への影響について概観してきた。そろそろこの複雑な過程を構成するこれらの要素を寄せ集めることを試みてよい頃だ。要するにパーソナルスペースはどのように働くのだろうか。

パーソナルスペースの習得：社会的学習理論

ほとんどの環境心理学者たちが，パーソナルスペースは文化の中で身につけられると信じている。しかし，文化と文化の間，下位文化の間でさえも多くの違いが存在するにもかかわらず，すべての人間がある程度のパーソナルスペースを必要としているようだということを忘れてはいけない[148]。その意味では，パーソナルスペースは文化の中で身につけられるのではなく，われわれが人類として遺伝的に継承するものの一部である。すべての種がわれわれと同じような社会的傾向を持つわけではない。したがって，系統発生論的にいえば，パーソナルスペースは遺伝的に身につけられるが，研究対象を人間に限るなら，パーソナルスペースの違いは，個人的，社会的，物理的

●●第5章●●
パーソナルスペース

背景,そして文化的影響の結果といえる。
　パーソナルスペースの獲得に関する唯一の理論は,心理学の他の領域でよく知られているアプローチから借用したものである。社会的学習理論は,パーソナルスペースは個人の強化の履歴の結果,徐々に習得されるものだと断定している[149]。多くの場合,両親や他の人々が子どもたちに対人距離の適切さについて,言語的な強化を与える。たとえば,次のように。「そんなに知らない人の近くに行ってはいけません」「ほら,モード叔母さんにキスしてあげなさい」「学校に行くときにはお兄さんの近くにくっついてらっしゃい」
　子どもたちは,明らかにこれらの規則を小さいうちに習得する。2歳になる前から,子どもたちは,ストレスが大きく制約の多い状況では母親の近くにいて,自由に遊んでよい状況ではもっと遠くを動き回っている[150]。3歳になる頃には,子どもたちはすでに女の子たちよりも男の子たちから離れていようとする。このパターンは一般に一生変わることはない[151]。4歳になる頃には,子どもたちはすでに少なくとも4つのパーソナルスペースの規則に従っている[152]。

1. 男の子同士は,女の子同士よりも大きな距離を保つ。
2. 子どもたちは,知らない人よりも知っている人のそばにいようとする。
3. 子どもたちは,かしこまった場面(たとえば,先生の部屋)では,気楽な場面(たとえば,彼ら自身の遊戯室)にいるときよりも近くにいようとする。
4. 子どもたちは,一緒にいるのが知らない子どもで,かしこまった場面の場合には,気楽な場面で知らない子どもといるよりも大きな距離を保つ。しかし,一緒にいる

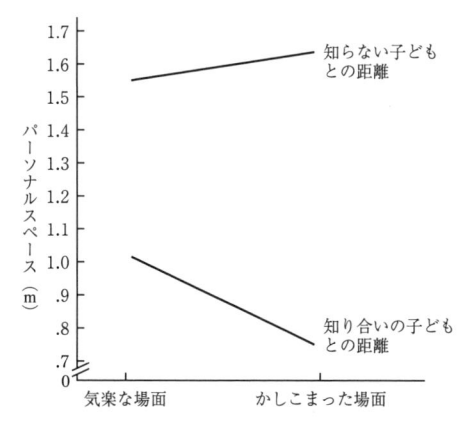

図5-8　4歳の子どもでさえも,状況(かしこまった場面と気楽な場面)ともう1人の子どもとの関係(知り合いと知らない子ども)に応じて,異なる対人間距離を選択する。

のが友だちで，かしこまった場面の場合には，彼らは気楽な場面で一緒にいる場合よりもさらに小さな距離を保とうとする（図5-8）。

学校に行き始める頃には，われわれは明らかに，不幸な偏見，たとえば年齢差別について学ぶ。6歳児は高齢者（特に高齢女性）からは，高齢でない大人たちよりも大きな距離を選ぶ（4歳児では見られない）[153]。こんなに幼いうちにこれだけのことを学ぶとすれば，大人になるまでに知らなければならないパーソナルスペースの規則がいくつあるかを考えてみるとよい。

親和-対立理論

パーソナルスペースの機能についての最も実り多い理論は，マイケル・アーガイル（Michael Argyle）とジャネット・ディーン（Janet Dean）によって最初に考案されたものであることは疑う余地がない[154]。その中心的な考え方は，われわれはバランスのとれる点を持っているというものだ。ここでは，明るさ感やにおいといった直接的感覚のバランスをとる代わりに，社会的な要求を均衡させるということである。

親和-対立理論は，われわれはヤマアラシのジレンマのような対立する社会的な動機，すなわち他者に対して近づきたいという欲望と同時に他者から離れたいという欲望の両方を持つ，と主張している。これらの対立する傾向は，われわれが同時に他者に惹かれたり，他者から情報を得たいと思う一方，個体性と自由を保ち自分についての情報を他者に明らかにすることを望まないことがあるために起こる。

いくつかの非言語的な手段——対人距離だけでなく視線を合わせる量，微笑み，そして議論の話題に精通しているかどうか——で，個人はその接近と回避の傾向の均衡を探していると推定される。安定した対人関係においては，関連するさまざまな手段の影響が合わされて，ある水準の親密さ，すなわち均衡点に達する。もし，何らかの理由で，その関係の中の1人が均衡を破ると，理論によれば，他の人が前の親密さの水準を再確立するためにある手段または他の手段によってこれを調整しようとするだろう。実例の1つとして，あなたが友だちと授業についておしゃべりしながら，カフェテリアへ一緒にぶらぶら歩いていくとしよう。そしてカフェテリアにつくと，長い列ができているのが目に入る。あなたたちは2人とも空腹なので，とにかく列に入り込む。

さてあなたはあなたの友だちと適切でないくらい近くにいる。そして，このような状況ではどちらも，それを避けることはできない。親和-対立理論では，対人距離の要因で均衡が破られれば，他の手段によってこれが調整されるだろうというように予測される。あなたは目を合わせることを減らしたり会話の内容を個人的でないものに変えたりするかもしれない。親和-対立理論はこれまでに何度となく試されており，ほとんどの研究では理論の根本は支持されている[155,156]。

第5章
パーソナルスペース

　この均衡状態は場合によってさまざまに変化する。たとえば，対人距離が縮まると，多くの場合，視線を合わせることも減るが，その減り具合は以下のようなことによって左右される。すなわち，(1) 1 人が積極的に近づこうとするか（すでに近くにいるのに），(2)その時，誰が話し手で誰が聞き手か，(3)互いが友人同士であるか知らない同士であるか，そして，(4)互いが同性であるか異性であるか，による[157]。目を合わせることは，同性の見知らぬ同士が近づいたときには避けられることが多い。どのような調整が行われるかもまた個人の性質によって異なる。覚醒しやすい人は，覚醒しにくい人と比べて調整の仕方が少ない[158]。

　親和－対立理論は今でも発展しつつある[159]。最近の 4 つのモデルは改良と拡張の代表例である。

■**社会的浸透**　親和－対立理論の主な短所は，それが人間関係のある種の変化について説明できないことである。われわれが恋に落ちるとき，片方の非言語的な親密表現の増加は，多くの場合，相手からも同じように返されるのであって，これを減らすことで調整されることはない。あなたが近づくと，相手は離れるどころか，近い距離を保つか，場合によってはもっと近づこうとする。一般に，人間関係が生じ，変化し，薄れていくときには，親和－対立理論は不均衡に対する個人の反応を予測できないことがある[160]。

　アーウィン・アルトマン（Irwin Altman）と彼の共同研究者たちは，これらの変化を扱える親和－対立理論の 1 つの形式を提案した。彼らの弁証法的なアプローチは，調整的な行動と同調的な行動は，個人が相手との相互関係行動についての欲求水準の変化に徐々に順応する過程で生じると結論づけている[161,162]。

■**調整の限界**　人々が不適切な距離関係を調整するだろうという基本的な考えは，どのような距離にでも有効だろうか。ジョン・アイエロ（John Aiello）と彼の共同研究者たちは，調整プロセスはある距離範囲を超えるとうまく機能しないことを示した[163,164]（図 5 - 9）。このことは，1 つには対人距離がどんどん不適切になると不快が非常に大きくなるためである。

　ある研究で，2 人の人が異なる距離で相互行動を行うビデオを人々に見せ，映像中の人が異なる距離関係において感じているであろう快適さの程度について判断させるという実験が行われた。その結果，中くらいの距離が最も快適だと知覚された。それよりも近いあるいは遠い距離では，快適さの評価は低下した[165]。危機的不快領域を超えると，通常の手段では不均衡を容易に回復することはできない。

　いくつかの研究で，アイエロらはまた，危機的不快領域に達する距離が性別によって異なることを見いだした[166-168]。男性は距離が近くなりすぎるほど不快感を示したのに対し，女性は距離が遠くなりすぎるほど不快感を示したのである。相手から遠く離れすぎている女性は，他のどんな手段を用いても均衡を取り戻すことがより困難であった。

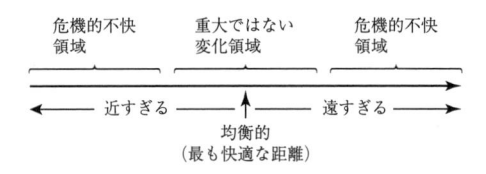

```
        危機的不快      重大ではない      危機的不快
         領域          変化領域         領域
       ├──────┤  ├──────┤  ├──────┤
       ←──────── 近すぎる ────────↑──────── 遠すぎる ────────→
                              均衡的
                           (最も快適な距離)
```

図 5-9　対人距離の連続的変化

　対人間距離は固定された距離というよりも，快適である距離帯とみなしたほうがいい。最適な均衡点から距離が離れても，近づいても不快感は増加する。補うための行動（たとえば，目をそらす，話題を変える）はやや近いまたは遠い距離のもたらす弱い不快感を和らげることができるが，とても遠すぎる，または近すぎる対人間距離のもたらすより大きな不快を緩和することはできない。

■**覚醒－認知**　親和－均衡に関するたいていの理論では，調整と同調は認知的な意識水準が非常に低い状態で起こると考えられている。しかし，すべての理論が認知過程の役割を軽視しているわけではない。もしあなたが誰かに近づきすぎたとすると，あなたは覚醒する。このことは，驚くことではない。唯一の謎は，その覚醒が否定的なもの（不快や怒り）か，肯定的なもの（喜びや性的興奮）かということであろう。

　覚醒概念によるアプローチの代表者といえるマイルス・パターソン（Miles Patterson）は，覚醒状態の変化には認知的な要素があると考えている。彼は，われわれは自分の覚醒状態の変化を意識しており，その変化を肯定的か否定的かのどちらかに分類しようとする傾向があると主張している。パターソンは，肯定的な情動を伴う覚醒変化は同調行動につながると予測している。否定的なものと分類された覚醒変化だけが，パターソンによれば，アーガイルとディーンによって記述された親和－対立理論における調整行動につながるという。

■**接近－回避**　アーガイルとディーンによる最初の親和－対立理論における提案は，われわれは他者に接近したいという欲求と他者を避けたいという対立する欲求のバランスをとるために対人距離（および他の非言語的行動）を用いているというものであった。エリック・ノウルズ（Eric Knowles）はこの仮説を詳細に調べ，接近－回避仮説についての3つの説明をその前提条件とした[169,170]。ちなみにこれらの説明は，初期の理論家によって用いられた快適さに基づく考え方のより明快な定義にもなっている。

1. ほとんどすべての対人状況は回避的な傾向を伴う。自分にとって利益のある関係においてさえ，われわれは近すぎる距離，関わり合い，逃れられない状態を避けたいと考える。
2. 場合によっては接近傾向につながる対人状況もある。われわれは相手によっては関わり合いたいと願う。

第 5 章
パーソナルスペース

3．対人状況における不快は接近と回避の傾向の食い違いの結果が生じる。

以上の説明を図 5-10 に示す。対人状況において，互いに近くにいる人々は相互に関係を持っているかもしれないし，持っていないかもしれない（外的な力による近接状態，たとえば混み合ったエレベーターやバス，部屋のように）。図のAとCの網掛け部分は，近距離と遠距離における接近と回避傾向の間の食い違いを表している。図のBとDは，その結果生じる，これらの距離で人が経験する不快について描いたものである。

まとめると：個人の対人距離に関する規則の習得についての特徴は，おそらく社会的学習理論と親和均衡の理論によってうまく説明される。さらに包含的な理論の統合が行われ始めている。社会的浸透モデルは人間関係が深まったり，薄まったりする過程におけるパーソナルスペースの役割を強調した。調整モデルの限界は，不快が増大すると相互に関係することが困難になることを示し，対人距離の有効限界を浮き彫りにした。接近－回避モデルは，他者に近づきたいという欲求と，他者から離れていたいという欲求の間の相違についての仮説を提示した。すなわち不快さは2つの欲求の食い違いによるものとみなされた。

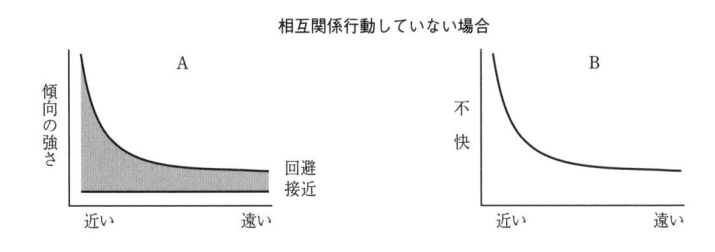

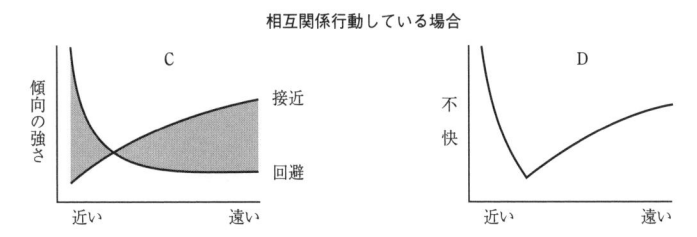

図 5-10 パーソナルスペースのより複雑な考えは，われわれが他者との交流に関わっているか，また，われわれの他者への接近または回避の傾向の強さに，不快感は関係しているとみなす。われわれが相互関係行動していない場合（図AとB）は，距離が増加しても不快感は増加しない。しかし，他者と関係行動している場合（図CとD）には，不快感は適度な中間距離で最低となり，距離が遠すぎるときにも，より不快感を感じることになる。

パーソナルスペースと環境デザイン

　パーソナルスペース研究の初期の頃，何人かの研究者たちは，パーソナルスペースこそが建築計画の中心になるだろうと夢見ていた。ロバート・ソマーは，彼のパーソナルスペースに関する著書に「デザインの行動的基礎」と副題をつけた。しかし，わずか5年後には，ソマーはパーソナルスペースは建築設計の基礎にはなり得ないだろうことを悟った[171]。単純にいえば，建築設計には他に考慮しなくてはならないことが多すぎるのだ。建築法規，敷地，他の社会的要素，予算，材料，そして美的価値もまた重要である。

　パーソナルスペースは環境デザインの核心ではないかもしれないが，他の要素の中にあって，考慮すべき1つの重要なものである。エドワード・ホールは，対人距離の研究は，建築家に建物をどのように設計したらよいかは示さないが，設計のために役立つ情報を確かに建築家に提供できる，と書いている。ソマーの本とホールの本が出版されて以来，設計者たちは依頼人の空間的な要求に対してずっと敏感になった。

　多くの研究者たちが構築環境におけるパーソナルスペースの役割を具体的に調べてきた。これらの研究のほとんどは，図書館，空港，学校，オフィスそしてレストランといった，公共の空間のような場所での着座位置に反映されるようなパーソナルスペースに着目したものである。そして家具配置の社会的な相互関係行動に対する影響に関するものが最も多い。いくつかの配置は社会的な相互関係行動を促進し，他の配置はこれの妨げになるようだ。それでは，建築デザインにおけるパーソナルスペースのケーススタディのいくつかを見てみよう。

ソシオペタルおよびソシオフーガル配置

　洞察力に富む精神科医，ハンフリー・オズモンド（Humphrey Osmond）は，社会的な相互関係行動を促進する配置を表すためにソシオペタル（社会求心）配置という用語と，社会的な相互関係行動を阻害する配置を表すためにソシオフーガル（社会遠心）配置という用語をつくった[172]。オズモンド自身はこれらの用語を座席配置に限定してはいない。たとえば彼は，玄関ホールはソシオフーガルで，円形の部屋はソシオペタルだと述べている。しかし，ほとんどの後に続く研究が，座席配置のソシオペタルあるいはソシオフーガル特性を強調してきた。

　典型的なソシオペタル配置は，家族がテーブルのまわりに向かい合って座る，たいていの家庭にある食卓である。一方，典型的なソシオフーガル配置は，座った人が外側を向き，互いに離れて，違う方向を向くように背中合わせに固定された一組のイスである。たいていの座席配置は，これらの両極端の間に位置することになる（図5-11）。

●●第5章●●
パーソナルスペース

図5-11 ソシオフーガル（上）とソシオペタル（下）配置は社会的交流に影響する。

　深く考えなければ，われわれはソシオペタル配置はよいもので，ソシオフーガル配置は悪いものだと結論するかもしれない。しかしよく考えると，われわれは可能ならどこでも社会的な相互関係行動が促進されることを望んでいるのだろうか。必ずしもそうではない。社会的な相互関係行動が最小になることが最良のパターンである状況もある。たとえば，大学の図書館の閲覧室では，われわれのほとんどは他の人々が静かに作業することを期待している。一方，地域図書館の一部では，司書たちは利用者たちが問題について議論し，質問することを奨励したいと考えているかもしれない。実際これが，この問題の核心なのである。ソシオペタルもソシオフーガルなデザインも本質的に良いあるいは悪いということはない。問題は，どちらの行動がその特定の場面において価値があるか，そしてどちらの配置がその行動を促進するだろうか，ということなのだ。
　しかし，設計者たちは単にある座席配置をつくるだけで価値のある行動を起こさせることを期待することはできない。研究の結果は，人々を向かい合わせる座席配置が常に会話を促進するとは限らないことを示している[173]。これは，個人の特性といった

他の要素が社交性に影響を与えているためかもしれない[174]。しかし、ソシオペタルとソシオフーガルな座席配置は、たぶん社会的な相互関係行動を奨励し促進したり、制限し妨害したりするだろう。

図書館

　大学図書館の閲覧室の空間が利用者にどのように使われているかをただ記録するというある研究が行われた[175]。しかし、目的は利用者たちが、だいたい似たような場面において、利用可能な空間配置をどのように使うかを予測するための方法を開発することであった。どんな順番で、どれくらいの時間、そしてどんな種類の利用者によってどの席が使われたかが記録された。大ざっぱな計算でいえば、部屋の座席の約3分の2が埋まると、新しく入ってきた人の中には席に座らず、立ち去る人もいる。初期のモデルは、1つの座席が埋まると、その周囲でホールの社交的距離（半径約1.8 m＝6フィート）の近接相以内にある他の座席は避けられるだろうという仮説であった。これは確認されたが、それ以外に、利用者たちには、もし可能なら誰も座っていない机を選ぶという強い傾向があった。人々は、隣に並ぶ配置を選ぶことを避けたが、隣り合って座る状況になると、ほとんどすべての場合に会話が行われた。

　このようなデータは数学的モデルとして、図書館の閲覧室の設計あるいは改修する際の支援のために活用できるかもしれない。もしそのモデルが、利用可能な座席数と座席の物理的な配置といった基本的な事実によって規定されるのであれば、利用者の好みや他の暗黙のルールを使って閲覧室の設計案における利用パターンを予測できるかもしれない。この研究から明らかになった利用法則のいくつかを示す。

・最も望ましい席は、空いているテーブルの席である。
・もしどのテーブルも埋まっていれば、次に望ましい席は他の人から最も遠い席である。
・背中合わせに座ることが可能な席は、隣り合って座る席よりも好まれる。
・部屋が60％以上埋まると、利用者は他の場所へ移動する。

　いくつかの大学ではすでに、学生たちが、寮からカフェテリア、教室、研究室の間をどのように移動するかを予測するためにこのようなモデルを使っている。

レストランおよびバー

　その場で消費される食べ物や飲み物を売る施設には非常にさまざまな設計があり得る。設計のある特定の側面はその地域の法律で決められる。どんなところでも酒類を提供することについては、それぞれ違う規則を持っているようだ。しかし他の多くの事柄はそれぞれの経営者自身が考える客の好み、あるいは客の回転を速くするかゆっ

第5章
パーソナルスペース

くりにするかという経営者の目標によって決められている。

マーク・クック（Mark Cook）は，バーとレストランにおける座席について研究を行った[176]。彼の発見のいくつかはここに関連している。第1に，座席の好みに関するアンケートの結果は実際の座席選択行動とはあまり一致しない。第2に，実際の座席選択は一緒に食事をする人たちが同性かどうかによってかなり変化する。第3に，実際の着席パターンはレストランとバーでは異なる。このような観察は，レストランやバーの設計あるいは改修を依頼された建築家にとっては貴重な情報となる。

シェリ・キャバン（Sherri Cavan）は，サンフランシスコのバーに通ってPh. D.の学位を得た。もちろん，彼女は通っていただけではない。彼女は客たちの行動パターンの参与観察を行っていた[177]。彼女はバーカウンターと，テーブルにおける社会的な孤立と相互関係行動のパターンを観察した。相互関係行動と個人の目的，そして空間の利用配置には明確なパターンがあった。

1人で飲みたいと思っている人は，必ず遠く離れたスツールかテーブルを選び，背中を丸め，自分の飲み物を見つめていることをキャバンは見いだした。このような行動を行っても他者を近づけないことはできないかもしれない。バーは明らかに社会的な相互関係行動のためにつくられたものだと広く認識されているからだ。しかし，バーカウンターそのものは通常テーブル席よりもソシオフーガルな配置になっており，1人で飲む人が社会的な接触を避けやすいようになっている。

キャバンは，客たちがスツール2つ以上の距離を越えて会話を始めることはめったにないことを見いだした。2人の男性が空いたスツール1つをはさんで話し始めた場合，彼らがその空いたスツールに移動することはあまりない。しかし，男性と女性がスツール越しに話を始めた場合は，スツール数にかかわらず2人の間はすぐに詰められるだろう。

キャバンのバーに関する研究により，デザインの基本原則が説明される。このような店の経営者たちはずっと以前から，ある客はソシオペタルな配置を好み，他の客はもっとソシオフーガルな配置を好むことに気づいていた。その解決法は客がこれらを選べるようにすることである。キャバンのような研究は，与えられた客層，場所と広さに対し適切な座席配置の割合を提案することで，デザインプロセスを支援することができる。

カウンセリング場面

カウンセリングを受ける人の問題点の基本的な要素は，会話が困難だということである。統合失調症患者は一般に上手に多くの会話を行うことができない。神経症患者は非常にたくさんしゃべるが愛想はよくない。家族の問題でさえも多くの場合，意思疎通の困難さがもとになっている。心理療法の最中の座席配置は，この細心の注意を要する状況で，成功するか失敗するかの重要なポイントかもしれない。

イスそのものも心理的に重要かもしれない[178]。たとえば，ある人が感情的にくずれそうだと感じている場合，セラピストは折りたたみイスを勧めるのではなくもっとふさわしいことができるだろう。4つの著名な心理療法の学校の指導者たちによって推奨されたイスの配置は啓蒙的である[179]。フロイト（Sigmond Freud）のアプローチは非常にソシオフーガルなものである。患者はカウチ（寝イス）に横たわり，精神分析者はカウチの頭のほうの完全に見えないところに座る。この心理的に離れた配置は，このような配置が抑圧された考えの自由な表現を容易にするというフロイトの確信と合致する。

もっと対人関係を指向する心理療法学派の父であるハリー・スタック・サリヴァン（Harry Stack Sullivan）は，クライアントとセラピストが机をはさんで直接向かい合う配置を推奨した。サリヴァンは，統合失調症患者を援助することを専門にしており，この直接的な位置が，まだ会話を求めている統合失調症患者の人格の小さな一部との会話を促進すると信じていた。しかし，このような直接的な位置はセラピストに過剰な負担をかけるのかもしれない。サリヴァンは自らその命を絶った。

身体指向形式の心理療法を代表するウィリアム・ライヒ（William Reich）は，彼の患者に，セラピストがカウチに並んで座り，患者と顔を合わせた状態でカウチに横になるよう求めた。この配置は心理的問題を伴う個人のパーソナリティ防衛が，硬直した筋肉と他の肉体的な様子に反映しているというライヒの確信に基づくものであった。彼の家具配置は，セラピストが治療の間，頻繁に患者に触れたりマッサージできるように考えられたものである。

他の考え方の一派として，フリッツ・パールズ（Fritz Perls）のゲシュタルト療法がある。パールズは決まったイスの配置などあるはずがないと信じていた。実際，彼は多くの場合，グループ療法におけるロールプレイングや夢判断といった異なった活動のため，クライアント自身や家具の位置をあちこち動かすよう指示したものである。パールズは時に床に座るために家具をどかすようクライアントに命じた。

要　約

パーソナルスペースは，対人関係のうちの距離的な要素と位置的な要素である。パーソナルスペースには客観的側面（アルファ）と経験的側面（ベータ）がある。アルファ・パーソナルスペースを測定する最良の方法はおそらく意図を隠して行う停止距離法である。シミュレーション法は，ベータ・パーソナルスペースを測定するのには有用かもしれない。人と人の間は一般に年齢および対人間の冷たさに従って大きくなる。男性は大きめのパーソナルスペースを持ち，心理的な障害を持つ人は変わりやすいパーソナルスペースを持つ。個人の影響と状況の影響は相互に作用し合うため，日

第 5 章
パーソナルスペース

常の社会的相互関係行動における対人距離を予測する際には注意を要する。魅力と協力は一般に小さめの対人距離につながるが，恥辱と対等でない地位は大きな対人距離につながる。

物理的な空間が限られているとき，われわれは大きめの対人距離を選択する。対人距離には文化的な違いが存在するが，他の要因が接触型または非接触型文化という単純な定型を変化させることも多い。対人距離は他者に影響を与えるために使うこともできるかもしれない。他人についての推測は，多くの場合彼らが選択している対人距離に基づいて行われる。近い距離は，人間関係によっては，同調行動につながるかもしれないし，逃避行動につながるかもしれない。近い距離はまた，必要性が明らかに示されれば，他者を助ける行動を引き出すかもしれない。協力的な状況では近い距離が，競争的な状況では離れた距離が，よりよい作業成績に結びつく。

パーソナルスペースの統合モデルは，他者との遭遇における刺激をコントロール可能とすることで，われわれをストレスからまもるコミュニケーションメディアとしての機能を含んでいる。統合モデルは，人間関係の動的な性質，認知評価の役割，接近－回避の葛藤の管理を強調している。パーソナルスペースは建物の人間的デザインの重要な行動的基礎の1つである。建設の費用が上昇し，ますます密度を高めざるを得なくなっているので，空間配置にはより多くの注意が払われなければならない。パーソナルスペースのやりとりは，どこにでもあり，社会的な相互関係行動に非常に重要であるが，多くの場合，無計画で気づかれていない。少なくとも設計者は，個人が相互関係行動のために快適な空間を見いだせるように，さまざまな座席配置か，もしくは柔軟に変更可能な配置を提供すべきであるということだけは結論することができる。

【引用文献】
1. Sommer, R. (1969). *Personal Space: The behavioral basis of design* (p. 26). Englewood Cliffs, NJ: Prentice-Hall.
2. 1. 参照
3. Patterson, M. L. (1975). Personal space — Time to burst the bubble? *Man-Environment Systems*, **5**, 67.
4. Knowles, E. S. (1980). An affiliative conflict theory of personal and group spacial behavior. In P. B. Paulus (Ed.), *Psychology of group influence*. Hillsdale, NJ: Erlbaum.
5. Howard, E. (1920). *Territory in bird life.* London: John Murray.
6. Hediger, H. (1950). *Wild animals in captivity.* London: Butterworth.
7. Hall, E. T. (1959). *The silent language.* Garden City, NY: Doubleday.
8. Hall, E. T. (1966). *The hidden dimension.* Garden City, NY: Doubleday.
9. 8, p. 113. 参照
10. 7. 参照
11. Patterson. M. (1968). Spatial factors in social interactions. *Human Relations*, **21**, 351-361.
12. Evans, G. W., & Howard, R. B. (1973). Personal space. *Psychological Bulletin*, **80**, 334-344.
13. Hayduk, L. A. (1978). Personal space: An evaluative and orienting overview. *Psychological Bulletin*, **85**, 117-134.
14. Gifford, R., & Price, J. (1979). Personal space in nursery school children. *Canadian Journal of Behavioral Science*, **11**, 318-326.
15. Gifford, R. (1983). The experience of personal space: Perception of interpersonal distance. *Journal of Nonverbal Behavior*, **7**, 170-178.

16. Codol, J.-P., Jarymowicz, M., Kaminska-Feldman, M., & Szuster-Zarojewicz, A. (1989). Asymmetry in the estimation of interpersonal distance and identity affirmation. *European Journal of Social Psychology*, **19**, 11-22.
17. Kaminska-Feldman, M. (1991). Self-salience and the autocentric versus allocentric asymmetry effect in interpersonal distance rating. *Cahiers de Psychologie Cognitive*, **11**, 669-678.
18. Hayduk, L. A. (1985). Personal space: The conceptual and measurement implications of structural equation models. *Canadian Journal of Behavioral Science*, **17**, 140-149.
19. 4. 参照
20. 18. 参照
21. Gifford, R., & Sacilotto, P. (1993). Social isolation and personal space: A field study. *Canadian Journal of Behavioral Science*, **25**, 165-174.
22. Barnard, W. A., & Bell, P. A, (1982). An unobtrusive apparatus for measuring interpersonal distances. *Journal of General Psychology*, **107**, 85-90.
23. Bell. P. A., Kline, L. M., & Barnard, W. A. (1988). Friendship and freedom of movement as moderators of sex differences in interpersonal distancing. *Journal of Social Psychology*, **128**, 305-310.
24. Gifford, R. (1982). Projected interpersonal distances and orientation choices: Personality, sex, and social situation. *Social Psychology Quarterly*, **45**, 145-152.
25. Lott, B. S., & Sommer, R. (1967). Seating arrangements and status. *Journal of Personality and Social Psychology*, **7**, 90-95.
26. Pellegrini, R. J., & Empey, J. (1970). Interpersonal spatial orientation in dyads. *Journal of Psychology*, **76**, 67-70.
27. 22. 参照
28. Kuethe, J. L. (1962). Social schemas. *Journal of Abnormal and Social Psychology*, **64**, 31-38.
29. Kuethe. J. L., & Weingartner, H. (1964). Male-female schemata of homosexual and non-homosexual penitentiary inmates. *Journal of Personality*, **32**, 23-31.
30. Altman, I. (1975). *The environment and social behavior: Privacy, personal space, territoriality and crowding*. Monterey, CA: Brooks/Cole, p. 75.
31. Balogun, S. K. (1991). The influence of sex and religion on personal space among undergraduate students. *Indian Journal of Behaviour*, **15**, 13-20.
32. Severy, L. J., Forsyth, D. R., & Wagner, P. J. (1979). A multimethod assessment of personal space development in female and male, black and white children. *Journal of Nonverbal Behavior*, **4**, 68-86.
33. Greeno, C. G. (1990). Gender differences in children's proximity to adults. *Dissertation Abstracts International*, **50**(11-B), 5345.
34. 18. 参照
35. Castell, R. (1970). Effect of familiar and unfamiliar environments on proximity behavior of young children. *Journal of Experimental Child Psychology*, **9**, 342-347.
36. 12. 参照
37. Tannis, G. H., & Dabbs, J. M. (1975). Sex, setting and personal space: First grade through college. *Sociometry*, **38**, 385-394.
38. Aiello, J. R., & Pagan, G. (1982). Development of personal space among Puerto Ricans. *Journal of Nonverbal Behavior*, **7**, 59-80.
39. Cook, M. (1970). Experiments on orientation and proxemics. *Human Relations*, **23**, 61-76.
40. Mehrabian, A. & Diamond, S. G. (1971). The effects of furniture arrangement, props, and personality on social interaction. *Journal of Personality and Social Psychology*, **20**, 18-30.
41. Patterson, M. L., & Holmes, D. S. (1966). Social interaction correlates of the MMPI extroversion-introversion scale. *American Psychologist*, **21**, 18-30.
42. Kline, L. M., Bell. P. A., & Babcock, A. M. (1984). Field dependence and interpersonal distance. *Bulletin of the Psychonomic Society*, **2**, 421-422.
43. 24. 参照
44. Andersen, P. A., & Sull, K. K. (1985). Out of touch, out of reach: Tactile predispositions as predictors of interpersonal distance. *Western Journal of Speech Communication*, **49**, 57-72.
45. Karabenick, S., & Meisels, M. (1972). Effects of performance evaluation on interpersonal distance. *Journal of Personality*, **40**, 275-286.
46. Luft, J. (1966). On nonverbal interaction. *Journal of Psychology*, **63**, 261-268.
47. Patterson, M. L. (1973). Stability of nonverbal immediacy behaviors. *Journal of Experimental Social Psychology*, **9**, 97-109.

第5章
パーソナルスペース

48. Weinstein, L. (1968). The mother-child schema, anxiety, and academic achievement in elementary school boys. *Child Development*, **39**, 257-264.
49. Strube, M. J., & Werner, C. (1984). Personal space claims as a function on interpersonal threat: The mediating role of need for control. *Journal of Nonverbal Behavior*, **8**, 195-209.
50. Sommer, R. (1959). Studies in personal space. *Sociometry*, **22**, 247-260.
51. Horowitz, M. J., Duff, D. F., & Stratton, L. O. (1964). Body-buffer zone: Exploration of personal space. *Archives of General Psychology*, **11**, 651-656.
52. Srivastava, P., & Mandal, M. K. (1990). Proximal spacing to facial affect expressions in schizophrenia. *Comprehensive Psychiatry*, **31**, 119-124.
53. Horowitz, M. J. (1968). Spatial behavior and psychopathology. *Journal of Nervous and Mental Diseases*, **146**, 24-35.
54. Kinzel, A. S. (1970). Body buffer zone in violent prisoners. *American Journal of Psychiatry*, **127**, 59-64.
55. Eastwood, L. (1985). Personality, intelligence, and personal space among violent and non-violent delinquents. *Personality and Individual Differences*, **6**, 717-723.
56. Carifio, M. S. (1987). Personal space as a function of violence, race, and control. *Dissertation Abstracts International*, **47**, 7-B, 3100.
57. Jones, E. E. (1985). Interpersonal distancing behavior of hearing-impaired vs. normal-hearing children. *Volta Review*, **87**, 223-230.
58. Pedersen, J., Livoir-Petersen, M. F., & Schelde, J. T. (1989.). An ethological approach to autism: An analysis of visual behavior and interpersonal contact in a child versus adult interaction. *Acta Psychiatrica Scandinavica*, **80**, 346-355.
59. Little, K. B. (1965). Personal space. *Journal of Experimental Social Psychology*, **1**, 237-247.
60. Willis, F. N. (1966). Initial speaking distance as a function of the speakers' relationship. *Psychonomic Science*, **5**, 221-222.
61. Edwards, D. J. (1972). Approaching the unfamiliar: A study of human interaction distances. *Journal of Behavioral Science*, **1**, 249-250.
62. Aiello, J. R., & Cooper, R. E. (1972). The use of personal space as a function of social affect. *Proceedings of the Annual Convention of the American Psychological Association*, **7**, 207-208.
63. Strayer, J., & Roberts, W. (1997). Facial and verbal measures of children's emotions and empathy. *International Journal of Behavioral Development*, **20**, 385-403.
64. Sinha, S. P., & Mukerjee, N. (1990). Marital adjustment and personal space orientation. *Journal of Social Psychology*, **130**, 633-639.
65. King, M. G. (1966). Interpersonal relations in preschool children and average approach distance. *Journal of Genetic Psychology*, **109**, 109-116.
66. Rosenfeld, H. M. (1965). Effect of an approval seeking induction on interpersonal proximity. *Psychological Reports*, **17**, 120-122.
67. Smith, G. H. (1954). Personality scores and personal distance effect. *Journal of Social Psychology*, **39**, 37-62.
68. Mandal, M. K., & Maitra, S. (1985). Perception of facial affect and physical proximity. *Perceptual and Motor Skills*, **60**, 782.
69. Rivano-Fischer, M. (1984). Interactional space: Invasion as a function of the type of Social interaction. *Psychological Research Bulletin*, **24**, 15.
70. O'Neal, E. C., Brunault, M. S., Carifio, M. S., Troutwine, R., & Epstein, J. (1980). Effect of insult upon personal space preferences. *Journal of Nonverbal Behavior*, **5**, 56-62.
71. Guardo, C. J., & Meisels, M. (1971). Child-parend spatial patterns under praise and reproof. *Developmental Psychology*, **5**, 365.
72. Skorjanc, A. D. (1991). Differences in interpersonal distance among nonoffenders as a function of perceived violence of offenders. *Perceptual and Motor Skills*, **73**, 659-662.
73. Aiken, J. (1991). Come closer-stay back: Interpersonal space preferences. *Dissertation Abstracts International*, **51**(9-B), 4639.
74. Kleck, R. E., Buck, P. L., Goller, W. C., London, R. S., Pfeiffer, J. R., & Vukcevic, D. P. (1968). Effect of stigmatizing conditions on the use of personal space. *Psychological Reports*, **23**, 111-118.
75. Stephens, K. K., & Clark, D. W. (1987). A pilot study on the effect of visible physical stigma on personal space. *Journal of Applied Rehabilitation Counselling*, **18**, 52-54.
76. Conigliaro, L., Cullerton, S., Flynn, K. E., & Roeder, S. (1989). Stigmatizing artifacts and their effect on personal space. *Psychological Reports*, **65**, 897-898.

77. Wolfgang, J., & Wolfgang, A. (1971). Explanation of attitudes via physical interpersonal distance toward the obese, drug users, homosexuals, police, and other marginal figures. *Journal of Clinical Psychology*, **27**, 510-512.
78. Worthington, M. (1974). Personal space as a function of the stigma effect. *Environmental and Behavior*, **6**, 289-295.
79. 1. 参照
80. 39. 参照
81. Brodsky, S. L., Hooper, N. E., Tipper, D. G., & Yates, S. B. (1999). Attorney invasion of witness space. *Law and Psychology Review*, **23**, 49-68.
82. Tedesco, J. F., & Fromme, D. K. (1974). Cooperation, competition, and personal space. *Sociometry*, **37**, 116-121.
83. Rosenfeld, P., Giacalone, R. A., & Kennedy, J. G. (1987). Of status and suits: Personal space invasions in an administrative setting. *Social Behavior and Personality*, **15**, 97-99.
84. 25. 参照
85. Mehrabian, A. (1969). Significance of posture and position in the communication of attitude and status relationships. *Psychological Bulletin*, **71**, 359-373.
86. 24. 参照
87. Adams, L., & Zuckerman, D. (1991). The effect of lighting conditions on personal space requirements. *Journal of General Psychology*, **118**, 335-340.
88. Daves, W. F., & Swaffer, P. W. (1971). Effect of room size on critical interpersonal distance. *Perceptual and Motor Skills*, **33**, 926.
89. 37. 参照
90. 59. 参照
91. Savinar, J. (1975). The effect of ceiling height on personal space. *Man-Environment Systems*, **5**, 321-324.
92. Cochran, C. D., Hale, W. D., & Hissam, C. P. (1984). Personal space requirements in indoor versus outdoor locations. *Journal of Psychology*, **117**, 121-123.
93. Kaya, N., & Erkip, F. (1999). Invasion of personal space under the condition of short-term crowding: A case study on an automatic teller machine. *Journal of Environmental Psychology*, **19**, 183-189.
94. Burgess, J. W., & Fordyce, W. K. (1989). Effects of preschool environments on nonverbal social behavior: Toddlers' interpersonal distances to teachers and classmates change with environmental density, classroom design, and parent-child interactions. *Journal of Child Psychology and Psychiatry and Allied Disciplines*, **30**, 261-276.
95. Worchel, S. (1986). The influence of contextual variables on interpersonal spacing. *Journal of Nonverbal Behavior*, **10**, 320-354.
96. 21. 参照
97. Summit, J. E., Westfall, S. C., Sommer, R., & Harrison, A. A. (1992). Weightlessness and interaction distance: A simulation of interpersonal contact in outer space. *Environment and Behavior*, **24**, 617-633.
98. 7, p. 161-162. 参照
99. Watson, O. M., & Graves, T. D. (1966). Quantitative research in proxemic behavior. *American Anthropologist*, **68**, 971-985.
100. Mehrabian, A. (1966). Immediacy: An indicator of attitudes in linguistic communication. *Journal of Personality*, **34**, 26-34.
101. Watson, O. M. (1970). *Proxemic behavior: A cross-cultural study*. The Hague: Mouton.
102. Forston, R. F., & Larson, C. U, (1968). The dynamics of space: An experimental study in proxemic behavior among Latin Americans and North Americans. *Journal of Communication*, **18**, 109-116.
103. Mazur, A. (1977). Interpersonal spacing on public benches in "contact" and "noncontact" cultures. *Journal of Social Psychology*, **101**, 53-58.
104. Shuter, R. (1976). Proxemics and tactility in Latin America. *Journal of Communication*, **26**, 46-52.
105. Remland, M. S., Jones. T. S., & Brinkman, H. (1991). Proxemic and haptic behavior in three European countries. *Journal of Nonverbal Behavior*, **15**, 215-232.
106. Scherer, S. E. (1974). Proxemic behavior of primary school children as a function of their socioeconomic class and subculture. *Journal of Personality and Social Psychology*, **29**, 800-805.
107. Jones, S. E., & Aiello, J. R. (1973). Proxemic behavior of black and white first-, third-, and fifth-grade children. *Journal of Personality and Social Psychology*, **25**, 21-27.
108. Sanders, J. L., Hakky, U. M., & Brizzolara, M. M. (1985). Personal space amongst Arabs and

第5章
パーソナルスペース

Americans. *International Journal of Psychology*, 20, 13-17.
109. Sussman, N. M., & Rosenfeld, H. M. (1982). Influence of culture, language, and sex on conversational distance. *Journal of Personality and Social Psychology*, 42, 66-74.
110. Balogun, S. K. (1991). Personal space as affected by religions of the approaching and approached people. *Indian Journal of Behaviour*, 15, 45-50.
111. Collett, D. (1971). Training Englishmen in the nonverbal behavior of Arabs. *International Journal of Psychology*, 6, 209-215.
112. Hern, W. (1991). Proxemics: The application of theory to conflict arising from antiabortion demonstrations. *Population and Environment: A Journal of Interdisciplinary Studies*, 12, 379-388.
113. Shaw, M. E. (1976). *Group dynamics: The psychology of small group behavior*. New York: McGraw-Hill.
114. 1. 参照
115. Barash, D. P. (1973). Human ethology: Personal space reiterated. *Environment and Behavior*, 5, 67-73.
116. Young, A. E., & Guile, M. N. (1987). Departure latency to invasion of personal space: Effects of status and sex. *Perceptual and Motor Skills*, 64, 700-702.
117. Lombardo, J. P. (1986). Interaction of sex and sex role in response to violations of preferred seating arrangements. *Sex Roles*, 15, 173-183.
118. Ashton, N. L., Shaw, M. E., & Worsham, A. P. (1980). Affective reactions to interpersonal distances by friends and strangers. *Bulletin of the Psychonomic Society*, 15, 306-308.
119. Rustemli, A. (1988). The effects of personal space invasion on impressions and decisions. *Journal of Psychology*, 122, 113-118.
120. Hewitt, J., & Henley, R. (1987). Sex differences in reaction to spatial invasion. *Perceptual and Motor Skills*, 64, 809-810.
121. Fisher, J. D., & Byrne, D. (1975). Too close for comfort: Sex differences in response to invasions of personal space. *Journal of Personality and Social Psychology*, 32, 15-21.
122. Lane, P. L. (1989). Nurse-client perceptions: The double standard of touch. *Issues in Mental Health Nursing*, 10, 1-13.
123. 39. 参照
124. O'Connor, B. P., & Gifford, R. (1988) A test among models of nonverbal immediacy reactions Arousal labeling discrepancy-arousal, and social cognition. *Journal of Nonverbal Behavior*, 12, 6-33.
125. Knowles, E. S. (1972). Boundaries around social space: Dyadic responses to an invader. *Environment and Behavior*, 4, 437-445.
126. Knowles, E. S., & Brickner, M. A. (1981). Social cohesion effects on spatial cohesion. *Personality and Social Psychology Bulletin*, 7, 309-313.
127. 69. 参照
128. Middlemist, R. D., Knowles, E. S., & Matter, C. F. (1976). Personal space invasions in the lavatory: Suggestive evidence for arousal. *Journal of Personality and Social Psychology*, 33, 541-546.
129. Mehrabian, A., & Williams, M. (1969). Nonverbal concomitants of perceived and intended persuasiveness. *Journal of Personality and Social Psychology*, 13, 37-58.
130. Albert, S., & Dabbs, J. M., Jr. (1970). Physical distance and persuasion. *Journal of Personality*, 15, 265-270.
131. Burns, T. (1964, October). Nonverbal communication. Discovery, 31-35.
132. Patterson, M. L., & Sechrest, L. B. (1970). Interpersonal distance and impression formation. *Journal of Personality*, 38, 161-166.
133. Aiello, J. R., & Thompson, D. E. (1980). When compensation fails: Mediating effects of sex and locus of control at extended interaction distances. *Basic and Applied Social Psychology*, 1, 65-82.
134. Winkel, F. W., Koppelaar, L., & Vrij, A. (1988). Creating suspects in police-citizen encounters: Two studies on personal space and being suspect. *Social Behavior*, 3, 307-318.
135. Kleck, R. (1969). Physical stigma and task oriented interactions. *Human Relations*, 22, 53-60.
136. Goldring, P. (1967). Role of distance and posture in the evaluation of interactions. *Proceedings of the 75th Annual Convention of the American Psychological Association*.
137. Haase, R. F., & Pepper, D. T., Jr. (1972). Nonverbal components of empathic communication. *Journal of Counseling Psychology*, 19, 417-424.
138. Konecni, V. J., Libuser, L., Morton, H., & Ebbesen, E. B. (1975). Effects of a violation of personal space on escape and helping response. *Journal of Experimental Social Psychology*, 11, 288-299.
139. DeBeer-Kelston, K., Mellon, L., & Solomon, L. Z. (1986). Helping behavior as a function of personal space invasion. *Journal of Social Psychology*, 126, 407-409.

140. Baron, R. A., & Bell, P. A. (1976). Physical distance and helping: Some unexpected benefits of "crowding in" on others. *Journal of Applied Social Psychology*, 6, 95-104.
141. Baron, R. A. (1978). Invasions of personal space and helping: Mediating effects of invader's apparent need. *Journal of Experimental Social Psychology*, 14, 304-312.
142. Buller, D. B. (1987). Communication apprehension and reactions to proxemic violations. *Journal of Nonverbal Behavior*, 11, 13-25.
143. Glick, P., DeMorest, J. A., & Hotze, C. A. (1988). Keeping your distance: Group membership, personal space, and requests for small favors. *Journal of Applied Social Psychology*, 18, 315-330.
144. 1. 参照
145. Gardin, H., Kaplan, C. J., Firestone. I. J., & Cowan, G. A. (1973). Proxemic effects on cooperation, attitude, and approach-avoidance in prisoner's dilemma game. *Journal of Personality and Social Psychology*, 27, 13-19.
146. Seta, J. J., Paulus, P. B., & Schkade, J. K. (1976). Effects of group size and proximity under cooperative and competitive conditions. *Journal of Personality and Social Psychology*, 34, 47-53.
147. Edinger, J. A., & Patterson, M. L. (1983). Nonverbal involvement and social control. *Psychological Bulletin*, 93, 30-56.
148. Baxter, J. C. (1970). Interpersonal spacing in natural settings. *Sociometry*, 33, 444-456.
149. Duke, M. P., & Nowicki, S., Jr. (1972). A new measure and social learning model for interpersonal distance. *Journal of Experimental Research in Personality*, 6, 119-132.
150. Brown, S. R., Pipp, S., Martz, C., & Waring, R. (1993). Connection and separation in the mother-infant dyad: Patterns of touch and use of interpersonal space. *Infant Mental Health Journal*, 14, 317-329.
151. Lomranz, J., Shapira, A., Choresh, N., & Gilat, Y. (1975). Children's personal space as a function of age and sex. *Developmental Psychology*, 11, 541-545.
152. 14. 参照
153. Isaacs, L. W., & Bearison, D. J. (1986). The development of children's prejudice against the aged. *International Journal of Aging and Human Development*, 23, 175-194.
154. Argyle, M., & Dean, J. (1965). Eye-contact, distance, and affiliation. *Sociometry*, 28, 289-304.
155. 47. 参照
156. Ajdukovic, D. (1988). A contribution of the methodology of personal space research. *Psychologische Beitrage*, 30, 198-208.
157. Rosenfeld, H. M., Breck, B. E., Smith, S. H., & Kehoe, S. (1984). Intimacy mediators of the proximity-gaze compensation effect: Movement, conversational role, acquaintance, and gender. *Journal of Nonverbal Behavior*, 8, 235-249.
158. Cappella, J. N., & Green, J. O. (1984). The effects of distance and individual differences in arousability on nonverbal involvement: A test of discrepancy-arousal theory. *Journal of Nonverbal Behavior*, 8, 259-286.
159. Albas, D. C., & Albas, C. A. (1989). Meaning in context: The impact of eye contact and perception of threat on proximity. *Journal of Social Psychology*, 129, 525-531.
160. Hale, J. L., & Burgoon, J. K. (1984). Models of reactions to changes in nonverbal intimacy. *Journal of Nonverbal Behavior*, 8, 287-314.
161. Altman, I., & Taylor, D. A. (1973). *Social penetration: The development of interpersonal relationships*. New York: Holt, Rinehart and Winston.
162. Sundstrom, E., & Altman, I. (1976). Interpersonal relationships and personal space: Research review and theoretical model. *Human Ecology*, 4, 47-67.
163. Aiello, J. R. (1977). A further look at equilibrium theory: Visual interaction as a function of interpersonal distance. *Environmental Psychology and Nonverbal Behavior*, 1, 122-140.
164. Aiello, J. R., Thompson, D. E., & Baum, A. (1981). The symbiotic relationship between social psychology and environmental psychology: Implications from crowding, personal space, and intimacy regulation research. In J. H. Harvey (Ed.), *Cognition social behavior, and the environment*. Hillsdale, NJ: Erlbaum.
165. Thompson, D. E., Aiello, J. R., & Epstein, Y. (1979). Interpersonal distance preferences. *Journal of Nonverbal Behavior*, 4, 113-118.
166. Aiello, J. R. (1972). A test of equilibrium theory: Visual interaction in relation to orientation, distance and sex of interactants. *Psychonomic Science*, 27, 335-336.
167. 163. 参照
168. Aiello, J. R., & Thompson, D. E. (1980). When compensation fails: Mediating effects of sex and locus of control at extended interaction distances. *Basic and Applied Social Psychology*, 1, 65-82.

第 5 章
パーソナルスペース

169. Knowles, E. S. (1980). An affiliative conflict theory of personal and group spatial behavior. In P. B. Paulus (Ed.), *Psychology of group influence*. Hillsdale, NJ: Erlbaum.
170. Knowles, E. S. (1989). Spatial behavior of individuals and groups. In P. B. Paulus (Ed.), *Psychology of group influence*. (2nd ed.) Hillsdale, NJ: Erlbaum.
171. Sommer, R. (1974). Looking back at personal space. In J. Lang, C. Burnette, W. Moleski, & D. Vachon (Eds.), *Designing for human behavior: Architecture and behavioral sciences*. Stroudsburg, PA: Dowden, Hutchinson and Ross, p. 205-207.
172. Osmond, H. (1957). Function as the basis of psychiatric ward design. *Mental Hospitals*, **8**, 23-30.
173. Gifford, R. (1981). Sociability: Traits, settings, and interactions. *Journal of Personality and Social Psychology*, **41**, 340-347.
174. Gifford, R., & Gallagher, T. M. B. (1985). Sociability: Personality, social context, and physical setting. *Journal of Personality and Social Psychology*, **48**, 1015-1023.
175. Eastman, C. M., & Harper, J. (1971). A study of proxemic behavior. *Environment and Behavior*, **3**, 418-437.
176. 39. 参照
177. 1. 参照
178. Winick, C., & Holt, H. (1961). Seating position as nonverbal communication in group analysis. *Psychiatry*, **24**, 171-182.
179. Goodman, P. (1964). Seating arrangements: An elementary lecture in functional planning. *Utopian essays and practical proposals*. New York: Random House/Alfred A. Knopf.

【参考図書】
Aiello, J. R. (1987). Human spatial behavior. In D. Stokols & I. Altman (Eds.), *Handbook of environmental psychology*. New York: Wiley.
Hayduk, I. A. (1983). Personal space: Where we now stand. *Psychological Bulletin*, **94**, 293-335.
Kaya, N., & Erkip, F. (1999). Invasion of personal space under the condition of short-term crowding: A case study on an automatic teller machine. *Journal of Environmental Psychology*, **19**, 183-189.
Knowles, E. S. (1989). Spatial behavior of individuals and groups. In P. B. Paulus (Ed.), *Psychology of group influence*. (2nd ed.) Hillsdale, NJ: Erlbaum.
Sommer, R. (1969). *Personal space: The behavioral basis of design*. Englewood Cliffs, NJ: Prentice-Hall.

第6章 テリトリアリティ

- □ テリトリアリティとは何か
    - タイプ：一次，二次，公共，その他
    - 侵害のタイプ
    - 防御のタイプ
- □ テリトリアリティの測定
    - フィールド研究とフィールド実験
    - 調査とインタビュー
    - 自然観察と目立たない測度
- □ テリトリアリティに影響するもの
    - 個人的な要因
    - 社会的な文脈
    - 物理的な文脈：守りやすい空間
    - 文化と民族的な要因
- □ テリトリアリティと人のふるまい
    - 個人化とマーキング
    - 攻撃とテリトリーの防御
    - 支配とコントロール
- □ テリトリアリティの理論
    - 遺伝子と進化の役割
    - 相互作用を体制化するもの
- □ テリトリアリティと環境デザイン
    - 近隣
    - 病院

> テリトリーは……それが持つことになる多くの肯定的な結びつきと同様に，意味の了解を促進する手段として，それが提供する選択の機会とコントロールによって，価値があるのである。
> ——ステファン＆レイチェル・カプラン（Stephen & Rachel Kaplan）[1]

> ジェーンは昇給を望んでいた。上司を説得する可能性を高めようと，彼女は最後に昇給したときからの業績リストを頭の中に準備し，それらを提示する順序について考え，さらにはどのようにオフィスに入ればよいか，どこに座るべきか，上司とどれぐらいアイコンタクトをすべきかについてさえ考えた。
> 　指定された時間ぴったりに，彼女はブラック夫人のドアをノックした。その時彼女は，ブラック夫人のオフィスが，いつの日か手に入れたい，とても素敵なものだと感じたけれど，すぐにその考えを打ち消した。それは，頑丈なドア，真鍮の表札，革イス，散りばめられたいくつかの小さな会議用テーブルを持つものであった。
> 　中に呼ばれて，ジェーンはどうしたわけか自分が思い描いていた堂々たる態度とふるまいで部屋に入らなかったことに気づいた。ブラック夫人は，大きな日当たりがよい窓を背にして，イスにもたれて座っていた。ジェーンは，背後からの光線のために，ブラック夫人の顔の表情をほとんど判読できなかった。同時にジェーンは，彼女自身の顔が非常に明るい光にさらされていたために，目を細めて見ていることに気づいた。
> 　彼女は昇給を求める理由を表現しようとしたが，どういうわけかすべての考えに活力が感じられなかった。彼女は彼女のリストを，順番を混乱させ，いくつかの理由を忘れさえしながら，口ごもりがちに話した。ブラック夫人は十分に愛想よかったけれども，最終的に，彼女はまったく説得力がなかったことを知りつつ，苦痛に満ちたリサイタルを終わらせた。
> 　ブラック夫人は，「その問題はよく考えます」と言った。ジェーンは，たくさんの小スペースの中に仕切られた自分の小さな仕事スペースに戻った。彼女は少なくともそこで人心地ついたが，昇給に対してはまったく楽観的ではなかった。

　テリトリアリティは，非常に広範囲にわたる現象である。あなたが人間のテリトリアリティを識別しようとすると，その指標はいたるところに見つけることができる。すなわち，図書館で場所をとるためにテーブルの上に広げられた本，表札，フェンス，錠，不法侵入禁止の標識，そして著作権表示さえも（図6-1参照）。その広がりにもかかわらず，テリトリアリティはそれに値するだけの数の研究がなされてこなかった。正確にテリトリアリティを定義すること，実際にテリトリアリティについて研究すること，そして人が本当にテリトリアリティを示すことの合意にいたることにさえ，困難がある。
　この章では，テリトリアリティの意味を掘り下げ，どのようにそれが測定されるのかを記述し，それに影響を与えたり与えられたりする要因を概観し，いくつかのテリトリアリティ理論を論じて，よりよい人間環境デザインのために，それがどのように利用できそうかを示す。

●●●第6章●●●
テリトリアリティ

図6-1　鉄の姿をとったテリトリアリティ

テリトリアリティとは何か

　主観的な定義とあわせ，テリトリアリティの形式的な定義で始めるのが，おそらく最もよいと思われる。そうすれば入り組んだ数種類の概念について感触が得られるだろう。ジュリアン・エドニー（Julian Edney）は，テ

JULIAN EDNEY
ジュリアン・エドニーは，テリトリーの性質に関して最も洞察に満ちたいくつかの論文を書いた。

リトリアリティには物理的な空間，所有，防御，使用の独占，目印，個人化，アイデンティティが含まれることを観察によって認めた[2]。このリストに支配性，コントロール，対立，安全，権利を示す杭打ち標示，覚醒，警戒を加えることができる。
　単純で正式な定義を提示することは容易でないが，次のことがわれわれの操作上の定義となるであろう。テリトリアリティ（territoriality：なわばり性，なわばり行動）は，個人や集団に保持されている行動と態度の型であり，それは習慣的な占有，防御，個人化，マーキングを伴うことのある，限定された物理的空間，物，アイデアの，知覚された，未遂に終わった，もしくは実際のコントロールに基づいている。マーキング（marking）は，自分のテリトリーであるとの強い意志を示すために，ある場所に物や物質を配置することを意味する。オス犬は消火栓にマーキングする。カフェテリアの食事客は，イスやテーブルの上にコートや本を置いたままにする。投機者は権利を杭打ち標示する。個人化（personalization）は，個人のアイデンティティを示すよ

227

うなマーキングを意味する。従業員は，仕事場を写真と記念の品で飾りつける。自動車の所有者の一部には，好みのナンバープレートを購入する者がいる。ギャングによる落書きは，「われわれはこの地域を支配している」ことを主張する方策の1つである。

タイプ：一次，二次，公共，その他

　世界中に無数のテリトリーがある。それらは，小さかったり大きかったり，入れ子状になっていたり，共有されていたりする。どのようにテリトリアリティが作用するのかを理解するために，テリトリーの分類体系を見いだすことは有用である。もしもよい体系が見いだされたなら，われわれはあるタイプのテリトリーを選んで研究し，その調査結果が同じタイプの他のテリトリーに適合することを合理的に想定することができる。これまでに提案された2つの主要な体系は部分的に重複しており，どちらもその中核部分（centrality）において，テリトリーがわれわれにとって心理的に重要である度合いは変化すると説明されている。

■**アルトマンの体系**　テリトリーを分類する1つの体系が，アーウィン・アルトマン（Irwin Altman）によって展開された。アルトマンの類型で鍵となる要素は，各々のタイプに割り当てられたプライバシー，所属，接近しやすさの程度である[3]。一次テリトリー（primary territories）は，個人や一次的な集団によって所有され，彼らによって比較的長く管理され，日常生活に重要な空間である（図6-2参照）。例として，あなたの寝室や家族の住居がある。居住者に対する一次テリトリーの心理的重要性は常に高い。

　二次テリトリー（secondary territories）は，一次テリトリーほどわれわれには重要ではないものの，使用者に対して中程度の意味を持っている。仕事における個人の机，お気に入りのレストラン，体育館のロッカー，本拠地の競技場などはその例である。これらのテリトリーのコントロールは現在の使用者に欠くことができないというものではなく，変化したり，交替したり，他者と共有されたりするものである。

　公共のテリトリー（public territories）は，コミュニティと良好な関係にあれば誰にでも開かれた領域である。ビーチ，歩道，ホテルのロビー，列車，店舗，スキーのゲレンデなどは公共のテリトリーである。差別や受け入れ難い行動のために，公共のテリトリーは時折，人々に対して閉ざされることがある。たとえば，バーや居酒屋は，飲酒できる年齢の誰にとっても公共のテリトリーである。しかしながら，トラブルを起こすような人はバーから出入り禁止にされるかもしれない。用心棒はテリトリアリティの代理人である。一次テリトリーが一般に部外者に閉ざされるのとは対照的に，公共のテリトリーは特に除外されたのでない限りすべての人に開いている。

　広く一般に認知されたテリトリアリティではないが，アルトマンはテリトリアリテ

●●●第6章●●●
テリトリアリティ

ィの他のタイプを2つ記述している[4]。物（objects）はテリトリーの基準をある程度満たしており，われわれは自分の本やコートや自転車や計算機に対してマーキングしたり，防御したり，コントロールしたりする。アイデア（idea）も同じく，ある意味でテリトリーといえる。われわれは特許と著作権を通してアイデアを守る。われわれは盗作に対してルールを持っている。ソフトウェア著作者はプログラムの所有権を守ろうとする。

　テリトリーは場所でなくてはならないか？　確かに日常的な言葉の意味からはそうである。しかし，テリトリアリティの概念は，動物のテリトリアリティを研究する人々から環境心理学にもたらされたものである。動物は，物やアイデアに対してはほとんどテリトリアリティを示さない。物やアイデアもテリトリーであると考えることの違和感は，おそらく動物研究で使われるテリトリアリティが空間を参照することから来るものであろう。他のいかなる種よりも人間で発達した認知的プロセスに基づいているという意味で，おそらく物とアイデアは，すべてのテリトリアリティの中で最も人間的である。それにもかかわらず，テリトリーとしての物やアイデアについては極めて少ししか研究が進んでいないといわざるを得ない[5]。

■**ライマンとスコットの体系**　ライマンとスコット（Stanford Lyman & Marvin Scott）の類型は，アルトマンとある程度重なり合っているが，後者

図6-2　これらはある人の，一次テリトリー，二次テリトリー，公共テリトリーの例である。

に直接相当するもののないテリトリーの2つのタイプを提言している[6]。1つ目は交流テリトリー（interactional territories）で，それは交流している人々の集団によって一時的にコントロールされる領域である。たとえば，教室，家族でピクニックへ行く場所，公園のフットボールゲームなどが含まれる。これらのテリトリーについては明白なマーキングはほとんど発生しないかもしれないが，それでもテリトリーへの侵入は，干渉，無礼，もしくは「衝突」として知覚される。ライマンとスコットは，同じく物理的な自己のことを身体テリトリー（body territories）とみなしている。これはパーソナルスペースと同じではない。なぜなら境界線は自分の皮膚からいくらか離れたところにあるというよりは，皮膚のところにあるからである。身体は（外科手術のように）許可を得て入れられるかもしれないし，（ナイフ攻撃のように）許可なしで入られるかもしれない。しかし人は，化粧や宝石類，入れ墨，衣類などで身体を特徴づけて個人化し，そしてそれは確かに体への接近を防御したりコントロールしたりする。

侵害のタイプ

　研究と経験は，テリトリーが侵害されるいくつかのやり方を示している[7]。最も明白な形式は，部外者が物理的にテリトリーに入り込む侵入（invasion）であり，通常，その時の所有者のコントロールを奪うことを意図している。1つの例として，家族の新しいコンピュータを設置するために裁縫室を乗っ取る配偶者があるだろう。

　侵害の2番目の形式は違反行為（violation）であり，誰かのテリトリーへのもっと一時的な侵入である。通常，目標は所有権ではなく，苛立たせたり被害を与えたりすることである。破壊行為，ひき逃げ，窃盗がこのカテゴリーに分類される。違反行為は時どき，まだ文字を読めない少年が女子トイレの中に入ってしまうときのように，無知から起こることがある。他の場合，コンピュータのいたずら者が他の人たちのコンピュータの中に入り込むというような違反行為は故意である。違反行為は，個人的にテリトリーに入っている侵害者なしで起こるかもしれない。ラジオの電波妨害，うるさい音楽の演奏，コンピュータ・ウイルスはテリトリーの違反行為の例である。

　侵害の3番目の形式は，テリトリーにひどい何かを入れることによって，侵害者が他の誰かのテリトリーを汚す汚染（contamination）である。例として，後に居住者が対処せねばならない有毒廃棄物を地中に残す大規模化学会社，キッチンを不潔なままにしている泊り客，あなたの庭の中に吹き積もっている殺虫剤などがあるだろう。

防御のタイプ

　テリトリーを侵害するさまざまな方法があるように，それらを防御するいくつかの方法がある。ただし，われわれはテリトリーが常に侵害されるわけではないことや，侵害されるときも常に防御されるわけではないことを念頭に置くべきである。

　マーク・ナップ（Mark Knapp）は，防御を2つの一般的なタイプ——予防的防御

第6章
テリトリアリティ

と反応的防御——に分けている。コート，タオル，サイン，フェンスのような目印は予防的防御（preventative defenses）である。人は侵害を予測し，それが起こる前に止めようと行動する。一方，反応は侵害が実際に起きた後に応答することである。反応的防御（reaction defenses）の例は，入り口をバタンと閉めることや侵害者に身体的に襲いかかることから，特許や著作権侵害のための法廷行為を起こすことや，あなたが本来必要とするぶんよりも長く（有料電話のような）場所を占拠するだけのことにまでわたっている[8]。駐車場を出るドライバーの研究から，自分とは別のドライバーが駐車場所を待っているときには，出発にかかる時間が長くなることが見いだされた[9]。あなたがいつも感じていたことでしょう！

3番目のタイプは社会的境界の防御（social boundary defense）である[10]。社会的境界の防御は，交流テリトリーの境い目で使われるものであり，主人と訪問者によって結ばれたしきたりから成り立っている（図6-3参照）。たとえば，1920年代のもぐり酒場に入り込むには，パスワードを必要とした。アフリカのブッシュマンの集団同士が境界において出会うと，互いのテリトリーの中に部外者が入ることを許す前に特定の挨拶を取り交わす。発展した世界の国境における同様のものが税関事務所である。社会的境界の防御は，社会的交流の中で望まれない訪問者と望まれる訪問者とを引き離すのに役立つ。

まとめると：テリトリーの7つのタイプは次のように区別されるであろう。一次テリトリー，二次テリトリー，公共テリトリー，交流テリトリー，身体テリトリー，物，アイデア。これらの異なった類型は，おそらくある程度重なり合っている。まだ誰もすべてのタイプに対応する場所，およびその場所のすべてのタイプを持つカテゴリー体系を洗練させるまでにはいたっていない。テリトリーの7つのタイプは，侵入，違反行為，汚染の3つの一般的な方法で侵害されることがある。テリトリー保有者は，予防的防御，反応的防御，社

図6-3　社会的な境界は防御の1つのタイプである。

会的境界の防御を活用するであろう。

テリトリアリティの測定

　テリトリアリティは，まさにその性質ゆえに，実験室で研究するのは難しい。テリトリアリティは発達に時間がかかることが多いのだが，実験室研究での被験者は，通常1時間かそれ以下しか研究室で過ごさない。これは残念な結論にいたることになる。実験室はかなりの実験的な統制を提供するものであり，それなしで，テリトリアリティの原因と効果についての結論を引き出すことは難しい。こうした理由のために，人間のテリトリアリティを研究するための主要な方法は，フィールド研究とフィールド実験，調査とインタビュー，テリトリー行動の自然観察である。それぞれのアプローチのいくつかの例を考えてみよう。

フィールド研究とフィールド実験

　あなたは，第1章の次のような内容を思い出すかもしれない。フィールド実験は，実環境で実験的な統制と被験者のランダムな割り当てを行使する試みである。一方フィールド研究は，同じく実環境で行われるものの，研究者がランダムに被験者を割り当てたり，変数を統制したりすることができないため，自然発生的な変数間の相関関係もしくは相違に注目する。テリトリアリティの研究が，この2つの違いを例証するよい機会をもたらす。

　フィールド実験を計画して実行するためには，特別な創造力と忍耐を必要とする。1つのまれな例として，テリトリアリティと意思決定に関する研究がある[11]。その実験の目的は，自分自身のテリトリーにいることが共同での決定結果に訪問者よりも大きい影響を及ぼすかどうかを見つけ出すことであった。加えて，研究者は（パーソナリティ特性としての）支配性（dominance）がプロセスに影響を与えたかどうかを見い出すことを望んだ。彼らは3人の学生グループに，1人の学生が居住者で他の2人は訪問者となるような部屋で会合するように依頼した。そのグループは予算問題を論じて，意見を一致させるように依頼された。

　ランダム割り当てと変数の統制の両方を行ったため，その結論は，若干の修正により，テリトリアリティと支配と意思決定の間の（単なる連合以上の）因果関係の結びつきを表すことができたといえる。ランダム割り当ては，偶然性を基礎として，どの被験者が自分のテリトリーに参加し，どの被験者が訪問者として依頼されるかを選択するものである。3人の意思決定者で構成された集団それぞれに，支配性の低い被験者1人，支配性が中程度の被験者1人，支配性の高い被験者1人を割り当てることによって，支配性変数を統制した。

●●●第6章●●●
テリトリアリティ

　支配性は意思決定に大きな影響を与えなかった。その代わりに，最終的に一致した意見は，討論における訪問者の見地よりもテリトリー保有者の見地をずっと多く反映したものとなった。この結果は，もしあなたが自分の思うように決定したいなら，あなたの場所で他の人たちと決定を論じるようにすべきであることを示唆している。この方略は，あなたが支配的なパーソナリティを持っているか否かにかかわらず，作用するように見える。

　典型的なフィールド研究では，いくつかの変数が研究者によって測定されているものの，変数は統制されておらず，実験条件や実験環境がランダムに割り当てられていない。たとえば，ある研究でビーチにおけるテリトリアリティを調査した[12]。日光浴する人は，ラジオ，タオル，傘を使ってテリトリーを区画する傾向がある。その結果からは，女性が男性より小さなテリトリーを要求すること，性別の混じった集団や大きい集団は，同じ性別の集団や小さい集団よりも（1人当たりで）小さいスペースを要求することが示された。しかしながら，被験者はタイプの異なる集団にランダムに割り当てられてはいなかったので，たとえば集団の大きさがテリトリーの大きさの違いに影響することが確実であるとはいえない。何か第3の要因が，ある特定の人々をより大きい集団でビーチに行かせるように作用し，かつ，彼らが互いにより近づくようにさせているかもしれない。そうであれば，集団全体としてはビーチにおいて比較的小さいスペースを要求する。

調査とインタビュー

　テリトリアリティを研究するもう1つの方法は，行動と経験について人に尋ねることである。調査やインタビューのような自己申告法は，回答者が正確に自分の行動を報告できなかったり，しようとしなかったりするかもしれないという不利益がある。しかしながら，これらの手法は通常2つの利点を持っている。それは，ずっと多くの人々を研究に含めるように研究者の資源（resources）が拡大されること，回答者の意見，信念，感覚，その他の認識が調査できることである。

　インタビュー・アプローチのよい例として，イスラエルの高層建築における185人の居住者についての研究がある[13]。5歳以上の子どもを含む45家族のすべての構成員が，彼らのテリトリーに関連する実際の行動と認識について尋ねられた。たとえば居住者は，アパート内のどこが特定の活動に従事するために選ばれたか（行動の質問），アパートの中の種々の場所を誰が所有していると思っているか（認識の質問）について尋ねられた。

　すべての自己申告法が伝統的な質問−回答の形式を伴うわけではない。フェンス，植栽，縁石，装飾の異なった配置が，所有地の安全についての居住者の知覚にどのように影響を与えるかを吟味した研究では，被験者に線画が呈示された[14]。通行人が所有地を横切って近道したり，所有地に駐車した自転車を盗んだりするなどの可能性を

住民が推定することに個々の配置がどのように影響するかを見つけ出すため，線画ではさまざまな配置が体系的に変えられた。

自然観察と目立たない測度

3番目の方略は，慎重に構造化した方法で，進行中のテリトリー行動を観察するものである。研究者は，学校の遊び場のある領域を子どもたちがどのように占拠して防御するかを観察するかもしれない。目立たない測度（unobstrusive measures）が用いられているとき，研究者は人々が場所をコントロールするために配置している品目の数と位置を数えることがある。たとえば，私の大学のカフェテリアはたいへん混雑しているため，経験を積んだ学生は昼食に行くとまず空いている席を探し出し，そこでテーブルの上に本を置いてイスの背にコートを掛け，それから食事の列に向かう。

テリトリアリティについての2つの典型的な目立たない測度は，マーキングと個人化（この章ですでに論じられた）である。もし，いくつかの民族的な集団がテリトリアリティを違った形で表現するかどうかを見つけ出そうとすれば，あなたは彼らが表の庭を個人化する程度を目立たないようにそっと比較することができるだろう。ある研究がこれを行い，都市のスラム街に住むスラブ系のアメリカ人は，スラブ系でない近隣の人々より自分の庭を個人化していることを見いだした。スラブ系の人々はより庭の手入れを行い，家をよりよく維持し，見えるところに鉢植えの植物をより多く置いた[15]。

まとめると：テリトリアリティはほぼ常にフィールドで調査される。研究者は時には正真正銘の実験をするが，それよりテリトリアリティと他の行動や態度の間の相関関係を調べることが多く，テリトリー性の活動の自己報告を求めたり，どのように人々がテリトリーをマーキングしたり個人化したりするかを観察したりする。それぞれの手法は長所と短所の両方を備えているので，研究者は可能であるなら，研究課題を解決するため，いくつかの手法を採用するべきである。もしただ1つの手法を用いるなら，その研究課題に最もよく合った手法を選ぶように注意しなくてはならない。たとえば，もし仮説がテリトリー行動に関するものなら，行動の自然観察のほうが行動のアンケートよりも望ましい。しかし，もし問題がテリトリーの認識に関するものならば，アンケートや調査が望ましい。

テリトリアリティに影響するもの

誰がテリトリー的だろうか？　人間行動の複雑さから分離された明確なパターンとしてテリトリアリティが出現するのは，どんな社会的条件や物理的条件のもとでだろうか？　テリトリアリティは個人的，社会的，そして文化的な要因の作用である。

●●●第6章●●●
テリトリアリティ

個人的な要因

■**性別（ジェンダー）**　テリトリアリティは性別，年齢，パーソナリティなどの個人的特徴によって変化する。たぶん最も一貫した調査結果は，男性が女性より大きなテリトリーを要求するということである。これは先に述べたビーチでの研究でもそうであり，学生寮におけるテリトリアリティの研究でも，またいくつかのもっと以前の研究でもそうであった[16,17]。学生寮の研究では，2人部屋の居住者に彼らが自分のものだと考えている領域，ルームメイトに属する部分，共有されたテリトリーを見取り図の上に描くように依頼された。男性は女性より大きい「自分の」テリトリーを描いた。

　男性は女性より高い地位の職業に就くことがまだ多く，それゆえ仕事でより大きい空間を要求することが多い。学生寮の研究は，彼らがより高い地位を獲得する前，すなわち，男性と女性の両方が人生の中でまだ学生の段階にいるときでさえ，男性のほうがテリトリー的であることを示唆している。

　家におけるテリトリーはどうだろうか？　男性にとって家は自分の城だろうか，それとも女性は仕事場でのテリトリアリティの欠如のために，家ではより大きな空間を要求するのだろうか？　イスラエルの家族についての研究が，ある興味深い回答を提供している[18]。第1に親たちはともに，キッチンは女性に属することに同意した。しかし明白な矛盾であるが，父親の30％以上は家全体が彼らのものだと述べた。他方で，家に自分自身の場所を持っていないと言ったのは，母親（20％）より父親（48％）のほうが多かった。そして一般的に母親は，家は全体で共有されたテリトリーであるが，自分自身のテリトリーはキッチンであると一貫して信じていた。

　男性は，家全体が自分のものであるとよく言うが，それでも妻にキッチンを与え，自分は家で実際にテリトリーを持たないと頻繁に報告するという，かなり混乱したイメージを述べた。どの家でもそのような信念に基づくなら，このようなテリトリアリティについての信念の混合は，家のどの場所で何をするかが誰に許されているかについて，かなりな意見の相違に導くことになる。

　仕事におけるテリトリアリティは，従業員のコントロールの要求によって変わるようである[19]。自分の仕事場が侵略される危険性を最も気にするのは，管理者以外の他者から指示を受けることを最も気にする従業員たちであり，パーソナルスペースへの侵入を最も気にする従業員たち，すなわち，彼らの社会的空間をコントロールしようとする他者に憤慨する人たちであった。

■**パーソナリティと知性**　他の個人差についてはどうだろうか？　あるパーソナリティのタイプは，他のタイプの人々よりも強くテリトリーを要求し，守ろうとするだろうか？　学生寮の共有部屋でのテリトリアリティの調査で，より知性的な居住者は男女ともにより大きな領域を自分のために区画した。より大きな家からやって来た居

235

住者は，男女ともにより多くの空間を自分のために区画した。そして不安に感じやすい男性は，より大きなテリトリーを区画した[20]。自信に満ちていたものの支配的ではない女性は，より大きいテリトリーを区画した。これらの結果は，性別，知性，パーソナリティが，テリトリアリティにおいて絡み合った役割を演じていることを示唆する。

社会的な文脈

テリトリアリティの機能は，少なくとも5つの社会的な要因，すなわち，近隣の社会環境，社会的階層，資源の競合，法的な所有権，タスク，に関連づけられる。

■**社会環境**　近隣の社会環境は，テリトリアリティに影響を与えるように思われる。ボルティモアの12地区についての研究は，気心の知れた社会的雰囲気がテリトリーの作用を高めることと関連することを見いだした[21]。気心の知れた近隣においては，居住者が隣人と侵入者を区別することはよりいっそう容易であり，テリトリー管理の問題を経験することはより少なく，近隣空間に対してより多くの責任を感じていた。

■**社会的階層**　テリトリアリティは，近隣とその居住者の社会経済レベルによって変化する。最も低いレベルはホームレスであり，出入り口，ロビー，駅，公園のような，たいていの人々によって公共のテリトリーとみなされる空間に一次テリトリーをつくろうとする。

次は若者であり，公式には親の住居内に何らかの空間を持っているものの，家では価値があると思うようないくつかの活動に従事することができない。彼らは社会的交流のため，承認されない活動のため，時には怒りとフラストレーションを表現する手段として，しばしば一次テリトリーに自動車を用いることがある[22]。

下層階級の近隣において，家は一次テリトリーを提供するが，所有権とコントロールはしばしば玄関で終わる。ドアのすぐ向こう側で望まれない活動が発生するかもしれないが，住民は外部空間をコントロールすることが不可能であると感じることが多く，それをコントロールする試みをやめてしまう[23]。中流の近隣では，テリトリー意識がもっとしばしば屋外の庭へと及び，ある程度近隣の道路を上下する。

上流階級の近隣では，テリトリーの作用が時には近隣全体に及ぶ。私はかつてカリフォルニア郊外の近隣で犬を散歩に連れていたとき，居住者に盛んに見られたうえ，道路を下って歩いていたときには，そこで何をしているのかと尋ねられることさえあった。私は悪意を持っていなかったにもかかわらず，窃盗をたくらんだような罪悪感を抱いてすぐに立ち去った。最もテリトリーが堅固な近隣は，文字通り壁で囲われて24時間の警備員を持つ裕福な地域である（図6-4参照）。カリフォルニアのそうした「門付きの街」の1つには，600以上の家が建っている[24]。

■**資源の競合**　3番目の社会的な要因は資源の競合（competition for resources）である。人が資源のために他の人たちと争わなくてはならないとき，より多くのなわばり的な行動が予想されるかもしれない。カフェテリアのイス，図書館の空間，その他

●●第 6 章●●
テリトリアリティ

図6-4 これは，住居のテリトリアリティの誇示である。

のどんな資源が不足しているときでも，人は資源の取り分を保持するために，テリトリーをマーキングしたり，個人化したり，要求したり，守ったりし始めることを，日常的な経験が示唆している。

一方で，いくつかの動物に関するテリトリアリティの費用対効果理論（cost-benefit theories）は，資源が豊富なときにテリトリアリティが最も大きくなることを予測している。なぜなら，テリトリアリティの価値が高いとき，それらを守る努力の価値があるからである[25]。これらの理論は，資源が散在しており乏しいときに，テリトリーは十分な食物を提供するためにより大きくなるはずで，その大きいスペースを守る努力は動物がそこから得られる乏しい生活に勝っているという。そのため，資源を見つけるのが困難な状況の中に暮らしている動物たちは，行き当たりばったりのやり方を選んでテリトリアリティを断念する。

動物のフィールド研究における多くの証拠が，この費用対効果モデルを支持するのだが，それは人間にも当てはまるのだろうか？　さまざまな原住民の中では，そのモデルが適合する場合も，適合しない場合もあるようにみえる。エリザベス・キャッシュダン（Elizabeth Cashdan）は，アフリカのブッシュマンに関する彼女の研究から，これを説明する手助けとなるある推論と証拠を提出した[26]。彼女の見解によれば，テリトリアリティは資源についての競合があるときに発生する。しかし，資源が欠乏している時より豊富であるとき，防御の異なった形式が使われる。資源が豊富にあるときテリトリーは小さくなる傾向があり（集団が必要とするものすべてを得るために遠くまで探索する必要がないから），防御は外辺部の表示と小ぜり合いの形をとる。すなわち，境界線自体が積極的にテリトリアリティの焦点となる。資源が欠乏しているとき，周囲の防御はもはや実用的ではなく，動物はテリトリアリティを完全に断念するかもしれない。

しかしキャッシュダンは，人間が，競合する所有者集団メンバーによる互恵的なテ

237

リトリーへの接近を軸とする社会的な境界線防御メカニズムを通して，自分たちのテリトリーをコントロールすると述べている。境界線それ自体はもはやそれほど重要ではなく，その代わり，ある所有者のテリトリーに入る訪問者は種々の許可儀式を体験しなくてはならない。ひとたび彼らが「手数料を支払う」ならば，彼らはテリトリー資源の分け前に与れる。

キャッシュダンは，ブッシュマンが費用対効果理論とは反対に，資源が豊富なときより欠乏しているときのほうがテリトリー的であることに気づいた。すなわち，ブッシュマンは資源が限られているとき，彼らが管理する資源に部外者が接近することをしばしば拒否する。もしこのことがわれわれの文化でも保持されているならば，テリトリアリティが人間と動物では異なって機能することが確認されるだろう。

■**法的な所有権**　もう1つのテリトリアリティの社会的な要因は，法的な所有権である。賃借者と住宅所有者は，どちらもわれわれの定義したテリトリアリティの意味で住宅のテリトリーを管理するが，法的な所有権は，住宅所有者のテリトリー行動を増加させるように思われる[27]。具体的にいえば，驚くほどのことではないにしても，住宅所有者は住宅所有者によって作られた資源に対してより大きな掛かり合い（commitment）が与えられている賃借者よりも強く個人化に携わる。すべての住宅所有者が等しくテリトリー的なわけではないが，素人の観察者が発見できるほどに，彼らは自分の家の外観を変更することが多い[28]。

■**タスク**　もう1つの社会状況的な要因が，テリトリアリティに影響を与えるかもしれない。われわれが公共のテリトリーで特定の作業に携わっているときには，特に何もしていないときより，そのテリトリーを守るであろう。公衆電話をかける人たちの研究から，誰も電話を待っていないときより，誰かが電話を待っているときのほうが，人はより長く電話をかけることが見いだされた――そう，あなたがいつもそうではないかと疑っていたことである[29]。

物理的な文脈：守りやすい空間

物理的環境はどのように，誰かのテリトリー行動を強めたり弱めたりするだろうか？　この問題に関するほとんどの証拠は，守りやすい空間の理論（defencible space theory）を導いたジェーン・ジェイコブス（Jane Jacobs）[30]とオスカー・ニューマン（Oscar Newman）[31]の観察と着想から生まれたものである。この理論は，テリトリーの侵入に関連している2つの現象，すなわち住宅の犯罪と犯罪不安を扱っている。ある一定のデザイン特徴，たとえば公共のテリトリーを私的なテリトリーと分離する現実の障害や象徴的バリア，テリトリー所有者が彼らの空間での怪しい活動に気がつくための機会（監視）などが居住者の安全管理の意識を増加させ，テリトリー内の犯罪を減少させるであろうと提唱している。

非常に多くのフィールド研究が守りやすい空間理論を検証したところ，その大部分

●●●第6章●●●
テリトリアリティ

は理論に対して少なくとも穏やかな支持を示している[32,33]。たとえば，監視の機会が少ない領域や，誰かに管理されているようには見えない領域で，より多くの犯罪が起こると推測されるであろう。解体された自動車の場所に関する研究が，そのような考え方を支持した[34]。大学の寄宿舎における犯罪の研究が，守りやすい空間の特徴を持っている寄宿舎（たとえば，居住者がコントロールできる区画が大きかったり，監視性が高かったり）は，同じキャンパスであっても，こうした特徴がない寄宿舎より犯罪を被ることが少ないことを示した[35]。守りやすい空間の理論に沿って多角的にデザイン変更がなされて適切に実施された16の研究を概観したところでは，30から84％の強盗の減少が見いだされている[36]。

■コンビニエンスストア　コンビニエンスストアは頻繁に強盗のターゲットになる。小さめの駐車場とガソリンを販売しないことは，どちらも店の内部の監視性を低めるので，社会的なまとまりがない地域にある店のように，よく強盗に遭う[37]。銀行強盗に関する魅力的な研究では，いくつかのデザイン特徴が強盗の可能性を増加させることとの関連を見いだした[38]。それらのうち，より多くの強盗が起こっているのは，小さめのロビー，コンパクトで正方形のロビー（広くて長方形のロビーに対して）を銀行が持っているときや，銀行用端末装置間の距離が長めのときである。これらの特徴は銀行ロビーの監視性を左右することから，やはり影響力を持つのであろう。しかしもちろん鍵となる問題は，犯罪者自身が守りやすい空間の特徴を備えた不動産を，こうした特徴がないものより尊重するかどうかである。

　ここで，理論をいくらか修正する必要があるかもしれない。これらの修正は，守りやすい空間の特徴の有効性の基礎を成す論拠と関連する。その特徴は建築的であり，われわれはずいぶん前に，物理的環境が直接的に行動を決定すると信じることは，単純化しすぎであることを学んだ。人々は同じ環境を異なって解釈することが多く，さらに，守りやすい空間の理論が予測するようには犯罪者が特徴を解釈しないために，守りやすい空間の理論はいくらかの困難を抱えている。

■住　宅　ある研究で，有罪を宜告された窃盗犯が50の戸建住宅の写真を吟味して，盗みに入られる可能性を評価した[39]。それから，家々の守りやすい空間の特徴が査定された。理論が予測するように，容易に監視できる家は窃盗の標的になりにくいと判定された。しかしながら，理論の予測と異なり，現実のバリア（たとえば，フェンスや目に見える錠前）は，家の被害の受けやすさに何ら効果を持っていなかった。特別な装飾や豪華な庭のような象徴的バリア（symbolic barriers）は，居住者が自分の財産について特に配慮していると犯罪者に伝えることになり，それゆえより防御しやすくなる，つまり象徴的バリアは窃盗犯を遠ざけるはずである。しかしながら，象徴的バリアを持つ家は窃盗の被害をより受けやすいと窃盗

> **BARBARA BROWN**
> バーバラ・ブラウンのテリトリアリティと近隣生活に関連した仕事は，テリトリアリティが日常生活においてどのように作用するのかについてのわれわれの認識を強化した。

図6-5 本文に基づくと，どちらの家が強盗の被害に遭いそうか？ またそれはなぜか？

犯は考えた（図6-5参照）。
　なぜだろうか？ 研究後のインタビューは，窃盗犯が物理的な障壁を乗り越えることのできる挑戦と見ており，ほとんどのフェンスや錠が重大な障壁とはみなされていないことを明らかにした。象徴的バリアは，居住者が特に油断のない人物であるというサインとしてではなく，その家がおそらく普通以上に価値あるものを持っているサインとして解釈された。もし居住者が家と庭園を飾りつける費用と時間があるなら，居住者はおそらく良いものに満ちた家を持っているのだろうと窃盗犯は推理したのである。
　アパート窃盗の研究は，接近しやすさ（現実に存在する障壁）はほとんど窃盗の差を生まないが，監視性は窃盗を減らすことを確認した[40]。
　窃盗犯は，盗みに入られたことのある家をそうでない家から正確に選び出すことはできないが，彼らは推測の過程で社会的・物理的な手がかりを用いる[41]。前述した研究のように，彼らは錠と柵を重大な障害とはみなさないが，彼らを見ている隣人や，居住者のテリトリー意識については心配する。
　居住者と警察は，窃盗の被害を受けやすいと推測するのに，窃盗犯自身が用いるものとは少し異なった家の特徴を用いる[42,43]。これらの研究は，居住者と警察が住居の

●●第6章●●
テリトリアリティ

デザインによって窃盗をやめさせるには，窃盗犯の見方を理解する必要があることを示唆している。

■**住宅街**　居住者についてもう一度考えよう。守りやすい空間の理論は，住民と犯罪者双方が守りやすい空間の特徴によって影響を受けると主張している。セントルイスの街路のいくつかは，門のようなり入口，交通量を制限する改変，通行を思い止まらせるサインのような守りやすい空間の特徴を備えている[44]。このような街路に住んでいる居住者は，家の外に出て，歩いたり，庭で作業している姿がよく見られる。このようなふるまいは明確にはなわばり的ではないかもしれない。居住者は自分たちが近隣を警護していると考えてはいないかもしれないが，それでもそのふるまいは反社会的活動を抑制する効果を持つように思われる。たぶん，侵入者はこの自然発生的な監視によってやる気が削がれるであろう。

異なった道路形状は，ただ窃盗犯を追い払うだけでなく，より積極的な行動を促進するように見える。通り抜け道路との比較で，袋小路は居住者の間により大きな近隣愛着を促進するように思われる[45]。近隣の親密の絆は，袋小路における祝祭日の飾りつけのより大きな集結に反映された。

都市の近隣犯罪は，乱雑さの形跡を含んだ，選択された物理的な手がかりによって予測することができる。500以上の住宅を含む48区画の地域についての研究で，これらの物理的な手がかりは，その地域で暮らす住民の推定よりも，犯罪をよりよく予測することができた[46]。

文化と民族的な要因

文化的で民族的ないくつかの集団は，他の集団よりもなわばり的だろうか？　異なった文化では，異なった形でテリトリアリティを表出するだろうか？　1つ目の質問にはまだ明らかな答えが出ていない。少なくとも生活状況の相違を考慮に入れれば，すべての人間の文化は等しくなわばり的であるというのが妥当な推測であろう。テリトリアリティは，異なった文化において異なった現れ方をしているにすぎないというのも，それに関連した主張であろう。

フランスおよびドイツのビーチでのテリトリアリティに関する調査[47]が，それより以前のアメリカの研究[48]を厳密に模倣したので，ドイツ人，フランス人，アメリカ人のビーチでのテリトリアリティを対比させることができた。3つの文化はいくつかの点で類似していた。たとえば，3つの文化すべてにおいて，大きい集団ほど1人当たりではより小さい空間を要求し，男性と女性で構成された集団はより小さい空間を1人当たり要求し，女性は男性より小さい空間を要求する。

しかし他の点では，文化によって異なっていた。フランス人はあまりなわばり的ではないようだ。彼らは，テリトリアリティの概念そのものに若干困惑しており，しばしば「ビーチは皆のものである」と語っていた。ドイツ人は，ずっと多くのマーキン

グに携わった。彼らはしばしば砂城の障壁を建設したり，ビーチでの「彼らの」領域が特定の2日間「予約」されていることを示すサインや，ある領域が特定の集団のために確保されていることを示すサイン（ここは子ども連れの家族，そこはヌーディスト，など）を立てたりした。最後に，テリトリーの大きさは3つの文化の間でまったく異なっていたけれども，テリトリーの形は非常に類似したものであった。ドイツ人はしばしば非常に大きいテリトリーを要求したが，3つの文化すべてにおいて，個人個人は楕円形に近い，集団は円形に近いテリトリーの境界線を引いた。

2つの文化（ギリシャとアメリカ）が，ゴミに対してどのように反応するかという研究は，文化によってテリトリアリティがどのように類似し，また異なるかを再び明らかにする[49]。実験者は，家の前庭，家の前の歩道，家の前の道路縁石，の3つの場所の1つに，1つのごみ袋を置いた。前庭のごみ袋はどちらの文化でも同じようにすばやく取り去られたが，アメリカ人はギリシャ人よりも歩道や縁石の上に置かれたゴミをより早く取り去った。

そのことから，アメリカ人はギリシャ人よりいっそうなわばり的であるといえるかだろうか？　研究者はそうではないという。なぜなら，家の周りのテリトリーについて，2つの文化の考え方に違いがあるからである。アメリカ人は，歩道や縁石を半公共的，あるいは半私的といえるかもしれないと考え，「彼らの」テリトリーにあるゴミをギリシャ人より早くかたづける。ギリシャ人は歩道と縁石を公共のテリトリーだと考えるため，その上のゴミに彼らは大きな関わりを持たないのだと，論文の著者たちは示唆している。

（以前に論じた）いくらかの相違を見いだしたスラブ系の隣人たちとスラブ系でない隣人たちとの家の個人化比較の研究でさえ，他の比較においては相違を見いださなかった[50]。たとえば，スラブ系とスラブ系でない隣人たちが，イニシャルによって彼らの玄関のドアを個人化する比率は同じであった。すなわち，テリトリアリティは文化によって異なる点もあれば，類似している点もある。

テリトリアリティはしばしば，ある文化に属する若者ギャング——彼らは名目上は公共のテリトリーである所において，他のギャングと真っ向から立ち向かわなくてはならない——において極めて明白である。イギリスとアメリカのギャングを比較した研究から，アメリカのギャングのほうがはるかになわばり性を持っていることが見いだされた[51]。これはアメリカの若者のほうがイギリスの若者よりもよりなわばり的であることを意味するのだろうか？　もう一度いうと，必ずしもそうではない。イギリスとアメリカの若者の生活状況は，非常に異なっている。イギリスのギャングは，中産階級の価値観に対する労働者階級の反発という傾向にある。労働者階級と中産階級のイギリス人は同じ区域に住んでいないので，ギャングは自分たちの近隣で競合するテリトリーを設定する必要がない。彼らは，中産階級と戦っているほどには，互いに戦っていないのである。しかしアメリカのギャングは，普通の近隣地域を同じように

●●●第6章●●●
テリトリアリティ

共有している，異なった人種や民族の集団で構成される傾向にある。ギャング同士が互いに競合するため，テリトリーは切り分けられて防御される。

最後に，水飲み場でのテリトリアリティにおける人種間の相違を，1つの研究が報告する[52]。黒人と白人は，双方とも水を飲む他の人種の人たちに割り込もうとはしなかったが，それは白人のほうが黒人より顕著であった。どちらの人種とも，自分たちの水飲み場のテリトリー支配を主張するかのように，割り込まれなかったときよりも割り込まれたときのほうが，より長く水を飲む傾向にあった。

まとめると：個人的，社会的，物理的，文化的な要因がテリトリアリティの相違を導くことがある。一般に，男性は女性よりテリトリアリティを露わにすることが多い。テリトリアリティは，所有権，積極的な社会風土，資源の競合，社会的階層，タスク，の5つの社会的要因で変化して現出する。テリトリアリティの物理的環境要因として，物理的な配置がテリトリアリティの意識と行動を強め，それがテリトリー侵入の低下を導くと，守りやすい空間の理論が論じている。物理的な配置には，区画もしくは近隣レベルのもの（交通の流れを変えること）や家レベルのもの（フェンスと植栽）があるだろう。研究は通常その理論を支持するが，証拠は決定的なものではなく，守りやすい空間のいくつかの特徴は予測と反対の方向に働く可能性もあり，さらに多くの研究が必要である。テリトリアリティの表現は文化によって異なる。しかし，ある文化が他の文化よりいっそうなわばり的であるかどうかという疑問については，明確に答えられなかった。

テリトリアリティと人のふるまい

テリトリアリティは，少なくとも8種類の人のふるまいにおいて中心的なプロセスとして機能する。すなわち，個人化，マーキング，攻撃，支配，勝利，援助，不作為，コントロールである。

個人化とマーキング

個人化とマーキングは，あなたが予想していないものも含めて，多種多様な場面で生起する（図6-6参照）。たとえばある研究で，レストランの食事客は，自分で給仕したときより別の人によって給仕をされたときのほうが，食事皿に3倍も多く触れて，自分の皿をマーキングすることが見いだされた[53]。おそらくこのような場合，食事客は皿に自分のものというマーキングを意識してするわけではないから，マーキング行動はわれわれの自覚なしに起こることがあるように思われる。

類似したパターンがゲームセンターで見いだされた[54]。他の人たちが割り込むとき，プレーヤーがテリトリーを確立するためにより長くゲーム機に触れることが，プレーヤーの自然観察から示唆された。調査者の一員が機械に触れたとき，他のプレーヤー

図6-6 仕事場の個人化の例

はそれらを使用する気が失せた。

　もちろん個人化とマーキングは，時には非常に故意に行われる。われわれが「狩猟禁止」「侵入禁止」「代理業者・売り込み人・勧誘員・販売業者禁止」という看板を立てるとき，明確で意識的な目的を持っている。都会のギャングは，建物の壁にスプレーでペイントされたサインでなわばりの境界線をマーキングする[55]。しかしながら，われわれは，すべてのサインや落書きをなわばりの印だと決め込まないように気をつけなくてはならない。落書きは単に破壊行為であるかもしれないし，掛ける場所がないからイスの後ろにコートを置いているのかもしれない。

　個人化とマーキングはわれわれの要求を通知するものであるが，それらが無視されると，われわれはたいていテリトリーをさらに強い防御によって継続することはしない。特にテリトリーが図書館の机というような公共的なものの場合，侵入者が占有者のテリトリーの目印を無視するとき，占有者はそれを積極的に防御するより，その場所を放棄することのほうが多い[56]。

　個人化はプラスの副作用を持っている。精神科病棟の患者が，彼らのテリトリーを個人化することを認められたとき，病棟の社会的な雰囲気は改善された[57]。あいにく，多くの組織は個人化を拒んでいる。しかし，ある大学の学生寮では，ドアをペイントするコンテストを年ごとに開催することによって，そのことを奨励している。他の多くの要因もそのような決定に作用するけれども，学生寮の部屋の個人化はまた，（退学と対比したとき）学校に留まることと結びついてきた[58]。

攻撃とテリトリーの防御

　たぶんいくつかの動物種におけるテリトリーについての暴力的な争いの記述や，人間のテリトリー対立の報道記事に刺激され，世論においてはテリトリアリティと攻撃性が互いに関連づけられている。同じく国家レベルにおいても，戦争の悲劇はあまり

244

第 6 章
テリトリアリティ

にも普通のことである。しかしながら，攻撃は穏やかな共存より多くの注目を集める。個人や小集団のテリトリーへの攻撃は，実際にはさほど一般的ではないことを，環境心理学の研究は示している[59]。これは，部分的には交渉のための言語，行動を導く習慣，大部分の紛争を解決する法制度など，紛争を処理する非常に多くの非暴力的な手段を人が発達させてきたことによる。

これは，人がテリトリーを防御しないということではない。先にあげたすべての非暴力的手段とそれ以外の手段（たとえば，叫ぶことや怒った顔）は，テリトリーの防御として用いられるであろう。マーキングや個人化やその他の手段を通じてのテリトリー防御は一般的であるが，暴力的な防御は一般的でない。非暴力的な防御の1つは警戒である。初期のフィールド研究で，防御の表出（たとえば，「私有地」「立ち入り禁止」などが記載されいている看板）がある家の居住者は，防御の表出がない居住者より，際立って速くドアのノックに反応した[60]。先に述べたように，テリトリー保有者は公共の空間をただ長く占拠するだけかもしれない[61]。

あいにく，ある状況下では攻撃が起こる。たとえば，テリトリーがより高く評価されたら，それだけより積極的に防御されるであろう[62]。多くの社会では，一次テリトリーの防御における暴力を大目に見さえする。たとえば，家に侵入した窃盗犯を撃った家の所有者は無罪とされてきた。テリトリーの境界線がはっきりしないとき，同じように攻撃が起こるかもしれない。都会のギャングに属するなわばりの境界線が明確に合意されていないとき，境界線が明確に合意されているときより多くの暴力が発生する[63]。

われわれは，他のすべての手段が使い尽くされ，他の手段が思い浮かばないとき，または，ある集団が貧困や差別によって司法制度を平等に利用することを拒絶されるというように，他の手段が拒絶されるときに，暴力がテリトリアリティ防御に使われると考えるかもしれない。たとえば，侵入に抵抗するにはわれわれがあまりにも弱いとき，われわれの努力にもかかわらず侵入が起きたとき，われわれの不在時に侵入が起きたときなどでは，防御は不可能なときもある。侵入は，物的損失を越える苦しみや感情的な損失につながる。窃盗による家の破壊や，個人的に重要な品の損失が多いときには，当然，窃盗の犠牲者はより強く狼狽する[64]。

支配とコントロール

これらの2つの用語はまったく同じものを意味するわけではない[65]。テリトリアリティはほとんどの場合，勝利を暗示する社会的行動である支配と結びつけられてきた。階層における順位や階級が，個人の持つテリトリーの量や質と密接に結びつけられる場合もあるが，そうでない場合もある。

人のテリトリアリティは，支配より広範囲の概念であるコントロールと，より密接に結びついているだろう。コントロールは，他者への影響力に関係するだけでなく，

245

テリトリーの空間・アイデア・その他の資源への影響力にも関係する。コントロールが攻撃的に行使され，テリトリー保持者によって始められるときにコントロールは積極的になり，テリトリー保持者が部外者による挑戦に反応したり，抵抗するというように防御的にふるまうとき，コントロールは消極的になるだろう。人のテリトリアリティを検討するとき，コントロール，特に受動的なコントロールについて考えるべきである。人はめったに支配を主張するための直接的な試みに携わらないが，テリトリーのコントロールを促進する非暴力的行動に従事していると受けとめられることは多いかもしれない。たとえば，2つの所有地の境界線に関するもめごとでは，人は殴りあうことより，法廷で論戦を繰り広げる可能性のほうがはるかに高い。

■**支配とテリトリアリティ**　精神病院患者のテリトリアリティと支配に関する初期の研究では，支配階層の中層と下層の3分の1ずつは，大人と子どもの患者のどちらとも，階層における彼らの地位を踏まえたテリトリー，つまり中層の3分の1の患者は中央に大きなテリトリーを，下層の3分の1の患者は小さく離れたテリトリーを持っていた[66,67]。しかし上層の3分の1は，特別なテリトリーを持たなかった——彼らは環境を自由に歩き回ったのである。彼らはある意味ではテリトリーを持っていなかったのであり，別の意味では，すべての環境が彼らのテリトリーであった。

　若い男性犯罪者のための学校における支配とテリトリアリティの研究で，集団の構成員が変化しない限り，テリトリアリティは支配と関連づけられた[68]。しかしながら，2人の非常に支配的な人物が集団から離れたとき，対立が増し，支配とテリトリアリティの相互関係は崩れた。後になって，集団の構成員が再び安定したとき，テリトリアリティと支配の結びつきは，中層と下層のそれぞれ3分の1の間で強くなった。最も支配的な人物たちはまだ闘っていたが，明確なテリトリーを確立するまでにいたらなかった。もっと長い時間があれば，その集団に特有のテリトリアリティと支配の間の強い結びつきが，再度出現するかもしれないと研究者は結論する。

　しかし，別の結果が生じる可能性もある。最も支配的な居住者は，彼らが環境の全範囲を自由に動くことができる「テリトリー」を確立したかもしれない。しかしながら重要な点は，支配とテリトリアリティの関係の強さが状況に応じて変化するということであり，他の社会的な要因と同様に，集団組織の大変革がその関係を強めたり弱めたりすることができるということである。

■**コントロールとホームの競技場での優位性**　テリトリーの所有は，その中での活動を支配して，勝利するための手助けをするのか？　われわれはすでに，われわれ自身の領分でなされる決定は，他者の立場以上に，その問題に対するわれわれの立場を反映するのを見てきた[69]。法廷は勝利と敗北が起こる場所の1つである。ノースカロライナ法廷についての興味深い査定において，法廷の物理的配置における検察側と被告側の間の客観性と平等性は必ずしも反映されていなかった[70]。法廷の裁判官，陪審，検察，被告の場所を観察した後，研究者は検察側が被告側に対する明らかな優位性を

●●第6章●●
テリトリアリティ

保持していると結論した。たとえば，検察は陪審の近くに位置しており，それは検察官が訴訟でまさに同じ側にいることを，陪審員に巧妙に確信させることを可能にしていた。

一次テリトリーの価値のさらなる証拠は，頼みごとに関する研究によって示された[71]。頼みごとは，被験者の信念とは正反対な観点を提唱する請願への署名要請であった。被験者，特に男性たちは，彼らが一次テリトリーにいたときよりもテリトリー以外の場所にいたときのほうが，このような請願に署名することをいとわなかった。明らかに，あなたが同意しない事柄について説き伏せられるのを避けるよい方法は，あなたの個人的なテリトリーで議論を催すことである。

テリトリーのコントロールは，同じくスポーツイベントの結果に影響を与えるようであり，それはホームの競技場での優位性（home field advantage）として知られている現象である。あらゆるリーグで，チームは遠征を嘆く。それらは疲労させる移動を意味し，そして勝利の見込みが低いことを意味する。いや，そうなのだろうか？　ホームの競技場での優位性は，神話なのか現実なのか？

いくつかの研究が，ホッケー，バスケットボール，野球，アメリカン・フットボールの，ホームとアウェイでのチームの記録を検討した[72,73]。研究者たちは，ホームでの優位性が存在すること，ただしあるスポーツで他よりも大きいことに気づいた。彼らが検討した野球のシーズンでは，ホームチームが試合の53％に勝利した。この優位性は，試合において，グランドキーパーがホームチームに適するように，または相手チームが盗塁やバントを失敗するように競技場に「手を加える」という伝説を考えると小さいものである。

アメリカン・フットボールのチームはホームで約57％勝利しており，平均して3点差の勝利を得ている[74]。プロホッケー・チームは，ホームで約60％勝利し（勝利と引き分けを合わせると70％），バスケットボール・チームは約62％，サッカー・チームは約67％勝利する。研究者たちはそれらの調査結果に対して多くの理屈を考えたが，物理的環境の形状によって増大されたファンの応援が主な原因であると結論した（図6-7参照）。

ホッケーとバスケットボールのファンは，閉鎖された建造物の中でチームに声援を送る。これは，開放された空にファンの歓声の一部が四散する野球やアメリカン・フットボールの効果と比較すると，チームへの声援を増強させることになる。同様に，屋内での開催はファンと競技者との距離を短くし，ファンの入力がさらに増大する。バスケットボールの試合でのブーイングについての研究では，ホームチームはファンによるブーイングの直後に出来が少しだけよくなり，ビジターチームはブーイングの直後により多くのファウルを犯して，全体的にできが悪くなることを明らかにした[75]。別の研究は，プロバスケットボールのスター選手（スターでない選手ではそうではない）は，ホームゲームではより少ない反則しかとられないことを明らかにした[76]。ど

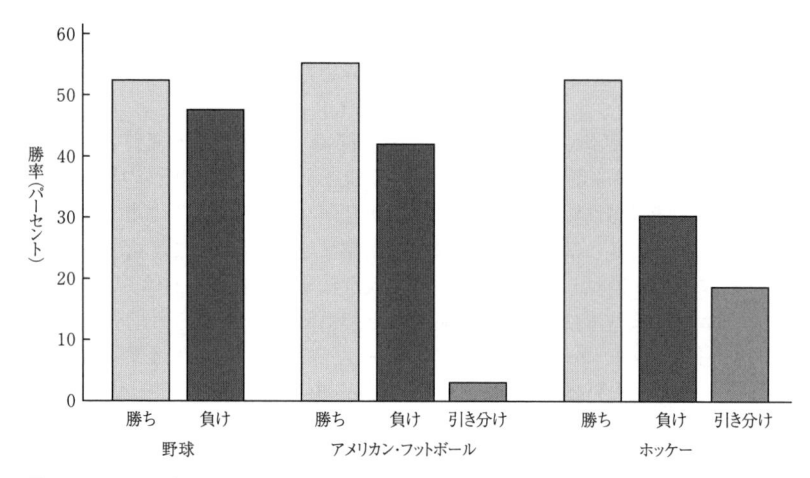

図6-7 3つのプロスポーツでのホームゲームの結果を示す。勝率の違いは大きくはないが、試合結果に引き分けを考慮すると、ホッケーのチームは野球チームより、ホームでの負けは少ない。

ちらの研究も、審判が観衆によって影響されていることを示唆している。そのため、ホームの優位性は、屋外のスポーツより屋内のスポーツで、より強くなる。ホッケーの研究は、観衆の密度が増加したとき、ホームの優位性が増大したことを示していた[77]。

成功へのプレッシャーが極限に達しているときには、ホームの競技場での優位性は裏目に出ることがある。野球のワールドシリーズでは、ホームチームが第1試合と第2試合で60％以上勝利するが、シリーズ全体が1つのゲームで決定される第7ゲームでは40％以下となる[78]。さらに、レギュラー・シーズン中は、ホームの優位性は概して、ワールドシリーズでシーズンを終わるような優れたチームのほうが強くなる。ある野球の研究者は、全体的な勝率で野球チームを分類し直し、試合の勝率が55％～65％のチームは遠征よりもホームで平均12％多く勝利しているが、勝率が33％～43％のチームはホームのほうでたった7％多く勝利しているだけであることを見つけ出した[79]。この調査結果は、支配、コントロール、テリトリアリティの関連を強調する。平凡なチームでもホームの競技場での優位性から利益を得るが、普段から強いチームの強さは、ホームで増大される（図6-8参照）。

日常生活で、訪問者とホストが儀礼的にふるまうことをわれわれは知っている。つまり、訪問者は普通、控え目で慎重に行動をすることを求められ、ホストは通常、訪問者を気楽にさせるように仕向ける。どちら側も暗黙に想定しているのは、ホストが支配しているということである。客の役割はこれを認めることであり、ホストの役割は丁重にそれを放棄することである。

●●第6章●●
テリトリアリティ

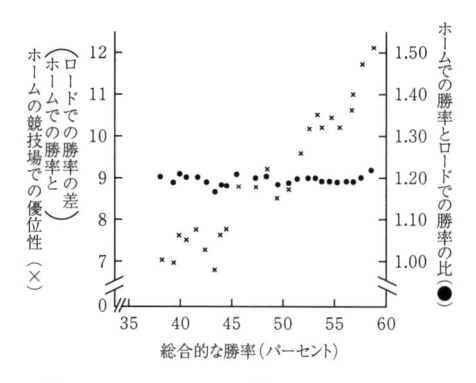

図6-8 ホームチームの効果に基づいたパズル
　優れた記録を持つ野球チームはホームでより多く勝利する（×記号参照）。しかし，それらのチームは総合的な勝率がより高いことから単純ではない。すなわち，強いチームはそのチームの総合的な記録による予測よりもホームでより高いパーセンテージで勝利し，弱いチームは，そのチームの総合的な記録による予測よりもホームでの勝利は少ない（James, 1984のデータによる[79]）。さらに驚くべきことに（●記号参照），ホームの競技場での優位性は一定に見える。総合的な勝率にかかわらず，野球チームはアウェイの試合より平均して約21％多く勝利する。

　それにもかかわらず，訪問者の格言は「郷に入っては郷に従え」である。われわれは時どき，われわれがコントロールしていない場所の配置（arrangements）にあまりにも従いすぎる。環境意識に関する研究で，私は，心理学の授業のための研究室割り当てに基づいて作業している学生が，研究室をとても動き回りにくくしている家具配置を乱さないために，どんなことでもするのを見いだした[80]。学生の行動の欠如は，部分的には物理的環境に関する認識の欠如のためであったが，彼らの何人かは，後に，「人は自分の家以外にある家具を移動しはしない」と指摘した。その研究室では，家具の移動を禁じてはいなかったし，研究室の発展を疎外しているならなおさらである。それでも学生は，「彼ら」（研究室の教員か？　管理人か？　学長か？）が家具をそのようにしたかったに違いないと思っていた。学生はそのようなコントロールの欠如を感じたので，変化のために積極的に働きかけたり，彼らの周りのものを変えたりすることはもちろんのこと，家具配置を再構成するという問題を提起することさえしなかった。

　したがって，テリトリーとコントロールの関係で考慮すべき重要な事柄は，テリトリーが一次的か，二次的か，公共的かである。たとえば，研究室の中の学生は明らかに研究室を一次テリトリーというより二次的，あるいは公共のテリトリーとみなしていた。

　われわれは一次テリトリーで最大限のコントロールを保有しているはずである。人

は，少なくとも一次テリトリーにおいて他のテリトリーよりも多くのコントロールを行使すると信じているだろうか？　ある研究の被験者たちは，一次テリトリー（たとえば，ドアを閉じた寝室やバスルーム）を占有したときのほうが，二次テリトリー（たとえば，裏庭や家の前の歩道）や公共のテリトリー（たとえば，道路，スーパーマーケット，レクリエーション区域）を占有したときよりも，コントロールの感覚を持つことを報告した[81]。

　ある研究は，どういったときに，2人の話者によって形成されるやりとりのテリトリーに，歩行者が侵入する可能性が高いかを調査した。話をしている2人が公共のテリトリー（校舎の廊下）にいるときより，二次テリトリー（彼ら自身の学生寮の廊下）にいるときのほうが，歩行者が2人の間を歩く可能性が高かった[82]。

　まとめると；われわれはテリトリアリティがさまざまなふるまいと結びつけられるのを見てきた。すなわち，個人化，マーキング，攻撃，支配，勝利，援助，不作為，コントロールである。個人化とマーキングは非常に一般的である（しかし，テリトリアリティは公共的な表出すべての基礎ではない）。それは意識の有無にかかわらず生じるものかもしれないし，所有権を示すかもしれないが，常に積極的な防御をもたらすものではない。そして，ただなわばり的要求を世間に知らせること以上に，テリトリー保有者に心理的な利益を提供するように思われる。

　大衆作家たちは，人間の明白な攻撃性とテリトリアリティの関係を誇張してきたし，ある者たちは動物行動から一般化しようとしすぎる。これは，人が決して暴力的にテリトリーを守ったりしないということを意味するものではないが（国家レベル，個人レベルで起こる何百という戦争や襲撃がそれを示している），多くの日常的な紛争は非暴力的に処理されている。

　テリトリアリティはわれわれのテリトリーをコントロールして支配するのに役立つように見えるが，これの目的は，通常，他者への直接的ないじめを伴わない受動的な手段によって達成される。スポーツにおけるホームの競技場での優位性に関しては，たとえば，ファンの応援や，ことによると競技場に「手を加える」ことが，試合結果をコントロールする試みの中で利用される。公共のテリトリーでは，他の誰もが一次テリトリーとしてその空間を要求しないときでさえ，われわれはそれらを自分のものと見ないから，家具やその他の配置を変えようとはしない。

テリトリアリティの理論

　何がテリトリアリティを支配するのか？　行動の決定要因としての遺伝と学習の間でなされた心理学における古い討論は，この本の他のどのトピックよりもテリトリアリティに関係するかもしれない。われわれのなわばり的傾向は，遺伝子による継承の一部なのだろうか？

●●第6章●●
テリトリアリティ

遺伝子と進化の役割

多くの動物種は，遺伝子の強い影響によって明らかになわばり的であり，そのことが一部の理論家に，動物のテリトリアリティの直接的な拡張として人間のテリトリアリティを扱うように仕向けている。このアプローチの最前線には，人間のテリトリアリティについて本能的な基礎を提案することに機敏であった，多くのヨーロッパの動物行動学者と幾人かの北アメリカの作家がいる[83]。動物行動学のアプローチは，動物に適用する場合でも人間に適用する場合でも，テリトリアリティにおける攻撃と防御の要素を強調している。

一部の人間行動と動物行動の間には類似点を示すことができるものの，人間のテリトリアリティが遺伝的に継承されたものという証拠はない。実際，一部の作家はすべての動物がなわばり的なわけではないという事実を見落としているようである。われわれは，同等の正当化によって，人間が本能的になわばり的とはいえないという立場を支持する哺乳動物の遺産を指摘することができた。たとえば，われわれに最も近い系統の大型類人猿の一部は，ごくわずかしかテリトリアリティを示さない。

ラルフ・テイラー（Ralph Taylor）は，人間のテリトリアリティについて，進化論的・遺伝的根拠の可能性について慎重に考察した[84]。彼の見解は，テリトリーの機能がわれわれの進化の継承の産物だというものである。

RALPH TAYLOR
ラルフ・テイラーは，テリトリアリティと都市近郊についての先導的な研究者である。

アフリカのサバンナをさまよっていた狩人の一団としての古い歴史が，われわれの現在のテリトリアリティの一般的な性質を形づくった。テイラーによれば，テリトリアリティは小さな集団を背景として発達したため，今日でも，国家のように大きな集合体ではなく，個人や小さい集団だけに適用されるという。

もはやまったく同じ目的もしくはまったく同じ結果をもたらすわけではなくとも，現在のわれわれのなわばり的機能に関連する行動プロセスは，大昔に進化したものと類似した形態であるとテイラーは主張する。最後にテイラーは，テリトリアリティの進化論的基礎は，われわれの遺伝子に「焼きつけられている」ことを意味しないと断言している。環境心理学者は，攻撃と防御に集中する代わりに，空間の習慣的な占有と，それが社会的行動や居住者と訪問者の認識にどのように影響を与えるかに焦点を当てる傾向がある。

相互作用を体制化するもの

人間のテリトリアリティは，単に，訪問者を支配しようとすることによって特徴づけられるのではないことを思い出してほしい[85]。むしろ，ジュリアン・エドニーらによれば，人間のテリトリアリティは，人間行動を体制化し，暴力，攻撃，明白な支配

を不必要とするのに役立っている。個人や集団が環境をコントロールするとき，活動の選択，資源への接近，行動的習慣を含んだ，行動の多くの側面が秩序づけられる。他人に雇用されている多くの人々は，一部には金銭的な理由もあるが，仕事場の方針と物理的側面を体制化し，コントロールできるようにするために，自営することを夢見ている。子どもたちは，自分の活動や装飾について，兄弟と交渉しなくてもよいように，自分の部屋を欲しがる。それゆえ，テリトリーを求める動機の1つは，これらの体制化する特権を得る機会を持つことである。

　コミュニティ，小さな集団，個人に対する体制化と秩序はテリトリーによって与えられる。第1に，テリトリーが地理的に人を固定することでコミュニティは恩恵を受ける。それは，われわれ1人ひとりが特定のテリトリーでかなりの時間を過ごすからである。もし，コミュニティの構成員が多数の異なった場所で時を過ごすならば，われわれは交流したい人たちを見つけるのに苦労するであろう。それゆえ，テリトリーは人々が必要とする接触に確実な接近を提供する。われわれが誰かと話そうとするたびにいろいろな場所を探さなければならないのと比較したら，他人とのコミュニケーションに費やす時間と努力が非常に小さくなるので，コミュニティ全体としては，より好都合である。

　テリトリーの所有権は，訪問者とホストのふるまい方についての予期を形づくるように思われるので，小さい集団は有利である。たとえば，クラブやお酒を飲む店は，しばしば成文化された，または成文化されていない行動ルールを持っている。私はかつて，「われわれはあなたのトイレで泳がない。どうかわれわれのプールで小便をしないように！」という立て札が，裏庭に新しい水泳プールを持つ高慢な所有者によって立てられているのを見た。これらのしきたり（特にプールの所有者の標識より真摯なもの）は，社会的行動を実際に行われるような，相互が受容できる一連の基本原則を備えることによって，秩序と安全性を高めている。前に記したように，これらのしきたりは一般にホストにコントロールを割り当てるが，ホストは訪問者の要求を察してこのコントロールを用いる。たとえば，ホストは訪問者に飲み物の選択を勧めて，先に訪問者に給仕し，どこに訪問者が座るべきであるかをほのめかす。

　そして最後に，人はテリトリーの体制化する機能から利益を得る。それらはテリトリー運用の社会的もしくは資源管理的側面をコントロールするから，テリトリー保有者はよりよい計画を立てたり，将来の出来事を予想したりすることが可能である。テリトリーを熟知することはまた，場所から場所へ不規則に動いたのでは得られないであろう能力感を与える。ただ他人から空間的に独立しているだけで，人はアイデンティティの意識を獲得する。また，概して関連しあった行動の長い連鎖を実行する。これらが1つの場所で起こるとき，個人のテリトリーへのなじみゆえに，それらはよく体制化され，秩序づけられる。日常的な例として料理があげられる。どこに材料と道具がしまってあるかを知っているから，他の誰のキッチンよりもわれわれ自身のキッ

チンで，そのプロセスは容易である。

　まとめると；テリトリアリティの理論は多様で不確かな部分を残している。動物行動学，進化，体制化，コントロールは，その周辺にテリトリアリティの理論が構成される，まったく異なった概念である。もし，それらがそれぞれ部分的に正しいと想定するならば，それらを首尾一貫したものとして合成した将来の理論は，人間のテリトリアリティを極めて複雑なプロセスとして描写するのは確実であろう。理論の多様性にもかかわらず，環境心理学者は，よりよい環境のデザインに貢献するために，テリトリアリティを利用するには十分なことを知っている。われわれは現在その活動に着手しつつある。

テリトリアリティと環境デザイン

　特定のデザイン状況に適用されるとき，利用者の要求を満たすために現れるのであればどんな場所においても，テリトリアリティはその計画の中で促進されるべきである。すなわち，テリトリアリティに関連づけられる人間行動パターンのリストに基づいて，テリトリアリティのためのデザインは攻撃を減らし，コントロールを増し，秩序と安全の感覚を促進するであろう。1つのかなり大胆な推論がいくつかの研究によって支持され，これまで報告された限りでは誰からも反論されていない。それは，家，学校，仕事において，すべての人に一次テリトリーを提供できるデザインがもっと増えるならば，いっそうよくなるというものである。

近　隣

　住人が彼らの道路の通過交通があまりに多いと感じるとき，市は，近隣を通る交通量を制限するために，しばしば道路を封鎖するよう要請される。通勤者は，もちろん，効率的な仕事への行き帰りを手助けするために道路がそこにあると信じている。子どもたちの安全と交通騒音についての懸念は，近隣居住者が障壁を求める明らかな理由であるけれども，近隣をテリトリー化する動きはそれほど明白な利益をもたらさないかもしれない。

　道路を遮断することは，居住者にコントロールとアイデンティティの感覚を与えることになる。今道路を通過する車は，近隣で所有されているものであるため，それほど多くもないし，見知らぬものでもない。車が少なめなので，居住者が見知らぬ車を認識する可能性はより高くなる。「異質な」車が居住者によって気づかれるから，このことは犯罪を減らすのに役立つかもしれない。いくつかの地区から選択できる窃盗犯は，はっきりとした個性を持たない地区を選んだほうがよいであろう。守りやすい空間の理論は，住人の所有権意識を強め，特に誰も用心している感じがしない空間を排除し，居住者によって容易に監視される空間を増加させるような近隣デザイン変更

を支持するであろう。

あいにく，近隣全体を変えることは政治的には難しい。たとえば，交通障壁は不便を強いられる通勤者によってだけでなく，新しい障壁の結果として交通の増加を経験するであろう近隣住民によっても抵抗を受ける。より小さな規模での変更，たとえば個人の家の変更は，政治的にはずっと容易であるが，そのうちのいくつかは，個々の持家所有者に，より多くの負担をかける。

もちろんその問題は，近隣地区が最初からデザインされるときや，区画内で道路パターンが再配置されるときに，異なった道路パターンがつくり出されることによって解決できることもある。ある研究は，袋小路の住人が自分たちの道路を排他的に利用し，隣人を他人からより区別できること，通り抜け道路の住人と比較し，より安全で，よりよく保全された道路を持っていると信じていることを明らかにしている[86]。

病　院

誰も入院を好まない。明白な理由（病院にいることは病気あるいは怪我を意味する）以外で，われわれが病院での滞在を楽しめないもう1つの理由は，病院における場所の管理の仕方である。やむを得ず，われわれはあらかじめ確立されたテリトリーのない環境に行く。これはすぐに，われわれのコントロールと安全の感覚に影響を及ぼす。たとえわれわれが個室や自分のベッドを与えられたとしても，われわれは自分の一次テリトリーで行っている行動（睡眠，身づくろい，私的な事柄についての話し合いといったもの）を，二次テリトリーで行うように強制される[87]。たとえば，もしわれわれが施錠できる戸棚を持っていないなら，われわれの所有物を管理できるという普通の感覚でさえ危うくなる。

その解決策は，可能な場所に対して患者に個人化と管理を許可することである。施錠できる戸棚，見ることができる掲示板，われわれの写真や本やその他の意味ある所有物を広げておくための，より多くのテーブルスペース。これらは提案されたデザイン変更の一部である。さらにより簡単な規則は，患者の手が届くところに小さい物を配置することを尊重するよう，職員に求めることかもしれない。ある療養施設（nursing home）での研究から，一次テリトリーの形成が有益な効果を持っていることに関するいくつかの証拠がもたらされている[88]。2人部屋において，部屋を2つの空間に分離する視覚的な「しるし」が居住者の自尊心と妥当性の感覚を強めた。

しかし，たいていの状況では，これらのデザイン変更のいくつかに対する強い圧力が存在する。一部の職員は，テーブルが扱いにくい，戸棚は貴重な場所を占める，掲示板は高価である，と文句を言う。ある職員は，家具と個人の所有物の固有の配置によってもたらされる非能率性ゆえに反対する。問題は，施設とは本来，患者と職員のどちらの福祉のために存在するのかということである[89]。驚くべきことに，病院や他の施設の配置から判断すると，答えはしばしば職員の要求が第1にきているというも

●●第6章●●
テリトリアリティ

のである。
　職員の要求は，もちろん正当なものである。しかしながら，患者の病気，怪我，そして一時的な身分が，彼らの要求を効果的な方法で表明するという能力を減ずるので，患者の要求が取り上げられずにいることが，あまりに頻繁である。さらに，個々の患者は一時的にしか滞在しないが，類似の要求を持つ類似の患者による恒久的な流れが病院に溢れるようになる。結局は，われわれそれぞれがそこにいるであろう。
　デザイナーが慎重に職員と患者のニーズを調べ，両グループへの費用と効果に建築的な変更の基礎を置くとき，職員 対 患者の板ばさみについての最もよい解決方法にいたるであろう。通常，職員の要求は行きわたっているので，職員の効率以上に患者のプライバシーとテリトリアリティに有利な変更が必要とされることが多い[90]。
　結局，この節の前提は，いくつかの障壁が存在するにもかかわらず，建物の中の誰もがよりよい状態となるように，多くの空間的配置はかなり改善できるかもしれないというものである。テリトリアリティを創造的に取り入れる環境デザインは，生活の質を著しく改善することができる。

要　　約

　人間におけるテリトリアリティは，（通常は，占有，法律，習慣，個人化のような非暴力的な手段による）物理的空間，物，考えのコントロールに関連づけられる行動と経験の型である。テリトリーの7つの形態が識別される。いくつかの侵害と防御の戦略が，テリトリーを競い合うために用いられている。なわばり的行動の研究にはフィールド実験とフィールド研究が最もよいが，なわばり的認識はインタビューとアンケートによって最もよい研究がなされる。男性は女性よりもなわばり的であることが多い。住宅外観と道路計画のある種の取り合わせは，居住者のテリトリアリティを高めて犯罪を減らすかもしれない。所有権，ポジティブな社会的雰囲気，資源の競合，社会的階層，タスクは，テリトリアリティを強めると思われる社会的要因である。
　テリトリアリティと関係がある行動は，通常受動的であるが，空間を制御することに向けられている。個人化，マーキング，地位は，物理的な攻撃よりも多く使われる。テリトリアリティの理論は，その体制化する機能，行動セッティング理論，進化論に注目している。デザイナーは，よりよい住宅・オフィス・施設を建設するために，テリトリアリティについての知識を盛り込むべきである。全体的な目標は，確実に実行することができ，構造的な文脈が許すだけのコントロールを，テリトリーによって人に提供することである。このことがデザインで達成されるとき，テリトリー保有者は，より大きい自己決定の感覚，より大きなアイデンティティの感覚，そして，おそらくは安全性の感覚からさえも利益を得るであろう。

【引用文献】
1. Kaplan, S., & Kaplan, R. (1978). *Humanscape: Environments for people*. North Scituate, MA: Duxbury Press, p. 264.
2. Edney, J. J. (1974). Human territoriality. *Psychological Bulletin*, 81, 959-975.
3. Altman, I. (1975). *The environment and social behavior: Privacy, personal space, territoriality and crowding*. Monterey, CA: Brooks/Cole.
4. 3. 参照
5. 3. 参照
6. Lyman, S. M., & Scott, M. B. (1967). Territoriality: A neglected sociological dimension. *Social Problems*, 15, 235-249.
7. 6. 参照
8. Ruback, R. B., Pape, K. D., & Doriot, P. (1989) Waiting for a phone: Intrusion on callers leads to territorial defense. *Social Psychology Quarterly*, 52, 232-241.
9. Ruback, R. B., & Juieng, D. (1997). Territorial defense in parking lots: Retaliation against waiting drivers. *Journal of Applied Social Psychology*, 27, 821-834.
10. Cashdan, E. (1983). Territoriality among human foragers: Ecological models and an application to four Bushman groups. *Current Anthropology*, 24, 47-66.
11. Taylor, R. B., & Lanni, J. C. (1981). Territorial dominance: The influence of the resident advantage in triadic decision making. *Journal of Personality and Social Psychology*, 41, 909-915.
12. Smith, H. W. (1981). Territorial spacing on a beach revisited: A cross-national exploration. *Social Psychology Quarterly*, 144, 132-137.
13. Sebba, R., & Churchman, A. (1983). Territories and territoriality in the home. *Environment and Behavior*, 15, 191-210.
14. Brower, S., Dockett, K., & Taylor, R. B. (1983). Residents' perceptions of territorial features and perceived local threat. *Environment and Behavior*, 15, 419-437.
15. Greenbaum, P. E. & Greenbaum, S. D. (1981). Territorial personalization: Group identity and social interaction in a Slavic-American neighborhood. *Environment and Behavior*, 13, 574-589.
16. 12. 参照
17. Mercer, G. W., & Benjamin, M. L. (1980). Spatial behavior of university undergraduates in double occupancy residence rooms: An inventory of effects. *Journal of Applied Social Psychology*, 2, 32-44.
18. 13. 参照
19. Wollman, N., Kelly, B. M., & Bordens, K. S. (1994). Environmental and intrapersonal predictors of reactions to potential territorial intrusions in the workplace. *Environment and Behavior*, 26, 179-194.
20. 17. 参照
21. Taylor, R. B., Gottfredson, S. D., & Brower, S. (1981). Territorial cognitions and social climate in urban neighborhoods. *Basic and Applied Social Psychology*, 2, 289-303.
22. Marsh, P., & Collett, P. (1987). The car as a weapon. *Etc.*, 44, 146-151.
23. Taylor, R. B. (1988). *Human territorial functioning: An empirical evolutionary perspective on individual and small group territorial cognitions behaviors and consequences*. New York: Cambridge University Press.
24. 23. 参照
25. 10. 参照
26. 10. 参照
27. 15. 参照
28. Harris, P. B., & Brown, B. B. (1996). The home and identity display: Interpreting resident territoriality from home exteriors. *Journal of Environmental Psychology*, 16, 187-203.
29. 9. 参照
30. Jacobs, J. (1961) *The death and life of great American cities*. New York: Vintage.
31. Newman, O. (1972). *Defensible space*. New York: Macmillan.
32. 23. 参照
33. Brown, B. B., & Altman, I. (1983). Territoriality, defensible space, and residential burglary: An environmental analysis. *Journal of Environmental Psychology*, 3, 203-220.
34. Ley, D., & Cybriwsky, R. (1974) The spatial ecology of stripped cars. *Environment and Behavior*, 6, 53-68.
35. Sommer, R. (1987). Crime and vandalism in university residence halls: A confirmation of defensible space theory. *Journal of Environmental Psychology*, 7, 1-12.
36. Casteel, C., & Peek-Asa, C. (2000). Effectiveness of crime prevention through environmental design

(CPTED) in reducing robberies. *American Journal of Preventive Medicine*, **18**, 99-115.
37. D'Alessio, S., & Stolzenberg, L. (1990). A crime of convenience: The environment and convenience store robbery. *Environment and Behavior*, **22**, 255-271.
38. Wise, J. A., & Wise, B. K. (ca. 1985). *Bank interiors and bank robberies: A design approach to environmental security.* Rolling Meadows, IL: Bank Administration Institute.
39. Macdonald, J. E., & Gifford, R. (1989). Territorial cues and defensible space theory: The burglar's point of view. *Journal of Environmental Psychology*, **9**, 193-205.
40. Robinson, M. B., & Robinson, C. E. (1997). Environmental characteristics associated with residential burglaries of student apartment complexes. *Environment and Behavior*, **29**, 657-675.
41. Brown, B. B., & Bentley, D. L. (1993). Residential burglars judge risk: The role of territoriality. *Journal of Environmental Psychology*, **13**, 51-61.
42. Ham-Rowbottom, K. A., Gifford, R., & Shaw, K. T. (1999). Defensible space theory and the police: Assessing the vulnerability of residencies to burglary. *Journal of Environmental Psychology*, **19**, 117-129.
43. Shaw, K. T., & Gifford, R. (1994). Residents' and burglars' assessment of burglary risk form defensible space cues. *Journal of Environmental Psychology*, **14**, 177-194.
44. Newman, O. (1980). *Community of interest.* New York: Anchor Press/Doubleday.
45. Brown, B. B., & Werner, C. M. (1985). Social cohesiveness, territoriality, and holiday decorations: The influence of cul-de-sacs. *Environment and Behavior*, **17**, 539-565.
46. Perkins, D. D., Wandersman, H. H., Rich, R. C., & Taylor, R. B. (1993). The physical environment of street crime: Defensible space, territoriality, and incivilities. *Journal of Environmental Psychology*, **13**, 29-49.
47. 12. 参照
48. Edney, J. J., & Jordan-Edney, N. L. (1974). Territorial spacing on a beach. *Sociometry*, **37**, 92-104.
49. Worchel, S., & Lollis, M. (1982). Reactions to territorial contamination as a function of culture. *Personality and Social Psychology Bulletin*, **8**, 370-375.
50. 15. 参照
51. Campbell, A. C., Munce, S., & Galea, J. (1982). American gangs and British subcultures: A comparison. *International Journal of Offender Therapy and Comparative Criminology*, **26**, 76-89.
52. Ruback, R. B., & Snow, J. J. (1993). Territoriality and non-conscious racism at water fountains: Intruders and drinkers (Blacks and Whites) are affected by race. *Environment and Behavior*, **25**, 250-267.
53. Truscott, J. C., Parmelee, P., & Werner, C. (1977). Plate touching in restaurants: Preliminary observations of a food-related marking behavior in humans. *Personality and Social Psychology Bulletin*, **3**, 425-428.
54. Werner, C., Brown, B., & Damron, G. (1981). Territorial marking in a game arcade. *Journal of Personality and Social Psychology*, **41**, 1094-1104.
55. Ley, D., & Cybriwsky, R. (1974). Urban graffiti as territorial markers. *Annals of the Association of American Geographers*, **64**, 491-505.
56. Becker, F. D. (1973). Study of spatial markers. *Journal of Personality and Social Psychology*, **26**, 439-445.
57. Holahan, C. J. (1976). Environmental change in a psychiatric setting: A social systems analyses. *Human Relations*, **29**, 153-166.
58. Vinsel, A., Brown, B. B., Altman, L., & Foss, C. (1980). Privacy regulation, territorial displays and effectiveness of individual functioning. *Journal of Personality and Social Psychology*, **39**, 1104-1115.
59. Edney, J. J. (1976). The psychological role of property rights in human behavior. *Environment and Planning: A*, **8**, 811-822.
60. Edney, J. J. (1972). Property, possession and permanence: A field study in human territoriality. *Journal of Applied Social Psychology*, **2**, 275-282.
61. 8. 参照
62. Taylor, R. B., & Brooks, D. K. (1980). Temporary territories: Responses to intrusions in a public setting. *Population and Environment*, **3**, 135-145.
63. 55. 参照
64. Brown, B. B., & Harris, P. B. (1989). Residential burglary victimization: Reactions to the invasion of a primary territory. *Journal of Environmental Psychology*, **9**, 119-132.
65. Edney, J. J. Territoriality and control: A field experiment. *Journal of Personality and Social Psychology*, **6**, 1108-1115.
66. Esser, A. H. (1968). Dominance hierarchy and clinical course of psychiatrically hospitalized boys. *Child Development*, **39**, 147-157.

67. Esser, A. H., Chamberlain, A. S., Chapple, E. D., & Kline, N. S. (1965). Territoriality of patients on a research ward. In J. Wortis (Ed.), *Recent advances in biological psychiatry*. New York: Plenum.
68. Sundstrom, E., & Altman, I. (1974). Field study of territorial behavior and dominance. *Journal of Personality and Social Psychology*, **30**, 115-124.
69. 11. 参照
70. Austin, W. T. (1982). Portrait of a courtroom: Social and ecological impressions of the adversary process. *Criminal Justice and Behavior*, **9**, 286-302.
71. Harris, P. B., & McAndrew, F. T. (1986). Territoriality and compliance: The influence of gender and location on willingness to sign petitions. *Journal of Social Psychology*, **126**, 657-662.
72. Schwartz, B., & Barsky, S. F. (1977). The home advantage. *Social Forces*, **55**, 641-661.
73. Cornuneya, K. S., & Carron, A. V. (1992). The home advantage in sport competition: A literature review. *Journal of Sport and Exercise Psychology*, **14**(1), 13-27.
74. Acker, J. C. (1997). Location variations in professional football. *Journal of Sport Behavior*, **20**, 247-259.
75. Greer, D. L. (1983). Spectator booing and the home advantage: A study of social influence in the basketball arena. *Social Psychology Quarterly*, **46**, 252-261.
76. Lehman, D. R., & Reifman, A. (1987). Spectator influence on basketball officiating. *Journal of Social Psychology*, **127**, 673-675.
77. Agnew, G. A., & Carron, A. V. (1994). Crowd effects and the home advantage. *International Journal of Sport Psychology*, **25**, 53-62.
78. Baumeister, R. F. (1985). The championship choke. *Psychology Today*, **19**(4), 48-52.
79. James, B. (1984). A few words about the home field advantage. In B. James (Ed.), *The Bill James baseball abstract 1984*. New York: Ballantine.
80. Gifford, R. (1976). Environmental numbness in the classroom. *Journal of Experimental Education*, **44**, 4-7.
81. Taylor, R. B. & Stough, R. R. (1978). Territorial cognition: Assessing Altman's typology. *Journal of Personality and Social Psychology*, **36**, 418-423.
82. Schiavo, R. S., Kobashi, K. C., Quinn, C., Sefcsik, A., & Synn, L. (1990). *Territorial influences on permeability of group spatial boundaries*. Paper presented at the annual meetings of the American Psychological Association, Boston.
83. Ardrey, R. (1966). *The territorial imperative*. New York: Atheneum.
84. 23. 参照
85. 59. 参照
86. Je, H. (1987). Urban residential streets: A study of street types and their territorial performances. *Dissertation Abstracts International*, **47**(7-A), 2346.
87. Shumaker, S. A., & Reizenstein, J. E. (1982). Environmental factors affecting inpatient stress in acute care hospitals. In G. W. Evans (Ed.), *Environmental stress*. New York: Cambridge University Press.
88. Nelson, M. N., & Paluck, R. J. (1980). Territorial markings, self-concept, and the mental status of the institutionalized elderly. *Gerontologist*, **20**, 96-98.
89. Sommer, R. (1969). *Personal space: The behavioral basis of design*. Englewood Cliffs, NJ: Prentice Hall.
90. 87. 参照

【参考図書】

Brown, B. B. (1987). Territoriality. In D. Stokols & I. Altman (Eds.), *Handbook of Environmental Psychology*. New York: Wiley.

Cornuneya, K. S., & Carron, A. V. (1992). The home advantage in sport competition: A literature review. *Journal of Sport and Exercise Psychology*, **14**(1), 13-27.

Edney, J. J. (1974). Human territoriality. *Psychological Bulletin*, **81**, 959-975.

Ham Rowbottom, K. A., Gifford, R., & Shaw, K. T. (1999). Defensible space theory and the police: Assessing the vulnerability of residencies to burglary. *Journal of Environmental Psychology*, **19**, 117-129.

Newman, O. (1972). *Defensible space*. New York: Macmillan.

Perkins, D. D., Wandersman, A. H., Rich, R. C., & Taylor, R. B. (1993). The physical environment of street crime: Defensible space, territoriality, and incivilities. *Journal of Environmental Psychology*, **13**, 29-49.

Taylor, R. B. (1988). *Human territorial functioning: An empirical evolutionary perspective on individual and small group territorial cognitions behaviors, and consequences*. New York: Cambridge University Press.

Wollman, N., Kelly, B. M., & Bordens, K. S. (1994). Environmental and intrapersonal predictors of reactions to potential territorial intrusions in the workplace. *Environmental and Behavior*, **26**, 179-194.

第7章 クラウディング

- □クラウディング，密度，人口
  - 世界の人口状況
  - クラウディングと密度
  - クラウディングと密度をどのように研究するか
- □クラウディングへの影響要因
  - 個人的な影響
  - 社会的な影響
  - 物理的な影響
- □高密度，クラウディング，人間の行動
  - 動物における研究
  - 生理的ストレスと健康
  - 心理的ストレスと精神衛生
  - アルコールの摂取
  - 子どもの成長
  - パフォーマンス
  - 社会的（および反社会的）行動
  - 公共の場所への訪問
  - 調整要因としての文化
- □クラウディングの理論
  - 先行条件
  - 心理的過程
  - 結果
- □クラウディングと環境デザイン
  - 住宅
  - 自然環境保護公園
  - 刑務所

> いくぶん不可能とも思える田園生活を求めて，広々とした庭や他人から離れた1人の環境を与えようと試みるより，健全で活気に満ちた近所の人とのふれ合いを建築設計は促進すべきだ。
> ——ジョナサン・フリードマン（Jonathan Freedman）[1]

ここ数か月の間に町で最もヒットしたバンドが，ザンジバル・クラブで演奏していた。最近はよい音楽に恵まれなかったので，多くの人々が土曜の夜にクラブを訪れることは確かだと思われた。しかし，トムはクラブに到着したときに，その光景が信じられなかった。人の列が1つの街区をとりまくように続いていた。彼とジェーンは，ちょうど支配人が防火法規についてぶつぶつ言い始めたときに中へ入った。

トムは，駐車場を探すのに時間がかかったり，カバーチャージが「特別」であったり，席が柱の後ろにあって演奏壇の眺めを部分的に遮られていることで，すでにやや機嫌を悪くしていた。どういうわけか，ジェーンはこの間ずっと快活であったが，トムには少し快活すぎるように思われた。彼女はトムにダンスをしたいかどうかもう一度聞いた。

「まさか。このダンスフロアにはもう1人だって上れないよ」

ジェーンは彼の機嫌をよくしようとして，人ごみの中にいる友人を指さしたり，化学の試験の成績がよかったことを話したり，彼の好きな曲を演奏しているバンドについて感想を言った。彼女は騒音や熱さ，汗，煙に気づいていないようだった。トムはジェーンを楽しませている感覚の海，音楽，あるいは騒々しい雰囲気から脱け出すことなんかできないように思えた。

トムには，不快な人々が，この場所に耐えられないほど大勢いるように思えた。さらに悪いことに，ジェーンの旧友が2人のテーブルに座り，延々と懐かしい日々の思い出話に没頭していた。トムは今夜，すべてを台無しにしてしまわないよう自分の敵意に満ちた感情を打ち消そうと努力したが，すべてが自分の手に負えず，この状況に対して何もできないという感覚から逃れることができなかった。トムは，これ以上事態が悪くなる前に立ち去ろうと決心した。彼はジェーンと友人の話をさえぎり，家に帰ると告げた。ジェーンは彼を見上げ，そして……。

クラウディング，密度，人口

世界はますます混み合いつつある。われわれのほとんどに，道路や生活空間，労働空間，余暇空間が混み合っていて，苛々した経験がある。交通渋滞，定員の3倍の人が入った寮の部屋，詰め込まれた雇い人，そして刑務所，順番待ちのキャンプ場などは，クラウディング・ストレスを引き起こす多くの状況の一部である。

世界の人口状況

前述の例のような，個人レベルのクラウディングは直接われわれに影響を及ぼすが，それは世界的レベルで見れば，まったく信じ難いほどの人口増加を背景にして発生し

●●第 7 章●●
クラウディング

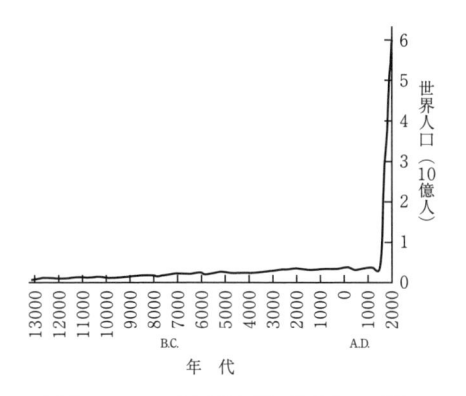

図7-1 ここ1万4千年間の世界人口の増加

ている。人口抑制に対するさまざまな努力にもかかわらず，世界の人口曲線はほぼ垂直に伸びており，倍加するのにたった30年～40年しかかかっていない（図7-1）。

中国は1994年2月15日に人口が12億人を突破しており[2]，インドは2000年5月11日に10億人に到達した[3]。中国では有名な1人っ子政策が施行されているにもかかわらず，出産期の女性の人口比率が高いので，人口は1年あたり2,100万人の増加と，依然として急速に増え続けている。人口増加率がゼロあるいはゼロに近い値に抑制された先進国の人々にとって，こうした人口増加現象のほとんどが遠く離れた世界の出来事に思えるのは事実である。しかし，こうした人口増加を示す数値を知りながらも，われわれは人口増加の脅威が存在することを否定する傾向があり，また，人口増加が引き起こす最終結果について自分自身を欺こうとしている[4]。

しかしながら，人口増加はあれこれとわれわれの生活に影響を及ぼそうとしている。少なくともテレビでの飢饉の映像はわれわれを狼狽させ，食料や財政的援助をする動機づけになるだろう。ことが深刻になれば，一般大衆が絶望的になっている国々で発生する経済的，政治的大変動は，人口問題を抱えていない国々への供給ラインや生活の質を崩壊させる（表7-1）。

それでは，われわれは空間や資源を使い果たそうとしているのだろうか。あなた方はそのように考えるかもしれないが，ジュリアン・サイモン（Julian Simon）のような保守的な経済学者たちは，全世界の人をテキサスに入れ，かつ1人ひとりに125 m²（1,352平方フィート）の広さを与えることが可能であると論じている[5]。テキサスは世界の陸地の0.5％に満たないので，その論によると，地球上にはもっと多くの人々のための空間が十分に残されているということになる。そのうえ，世界人口は1年に約1.6％ずつしか増加していない。最後に，もしわれわれが資源を使い果たしてしまったなら，インフレーションによる調整期間に，資源の価格が上昇するはずだが，実際はそうではない。これは，おそらくわれわれが新しい資源の源泉や，資源をより効

表7-1 いくつかの国と都市の人口と密度

国 都市	1990年の人口 (100万人)	人口密度 1平方マイルあたりの人数
オーストラリア	16.9	6
シドニー	3.5	10,328
ブラジル	152.5	46
サンパウロ	18.0	38,528
カナダ	26.5	7
トロント	3.1	20,001
香港	5.7	280,350
フランス	56.4	267
パリ	8.7	20,123
日本	123.6	860
東京-横浜	27.0	24,463
メキシコ	87.9	115
メキシコシティー	20.2	37,314
ナイジェリア	118.8	333
ラゴス	7.6	129,705
フィリピン	66.1	570
マニラ	9.9	50,978
イギリス	57.4	609
ロンドン	9.2	10,551
アメリカ	250.4	69
ロサンゼルス	10.0	8,985
ニューヨーク	14.6	11,473
世界（陸地）	5,318.0	101

注) 公式な境界内に広大な低密度の地域を持つ都市もあれば（例：ロサンゼルス，香港），人口集中地区を法的に分離した都市もある（例：トロント，ニューヨーク）。現実的な密度の値を算出するために，誤解を招きやすい密度の値を導く，法に基づいた境界ではなく，それぞれの都市の実際の市街地で計算した。この表の都市密度は，ちょっとした郊外の発達に対応する，少なくとも1平方マイルにつき5,000人（1エーカーにつき約8人）の密度の都市の「連続した人口のまとまり」として，計算されている。

率的に抽出する方法を発見し続けているからであろう。

　しかし，人口の増加は有害な影響をもたらすと論じている研究者もいる。1970年以降のアメリカにおける人口増加の半分は移民が原因であり，このことは自然環境の復活と保護を含むいくつかの目標達成を妨げてきた[6]。

　世界的規模の人口問題は存在するのだろうか。これは，経済学者と人口統計学者が論じ続けるであろう問題である。われわれの仕事は，部屋，住居，仕事場，そして地域社会といった，ヒューマンスケール（human scale）における，クラウディングの原因と，高密度による影響を理解することである。議論のこの段階において，われわれは，多くの人々がトムのように混み合っていると感じること，そして高密度が悪影響を持つことを知っている。しかし，トムがどのように考えようとも，すべての報告に対し悲観的になるべきではない。前記のジェーンに聞けばわかるように，高密度がとても心地よい時もある。最終節ではクラウディング・ストレスの緩和に成功した建築

●●第7章●●
クラウディング

の革新の一部について述べる。

クラウディングと密度

クラウディング（crowding）にはいくつかの専門的意味だけではなく，日常に使う意味もある。ある用法では，クラウディングと密度の意味が重複し，他の用法では重複しない。日常の会話では，どのようにクラウディングを使うのかは必ずしも厳密な問題とはならないが，しかしクラウディングを明確に理解しようとするなら，困難を伴うがクラウディングの区分を明確にすることが重要であると環境心理学者は認識した。その理由の1つは密度のさまざまな型に応じて人は異なった行動をとるということである。初期研究で矛盾した結論が導かれているのは，研究者がクラウディングの多様性を区別することの重要性をまだ理解していなかったからである。では，いくつかの主要な区別を見ていこう。

■**群集とクラウディング**　初期の社会科学者にとって，クラウディングは，興奮した人々の一時的で大きな群集の形成を意味していた。これには音楽会に行く穏やかな人々や，見本市の得意客も含まれるが，リンチを加える集団や暴徒，慌てふためく被災者を意味することもある。群集の形成は，一般的に理性的でない動機づけや一般性のある感情に巻き込まれていたいという欲望にその原因がある[7,8]。このような群集への参加は，人々に覚醒を促すように見えるが，ある理論家は群集への参加を緊張状態の放棄[9]の一形態とみなし，また別の理論家は暴徒を完全な安全性と匿名性のもとに権力を求め自らの責任を軽減しようとしている人々と見る[10]（図7-2）。福音主義の集会，暴動，劇場の火事，酒場での喧嘩，戦争時の集団脱営に関する多くの記述的研究が，20世紀初頭の40年でなされている。

図7-2　群衆に関する多くの研究が第2次世界大戦前に行われており，クラウディングに関する研究の多くは，その後，特に1970年代に行われた。

群集とクラウディングは異なり，クラウディング研究はその差異を反映している[11]。近年の理論家はクラウディングが結局のところ集団的現象であることを強調しているが，近代のクラウディング研究は個人の経験に焦点を当てている。それとは対照的に，群集の研究者は当然ながら群集の形成[12]，形状と構造[13]，動向[14]，コントロールに焦点を当ててきた。

　ある1つの分析では，群衆の潜在的な破壊性がかかわる限りにおいて，群集の重要な特性は，群集メンバーの匿名性と特定性，および群衆の行動の非予測性であると結論づけている[15]。その分析は，その群集が反社会的活動に流れた場合に，それを分散させる（もし可能なら！）最良の方法を，以下のように提案している。

- 群集の結成の原因となった刺激より強い刺激を新たにつくり出す。
- 群集の注意を他に向けさせる。
- 参加者に個人のアイデンティティと価値を認識させる。
- 参加者の意見を分裂させる。
- リーダーを孤立させる。

　古い群集研究においては，通常，より広い社会的，政治的，経済的影響が考察されている。この研究アプローチは，経済活動指標と集団暴力との強い関係性を報告することにより活力を得た。たとえば，1882年から1930年において，アメリカ南部での綿花価格の下落は，その間に起こった集団リンチの増加と，強い相関関係があった[16]。

　群集の研究は1940年代以降衰退し，その後クラウディングの研究が劇的に盛んになった。これは，群衆研究の対象（強い感情に満ちた人々の一時的集団）が今では一般的ではないし，今日ではリンチなどあまり起こらないからと，説明する気になる。確かにそうではあるが，群衆はいまだ存在する。1992年のロサンゼルスでの暴動を思い出してほしい。スポーツ観戦をする群集の暴力は[17]？　ストリートギャングの抗争は？　校庭での喧嘩を見物する人の輪は？　クリスマス後のクリアランスセールは？　群れをなしている若者は？　群衆研究を復活させる必要があるようだ。

■クラウディングと密度

　ダニエル・ストコルス（Daniel Stokols）[18]が今では一般的に受け入れられている区別をつけるまでは，クラウディングと密度という用語はどちらでも同じように使用できた。密度（density）は，

> **DANIEL STOKOLS**
> ダニエル・ストコルスは，クラウディングと密度の重要な区別をつけ，環境心理学への社会生態学アプローチにおける先導者である。

ある単位空間あたりの人の数を計測する尺度である。地球全体（ついでながら，世界の陸地には1平方マイル（訳注：1マイル＝約1.6km）あたり約100人の住民がいる）から国，市，地域，建築物，家庭，部屋というどんな空間においても，密度を計算することができる。とはいえ，平方メートルあたりの人数を測ろうとも，平方キロメートルあたりの人数を測ろうとも，原理は同じであり，密度はある単位空間あたりの人数を測る

第7章
クラウディング

客観的な方法なのである。

密度は唯一の客観的尺度であり，さまざまな物理的規模において測ることが可能である。人口の分布は，広くてほとんど誰も住んでいない地域に立地する人口密度が高い都市に住んでいる場合（たとえば，ほとんどのカナダ人がこのように暮らしている）もあるし，高密度な田園地帯に一様に住んでいる場合もある。たとえば，ジャワでは大部分が農村であるにもかかわらず，人口密度が１平方キロメートル（約２/３平方マイル）あたり1,000人である。個人が住んでいる部屋，建物，近隣，市，地方，国における密度はおそらくすべて異なっているだろう。研究の糸口となる論点は，これらの密度それぞれが人間の行動に関して持っている差異に関係している。後ほど，この問題に関係する研究のいくつかについて論じたい。

他方，クラウディングは周りにいる他人の数に関する個人の経験をいう。クラウディングは個人が定義するものであり，物理的な割合というよりは，周囲に他人が多すぎるという主観的な感覚なのである。クラウディングは高密度と対応するかもしれないが[19]，両者の関係はそれほど強いわけではない。私は広い部屋に他人が１人いることで混み合っていると感じたことがあるけれど，何千人もいるコンサートでクラウディングを感じなかったこともある。クラウディングは，個人的，状況的，文化的な多くの要因に関連している。

クラウディングと密度の間の比較的小さい関係は何度も例証されてきた。たとえば，シカゴの家族に関する大規模な研究において，部屋レベルでの密度はクラウディングの２つの測度と相関関係があった。２つの測度とは，要求が過剰であるという居住者の知覚と，プライバシーの損失についての知覚である[20]。どちらの相関係数も約0.30で，これはクラウディングの経験のうち，密度によって説明されたものが変動量の10％未満であることを意味している。オーストラリアの労働者に関する研究では，クラウディングと密度は，仕事に対する満足感の完全に異なった側面と有意な相互関係が見られた[21]。刑務所での研究において，クラウディングは生理的なストレスに関係したが，密度には関係しなかった[22]。

■**社会的密度と空間的密度**　密度は空間における個人の存在する割合であるが，密度は２つのやり方で変化するであろう。30人の生徒がいる教室を考えてみよう。その部屋に別の30人の生徒を入れても，その部屋を半分に切って片一方に全員を移動しても密度を２倍にすることができる。数学的にはこの２つの行為によって同じ密度になり，以前の密度を２倍にしている。しかし，心理学的にはこの２つの行為は異なった結果を導いている[23]。ある一定の空間において個体数が変わったとき，社会的密度（social density）について調査することになり，ある一定の個体数でその空間の大きさが変化するときには空間的密度（spatial density）について調査することになる。

屋内密度と屋外密度　クラウディングの研究を部屋あるいは建築物の分析レベルで行っている研究者もいれば，街区，近隣，地域社会，あるいは国の規模でのクラウデ

ィングに焦点を当てている研究者もいる。1つの建築物の屋内と屋外で，密度が劇的に変化する場合がある。香港あるいはマンハッタンでは，街区ごとの人数で測定された密度はとても高い。しかしながら，4つの寝室があるマンションに居住している人もいれば，同じ都市において1部屋のアパートを1家族全員で共有している人もいる。屋内密度（indoor density）は建物内の空間に対する人の割合であり，屋外密度（outdoor density）は屋外空間に対する人の割合である。この2つの事例における，屋内と屋外間の密度の差異は，かなり異なる経験と結果に結びついているかもしれない[24,25]（図7-3）。

■**密度と近接性**　何人かの環境心理学者にとって，屋内密度と屋外密度の区別は，他人が何人存在し，どのくらい近くにいるかという，より重要な要因に対する予備的で不完全な計測とみなせるものである。屋内と屋外密度の区別は，実際の他人との近接性という重要な測度に対する単なる近似と見られているかもしれない[26]。これは，密度の測度のほとんどが，個人がその空間に均等に分布しているということを暗黙のうちに仮定しているからである。しかし，当然ながらほとんどの環境下において，人は集団を形成して散らばっている。クラウディングは空間を基にした測度より，こうした集団における他人の数や近接さに関連があるのかもしれない。

　近接性として計測された密度への変換式は発展し[27]，改良され，緻密になってきた[28-31]。人口密度指標（population density index）は，本質的には，人が集合的に占有

図7-3　この高層アパートは「目障り」と呼ばれており，行動上の多くの問題と関連してきた。

する空間の領域に合わせて調整された，当該環境内のすべての2個人間の平均距離である。近接性を基にしたクラウディングの測度は，先行研究におけるいくつかの混乱を整頓し，より合理的な行動の予測を与えると確信する研究者もいる。

エリック・ノウルズ（Eric Knowles）による研究が，この考え方を検証している[32]。彼の近接の概念は引力の法則を基にしており，社会的引力理論あるいは社会物理学理論と呼ばれる，社会的影響に関する心理学への広範なアプローチの一部をなす。宇宙の惑星や星が重力に影響されるように，個人への影響は，集団の作用（存在する他人の数）とそれらとの距離として位置づけられている。

ノウルズが予測した通り，クラウディングに対する評価は，これらの変数から構成される近接の指標に密接に対応している。これらの結果からノウルズは，個人に対する他人の影響は他人の個体数の平方根に比例して増加し，その距離の平方根で減少する，という社会的相互作用のより一般的な法則を提案した。さらなる研究が，密度とクラウディングに対する社会物理学的見解が正しいかどうかを明らかにするだろう。

■**クラウディングの3つの構成要素**　多くの研究が，クラウディングには少なくとも3つの側面があることを示している[33,34]。

1. クラウディングは，いくつかの状況的な先行条件（situational antecedent）に基づいており，多すぎる人（たとえ1人であっても）があまりにも近くに接近すると，接近された人の目的が眼前に人が過多に存在することによって妨げられるし，訪問者あるいは新しいルームメイトの到着によって空間が減少したり，必要とされる資源が混雑の中に埋もれたりする[35]。
2. クラウディングは，感情あるいは情緒を暗示し，通常否定的である。
3. クラウディングは，明らかな攻撃（まれである）から，その場を離れる，アイコンタクトを避ける，あるいは社会的相互関係から撤退する，といった控え目な行動にいたるまで，さまざまな反応を引き起こす。

これら3つの特性のそれぞれが，多くの特有な例によって説明されるだろう。モンタノ（Daniel Montano）とアダモパウロス（John Adamopoulos）による重要な研究は，クラウディングの主要な状況的，感情的，行動的側面を説明している[36]。この2人の研究者は，さまざまなクラウディングの状況を選択し，各々のクラウディングの状況下において被験者がどのような行動をとり，どのように感ずるかについての個人個人の評価を，洗練された統計手法によって分析するという複合的な一連の手続きを用いている。これにより，モンタノとアダモパウロスは，クラウディングの経験には4つの主要な状況のモード，3つの主要な感情のモード，5つの主要な行動のモードがあると結論づけることができた。

1. 状況のモード（situation modes）には，われわれが行動を制限されていると感じる経験，われわれが物理的に妨害されている経験，他人の単なる存在がわれわれに不快を与える経験，あるいはわれわれの希望がまだかなえられていないと感じる経験が含まれる。
2. 感情のモード（affective modes）には，他人に対する否定的反応，状況に対する否定的反応，肯定的な感情が含まれている。後者を意外に思うかもしれない。しかしながら，モンタノとアダモパウロスは，個人がクラウディングにうまく対処していると感じるとき，クラウディングは肯定的感情につながることを発見した。肯定的な感情は，われわれがクラウディングを克服できたと信じているときにのみ，クラウディングの経験の一部になるようだ。
3. モンタノとアダモパウロスは，クラウディングに対する5つの主要な行動のモード（behavior modes）を明らかにした。この5つの主要な行動のモードには，自己主張（抗議すること，意見を述べること，環境を変えること），活動の完了（これを仕上げて，ここから出ていこう！），心理的撤退（その場に留まるが，クラウディングを無視する），即時の物理的撤退（完了しないまま，今すぐここから出ていくことにしよう！），適応（他人と相互交流したり，おもしろいものを見たり，より快適な物理的環境をつくり出すことによって，環境を最大限活用すること）が含まれる。

　モンタノとアダモパウロスによる3つのモードの定義は，クラウディングを多次元の現象として表現している。要素を掛け合わせる（3×4×5）ことによって，60種類のクラウディングの体験が，彼らのモデルによって記述されることがわかる。さらなる研究がこのモデルを緻密なものにする余地はあるかもしれないけれども，クラウディングの複合性を十分に特徴づけるには，ある種の特有な多次元的アプローチが必要とされるのである。

クラウディングと密度をどのように研究するか

　もし，あなたがクラウディングについて研究したいならば，どのような方法やアプローチを用いることができるだろうか。これまでに報告された何百という研究において，多くのバリエーションが採用されているけれども，3つの主要な方法が用いられている。すなわち，総計的アプローチ（aggregate approach），フィールド研究（field studies），実験室実験（laboratory experiment）である。

　総計的アプローチは，通常いくつかの密度測定と病理学的結果の関係を調べる。典型的な総計的測度は，都市，国勢調査の区域，街区，建物の密度を含んでいる。一般的に，こうしたアプローチに従った調査は，小さい規模へ小さい規模へと移っていく。規模が小さい総計的研究のほうが生産的であるため，今では大規模な総計的研究は部屋ごとの人数に焦点を当てることが多い[37]。総計的研究は，通常，密度と社会的崩壊

第7章
クラウディング

や疾病のような結果との関係性を究明する。こういった研究では，因果関係を示す結論を引き出すことができる実験的方法を使用しないため，見つかった関係性はどんなものでも，慎重に扱わなければならない。総計的研究はまた，通常はクラウディングの直接的な個人間，もしくは経験的側面を無視する。総計的研究は，高密度での生活における広範囲で累積的な影響に関する調査であると考えたほうがよいだろう。

フィールド研究は，通常の環境において実施されるが，別々の比較可能な環境においての密度変化を研究することによって，実験の厳密性の要求を多少なりとも満たそうとするのが一般的である。大学の寮は，しばしばこの方法で調査される。経済的問題から大学当局は，2人用の部屋に3人あるいはそれ以上の学生をあてがうことがあるのである。フィールド研究は，純粋な実験計画の長所と，ある程度の外的妥当性（日常環境への適用可能性）とを結びつける。

実験室実験は，因果関係を示す結論を引き出すための，よりよい機会を提供する。なぜならば，実験者は，いっそう変数を統制し，環境に対し被験者を無作為に割り当てることができるからである。実験室研究は，（高密度のような）先行条件，主観的経験，さまざまな結果もしくは成果を含むすべてのクラウディングの側面に焦点を当ててきた。

実験室研究は理想的であるように思えるが，実際には典型的な2つの欠点がある。暴露時間の短さ（通常1時間かそれ以下）と外的妥当性の欠如である。にもかかわらず，実験室研究は，生理的変化，個人間のやりとり，非言語的行動，瞬間的で測定困難な行動といった，クラウディングに関連した特定のプロセスを注意深く観察する最良の機会を提供する。純粋な実験の強みは，総計的研究やフィールド研究では不可能な，理論の適切な科学的検証を可能にすることである。

理想的な方法は，無作為な割り当てと変数制御を，高密度への長期間の暴露に結びつけるフィールド実験（field experiment）である。残念ながら，フィールド実験は実行することがたいへん難しい。

> まとめると：群集という現象は魅力あるものであるが，研究テーマとしては衰退してきている。クラウディングは他人によって引き起こされた空間的制約の経験であるが，密度は単位空間ごとの人数の物理的割合である。クラウディングと密度はいつも相関関係があるとは限らない。社会的密度と空間的密度という概念，屋内密度と屋外密度という概念，そして近接性は，密度の割合をより強い予測力を有する変数に純化させるための方法として発展してきた。クラウディングは，状況的，感情的，行動的次元を含む。総計的研究は，全人口に対する密度の全体的影響を調べる最良の手段を提供する。フィールド研究は，実際の生活環境というメリットを提供するが，環境に対する無作為な被験者の割り当てと調査者の変数制御に欠点がある。実験室実験は，因果関係を示す結論を引き出す機会を与えるが，外的妥当性に欠けるかもしれない。フィールド実験は，個人に対する影響の調査と日常生活とのある種の関係性が主張できる理想的な調査である。

クラウディングへの影響要因

　どのような状況で，あなたは混み合っていると感じるだろうか。一見単純な質問にあなたは笑うかもしれない。周りに人がたくさんいれば，単純に混み合っていると感じるのではないのだろうか。正確にはそうではない。環境心理学者は，客観的には同様である環境において，ある人には混み合っていると感じさせ，別の人にはそう感じさせないように導く，多くの要因があることを発見している。たとえば，いくつかの個人特性は，他人が近接することに対する耐性の低さと関連がある。加えて，どのような人でも，物理的な状況，社会的な状況の中には，クラウディングの経験に繋がるものと，そうではないものがある。

　研究者の主な仕事は，個人が混み合っていると認識し，経験することを導く個人的な変数，環境的な変数を確認することである。図7-4はクラウディングの基本モデルである。これについてわれわれが知っているのは以下のことである。

個人的な影響

■**パーソナリティと態度**　類似した状況下で，他の人はそう感じないのに，クラウディングを感じがちな人は，どのような人なのだろうか。個人的なコントロールは，クラウディングの重要な構成要素である[38]。この個人的なコントロールの主要な側面とは，コントロールの所在（locus of control），つまり，個人が自分自身の生活へ多大な影響を行使できると信じる（あるいは信じない）傾向のことである。一般的に，信じている人（内在的な人：internals）は，あまり信じていない人（外在的な人：externals）よりも，クラウディングのストレスの処理が可能であることがわかってきているが[39]，すべての研究がこの結論を支持しているわけではない[40]。

　例外の事例として，寮の1つの部屋に3人で住むことになった学生と，2人で住んでいる学生に関する研究がある。この研究で，内在的な人は外在的な人よりもストレ

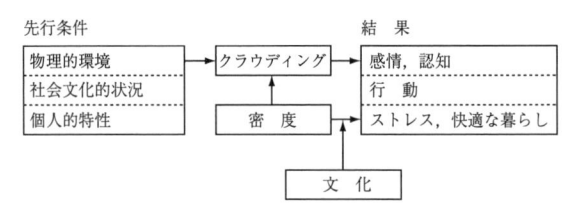

図7-4　クラウディングと密度の概観
　　クラウディングは密度だけでなく個人の特性，物理的環境，社会的・文化的要因に依存する。クラウディングが起こると，感情，認識，行動，快適な暮らしに，概して否定的に影響する。

第7章
クラウディング

スを受けていることがわかった[41]。この思いがけない結果は，密度のあるレベルあるいはタイプのもとで生ずるようであり，外在的な人は何とかしようとするのをあきらめてしまうのに対し，内在的な人は状況を克服することや，うまく処理する方略を探し続け，そのために，よりストレスを被るのである。

自分が持っていると考えられるコントロール能力にかかわらず，多かれ少なかれ，人はコントロール能力を持つことを望んでいるのかもしれない。参加者が相互に干渉せざるを得ない状況でパズルを解かせるという研究では，数週間前の調査でより混み合っていると報告した人のほうがコントロールに対する強い要求を表した[42]。

クラウディングの経験に関連があるもう1つの個人的変数は，親和傾向あるいは社交性（sociability）である。一般に，他人と一緒にいることを好む人は，親和傾向を示さない人よりも混み合った環境に対して，より高い耐性が見られた。親和傾向がクラウディングの経験を和らげることを示す2つの研究がある。1つは，高い親和傾向を示す参加者は，モデルルームの中で，そのモデルルームが混み合った部屋だと考えるようになるまでに，多くの木製人物彫像を置いたという研究である[43]。もう1つは，寮の住人で親和傾向が高い人は，高密度の寮を割り当てられたときより，低密度の寮を割り当てられたときのほうがストレスを強く感じたという研究である[44]（図7-5参照）。明らかに，親和傾向が高い人は自立を要求される状況（低密度）よりも，社会的

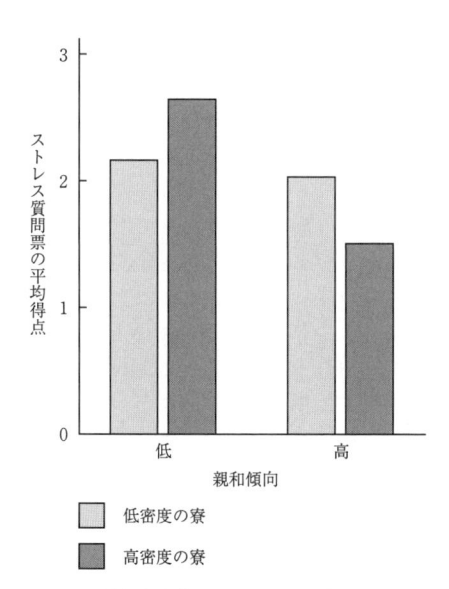

図7-5 ストレスは性格と密度両方によって変化する。低密度の寮においては，親和傾向のある人とない人は類似しているが，高密度においては，ストレスは親和傾向のない人に高く，親和傾向のある人に低い。

負荷（高密度）のほうが対処しやすいと考える。

　高密度の寮における別の研究では，刺激の選別（stimulus screening）能力が異なる学生の混み合い感を比べている[45]。研究者たちは，刺激の選別能力が高い人は低い人よりも，高密度の環境につきものの社会的負荷をうまく処理することができるという仮説を立て，その通りの結果が得られた。

　ある種の態度と認知過程も，個人のクラウディングに対する傾向を形成する。たとえば，自然環境について「純粋主義者」の態度をとる屋外でレクリエーションをする人たちは，純粋主義者でない人よりもクラウディングの経験をしやすい[46]。その場面に存在する他人がカテゴリーに分類可能なとき，クラウディングは弱まる[47]。認知的に他人をグループに分けたとき，他人の数は心理的に減少するかのようである。

■**精神医学的状態**　インドは非常に高密度な地域を持つ国である。高密度は，精神医学的な障害で苦しんでいる人々の混み合い感に影響を与えるだろうか。1エーカー（約4,047㎡）あたり200人〜300人の人口密度を持つ都市において，障害を抱える人々と障害でない人々の混み合いを比較した研究がある[48]。それによると，障害（統合失調症，情動障害，神経症）のある人は皆，障害のない人よりも著しく混み合っていると感じ，障害がひどくなればなるほど，混み合いを強く感じていた。

■**好み，期待，規範**　クラウディングは，ある人が与えられた状況において，何人いれば常態であると予想するか，もしくは考えるかということに，ある程度依存している。見本市では，人は人だかりを予想し，そして，そこにいる大勢の人々の中にあっても，あまり混み合っているとは感じない。しかし，同じ人が屋外で自然を楽しんでいるときは，数人に偶然出会っただけでも混み合っていると感じるかもしれない。

　アラスカの公園での調査において，キャンプ生活者は，密度に対する好みと期待に応じてクラウディングを経験していることがわかった[49]。高密度を好む人はあまり混み合っていると感じず，実際より高い密度をあらかじめ期待していた人は混み合いを弱く感じた。ちなみに，クラウディングは，密度の客観的測定よりも，これらのクラウディングに対する好みや期待によって，よりよい予測が可能となる。

　同様に，屋外レクリエーション活動に従事している3,000人以上を対象とした調査では，クラウディングには，出会う他人の多少についての好みや期待が，偶然出会った実際の人数よりも，より密接に関係していることがわかった[50]。河川におけるレクリエーション用のいかだ乗りの人たちに関する研究では，常態であると考えるいかだ乗りの数と，実際に出くわしたいかだ乗りの数との差の拡大が，クラウディングを著しく増加させている[51]。

　これらの発見は，初期の実験室で得られた発見を補完する[52]。被験者が部屋で10人と一緒になると予測したときと，4人と一緒になると予測したときでは，いずれの場合もやってきた人数は同じ（わずか2人）だったにもかかわらず，前者の被験者のほうが混み合っていると感じた。上記のアラスカの公園の研究結果は，被験者が予測し

●●第7章●●
クラウディング

ていたよりも実際に来た人が少ないとわかるとクラウディングをあまり感じないことを示している。

■経　験　　高密度状態における個人の経験，あるいはクラウディングが生じる行動セッティングに対する親しみは，経験される苦痛の程度に影響を与えるかもしれない。問題はこれらの影響が，いつも同じとは限らないということであって，時には経験によって助けられるし，そうでないときもある。

　いくつかの研究で順応の影響が支持されており，高密度にさらされた過去を持つ人は，新しい環境でも高密度に耐えることができる[53]。たとえば，本屋がとても忙しい学期の始めに，その店に行ったことがある客とない客の反応を調査した研究がある[54]。予想された通り，その店に行ったことがある人のほうが，あまり馴染みのない人よりも，効率よく情報を見つけ，その店を利用することができた。つまり，高密度の経験は本屋の客を傷つけたのではなく，助けたのである。

　しかし，いつもそのような結果になるわけではない。大学街の中心部の住人にインタビューしてみると，過去に低密度の家に住んだ経験がある人よりも，高密度の生活経験者のほうが，他の住人と頻繁に言い争いをしているということがわかった[55]。これらは相関的な調査結果であるので，因果関係的結論を導き出すことはできない。しかし，高密度での過去の生活は，高密度居住者に，協調的に家を共有するためのある種の対人関係の教訓を与えはしないのだろう。

　屋外の環境においても，経験はさまざまに作用する。特定の1つの川で長期間カヌーをしていた人のような，特定の活動や特定の環境の経験がある人は，初心者よりも混み合っていると感じやすい傾向にある[56]。

　こうした差異の解決は，高密度の経験の種類，長さあるいは場所に存するのかもしれない。たとえば，クラウディングが起こった環境が一次的か二次的かによる区別は有用かもしれない[57]。一次的環境（primary environments）は，その人が多くの時間を過ごす環境であり，通常個人的に重要な物事とともにある。家庭や長年にわたってお気に入りのカヌースポットなどが，例としてあげられる。二次的環境（secondary environments）は，通常短時間で，比較的重要でない見知らぬ人との相互関係を含んでいるものである。書店や薬局が例となる。

　おそらく，経験は二次的環境における高密度を処理するのに役立つが，一次的環境での高密度の影響を克服することはできない。確かに，クラウディングは，いくつかの研究で二次的環境よりも一次的環境において，嫌悪感を生じさせることが示されている。また，高密度の経験が，同じ環境におけるものなのか，同じ種類の環境におけるものなのか，それともまったく異なっているものなのかは重要である。その経験は，たとえば，この本屋でのものか，別の本屋でのものか，あるいは家でのものなのか。経験の役割は，さらに研究する必要がある。

　高密度の環境での経験は，対人関係的にでなければ，生理的にうまく適応させるこ

とができるだろう。トロントでの大規模な研究においては，高密度の家族の中で育った人は低密度の家族の中で育った人よりも，成長してから高密度で生活したときにストレス関連の病気になりにくかった[58]。

クラウディングは複合的な経験であり，複合的な因果関係を持っている。クラウディングは，高密度の環境での過去の経験，未来の環境についての予測，未来の環境における実際の密度をすべて考慮するならば，もっと上手に理解できることを，最近の研究は示している[59]。

■**性別（ジェンダー）**　おそらく，異なった社会化の過程を通じて，男性と女性は高密度に対して異なった反応を示すようになる。実験室環境で行われた研究では，通常，女性より男性が高密度に対して否定的な反応を示しており，気分，他人に対する態度，社会的行動は，男性のほうが敵意に満ちている。容易に逃げ出せない状況では，女性のほうがストレスにうまく対処することができるようだ[60]。

JOHN AIELLO
ジョン・アイエロは，クラウディングとパーソナルスペースの理解に向けた価値ある研究を多く世に出している。

これは多分，女性は苦痛の共有を呼び起こすものとして状況をとらえがちであるのに対し，男性は苦痛を共有することが苦手であり，それはおそらく感情を表面化することを思いとどまるからである[61]。あるいはまた，男性はより大きな対人距離を好むため，高密度をうまく処理できないのかもしれない[62]。理由が何であれ，この性差は9歳前後ですでに見られる[63]。

しかし，フィールド研究においては，この性差が逆になることが多い。1部屋に2人の寮の住人と1部屋に3人の寮の住人を比べた研究では[64]，いつもではないが[65]，通常，男性より女性のほうが混み合っていると感じることが報告されている。この逆転の主な理由は，男性と女性の自分の部屋で実際に過ごす時間量にある。実験室における研究ではあまり自由にはできないことであるが，男性は自分の部屋から出ることによって高密度をうまく処理しようとする。おそらく女性は，外出を恐れたり，自分のルームメイトとより多くの関わりを持ったり，自分の部屋でより多くの時間を過ごすので，いっそう多くのストレスや健康問題を抱えるのかもしれない[66]。したがって，クラウディングの苦痛を分け合うという女性の傾向は，短時間で，低コントロールの状況においては有益だが，長期間の，高コントロール状況においては彼女らを損なうことがある。この結果はアメリカの寮に限られないのであって，インドの女性が，家族のクラウディングによって受ける被害も男性より大きい[67]，といった事例もある。

■**気　分**　楽しい状況にいる場合と楽しくない状況にいる場合では，どちらがクラウディングを感じるだろうか。この場合，回答はあなたが考える通りである。状況があまり楽しくないとき，われわれはより混み合っていると感じる[68]。

■**文　化**　高密度と文化の相互関係は少なからぬ注目を集めており，後の節で論じ

られている。しかし，異なった文化において，クラウディングの体験を比較した研究はほとんどない。もっぱらクラウディングに焦点を当てている国際シンポジウムにおいてでさえ，異なった文化の人たちがクラウディングを経験する仕方についての比較を，ただ1つの研究論文も行っていない[69]。

ここに，北アメリカにある同じ寮に住む，アジア出身の人と地中海沿岸出身の人の，クラウディングを比較した研究がある[70]。いくつかの人類学的観察[71]を基にして，研究者は，供給空間が不足しているとき，アジア人は社会的バリアを好み，地中海人は物理的バリアを好むと予想した。よって寮の部屋という比較的束縛された物理的空間に置かれたとき，地中海人はアジア人よりクラウディングを報告するだろうと予測した。これは，確かめられた。

■**コミュニティの規模**　田舎の出身者，郊外の出身者，都市部の出身者では，クラウディングの体験が異なるだろうか。あなたは，高密度地域に移動する場合，低密度地域の出身者のほうが，高密度地域出身者よりクラウディングを体験すると予想するかもしれない。なるほど，シカゴにある住宅のクラウディングに関する大規模な研究では，田舎で育った人は都市で育った人よりもクラウディングに反応的であった[72]。しかし，フロリダにおける研究では，郊外出身の寮の住人は，都市あるいは田舎出身者より，クラウディングを感じると報告している[73]。一般に，低密度住居地域から高密度地域への移動はクラウディングと関連しやすい。しかし，フロリダにおける研究での矛盾は，（田舎，郊外，都市にかかわらず）幼少時代の家の空間の大きさのような別の重要な要因を示唆している。

社会的な影響

前項においては，ある特定の環境に足を踏み入れる前に個人が獲得した特性のクラウディングに対する影響を調べた。ここでは，クラウディングの社会的な影響因について検証する。

■**他人の存在と行動**　高密度は周りに大勢の人がいることを意味するが，クラウディングは他人が何をしているかに応じて，増強されたり，されなかったりする。たとえば，他人に何かしているところを観察されている場合，それが得意かどうか，報酬に何を期待しているか，あなたの意識が自分自身に向いているのか周囲の人に向いているのかによって，パフォーマンスは良くも悪くもなる（図7-6参照）。

ある研究において，単純な学習と記憶作業のパフォーマンスは，見物人の数が2人から8人に増えることで低下したが，見物人との物理的な近さ（1〜7ヤード離れるという範囲で）は影響しなかった[74]。しかし，他人があなたを注視しているのではなく，単に存在するだけならば，あなたと他人との距離が他人の数よりも重要になる[75]。現場環境において，寮の住人は訪問者の数に比例して混み合っていると感じた[76]。より多くの訪問を受けた住人は，部屋やルームメイト，学習により多くの不満を示した。

図7-6　パフォーマンスは観客の数と距離による。

　川のいかだ乗りは（前述のいかだ乗りの研究と対照的に），どれだけ人を見るだろうという予想ではなく，他のいかだ乗りを何人見たかに関連して，混み合っていると感じる[77]。しかし，人が多くなればいつでも，クラウディングの度合が増すとは限らない。体育の授業に関する研究において，クラウディングは，大人数もしくは少人数のクラスより，中規模のクラスで，一番強く感じられることがわかった[78]。

　混み合っていることは，将来的に，混み合っていると感じることを導くことがある。歴史的要塞見学のために乗船した旅行者に関する研究では，船上で混み合っていると感じた人は，要塞においてはさらに混み合っていると感じており，この現象を繰り越しクラウディング（carry-over crowding）と呼ぶ[79]。要塞においてのクラウディングは，要塞における密度と強い関連があったわけではない。混み合っていたことそれ自身が，目的地でのクラウディングを引き起こしたと考えられる。

　もし他人があなたに触れているのなら，たとえ密度は変わらなくても，触れられていない場合よりクラウディングは悪化する。ある実験室での研究において，生理的反応，気分，パフォーマンス，フラストレーションに対する耐性が，被験者を極度の高密度（およそ$0.84 m^2 ＝ 1$平方ヤードに4人）または低密度（およそ$12.5 m^2 ＝ 15$平方ヤードに4人）に30分間さらした後に測定された[80]。

　高密度の環境では，仕切りがないときには避けられない身体的接触を妨げるために，何人かがバリア（人と人の間にある高さ約90 cm（1ヤード）のプレキシガラス製（訳注：アクリル製のガラス）の仕切り）を使って仕切りをされた。

　生理的覚醒は30分以上にわたってすべての被験者において著しく増加し，男性の覚醒は女性より高かった。接触を強制させられた男性の覚醒は，接触のなかった男性より早く起こったが，女性にはこの傾向は見られなかった。男性は女性よりも，接触が避けられない状況の後で気分の悪化を報告したが，女性は仕切りがあるときに，より

●●第7章●●
クラウディング

悪い気分であることを報告した。混み合って接触している状況の被験者は，混み合っているが接触していない状況にある被験者よりも，一定の作業課題におけるフラストレーションに対する耐性が低かった。研究者は，男性にとって高密度における接触は高密度における非接触よりストレスの多いものであるが，女性が接触によって受けるストレスは少ないようだと結論づけた。

　フィールド研究は，自然な状況において，近くにいる他人の行動がどのようにクラウディングに影響するかに光を当てている[81]。前に述べたアラスカの公園でのクラウディング研究において，キャンプ地にいる他人の数は，キャンプ生活者が混み合っていると感じる主な原因ではないことを研究者は見いだした。その代わりに，キャンプ生活者は他人が自分の気に入らない行動をしているときに，混み合っていると感じていた。「混み合っているという私の感情は，近くのキャンプ生活者に直接関係があった。もし彼らが騒々しく，無分別だったり，声が大きければ，私は僻地に避難したくなった」。別のキャンプ生活者は，他のキャンプ生活者が通り過ぎる場所を偶然に選んでしまったことで，混み合っていると感じた。反対に，（すべての空きサイトが埋まっていて）キャンプ地を共有せざるを得なくなっても，その土地を共有する人が好ましい人物であるとわかると混み合っていると感じなかった。

　重要な問題は，行動への妨害が意図的かどうかということである[82]。自分自身に意図的に向けられているとわれわれが信じる妨害は個人的妨害（personal thwarting）であり，そうでないとわれわれが個人的に信じる妨害は中立的妨害（neutral thwarting）である。個人的妨害は，中立的妨害よりストレスの多いクラウディングを生む。なぜ自分に触ったり，自分のキャンプ地をどたばたと動き回ったりするのだろうかということの査定は，クラウディングの強さに関する重要な決定要素である。

■**連携の形態**　居住環境において，社会的密度の増加がクラウディングを増加させるという考えを，多くの研究が支持している[83]。こうした研究のほとんどは，大学寮の部屋に3人目のルームメイトを加えることの結果を検討し，それらが否定的であることを見いだしている[84-87]。社会的密度が増加すると，プライバシーが低くなり，同数の資源は広く薄くなり，物理的妨害に出くわすことが多くなり，コントロールの感覚が減少する。

　社会的密度の増加が引き起こす結果の1つとして，3人関係が，しばしば2人関係（あるいは2人の連携）と孤立した1人へと変化し，対人関係を悪化させることがある。孤立した住人は，最も強いストレス，緊張，悪感情，コントロールの欠如，成績の低下すらも経験する[88-91]。一方，連携の一部を形成している住人は，ストレスが少なく，実際2人部屋の住人と同じくらいのストレスしか経験しないこともある[92]。ストレスは主として孤立によって受けるという考えをさらに支持するものとして，4人部屋の住人は3人部屋の住人と同じぐらいのストレスしか報告していないという研究結果がある[93]。おそらく，2組のペアが形成され，誰も孤立しないのだろう。このよ

277

うに，クラウディングに関するストレスは，ペアの成立によって緩和される。

■**個人間の類似**　クラウディングを和らげるのに関連した社会的要因として，空間を共有しなければならない人々の間における態度の類似もあげられる。短期間のクラウディングに関する実験室における研究で，もう1人の参加者が自分とたいへん似た考え方を持っていると信じるように被験者が仕向けられたとき，つまり個人間の適合性が予測可能なときには，彼らがもう1人の被験者が自分とは異なる考え方を持っていると信じるように仕向けられたときよりも，クラウディングの度合が少ないと報告している[94]。気が合わない他人がより多く被験者を注視したとき，最もクラウディングが強い。これらの発見は，大きさをその3要素の1つを変更して変化させた部屋の中でも同様であった。このように，参加者がどれくらいもう1人と仲良くやっていけると予想するか，そしてその人がどれくらい注視するかによって，クラウディングは著しく影響を受けるが，空間的密度の変化による影響は受けない。

他者との類似や類似の欠如が，態度より行動に関係のあるときには，その影響は非対称的である。たとえば，カヌーを漕ぐ人はモーターボートに乗る人によって混み合っていると感じるが，モーターボートに乗る人はカヌーを漕ぐ人によって混み合っているとは感じない[95]。

■**情報の供給**　クラウディングは，高密度を経験する前や経験の最中に与えられる情報の量と種類によっても影響を受ける。ある実験室における研究で，被験者はかなり小さい部屋に到着する10人の被験者の中で，最初に到達した者であると思い込まされた[96]。その被験者は，差し迫った高密度の状況について与えられた情報の種類に応じて，多くの快適さや少なめの快適さの感覚を報告した。何も情報を与えられなかった人，あるいはおそらく彼らが示すであろう感情的反応に関するメッセージ（「他人が接近するので不快になるかもしれない」）を受けた人は，状況的メッセージ（「他人があなたに接近するだろう」）を受けた人より，不快を感じると報告した。

引き続いて行われたフィールド研究において，研究者は混み合っている（高密度の）書店の客にさまざまな種類の警告を事前に与えた[97]。状況的，感情的情報に加えて，知覚的情報（体験するであろう生理的感覚）を与えられた客もいれば，肯定的情報（他の客の多くは，快適さと有益な感情をもたらしてくれるかもしれない）を与えられた客もいた。状況的メッセージは，すべての客に最小の不快感をもたらし，その不快感は情報をまったく与えられなかった人，肯定的情報を与えられた人より著しく少なかった。感情的，知覚的情報は，その書店によく行く客の不快を減らしたが，行かない人にはあまり効果がなかった。

ある研究者は，列をつくって並んで待つことは心理的ストレスを増やす，ということを数学的に証明できると主張し[98]，このストレスは，順番が来るまでにかかる時間についての現実的情報を与えることによって減少できると提案した。そのような情報は，今では銀行や遊園地で広く利用されている。

●●第7章●●
クラウディング

　もしわれわれがこの知識を実際に利用しようとしても，その店によく行く客か，そうでない客かを見分けることはたぶん不可能であろう。しかし，もしすべての客に状況的情報を与えるなら，混雑した店でのクラウディングは著しく減少できるはずである。これから起こる高密度についての正確で客観的な情報提供は，その人個人の経験に有効であり，それによって不快感を減らすことができる。

　レクリエーションに関する研究者は，これから訪れる者に，さまざまな目的地の利用者人数に関する実際的な情報を提供することによって，クラウディングが減少できると結論づけている[99]。上記の研究にあったように，情報は言葉として提供されるかもしれないが，もっと実用的な選択肢として，標識を用いて適切な情報を提供することができるかもしれない。単純な指示や情報が記載された標識（たとえば，「下にある訪問者用の記入用紙をお取り下さい」）が，しばしば人が混み合う拘置所の管理棟のロビーにおけるクラウディングを緩和するか否かに関する調査が行われた[100]。標識導入前と比べると，導入後に訪問者は，混み合い，困惑，怒りが著しく減少したように感じたと報告した。登録の手順をすませるのに必要な時間が短くなり，訪問者はロビーで迷うことも少なくなった。

物理的な影響

　どの程度混み合っていると感じるかに関する3番目の主要な影響因は，物理的環境である。高密度そのものが最も明白な要因だが，今まで見てきたように，必ずしもクラウディングを導くわけではない。

　■規　模　　クラウディングに対して，規模はどのように影響するだろうか。自分で以下の質問に答えてみなさい。あなたにとって，住んでいる市や町は混み合いすぎていますか？　あなたにとって近隣は混み合いすぎていますか？　あなたにとって自宅は混み合いすぎていますか？　もし，あなたがある研究の被験者と同じ立場であるなら，これら3つの質問の答えは同一であるとは限らない[101]。

　もし，本当にクラウディングが規模に関係するのなら，それぞれの規模において何が，われわれに混み合っていると感じさせる（あるいは，感じさせない）のだろうか。この問いに答えるために，研究者は物理的指標（密度，商工業地域・高速道路・公園への距離）や，いくつかの心理的指標（都市開発に対する態度，プライバシー，他都市との比較，交通手段など）を測定した。最小規模（住居）におけるクラウディングは，物理的，心理的要因のどちらでも同様にうまく予測できたが，規模が大きくなるにつれて，クラウディングは心理的尺度によって，より適切に予測された。

　この結果は，物理的および心理的領域を代表するように，研究者が特に選択した測度であるから，ある程度は当然であるということもできる。しかしながら，クラウディングとより小さな規模における客観的尺度との関係は，他の研究によって確認されている[102]。したがって，クラウディングは，明らかに考慮される規模の大きさに依存

し，各々の規模におけるさまざまな要因が，人々に混み合っていると判断させる。

■**建築的な差異**　クラウディングは，部屋と建物の空間配置によっても影響される。ここでは，建築にはじめから存在する差異と，使用者による変更の研究について考察する。後の節では，環境心理学者，デザイナーや他の部外者による，積極的な建築的介入の結果を検討する。

　高層の寮の研究では，房状のスイート（訳注：いくつかの個室の集合を単位として房状に配置したもの）もしくは短い廊下とは対照的に，長い廊下を含む設計にしたとき，住人はクラウディングやストレスを強く感じることが示された[103-105]（図7-7参照）。

　高層ビルに住むことは（低層ビルと比べると），混み合っているという強い感情や，知覚された制御感・安全性・プライバシー・建物に対する満足感などの少なさといった否定的な色合いの態度，そして，他の住人との関係の低質化を導くかもしれない[106]。この結果のパターンは，しかし，高層建築のどの階に住んでいるかによって，修正されるかもしれない。上層階の住人は下層階の住人よりも混み合っていると感じないことが，ある研究から示された[107]。これは見知らぬ人はあえて上階まで上がってこないこと，あるいはアパートメントの上階の窓からの眺望のほうが，下階にある窓よりも視覚的広がり[108]もしくは視覚的逃避[109]を享受できることが理由かもしれない。上層の部屋はより明るく，混み合っていないものとして経験される[110]。しかし，クラウディングは，階の高さや眺望とは関係ないという研究もあるので[111]，これらの建築学的変数に関するさらなる研究が必要とされている。

　より多くの太陽光が入ってくる部屋において，女性は少なめの混み合いを知覚するし[112,113]，おそらく男性もそうだろう[114]。北向きの窓だと太陽光は容易に入らないが，明るい色の使用や，グラフィックデザインを用いることによって，クラウディングは

図7-7　住居の長い廊下はクラウディングを増加させる。

第7章
クラウディング

減少するかもしれない[115]。

　もう1つの建築的特徴である天井の高さは，クラウディングに影響し，予想通り，天井が高くなるとクラウディングは減少すると考えられる[116]。部屋の壁でさえもクラウディングに影響するだろうか。同じ床面積の部屋の縮尺模型を使った研究では，部屋の壁が湾曲していると，まっすぐな壁よりもクラウディングを引き起こすことが示唆されている[117]。

　もし人々が高密度の家に住まなければならないのであれば，住居の建築的奥行きを大きくする（部屋から部屋へ移動するとき，より多くの空間を通り過ぎなければならない）と，心理的苦痛と社会的引きこもりが少なくなると結論づけている[118]。

　家具の配置もまた，差異を生じさせることがある。ある研究では，互いに顔を合わさないですむように，座席をソシオフーガルに並べると，互いの方を向いてソシオペタルに並べたときよりも混み合っていると評価された[119]。互いが向き合っているとき，過剰負荷アプローチはクラウディングを予測するが，それは生じなかった。おそらくソシオペタルな座席は，集団の社会的関係が程よいとき，それ以上のクラウディングを引き起こすことはない。

■**場所の差異**　いくつかの場所は，しばしば他の場所より訪問者が多いと予想されたり，また実際に多かったりする。したがって，クラウディングは，ある程度場所に関連している。人気のある（高密度の）砂浜は，たまたま通常よりも少し人が多く訪れた人里離れた（低密度の）砂浜より，訪れた人にクラウディングを喚起させないかもしれない[120]。1つの場所の中でも，クラウディングに対する可能性は異なっているかもしれない。たとえば，僻地にある公園におけるクラウディングの感覚は，小道沿いの場所よりもキャンプ地の周りでより強くなる[121]。

　他の人々の強い形跡を示すような場所は，それらの人々がすでにいない場合でも，よりクラウディングを引き起こしやすい。自然公園への訪問者は，ゴミや過去の訪問者の形跡を見ると，そうした場所の質の低下を見ていない訪問者よりも，混み合いを強く感じると報告する[122]。

■**温　度**　見慣れない研究がインドで行われ，たぶんどこにでも当てはまる結論を導き出している[123]。動力付き人力車に乗っている乗客に，暑い日または，たいへん暑い日に，どの程度混み合っていると感じているかを質問した。乗客が同じ人数の場合でさえ，温度が高くなればなるほど，より強いクラウディングが報告された。高温は明らかに，そのことだけでクラウディングを強くすることが可能である。

　まとめると：この節では，混み合っていると感じさせる影響因について概観した。個人レベルでは，パーソナリティ，態度，精神医学的状態，予期，規範，気分，あるいは好みが，ある環境を混み合っていると経験するか否かに影響を及ぼす。コントロールの内的な所在，高い親和傾向，望まない刺激を避ける傾向，状況に対する非純粋主義者的な態度，高密度

に対する好み，低密度の予期が，高密度の環境下でクラウディングをあまり経験しないように仕向ける。研究者は，いまだ文化の差異が，（経験としての）クラウディングにどのように対応しているかを明らかにしていない。高密度下での個人的体験は，二次的環境でのクラウディング・ストレスを減少させるかもしれないが，一次的環境ではそうではない。限定された環境では，通常女性は高密度をうまく処理するが，男性はその環境からの脱出が可能ならば，女性よりうまく対処できるようだ。

　社会的影響は，クラウディングを悪化させたり，緩和させたりする。いつもではないが，他者の正味の数は，より強いクラウディングを引き起こす。もし，他人に観察されていたり，触れられていたり（特に男性の場合），あるいはあまり好きではない活動に従事していたりするなら，たとえ密度が同じであってもクラウディングはひどくなる。1人残されることは，うまが合う人と一緒に空間を共有するよりも，クラウディング・ストレスを引き起こす。高密度環境に関する客観的で正確な情報は，クラウディングを減少させる。密度が高い，建物が高い，廊下が長い，天井が低い，壁が湾曲している，日光がめったにあたらない，または，高層ビルの下のほうに住んでいるか働いている，家具をある特定の配置にしているといった場所においては，クラウディングは強くなるようだ。クラウディングは，周囲に人が何人いるかというような単純な問題ではないことは確かだ。

高密度，クラウディング，人間の行動

　これまで，ある種の個人的な影響因，社会的な影響因，物理的な影響因が，人に混み合いを感じさせるであろうということを見てきた。高密度はそのような影響のうちのたった1つであり，必ずしも混み合っていると感じさせることにつながらない。この節では，人口が稠密な環境にいる人，あるいはすでに混み合っていると感じている人のことから話を始める。個人に対する，密度とクラウディングの影響も論じるであろう。

動物における研究

　時に動物行動の理解を最終目的として[124]，時に動物の反応を人間の行動に一般化できるものとみなして，動物における高密度の影響は広く研究されている[125,126]。動物における研究は，その本来の意味において（たとえば，自然保護，国立公園，動物園などを計画するための基礎として）非常に有益であるが，それによる発見を動物研究から人間へと一般化するときは大きな注意を要する。

　動物の認識能力が限られているために，高密度に対する動物の反応は定型化されており，その行動は生物学的プログラミングの直接的な結果である。ある動物は，生まれつき人間よりずっと高い密度あるいは低い密度の場所に住んでいる。季節によって密度の好みが変わる動物もある。人間はしばしば，高密度状態から逃れるより多くの機会と，より多くの方法で対処する能力を持っている。

●●第7章●●
クラウディング

　それにもかかわらず，動物研究が人間に関するクラウディング研究を大いに刺激してきたのは，動物研究における発見が人間における研究に対し，挑戦的な仮説を与えてきたからである。その中で，最も影響を与えた研究は，ジョン・カルホーン（John Calhoun）による研究である[127-129]。十分な量の餌と飲み物，その他生きるために必要なものを与えられ，隣接する4つの檻の中に閉じこめられたノルウェーねずみに関する彼の研究は，クラウディング研究において画期的な成果をもたらした。カルホーンは，メスねずみは互いにつながった4つの檻の中におおよそ均等に散らばるけれども，数匹の有力なオスが端の2つの檻をそれぞれ支配することを発見した。他のすべてのオスは，真ん中の檻に住まなくてはならなくなり，その真ん中の檻の密度はたいへん高く，攻撃，母性行動の欠陥（この区画で生まれた子の96％までが離乳前に死ぬ），活動抗進，共食い，奇怪な性行動といった，あらゆる種類のひどい結果が，行動の掃き溜め（behavioral sink）に表れた。

　しかしながら，どれほどカルホーンの研究が刺激的であっても，妥当性は動物に関してさえも疑問視されてきた。ノルウェーねずみは，通常このように狭い檻に入れられることはない。自然環境で高密度に直面したげっ歯類の動物は単純に移住する[130]。カルホーンは，行動の掃き溜めが発達せざるを得ないように，住処を設計した。もし，最悪なシナリオのもとでは，生活がどんなひどいものになり得るのかを知りたいというだけであれば，この研究には価値がある。人間，あるいはねずみであっても，それらが自然環境でどのように行動するかを見いだす試みとしては，この研究にそれほどの価値はない。動物を使用した研究におけるモラルという点において，カルホーンの研究は倫理的分別が疑われるであろう。

　この本では，高密度とクラウディングを，総合的，複合的過程の一部として考察する。高密度を含むさまざまな要因は，（主観的状態としての）クラウディングを導く。高密度（混み合っているという感覚がまったくない場合もある）は，さまざまな影響を持ち，それはある種の肯定的な結果を含んでもいる。環境心理学の主要な仕事の1つは，高密度が否定的影響を持つ状態と肯定的影響を持つ状態を発見することである[131]。次に生理的ストレス，精神的健康，アルコールの使用，子どもの成長，パフォーマンス，社会的相互作用，公共の場所の訪問，調整要因としての文化の影響について概観する。

生理的ストレスと健康

　高密度に対する人間の反応に関する多くの研究は，短期間の実験室研究においても長期間のフィールド研究においても，高密度が生理的ストレスと覚醒を導くことを示してきた[132]。高密度は，特に血圧とその他の心臓機能[133-135]，皮膚コンダクタンス，発汗[136-138]やその他のストレスに関する生理的指標に影響を及ぼす[139]。

　高密度にこれらの生理的影響があるとすると，実際に健康問題は引き起こされるの

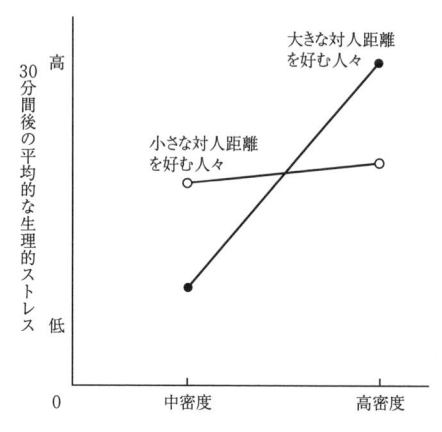

図7-8 密度が高くなると，小さい対人距離を好む人よりも，大きい対人距離を好む人のほうが，生理的ストレスは急激に増加する。

だろうか。覚醒は必ずしも悪いものではないということを思い出してほしい。非常によい時間というものは，しばしば高い覚醒レベルを伴うものである。不幸にも，喜びに満ちた高密度の状況はめったに調査されてこなかった。否定的な側面として，単に病原体が人から人へと容易に移動できるという理由により，高密度は病気を突然引き起こすことを可能とする[140]。たとえば，刑務所内に見られるような中程度から高程度の居住密度は，健康に関する不満の増加と相関関係がある[141,142]。健康は，屋外の高密度ではなく，屋内の高密度によって影響を受ける[143,144]。

タイの家族に関する研究では，高密度が必ずしも不健康と関連するものではないことが示されている[145]。その代わりに，不健康はその家庭内のクラウディングと関係している。このように，混み合っていると感じることが，密度のレベルと無関係に，病弱さを引き起こすのかもしれない。

個人的要因は，今まで見てきたように，クラウディングを悪化させるが，クラウディングと高密度の結果に関しても同じことがいえる。たとえば，より大きな対人距離を好む人は，より小さな対人距離を好む人よりも，高密度の状況において生理的ストレスを経験しやすい[146]（図7-8）。

心理的ストレスと精神衛生

人口密度や混み合い感は，精神衛生の問題を引き起こすだろうか。そうかもしれないが，解答は質問ほど単純なものではない。中国やミネソタでの研究は，密度が増加するにつれて精神衛生は低下すると報告しているが[147,148]，もちろん高密度地域には人々の密集以外にも，低密度地域とは異なる点がある。たとえば，高密度地域は工業化しており，異なる収入レベルの人や異なる人種によって，人口が構成されているこ

●●第 7 章●●
クラウディング

ともあるだろう。
　当然だが総計的レベルの研究においては，おのずと微細な影響を見過ごすことになる。しかしながら，精神衛生が，家族密度との関係において調査されるとき，いくぶん異なった側面が現れる。あるフィリピンの研究は，高い居住密度は精神的障害の徴候と相関関係を示したし[149]，あるブラジルの研究は，高密度の住まいの患者は外来治療をあまり受けないことを示した[150]。しかし，あるイギリスの研究は，高い内部密度と低い内部密度の両方が，精神衛生の低さと関係があることを発見した[151]。別の研究では，44の精神医療施設すべての入院患者の調査において，1人で生活している者（低い屋内密度）はたいへん危険であることが発見されたが，それは屋外密度も同様に低いときに限られた[152]。
　密度と精神衛生を，その他の複数の考えられる影響を統制して，さらに綿密に見てみると，インドとアメリカ両国においては，高密度と「社会的なもめごと（social hassles）」の両方が認められる家庭において，心理的動揺が頻発することが示された[153]。心理的苦悩（psychological distress）は，内部密度の増加と家族における社会的扶助の減少の両者に伴って増加するが[154]，知覚された制御感は，いつ社会的なもめごとと高密度が強い心理的苦悩に帰着するかを説明した。知覚された制御感が弱いときに，クラウディングの結果として心理的苦悩が生じる[155]。
　これらすべての発見をまとめる1つの方法は，低い屋内密度と高い屋内密度の両方が，低レベルの社会的援助を導き，そして，それが精神衛生の問題に関する危険性を増すと提案することである。高い屋内密度は社会的扶助の低下とどのように関係づけることができるだろうか。小さすぎる部屋の持ち主たちは，言い争いが多く，家から離れて時間を過ごしたり，あるいはちょっとしたプライバシーを得るために家の隅で他人から隠れるようになるかもしれない。多くの人と住居を共有していても，これらの多くの行為が社会的援助を低減させているのかもしれない[156]。

アルコールの摂取

　アルコールの使用と乱用にはさまざまな原因がある。そして，高密度が1つの要因であるという証拠がある。部屋のレベルでは，集団で飲酒する人は1人で飲酒する人よりも，飲酒量が多いということが多数の研究で示されているが，これは速く飲むからではなく，長居するためである[157-159]。家庭レベルでは，ペンシルバニアの研究が，肝硬変の増加は家族密度の増加と関連があることを示している[160]。同様に，ある寮の研究では，部屋を共有する人数が多いほど飲酒量が多くなることが見いだされた[161]。
　より広い地域規模では，人口密度が高くなるにつれて肝硬変の死亡者が増加するというアメリカの研究[162]，人口が密集した地域に住むノルウェー人女性の飲酒量は多いという研究がある[163]。あなたが誰かに飲酒を勧められた次の機会には，周囲に大勢人がいて，かつあなたが高密度の都市，高密度の家庭で生活しているなら，あなたはそ

285

うでない場合よりも飲酒するかもしれない！

子どもの成長

　家庭の高密度は，特に子どもたちを危険にさらすようだ[164,165]。ワシントンDCに住む1,000人以上のアフリカ系アメリカ人の子どもの目と耳の健康は，（順番に）家庭の収入の低さ，家庭内密度の高さ，近隣の人々の収入の低さと関連があった[166]。ハイチ系アメリカ人の子どもの中には，家庭内密度の増加と精神運動性（訳注：心的過程と関連した動作や筋肉の動き）の発達の遅れが関係している[167]。南アフリカのアフリカ系人種の子どもたちにおいては，家庭内密度が高いことは，肉体的成長が小さく，発達が遅れていることを意味する[168]。ニューヨークでは，高密度の家庭出身である就学前プログラムの子どもたちは，低密度の家から来た子どもよりも，ばらばらな行動に従事し，特定の遊戯活動の持続時間が短く，中断した活動を再開することが少なく，他の子どもとあまり遊ばず，行動障害のスコアが高いことが見いだされた[169]。このように子どもの成長，発達，行動は，すべて家族密度が高いときに，悪化するようである。

パフォーマンス

　密度と仕事のパフォーマンスの関係は，その仕事の性質，パフォーマンスがどのような測度で測られるか，パフォーマンスを誰が観察しているのか，その状況における密度の予期，個人的な空間の好みに左右される。

■**単純な課題 対 複雑な課題**　個人が一か所に1時間程度座って，他人との交わりがない状態で作業するといった比較的単純な作業では，極端でない高密度はパフォーマンスに影響しないことを初期の研究は発見した。その後の研究では，これらの状況のうちいくつかが異なるならば，パフォーマンスに影響を及ぼすことが見いだされた。

　ある研究では，6つの要因のうちの1つとして空間的密度を変え（1人につき約1平方ヤード対6平方ヤード（訳注：1ヤード=約90cm）），人々に10人のグループに参加して，基礎的な情報処理と意思決定が必要とされるいくつかの課題をするよう依頼した[170]。各々の課題には単純なバージョンと複雑なバージョンが用意されていた。ほとんどの課題で，複雑なバージョンのパフォーマンスは高密度状態で悪かったが，単純な課題のパフォーマンスは密度によって変わらなかった。高密度は単純な仕事にではなく複雑な仕事に影響を与えるのかもしれない[171]。この結果は，パーソナルスペースに大きな好みを示すワーカーの場合，複雑な課題のパフォーマンスは高密度によって悪い影響が及ぼされることを示した研究の中で確認され，解釈が拡大された[172]。

■**物理的なやりとりを必要とする作業**　多くの高密度環境においては，直接的コミュニケーションや，資料を獲得し，処理し，配付するためにその環境を移動するといったことを通して，パフォーマンスは個人間の物理的なやりとりに依存する。

　オフィス，小売店，工場では，日常的にこういったことが起こる。こうした可能性

に関する研究において，研究者は原稿のページがきちんと順番通りに並んで置かれているときと，順番通りではなく部屋のそこかしこに置かれているときの2つの状況下で，単純な事務作業（書類をページ順に並べる）を行うよう参加者に依頼した[173]。1番目の状況では，参加者は作業中に物理的にやりとりする必要がなかったが，2番目の状況では物理的にやりとりせざるを得なかった。作業が物理的なやりとりを必要としないときには，高密度でも低密度でもパフォーマンスは変わらなかったが，高密度で低いやりとりの状態と比べると，高密度で高いやりとりの場合に，パフォーマンスは著しく低下した。

■**誰が見ているか**　ある実験室研究で，密度を変えて，迷路をたどることを学習している人を，そこにいる全員で観察した場合のパフォーマンスを調査した。その結果[174]，観客の規模（そして，社会的密度）の増加とともに，習得率は低下した。しかしながら休憩中においては，高密度の環境の中にいた参加者のほうが，低密度で観客の少ない条件の参加者よりも，学習したことを忘れる率が低かった。したがって，密度や観客数が増えるにつれて，パフォーマンスは悪くなったり（習得が遅い），よくなったり（忘れない）する（図7-9参照）。

■**予期と規範**　状況についての予期も，パフォーマンスに影響する。高密度にさらされていて，うまく仕事をこなせないと思っている人のパフォーマンスは芳しくない[175]。密度そのものについての予期も，パフォーマンスに影響する。高密度あるいは低密度の状況を予測するように仕向けられ，逆の状況に出くわした生徒は，予測通りだった生徒よりもパフォーマンスは芳しくない[176]。これは，高密度に関する正確な事前通知が，本屋の客に混み合い感を感じさせなくなるのに役立ったというわれわれが以前論じた研究を思い出させる。

図7-9　観察者がどのくらい遠くにいるかに応じて，仕事のパフォーマンスは観察されることにより，影響を受ける。

高密度の状況で成長した人はそれに適応する方法を見つけ,高密度が普通だと考え,高密度を好み,うまくふるまえるかもしれない。騒音と複雑な課題のパフォーマンスに関する研究で,高密度の中で生活した体験がある人は,ない人よりも仕事のパフォーマンスがよかった[177]。

社会的（および反社会的）行動

社会的関係に対し高密度の影響とはどのようなものであろうか。

■**社会的病理**　初期の総計的研究は,犯罪,離婚,自殺,精神障害といったさまざまな形態の社会的病理と人口密度の間には,正の相関関係があると報告している。この研究結果は,都市は人口が集中している地域だというまさにその本質ゆえに,生活するのにふさわしくないという,広く信じられている考えを導いた。

近年の研究は,都市の大きさによる影響と人口密度による影響を区別し,重大な貧困,教育,民族混合の影響を統制することを試みている。（この章のはじめのほうで）表7-1が示しているように,大都市は必ずしも人口が集中している都市であるとは限らない。175にのぼるアメリカの諸都市における統計調査の検討において,社会的病理は,都市の大きさに関係するが密度には関係しない場合もあれば,逆の場合も見つかった[178]。たとえば,殺人発生率は都市の大きさにより増加するが,密度には関係なかった。強盗と車の窃盗の発生率は都市の大きさにより著しく増加し,かつ密度とともに増加する。押し込みは密度が高くなると少なくなるが,都市の大きさとは無関係である。離婚率は都市が大きくなると減少するが,密度には関係ない。貧困の発生も,これらの結果を変えはしない。このように,その都市が危険かどうかは,その人が意味する危険の形態と,その都市が大きいか人口が集中しているか,あるいはその両方ともに依拠する。

■**攻撃性**　高密度は,特に男性が,特に長期間さらされた場合,攻撃性を増加させる。短期の実験室における研究において,空間的高密度は,部屋の中央にあるイスを占領する[179],あるいは仮想裁判において囚人により長い刑期を言い渡すというような,緩やかな攻撃性を引き起こすようである。現場環境における攻撃性の穏やかな形式に関する1つの調査において,噴水のかたわらに立っている人のパーソナルスペースが,通行人によって侵害される頻度が観察された[180]。空間的高密度ではなく,社会的高密度のもとでは,調査者のパーソナルスペースは低密度条件よりも侵害されることが多かった。

男性は短期間,高密度にさらされると攻撃的だと感じるが,それを直接的に表さないように社会化されている。囚人のように長期間の高密度状況にある男性は,攻撃的に行動するようだ。アメリカ南部の刑務所において,密度と暴力にたいへん強い関連があることが報告されている[181]。ミシシッピのある刑務所では,2,3か月の間に収監者を30％減少させてみたところ,他の収監者に暴行を働く収監者の率は,その期間

●●●第7章●●●
クラウディング

中は約60％下がった。その後，刑務所の収監者を19％増加させると，暴行が36％増加した。

　もちろん，これらは相関データであるし，他の要因も働いていたのかもしれない。しかし，他の要因を考慮に入れようとする研究者の努力にもかかわらず，多くの刑務所で攻撃性の類似したパターンが報告されている[182]。同様の結果は，他の種類の施設でも報告されている。スウェーデンの精神医療施設における調査では，社会的密度の増加は攻撃的行動の増加と関連があると結論づけている[183]。

　子どもは大人よりも社会化されていないが，高密度の状況ではより攻撃的にふるまうだろうか？　ある研究によると，社会的高密度（児童1人あたり約1.5平方ヤード）は攻撃性を生み出した[184]。その一方で，空間的高密度はわずかな攻撃性の減少（有為ではないが）を導いた[185]。また，性の違いも見られ，男の子は女の子より攻撃性があるようだ。

　実際，なぜ高密度は攻撃性を増加させるのだろうか？　おそらく資源と関係があるのだろう。社会的密度が増加するということは1人あたりの資源が減少するということであり，空間的密度が増加するということは（空間そのものは別として）資源が減少することを意味しない。これが本当なら，社会的高密度における攻撃性の増加は，幼稚園児たちにとっての玩具か，あるいは大人の囚人にとってはロビーにある上等なイスのような，魅力ある資源の競合の増加が原因である。確かに遊び場の資源が不足してくると園児の攻撃性は増加する[186]。

　悲しいことに，児童たちは高密度の中で生活していると，暴力の被害者になりやすい。ボルティモアにおける研究で，住居密度が1部屋につき1.5人を上回ると，幼児虐待が著しく増えることがわかった[187]。このように，高い住居密度は，児童が放置と虐待という，たいへん異なっているが不快ということでは共通な体験をしがちであるということを意味するようだ。

　概して，男性は空間の不足をうまく処理するのに苦労するようだ。もし，高密度の状況があまり長くは続かなかったり，外に出る方法（たとえば，混み合っている寮室から出る）があるならば，攻撃性を何とか避けることができる。しかし，長時間他の人と一緒にいるようにされたならば，密度に比例して，またおそらく資源の減少に比例して，攻撃的にふるまうようになるであろう。

■**嫌悪と敵意**　高密度が望んだものではない（自分で選んだわけではないとか，不快な場所で発生したとか，長期間生じた）ときには特に，社会的な結果は概して否定的であり，その状況にいる他人は魅力に欠けるように映ったり，人々は敵意を感じたりする[188]。授業での得点を得るために参加に同意した実験室研究において，たいへん小さな部屋に詰め込まれて1時間過ごすのと，よき友人たち，おいしい食事，よい音楽のあるにぎやかなパーティが開かれているたいへん小さな部屋に詰め込まれて1時間過ごすことの違いを考えてみるとよい。否定的感情は，とても早く発展する。単な

る高密度の予想が，他人への好意を減少させてしまうこともある[189]。

■**非援助性**　もし高密度が，通常他人に対して否定的な態度を引き起こすのであれば，反社会的あるいは非社交的な行動が続くことが予測されるに相違ない。ほとんどの場合，それは実際に起こることである。極度な空間的高密度（1人あたり約$0.2m^2$＝約1/4平方ヤード）に，30分ちょっとの間さらされた9歳〜17歳の子どもは，高密度にさらされていなかった子どもたちより，その後に行ったゲームで競争的な戦略を見せた[190]。大学生の場合は，1人あたりの空間を4倍にしたけれども，それは依然として高密度であり，同様の効果を示した[191]。南アフリカにおいて，高密度の保育所にいる子どもは，いつもより密度が高くなると，協力と社会的遊びがあまり見られなくなった[192]。

　高密度が，通常は援助行動（helpfulness）の減少につながることを示す証拠はまだある。ある研究では，実験者が切手を貼って宛先が書いてある封筒を，高・中・低密度の寮で「偶然」落とした[193]。高密度の寮の住人は床に手紙を落としたままにすることが多く，低密度の寮の住人は拾い上げ，投函することが多かった。別の研究では，カフェテリアが人でいっぱいのときに，客は自分のテーブルから皿洗い場まで皿を返すようにという標識を，無視しがちであった[194]（図7-10）。最後になるが，6種類の援助行動が，アメリカにおける36の小・中・大都市において数えられた[195]。援助行動を最も強く予想させるものは（低）密度であり，それは都市の大きさよりも強かった。低密度のほうが，都市の規模の小ささよりも，援助行動をよく予測できる。

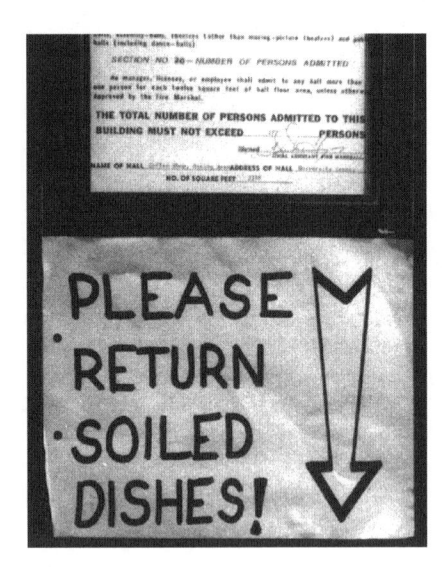

図7-10　食事をとる空間の高密度は，このような嘆願への反応を鈍くするであろう。

●●第7章●●
クラウディング

■**社会的引きこもり**　高密度にさらされている個人は，しばしば社会的なやりとりから引きこもりがちである。その古典的な例として，ニュースに何が載っているかを知るのと同様に，社会的接触を避けるために，混んだ列車の中で新聞を読むのに没頭している通勤者がある。長い間高密度の集団にさらされることは，少なくとも男性の場合は社会的引きこもりと関係がある[196]。

　社会的引きこもりの現れ方は多様であり，その場を去る，個人的話題を避ける[197]，去るということを口にする，受身の姿勢をとる[198]，向きを変える，アイコンタクトを避ける，個人間の距離を大きくする[199]などがある。上記の南アフリカの保育所では，密度が著しく高くなると，子どもたちは「手持ちぶさたな」活動がより頻繁に観察されている[200]。

　この考えの当然の帰結は，高密度に住んでいる人は，おそらく社会的に引きこもりがちであり，低密度の環境に住んでいる人よりも無視されることを気にしないということである。ある研究者は，寮が廊下型デザインの寮の居住者とスイート型デザインの寮の居住者のどちらが，無視されることに対して否定的に反応するかを調べた[201]。というのは，廊下型デザインの場合，スイート型よりもトイレやロビーを共有する必要がある場合が多く，公共領域での社会的密度が高いからである。議論の最中に無視された人で，そのことを好む人はいなかったが，予想通り，廊下型デザインの寮の居住者で無視された居住者は最も低い不快感を報告し，スイート型デザインの居住者で無視された者は最も高い不快感を報告した。

　引きこもりの間接的証拠が，社会的援助，パーソナル・スペースの好み，子供の放置に関する研究によってもたらされる。高密度の寮の居住者は，社会的援助の程度が低いと報告している[202]。高密度の家に住む人は，ストレスの多い実験室環境において，社会的援助を探し求めたり，提供したりすることは少なかった[203]。インドでは，高密度条件において，人は対人距離の大きいほうを好んだ[204]。高密度（1部屋に1.5人以上）で生活するボルティモアの子どもたちは，著しく放置されやすい[205]。あたかも，周囲にいる他人の過剰な人数の埋め合わせをするかのように，人々は他人との社会的なやりとりを減少させるようだ。

■**ユーモア**　今までに論じられた社会的なやりとりにおける密度の影響は，かなりぞっとするようなものである。しかし，高密度はユーモアを高めるかもしれないという，明るい側面が1つ存在する。ある研究では，集団にユーモラスな映画を見せた[206]。映画の終わりに，1人が映画を楽しんで鑑賞したことを示すために拍手を始めた。このことが高密度の環境で起こったとき，低密度のときよりも拍手に参加する人は多かった。別の研究では，参加者にコメディーのレコードを何枚か聞かせた[207]。空間的高密度条件にいた人のほうが，空間的低密度にいた人よりもコメディアンがおもしろいと考えた。

　ユーモアの好意的評価は，伝染効果[208]，緊張からの開放[209]のいずれかによって，高

291

密度の環境おいて，よりいっそう高められるのかもしれない。もしある人がわざわざ拍手することによってその映画をたいへんおもしろいと決めたならば，高密度の状況では伝染的に拍手が広がるかもしれない。高密度はより強い緊張を生むので，それを多少でも一掃する機会が訪れたとき（冗談が聞こえたとき）に，より大きな笑いとその冗談に対する賛意が続くと想定されるという別の説明もあるだろう。

不幸にも，ユーモア研究の中でさえ陰鬱な添え書きがある。いくつかの研究は，高密度ではユーモアの評価は減少し，好感を生むというユーモアの力を小さくすることを示した[210,211]。しかしながら，これは年齢や性によって変わるので，密度のユーモアへの効果を明らかにするには，さらなる研究が必要である。

公共の場所への訪問

教会が3分の2埋まっていたなら，教区民は3回のうち2回は去っていくものだという古い経験則がある。つまり，公共の場の機能的容量は，実際のイスの数やその空間よりも小さい。これに類似した考え方が，西バージニアの自然訪問センターの研究において検討されている[212]。それによると，59人かそれ以下の人がすでにいるときに到着した訪問者は，60人かそれ以上の人がすでにいるときに到着した訪問者よりも，そこに29％長く留まった。図書館において初回利用者がする質問の数は，社会的密度が増えるにつれて少なくなった[213]。おそらく，訪問センターと図書館における高密度は，その利用者の学習を制限したのであろう。

公共施設の管理者は，その環境の客観的な収容能力は，実際的な収容能力よりもたぶん大きいということを知る必要がある。その施設が比較的高密度であれば，すぐにそこを去るか，単純にもう来なくなる。もし近くに類似した環境があれば，代わりにそこに行くことによって適応するけれども[214]。これは単に暇つぶしに来た人とは対照的に，目的をもって来た人にはとりわけよく当てはまる[215]。

しかしながら，知覚された制御感が役立つということをもう一度ここで述べておく。仮想銀行という状況下において，もしその状況に対していくらかのコントロールができると信じていれば，顧客は高密度の状態でも心地よいと感じた[216]。買い物客がクラウディングの効果に関する情報を提供されることで認知的なコントロールをいくらか与えられたとき，彼らは気分よく，効率的に買い物をすることができた[217]。

調整要因としての文化

クラウディングと高密度の重大さは，ある程度文化的背景に依存する。以前，われわれはクラウディングの経験における文化的差異について論じている。ここではさまざまな文化における，高密度の効果の問題を取り上げる。文化が，時には高密度の否定的効果に対する一種の防御を提供し，時には高密度に対処する効果的な手段を身につけさせるのに失敗するというように，高密度に対する調整要因としてふるまうとこ

●●第7章●●
クラウディング

ろを見ていくことになる。ある研究において，民族的背景をアジアに持つトロントの高校生たちは，南ヨーロッパにルーツを持つ生徒よりも高密度に耐えられ，南ヨーロッパにルーツを持つ生徒は，イギリスに背景を持つ生徒よりも高密度に耐えられることが見いだされた[218]。最近の研究は，さまざまな文化を背景とした人が，クラウディングを知覚する仕方が多様であるにもかかわらず，高密度の家庭によって類似した否定的結果に苦しむことを発見した初期の研究に対して問題を指摘している[219]。

■**犯罪と犯罪不安**　このように世界中で行われている高密度の研究から引き出される最も重要な結論は，おそらく，高密度は必ずしも個人的あるいは社会的病理を引き起こすわけではないというものであろう。たとえば，香港の密度はトロントの繁華街の4倍であるにもかかわらず，犯罪率はトロントの4分の1であり，そのトロントは北アメリカの他の大都市よりもずっと犯罪率が低い[220]。しかしながら，犯罪への恐怖は，実際の犯罪率より高密度に関連があるようだということが，同じ研究で示された。コミュニティ規模における高密度は，北アメリカのいくつかの地域では社会的病理に関連があるかもしれないが[221]，オランダ[222]，アフリカの一部[223]，そしてインド[224]のような他の地域では，このような関連性は見られない。

■**文化は徐々に学ぶ**　クラウディングの問題に関連がありそうな要因として，文化の年齢がある。クラウディングはしばしば比較的若い文化における社会的崩壊と関連がある。若い文化は高密度にうまく対処する方法を発展させる時間がなかったという，明快な可能性が浮かび上がってくる。若い文化には，暴力，精神的・肉体的疾病，犯罪が多く見られる。何百年が経過するうちに，潜在的な問題を避けるために，高密度の社会的なやりとりを規制する習慣が発達したのである。

移民の波はさまざまな意味でアメリカの利益となった。しかし，こうした波は，最近の移民者が新しい国と古い国との間の価値観や習慣の衝突を経験することによって，高密度地域において継続的な不安を生み出している。いくつかの研究において，社会的崩壊に最も密接に関係しているアフリカ系アメリカ人は[225]，こうした過程を2度経験してきている。最初は200年間にわたり奴隷として輸入されたとき，2度目は過去1世紀において名ばかりの自由を得て，そして徐々に，彼らを歓迎しない風潮がとても強い中で，本物の自由を得たときである。

シカゴの大規模な研究において，アフリカ系アメリカ人，ヒスパニック，他の人種（主として白人）の高密度に対する反応に重大な違いが示された[226]。教育，貧困，性別，年齢，そして他のできる限りの影響変数を統制した後でさえ，アフリカ系アメリカ人はクラウディングに対して最も敏感に反応し，この傾向は特にプライバシーを侵害されたときに最も強い。ヒスパニックはクラウディングに対しての反応が最も鈍く，これはおそらく対人関係の近接を好む文化規範のためだと思われる。しかし，ヒスパニックは相対的に高密度環境下で生活しているため，彼らの近接を好む文化的傾向は，時に高密度の悪い結果を防ぐには適切でないこともある。このように，高密度の観点

において，アフリカ系アメリカ人は白人とヒスパニックの中間にあるが，文化的にヒスパニックが近接を好むことは，高密度がアフリカ系アメリカ人に最大の衝撃を与えることを意味している。

百年，2百年というのは北アメリカの人にとっては長いように思われるが，3千年，4千年の経験をもつ文化と比較するとそうでもない。

■**高密度を処理するための文化的戦略** 高密度に耐えられたり，楽しめるようにするために，経験豊かな文化はどのような方略を用いるのであろうか。西南アフリカのクン(Kung)族は，薄い壁によって仕切られた居住場所を配した集落において，互いの腕の長さの範囲内で生活しているが，密度に関する問題はほとんどなく，むしろその状態を好んでいるように見える。クン族の人々は，社会的なやりとりを平和的にコントロールする有用なメカニズムを持っている[227]。集団のメンバーは，他の社会においては人の移動がしばしば引き起こす対立を生じさせることなく，自分が生活をしている集団から離れて別の集団に移動したり，あるいは自分自身の集団をつくることさえある。

同じように，中国人も高密度にたいへんうまく対処してきたので，低密度の選択肢が提供されているときでさえ，高密度の環境をしばしば選択する[228]。香港における低廉なアパートは1人当たり約3 m^2(約3.5平方ヤード)が提供されるように設計されている。したがって，5人家族のためのアパートは約19 m^2(200平方フィート)に満たない広さしかない。建築監理者に，設計者はなぜ1人あたりのスペースをもっと増やすようには考えないのかと聞いてみると，アパート1人あたり約5 m^2(6平方ヤード)で設計すると，賃貸人の多くが自分の空間を「又貸し」するからだと答えた[229]。

多くの中国の家族には，互いの空間への接近に関して確固たる規則があり，子どもは別の家族の空間を覗き見しただけで罰せられる[230]。たとえば男性と女性，高い身分の人々と低い身分の人々，大人と子どもなど，特定の集団間のやりとりは，明確な規則によって一線が引かれている。他の文化では騒音とされそうな家事の音が，そうではなく行動や生活のサインとみなされている。大人は他の大人の子どもを躾け，それによって干渉的と受け取られることはない。最終的には，比較的低いレベルの感情的関わり合いが期待されている。最近の北アメリカにおける共同生活に関する実験の多くが失敗している理由の1つは，高密度の生活が高いレベルの感情的関わり合いとうまく結合できるという非現実的な期待があるからかもしれない[231]。

中国人がうまく高密度に適応しているため，多くの中国人がクラウディングを実際に好むと結論づける傾向があるが，これは神話である。サンフランシスコのチャイナタウンでの調査で，ほぼ全員の中国系住人がクラウディングは不快で有害だと述べている[232](図7-11参照)。もし，中国人がクラウディングを好むと結論づけることがまちがっているなら，どのレベルの高密度において，彼らはクラウディングのストレスを感じ始めるのであろうか。

いくつかの文化は，他よりも高密度に適応し，好みさえするかもしれない。超過密

第7章
クラウディング

図7-11 中国人居住区は，本当に混み合っているのか？

都市の香港でさえ，住人は必ずしも混み合っていると感じているわけではない[233]。少なくとも高密度環境における2つの状況を考慮しなければならない。1つめは，高密度の状況を選んだのか，あるいはやむを得ずそうなったのかであり，2つめは，誰とその空間を共有しているかである。中国人が副収入を得るための手段として家の空間を「又貸し」するとき，そのことは家族を助ける重要な方法とみなされる。誰かに助けてもらっているという意識は，家屋所有者たちに結果的に生ずる高密度がクラウディングとして経験されることを避ける一助となっている。同様に，多くの中国人にとって，家族で満杯なときは高密度が受け入れられ，あるいは好まれさえするが，よそ者でいっぱいならば，そうはならない。

東アフリカにおいて，1：3：6の異なった比率の密度に住む3つの文化が比較された[234]。最高密度で暮らす文化（ロガリ：Logali）は，接近した個人的接触に対する規範が，肉体的なもの，感情的なものの両方で，最も強かった。近隣の文化では，友人たちが握手していることがしばしば見られるが，ロガリの人の間では，これは勧められない。もう一度言うが，低い感情的関わり合いが，高密度を処理するメカニズムとして現れる。

別の高密度社会では，高密度の生活と共存できる建築的，行動的な好みを発達させてきた。たとえば日本人とオランダ人は，両方とも宝石箱，盆栽，細密画のような，あまり空間を占有しないものに対する特別な愛着を発達させてきた。日本の家では，同じ部屋が1つ以上の目的で使われており，入念な規則が空間の使用と機能の変換を管理している。

日本，オランダの両国において，市民は高密度の地域内に小さいコミュニティをつくっている[235,236]。東京では，1人ひとりの小さい家がさらなる人口圧を吸収する必要がないように，多くの地区それぞれが，人々が出会い交流するための容易に利用で

きる場所を提供している。しかし、日本人もクラウディングを好ましくない経験と見ており、最近のコミュニティにおける密度の劇的な増加は、クラウディングへの伝統的対処方略のいくつかを衰えさせている[237]。オランダの街は、たいへんコンパクトで相互に離れており、街と街の間に身近な緑の空間が配置され、人口密度が非常に高い土地にいながら混み合っているという感じを与えない。

　まとめると；高い内部密度は、通常生理的、心理的ストレスにつながり、大きめの対人距離を好む人々や社会的に孤立した人々に対して、少なからず影響する。低密度（1人暮らし）と高密度（社会的混乱や社会的援助の不足と結合したとき）はどちらも、精神的不調の危険を増加させる可能性を持っている。部屋から地域までのあらゆる規模において、高密度がアルコール消費の増加として現れることが明らかとなった。高密度は、児童の肉体的、精神的発達を害し、子どもたちを虐待、放置に追いやる。パフォーマンスは、課題が複雑なとき、他人が見ているとき、その仕事を成し遂げるために物理的な相互作用が必要な場合に、高密度のもとで害される。密度が予想通りでなかったとき、パフォーマンスは悪影響を被る。高密度を予想していたのであれば、低密度だったときでさえもパフォーマンスは悪くなるであろう。パフォーマンスのいくつかの側面は、密度や観客数が増加するとよくなることさえもある。

　高密度は、しばしば否定的な影響力を持つが、おそらくわれわれがすでに遂行する能力を持っている活動を行うというような、ある状況下において、高密度はパフォーマンスを改善するかもしれない。不可避の高い内部密度は、特に男性にとって、広範な社会的行動の多くに害を及ぼす。刑務所を除いて、この影響は通常、活動的な形態（暴力）よりは、受身的形態（援助性の欠如）をとる。高密度はユーモアを高めることができるが、高密度はほとんど常に否定的感情を生み出す。ある文化が高密度とともにうまく生活していくことができるようになるためには、何百年もの経験が必要であるかもしれない。新しい文化が古い文化から学びたいのであれば、以下のことを考える必要がある。

・心理的対人距離の増大を促進する。
・息抜きのための時と場をもっと認める。
・誰に何を言うかについて、より厳密な規範を発展させる。
・家の中で誰がどこに行くか、家の中のそれぞれの空間がどのように使われるかを制限する。
・知人との社会的なやりとりを家の中では阻み、公共の場では奨励する。
・より高いレベルの社会的刺激を楽しむことを学習する。

クラウディングの理論

　何が人に混み合っていると感じさせるかや、高密度がもたらす影響ついて、かなり多くの知識をすでに概観してきた今こそ、研究の成果の統合を試みるときが来たといえよう。幸運にも、統合的定式化の実り豊かなパノラマがすでに提出されている。半

●●●第7章●●●
クラウディング

ダースのクラウディングの主要理論においては，進歩はもちろん，多くの小さな提案，差別化，改良が重ねられてきている。

これらの理論は，主に，提案している説明的メカニズムと，プロセスのどの部分に焦点を合わせるかによって異なっている。一方には，ある人にある状況を混み合っていると呼ばせる要因を強調しているものがある。他方，クラウディングを経験する間に生じる心理的過程を中心に考えているものもある。最後に，主としてクラウディングの結果に焦点を当てている理論もある。また，クラウディングの理論は，複雑さ，分析のレベル，基礎をなす仮定，試験可能性によっても異なる[238]。

クラウディングに関する考察を体系化するためのいろいろな試みに基づいて，この節では各々の主要な理論を配置した全体的枠組みを示す（図7-12）。この枠組みは，クラウディングと関係する先行条件，過程，結果の時系列的記述である[239]。この枠組みは，さまざまな影響要因（個人的，社会的，物理的）が，知覚-認識および生理的なメカニズムを経由して，クラウディングと呼ばれるストレスの多い状態を導くという仮定で始まっている。

このクラウディング・ストレスは，知覚された制御感の欠如，刺激過剰，行動制約のような心理プロセスによって，より明確に定義される。これらのクラウディングのプロセスは，続いて，対処，無力感，行動傷害（と臨時の利益），心理的後続効果といった多様な結果を導く。

この枠組みは，また，混み合っているという個人の認識なしに，高密度がある種の結果を直接的に導くこともあるということを認めている。つまり，クラウディング状態のプロセスの特徴は必ずしも喚起されるわけではなく，高密度は個人がその経験を

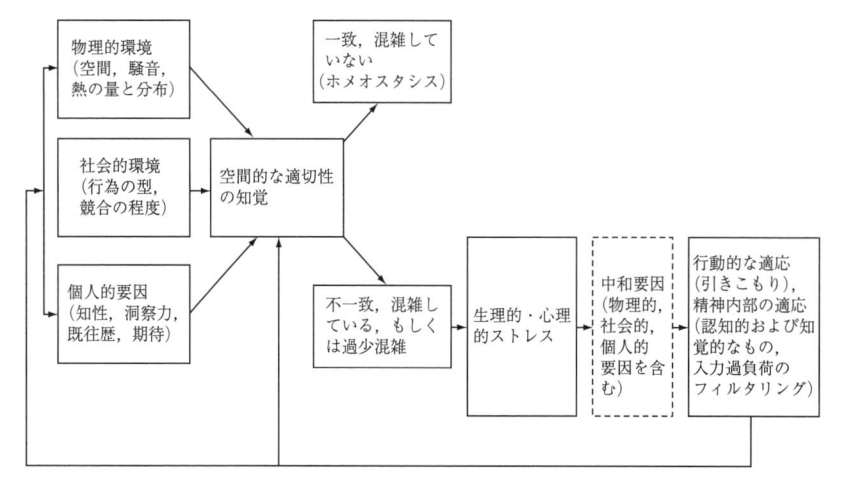

図7-12　クラウディングの統合的なモデル

混み合いとして区別することなくとも，いくつかの結果を直接導くかもしれない[240]。このモデルの構成要素をより綿密に見ていこう。主要理論の各々は，それが最もよく適合するような構成要素の一部として包含されるであろう。

先行条件

■**個人的な先行条件**　ほとんどのクラウディング理論は，個人差がクラウディングにおいてある役割を担っているということを認めているが，根元的に個人的要因に関係しているものはない。現在のところ，研究者はクラウディングを導く個人的要因の一覧で満足しているようだ。ここは，いっそうの理論的統合が必要とされるクラウディング研究の領域なのである。しかしながら，そのような要因の試験的な一覧には，男性であること，比較的新しい文化環境からやってくること，問題となっている環境をあまり知らないかよく知っているかということ，ノンスクリーナー（non screener, 刺激を選別しない人）であること，コントロールの外部的な所在の傾向，普段から低密度を好むこと（もしくは広いパーソナルスペースを持つこと），実際に経験するのとは異なった密度のレベルを予想すること，当該環境における専門家あるいは「純粋主義者」になることが含まれるであろう。

■**社会的な先行条件**　控え目に言って，クラウディングの主因は，周囲の人が多すぎることである。2つの理論が，クラウディングにおける中心概念として，すぐ近くにいる人々の数に焦点を当てている。1つ目はジョナサン・フリードマンの密度－強度理論（density-intensity theory）である[241]。フリードマンは，密度そのものが有害なのではなく，他に起こっていることを単に強めるにすぎないと提案した。それが否定的であるならば，高密度は状況を悪化させることになる。刑務所での高密度が有害な影響を及ぼすのは，高密度そのものによってではなく，刑務所が基本的にひどい環境であるからなのである。収容者はそこに自発的にいるわけではなく，刑務所の収容者の中には根本的に不愉快な人が含まれているのであり，建築や装飾は必ずしも，気持ちを高揚させるものではない。

他方，雰囲気が肯定的なものであれば，密度はその雰囲気を強調するであろう。フリードマンは都市生活の擁護者であり，平均的な都会人にとって，密度は不快な反応よりも，むしろ快い反応を強めることをほのめかしている。彼は，動物は高密度によって有害な影響を受けないとさえ主張している[242]。しかし，最終的に彼は，密度は中立的であり，社会科学者の仕事はどのような高密度の環境が幸せな，または不幸な結果を導くのかを特定することである，という立場に立っている（図7-13）。

2つ目の人数アプローチはエリック・ノウルズのもので，彼は，すべての密度の測度が，部屋，近隣，都市に人が均一に分布することはめったにないという事実を無視していることに気づいた研究者である[243]。彼の社会物理学モデル（social physics model）における主要な要素は，他人と個人との距離，および他人が観客になってい

●●●第7章●●●
クラウディング

図7-13　都市生活は，確かにクラウディングやストレスばかりではない。

るか，ただそこにいるだけか，あるいはたまたまほんの数ヤード（訳注：1ヤードは約90cm）離れて，しかし壁の反対側にいるか，というものである。

ノウルズらは，その環境が混み合っているかいないかという観察者による評価を，社会物理学的アプローチが予測するという証拠を示した[244,245]。これらの研究において，知覚されたクラウディングは，密度そのものの値ではなく密度の対数あるいは指数関数によって，より厳密に近似される。これらの関数は，心理物理学と呼ばれる心理学における他の領域で発展してきた法則とよく似たもので，社会的影響は他人の数および個人と他人の距離に依存しているという基本的な考えを反映している[246]。

クラウディングに関する3つ目の社会的理論は，出会った人々とそれらの人々がしていることが重要であると主張している[247]。屋外でのレクリエーション研究から得られた多くの証拠が，異なった人々と出会ったときに，クラウディングが増加することを示している。たとえば，彼らがマウンテンバイク乗りで君たちがハイキングをしているとか，彼らが大集団であり君たちが小集団であるとか，彼らが別の土地出身などであるといったことである。同様に，他人がしていることがクラウディングを増加させる。たとえば，他の人たちは騒々しいが自分のグループは静かであるとか，あなたが釣りをしているところで，彼らはカヌーを漕いでいるなどである。明らかに，これらの要因は，「別々の」人々が公園内で鉢合せになったり，あなたが勉強しようと思っているところで誰かがラジオを聞いていたりするといった，都市の状況にも適用できる。

■**物理的な先行条件**　建築的変数とクラウディングの結びつきが存在することを証明する研究は存在するけれども，結びつきそれ自体に根本的に関わっている理論はない。クラウディングは，広い開放的住居空間あるいは事務所空間においてパーティション（訳注：間仕切りのこと）の思慮深い使用によって，おそらくはまた，何階で暮らして

299

いるか，部屋はどんな色で温度はどれくらいか，天井の高さ，部屋に太陽光はよく入るかといった要因により，軽減されるかもしれない．地理学的に考えると，部屋，近隣，コミュニティといった，考慮するスケールにクラウディングの知覚は依存している．

　一般的にはクラウディングの理論とは考えられないが，物理的対象を含んでいる1つの理論がある．それはロジャー・バーカー（Roger Barker）とアラン・ウィッカー（Allan Wicker）の生態学的アプローチであり，ほとんどのクラウディング理論とは異なる専門用語に依拠している（人員過剰：overstaffing が最も近い相当語句である）[248,249]。生態学者たちは，クラウディングの主要な要素として資源の不足を強調する．物理的資源は，幼稚園のクレヨン，店の商売道具，事務所のコンピュータ，教室の本を意味することができよう．

　クラウディングをコントロールするためには，少ししかない利用可能な資源への接近は制限されなければならず，このことが，整列，優先順位づけ，順番待ち名簿，環境への入場制限などを導く．空間そのものは供給不足になるであろうこの場合，人員過剰は高密度に類似する．しかし，要点は，空間の不足がクラウディングを引き起こす資源の不足の一形態にすぎないということである[250]。

　資源の不足と対照的なのは，もちろん人の過剰である．資源の不足に注目するのか，あるいは人の過剰に注目するのかは，この2つのうち，容易に変更しやすいのはどちらかによる．公立学校が一杯になったからといって，われわれは子どもたちを排除する方法を探そうとはしない！　国立公園が満杯になったら，予約あるいは割り当てシステムを使って出入りの制限方法を考えるであろう．

心理的過程

　ある種の個人的，社会的，心理的先行条件は，クラウディング・ストレスを引き起こす．少なくとも6つのストレス過程が，そこにはかなりの類似性が見られるけれども，記述されている．われわれは，これらの大部分を，個人的なコントロールと過剰負荷という2つの広範な過程に構成しなおすであろう．

　■**個人的なコントロール**　　おそらく2つの過程の中で，より総括的であるのは個人的なコントロール（personal control）である．混み合っているときの体験の本質的な特徴は，自らに降りかかってくる物事をコントロールする能力の多くを失ってしまうことである．その世界は，予測できないものになるか，予想通り望ましくないものになるかのどちらかである．交通渋滞が好例である．あなたが家に帰りたくても，働きに出たくても，交通はあなたが運転する速度をコントロールする能力を失わせてしまう．どのくらい時間がかかるかわからないが，望んでいるより長くかかることはまずまちがいない（図7-14）．

　ドナルド・シュミット（Donald Schmidt）とジョン・キーティング（John Keating）

第7章
クラウディング

図7-14 都市へ入ったり出たりすることがストレスになることもある。

によるクラウディングと個人的なコントロールの統合化において，彼らは個人的なコントロールの3形態，認識的，行動的，意思決定的を区別した[251]。高密度の状況下にあっても，これら3つのコントロール形態の1つあるいはそれ以上を得ることができるならば，クラウディング・ストレスは軽減されると彼らは信じている。たとえば，この章の最初のほうで正確な標識や情報がクラウディングを減少する様を論じているが，この方略は，人々が密集した場所の個人に対し，情報が認識面のコントロール（cognitive control）の感覚を与えるために成功するのであろう。

　行動面のコントロール（behavioral control）は，目的に向かって行動する能力（あるいはその能力の欠如）に関連している。物理的相互作用が作業を完遂しようとする努力の邪魔をするときにクラウディングが悪化することを示す研究は，行動面のコントロールの欠如によって引き起こされるクラウディングの例である。すし詰めの競技場ですばらしい試合を楽しんでいるとき，あなたは混み合っているとは思わないだろう。しかし，試合が終わり，車のところへ移動しようとしているとき，仲間のファンの雑踏はあなたの行動面のコントロールを大きく減少させる。

　意思決定面のコントロール（decisional control）は，ある場面において可能性のある選択肢の数に関係する。人が，自分の選択肢に強い限界を感じたとき，混み合っていると感じがちである。ほぼ満員の劇場に入り，大きな帽子を被っている人の後ろにしか空席がないことがわかったとき，意思決定面のコントロールはゼロにまで減少する。

　コントロールを基にした理論は，他のいくつかの理論を含んでいるもの，もしくはそれらの理論に取って代わるもののように見られるかもしれない。行動制限理論（behavioral constraint theories）[252]と行動妨害理論（behavior interference theories）[253]は，行為を制限されたとき，あるいは目的を邪魔されたとき，クラウディングが結果として生じることを例証する研究から発達したものである。しかしながら，両方の理論の組み立ては，行動面のコントロールの概念にたいへんよく似ている。コントロールの観点が含まれるもう1つの初期理論において，クラウディングは，選択

の自由の欠如[254]とフラストレーションの増加に代表されるものであった。コントロールの理論は、このことを意思決定面のコントロールの減少の一例と見るであろう。

■**過剰負荷** 心理的過程としての第2の主要なクラウディング理論は、社会的な過剰負荷と情報的な過剰負荷という概念を含んでいる[255,256]。人口密度の高い都市というのは、住民が受け取る情報を処理する彼らの能力を超えて刺激しているようだという見解には、長い歴史がある[257,258]。

したがって、過剰負荷アプローチ（overload approach）をコントロール・アプローチから派生したものと見ることは可能である。つまり、過剰負荷をかけられた人の行動面、認識面、意思決定面のコントロールはおそらくそこなわれるからである[259]。しかしながら、過剰負荷アプローチは別個の扱いを受けるに足るほど明らかに異なっている。それは、個人の刺激に対する選好レベルと比較したときの入ってくる情報の量と、その情報を吸収できる現時点での能力との関係に注目している。

現在の能力と選好レベルは、そのときどきで異なる、異なったレベルの社会的および情報的な入力刺激に適応するという、適応水準理論（adaptation-level theory）の考え方に関連している[260]。あるレベルを超えたとき、過剰負荷によるクラウディングが経験される。一般的には、実際に入っていくる刺激と刺激の好みの程度との適合（もしくは不適合）に注意を向けることによって、過剰負荷アプローチはクラウディングの過程における認識的側面を強調する。

結　果

人は、一度混み合いを感じ、個人的なコントロールの欠如を知覚するか、あるいは深刻な情報過多を経験すると、生理的、行動的、認識的に反応する。これらの反応のいくつかはストレスを減ずるのに役立つが、その他はストレスの現れである。多少の差はあれ、即時に起こる反応もあれば、遅れて出てくる反応もある。クラウディング・ストレスをうまく処理する方法が見つかったなら、その否定的な結果のいくつかは避けられるだろう。

■**生理的結果** 過密状態の刑務所で体験されるような逃れられない高密度が、高血圧、病気、その他の生化学的変化を導く可能性がある[261]。究極の生理的結果、つまり死でさえ、精神医学の施設においては人口密度と強い相関関係がある。フリードマンの密度－強度理論が予測するような、何らかの好ましい生理的影響を高密度が持っているとしても、まだそれらは証明されていない。

■**行動的結果** 幅広い範囲の行動的結果が報告されている。強められた生理的活動は、日常生活においても存在し、密度が高くなると人の歩く速度が速くなるということを意味する[262]。過剰負荷理論は、個人がその環境から逃れることによって対処するであろうということを予想している。確かにこの章では、人口密度の高い寮の住人、特に男性住人は、わずかな時間しか自分の寮で過ごさないということを示した研究に

ついて論じた。

　もう1つの反応として、あまり望ましいものではないが、学習性無力感（learned helplessness）の発達がある。特に個人的なコントロールのアプローチは、コントロールの欠如の持続は、対処を試みることは無益であると個人に教えると予測している。過密状態の教室で長く過ごす子どもは、学習することをいつかはあきらめてしまうかもしれない[263]。

　引きこもりから明らかな攻撃にまで広がる反社会的行動は、クラウディングにより起こる可能性がある別の結果である。このような反応は、主に知覚された個人的なコントロールの不足に関係するかもしれない。目的が阻止され、束縛され、妨害され、あるいは干渉されたとき、リアクタンス（reactance）が発達するようだ[264]。リアクタンスとは、選択の自由が脅かされたときに、それを保持、あるいは復活させる傾向のことである。どのようにリアクタンスが表れるかは、おそらくその人の経歴によるだろう。囚人は、暴力を便利な手段とみなすことが多い。絶えず高密度に直面している人は、石のようになって、他人を締め出したりすることはめったにない。また、ストレスの源になると知覚した誰に対しても、また何に対しても攻撃するという、常道を外れた方法を持つようになる人もいる。

■認識的結果　クラウディングは、この世界のとらえ方もしくは認識方法を変えることによって対処できる。過剰負荷アプローチは、混雑を感じる人たちはただ周囲の生活のいくつかの側面を取り除くのだと仮定する。スタンレー・ミルグラム（Stanley Milgram）は、都市の住人が通りで倒れた人のかたわらを通りすぎることがあるのは、彼らが親切でないからではなく、彼らが日々直面する極端に多量の刺激に対処するために、社会的優先順位をつけざるを得ないからであると提唱した[265]。不幸にも、大都市の通りには困窮した人々がたくさんおり、出会ったすべての人の世話をしていたら、ほとんどの人が通常の生活ができなくなるだろう。

　　まとめると：ある種の個人的、社会的、物理的先行条件は、クラウディングの経験につながる。これらの中には、多様な個人差、資源不足（行動セッティング理論）、近くにいる他人の数（密度－強度理論と社会物理学理論）、他人が誰で何をしているかがある。感覚的な過剰負荷と個人的なコントロールの欠如は、クラウディングの経験の中心となる心理的過程である。クラウディングの結果は、健康問題、学習性無力感やリアクタンスを含んだ生理的、行動的、知覚的効果を含む。

クラウディングと環境デザイン

　クラウディングが問題となるとき、明確なデザイン上の解決方法は、より広い空間を提供することである。しかし、この常識的な解決方法には2つの問題がある。第1

に，経済的なことを考えると，広い空間の創出にはいつも賛成できるわけではない。第2に，今まで見てきたように，クラウディングは必ずしも高密度の結果ではない。われわれは，ある種の空間配置がクラウディングに対する効果的な対策になることを見ていくことにする。いくつかのケースでは，単なる広い空間の提供よりも，最適の空間配置のほうがよりよいクラウディングの解決になるかもしれない。

住　宅

　高密度は，いかなる一次環境においても，問題となる可能性はたいへん高いようである。われわれは，一次環境でほとんどの時間を過ごし，そこで最も重要な行為のいくつかに従事し，最も大事な人と交流する。家庭は最も重要な一次環境である。私の知る限り，家庭における高密度の好ましい影響について報告している研究はない。家庭の中の密度が避けられないほど高くなったとき，何かできるだろうか。

　経験あるいは対人関係の過程としての住居内のクラウディング研究は，ほとんどが寮で行われている。これらの研究のいくつかは，クラウディングが改善されるかどうかを見るために，寮のある側面を実際に変化させて，その影響を調べている。このような試みの1つとして，アンドリュー・バウム（Andrew Baum）とグレン・デイビス（Glenn Davis）[266]は，廊下が長いところでは，それを短くするとクラウディングは減少するであろうという考え[267]を徹底的に追求した。

　バウムとデイビスの建築的介入はかなり単純である。2人は寮の長い廊下の中央に，壁と両開きの扉を取り付けた。数週間後，廊下が仕切られたフロアの住人は，廊下が仕切られていない類似したフロアの住人よりも，有意に少ない混み合いを感じていた。両開きの扉に鍵がかかっていない場合でさえ，半分にフロアを分けることで過剰負荷が軽減され，住人の2つのグループよる公共設備（浴室など）の別々の使用を促進し，友情の形成を手助けしたようである。

　他の人たちが，さまざまな介入の可能性を提供してきた。四方の壁がむきだしの環境でさえ，もし住人に空間を区分する方法が与えられれば，クラウディングは減少できるであろう[268]。パーティションや軽い移動式の壁は，防音性を持たないにしても，最低でも部屋を共有せざるを得ない人との間の視覚的監視を制限するのである。したがって，こうしたことは知覚的な過剰負荷を減少させ，住人のコントロールの感覚を改善するかもしれない。時に，小さい空間に対する最大限のコントロールは，より広い空間に対してコントロールを分け合うことより好ましい。同様に，一次的空間を個人化する自由はコントロールの感覚を分け与え，それゆえ，個人が経験するクラウディングの量を減らすことができる。

　知覚された密度の概念を思い出してみよう。あるデザイン（たとえば，純然たる高層アパート地区）では，別のデザインを用いればより低密度に見せることができるのに，まるで人でぎっしり詰まっているかのように見える。（地表レベルで計測された）

同一密度の，低層建物はより広い土地を覆うであろうが，店舗，図書館，近所の居酒屋といった住居以外の環境と混在するのであれば，それらは，低密度であるように見えるであろう[269]。

自然環境保護公園

多くの自然環境保護地域は，キャンプやアウトドア活動の人気スポットになっている。これは，すばらしい美しさと大都市への近さをあわせ持つ公園においてたいへん一般的であり，公園のいくつかにおいては実質的に1つの町の規模へと変えられてきた。したがって，クラウディングは，公園の都市化された入り口付近の区域や，キャンプおよび関連活動用に指定された地域において発生するかもしれない。

たとえば，カリフォルニアのヨセミテ国立公園の都市化した地域内にあるバス停において，クラウディングなどの問題を扱う試みがなされてきた[270]。このバスは，公園内の交通量を少なくするために，公園管理者によって導入されたものである。バスは，乗客をキャンプ地，登山道の入り口，店舗，モーテルや他の公園内の場所へ輸送する。不幸にも，このバスへの初期の強い関心は，無料サービスの頻繁な利用だけでなく，駆け込み乗車や押し込みのような好ましくないバスの利用法を助長してしまったかのように見える（乗客は窓から乗ったり，大騒ぎをしたり，酒を飲んだり，窓から身を乗り出したりもする）。

こうした秩序の乱れた活動のいくつかを抑制するために，柱と鎖で列をつくる方策がバス停に導入された。これは，美しいものではなかったが，行動観察の結果，走りこみ，押し込みを減少させ，乗車する際の規律を改善したということが示された。不幸にも，この変化はバスの運転手には知覚されず，実際，彼らは変化が起こらなかったと考えた。乗客は，少なくとも最初の頃はこうした方策を好まなかった。そして，行動の観察結果がまとめられる前に，公園当局は列をつくって並ばせる方策は国立公園には不適当と判断し，引きちぎってしまった。

公園の奥の場所にも，多すぎるキャンパーに伴う問題があった。キャンプ地の高密度に対する公園管理者の標準的アプローチは入場制限である。しかし，これまで見てきた通り，キャンパーの数は，彼らの活動ほど重要ではないかもしれない[271]。キャンパーはいろいろと異なった目的を持っており，純粋に原生地域の体験を望んでいる人たち，アウトドア環境の中で子どもたちと過ごす機会を求めている人たち，そして大規模なパーティーの機会を見いだす人たちもいる。

キャンプ地でのクラウディングは，全般的な空間の不足というよりは，相容れない目的を持ったキャンパーたちが，不幸にも近接することにより起因しているのかもしれない。行動ゾーニング（behavioral zoning）は，公園において，類似の価値観を持ち，類似した活動をするキャンパーが，気の合う仲間の中にいる自分たちを見つけることができるような働きをするだろう。禁煙区域・喫煙区域に相当する国立公園にお

ける区域には，パーティ用区域，家族用区域，野生隔離区域が含まれるだろう。全般的な公園密度はだいたい同じであっても，クラウディングはうまく低減されるであろう。

刑務所

　刑務所はいやなものであり，人口密度が高い刑務所は，自殺，攻撃，死，病気，ルール違反を含め，研究された好ましくない結果としてそれぞれを悪化させる[272-274]。
　しかし，これらの発見は収容者の年齢，再編成，その他の刑務所の特徴といった別要因によって和らげられるであろう[275,276]。高密度がいかなる行動をも引き起こすという考えは素朴な決定論だが，高密度はさまざまな収容者や刑務所職員に異なる影響を及ぼし，その影響の中には好ましくない結果に帰着するものもある。
　当局が大きな新しい刑務所空間を建設しようにも，それにはたいへん費用がかかる。より多くの人が有罪となり，判決が厳しくなれば，刑務所の人口が増加すると同時に，公衆の刑務所にもっと空間を提供しようという関心が減退する。それにもかかわらず，少数の環境心理学者が好ましくない影響を最小限にする空間配置の方法を見つけるため，刑務所における空間の配置の効果を研究してきた。ヴェルヌ・コックス（Verne Cox），ポール・パウラス（Paul Paulus），ガービン・マッケイン（Garvin McCain）は収容者の反応を空間密度に対応させて比較したが，悪影響はほとんど見つからなかった。収容者が1人につき約$4.2 m^2$（5平方ヤード）持っていても，あるいは約$8.5 m^2$（10平方ヤード）のスペースを持っていても，あまり重要な問題ではないようだ。

PAUL PAULUS
ポール・パウラスは，刑務所のクラウディングの影響に関する価値ある研究を多く発表した。今では住宅問題を調査している。

　他方，社会的密度が変わればまったく異なる。監房ごとの収容者の数が増えると，クラウディングと病気の訴えの発生率が増加する。2人用の監房は1人用の監房よりも，規則違反の増加と関連がある。より大きく，仕切りのない共同寝室は，1人用の監房より心理的不安を生み出すことが多いようである。
　コックス，パウラス，マッケインは，高密度の刑務所における最良の選択は，集団で収容者を収容するより，むしろ1人用の監禁室（たとえ約$4.2 m^2$（5平方ヤード）しかなくても）を与えることであると結論づけている。彼らは，それがなければ仕切りのない共同寝室になる空間に簡単な小部屋を配置することが，収容者にとって利益があることを研究は示している，と報告している。ただ単に，小部屋を配置しただけでは，完全に分割された監房より望ましくないかもしれないが，こうした小部屋は，開放的な共同寝室の場合より優れており，収容者間に十分な個人的なコントロールを提供するようである。
　パーソナルスペースやテリトリアリティと同様に，クラウディングは法律的問題に

●●第7章●●
クラウディング

なってきている。アメリカ連邦裁判所は,刑務所内空間の利用可能性についての裁定を発しており,これが出発点となっている。しかしながら,この裁定は刑務所内にいるすべての収容者の数とすべての空間の大きさを基にしている。そのような施設全体に関する指針では,未だに暴力的か非暴力的かといった収容者間の個人差を無視していることになる[277]。

要　約

　クラウディングは,高密度という物理的指標とは緩やかにしか関連しない主観的経験である。クラウディングに関する調査に際して,総計的アプローチと実験室アプローチは研究方法として確立しているけれども,フィールド研究あるいはフィールド実験が最良の総合的方法であろう。クラウディングの経験は,個人的な要因(パーソナリティ,予期,態度,性別),社会的な要因(他人の数,他人のタイプ,他人の活動,態度の類似の程度),そして物理的な要因(建築的特徴,空間配置)によって強められる。長期間にわたる高い屋内密度は,しばしば精神的・肉体的健康,仕事のパフォーマンス,子どもの発達,社会的なやりとりを害する。個人と文化はクラウディングに対処しようと試みるが,知覚上の過剰負荷と個人的なコントロールの不足は多くの好ましくない結果を導く。

　社会的・心理的状況が好ましいときには,短期間の高密度は好ましい結果をもたらすかもしれない。大都市におけるような高い屋外密度は,確かにいろいろな楽しい社会的・文化的経験を付与することができる。環境デザインを通じて高密度の負の効果を軽減するためには,さらなる空間(それは役立つけれども)を与える必要はない。むしろ,(分割や行動のゾーニングのような)念入りな環境デザインが,多くの環境の特質である限られた空間の中で,クラウディングを和らげることができる。

【引用文献】
1. Freedman, J. L. (1975). *Crowding and behavior*. San Francisco: Freeman.
2. China's Population Day marks 1.2 billionth birth. (1995, February 15). *Toronto Globe and Mail*.
3. India population hits 1 billion. (2000, May 11). *Associated Press*.
4. Howard, G. S. (1993). On certain blindnesses in human beings: Psychology and world overpopulation. *Counselin Psychologist*, 21, 560-581.
5. Seligman, D. (1994, October 3). Keeping up. *Fortune Magazine*, p. 155-156.
6. Beck, R. (1997). Immigration-fueled U. S. population growth is "spoiler" in economic, social and environmental efforts. *Population and Environment: A Journal of Interdisciplinary Studies*, 18, 483-487.
7. LeBon, G. (1903). *The crowd*. (translated from Psychologie des Foules.) London: Allen and Unwin.
8. Allport, F. H. (1924). *Social psychology*. Boston, MA: Houghton Mifflin.
9. LaPiere, R. T., & Farnsworth, P. R. (1942). *Social psychology*. New York: McGraw-Hill.
10. Lachman, S. J. (1993). Psychology and riots. *Psychology: A Journal of Human Behavior*, 30, 16-23.
11. Epstein, Y. M. (1982). Crowding stress and human behavior. In G. W. Evans (Ed.), *Environmental stress*. New York: Cambridge University Press.

12. James, J. (1951). A preliminary study of the size determinant in small group interaction. *American Sociological Review*, 16, 474-477.
13. Milgram, S., & Toch, H. (1969). Collective behavior: Crowds and social movements. In G. Lindzey & E. Aronson (Eds.), *The handbook of social psychology*. Reading, MA: Addison-Wesley.
14. Bruce, J. A. (1965). The pedestrian. In J. E. Baewald (Ed.), *Traffic engineering handbook*. Washington, DC: Institute of Traffic Engineers.
15. Weller, M. P. (1985). Crowds, mobs, and riots. *Medicine Science and the Law*, 25, 295-303.
16. Hovland, C. I., & Sears, R. R. (1940). Minor studies in aggression: VI. Correlation of lynchings with economic indices. *Journal of Psychology*, 9, 301-310.
17. Pickard, P. P. (1990). An investigation of crowd behaviors in selected Australian sports, with particular emphasis on violence, aggressive behavior and facilities. *Dissertation Abstracts International*, 51-A, 1547.
18. Stokols, D. (1972). On the distinction between density and crowding: Some implications for further research. *Psychological Review*, 79, 75-277.
19. Westover, T. N., & Collins, J. R. (1987). Perceived crowding in recreation settings: An urban case study. *Leisure Sciences*, 9, 87-99.
20. Gove, W. R., & Hughes, M. (1983). *Overcrowding in the household*. New York: Academic Press.
21. O'Brien, G. E., & Pembroke, M. (1982). Crowding, density and the job satisfaction of clerical employees. *Australian Journal of Psychology*, 34, 151-164.
22. Schaeffer, M. A., Baum, A., Paulus, P. B., & Gaes, G. G. (1988). Architecturally mediated effects of social density in prison. *Environment and Behavior*, 20, 3-19.
23. McGrew, P. L. (1970). Social and spatial density effects on spacing behavior in preschool children. *Journal of Child Psychology and Psychiatry*, 11, 197-205.
24. Schmitt, R. C. (1957). Density, delinquency and crime in Honolulu. *Sociology and Social Research*, 41, 274-276.
25. Zlutnick, S., & Altman, I. (1972). Crowding and human behavior. In J. Wohlwill & D. Carson (Eds.), *Environment and the social sciences: Perspectives and applications*. Washington, DC: American Psychological Association.
26. Knowles, E. (1979). The proximity of others: A critique of crowding research and integration with the social sciences. *Journal of Population*, 2, 3-17.
27. O'Brien, F. (1990). A crowding index for finite populations. *Perceptual and Motor Skills*, 70, 3-11.
28. O'Brien, F. (1992). Approximation methods in discrete spatial density analysis for finite populations. *Perceptual and Motor Skills*, 74(3, Part 1), 867-873.
29. Mielke, P. W., & Berry, K. J, (1992). Statistical inference for the population density index. *Perceptual and Motor Skills*, 75(2), 371-374.
30. O'Brien, F. (1993). Approximation formula for unit lattice average distance in the population density index model. *Perceptual and Motor Skills*, 76(3, Part 2), 1071-1074.
31. O'Brien, F. (1993). Counting your M and N's. *Perceptual and Motor Skills*, 76(3, Part 2), 1153-1154.
32. Knowles, E. (1983). Social physics and the effects of others: Tests of the effects of audience size and distance on social judgments and behavior. *Journal of Personality and Social Psychology*, 45, 1263-1279.
33. Stokols, D. (1978). A typology of crowding experiences. In A. Baum & Y. M. Epstein (Eds.), *Human response to crowding*. Hillsdale, NJ: Erlbaum.
34. Sundstrom, E. (1978). Crowding as a sequential process: Review of research on the effects of population density on humans. In I. Altman & J. F. Wohlwill (Eds.), *Environment and culture*. New York: Plenum.
35. Aiello, J. R., Rapoport, A., & Thompson, D. E. (1980). Personal space, crowding and spatial behavior in a cultural context. In I. Altman & J. F. Wohlwill (Eds.), *Environment and culture*. New York: Plenum Press.
36. Montano, D., & Adamopoulos, J. (1984). The perception of crowding in interpersonal situations: Affective and behavioral responses. *Environment and Behavior*, 16, 643-666.
37. 20. 参照
38. Schmidt, D. E., & Keating, J. P. (1979). Human crowding and personal control: An integration of the research. *Psychological Bulletin*, 86, 680-700.
39. McCallum, R., Rusbalt, C. E., Hong, G. K., Walden, T. A., & Schopler, J. (1979). Effects of resource availability and importance of behavior on the experience of crowding. *Journal of Personality and Social Psychology*, 37, 1304-1313.
40. Walden, T. A., Nelson, P. A., & Smith, D. E. (1981). Crowding, privacy and coping. *Environment and*

●●第 7 章●●
クラウディング

Behavior, **13**, 205-224.
41. Aiello, J. R., Vautier, J. S. & Bernstein, M. D. (1983). *Crowding stress: Impact of social support, group formation and control*. Paper presented at the annual meeting of the American Psychological Association, Anaheim, CA, August.
42. Burger, J. M., Oakman, J. A., & Bullard, N. G. (1983). Desire for control and the perception of crowding. *Personality and Social Psychology Bulletin*, **9**, 475-479.
43. Miller, S., & Nardini, R. M. (1977). Individual differences in the perception of crowding. *Environmental Psychology and Nonverbal Behavior*, **2**, 3-13.
44. Miller, S., Rossbach, J., & Munson, R. (1981). Social density and affiliative tendency as determinants of dormitory residential outcomes. *Journal of Applied Social Psychology*, **11**, 356-365.
45. Baum, A., Calesnick, L. E., Davis, G. E., & Gatchel, R. J. (1982). Individual differences in coping with crowding: Stimulus screening and social overload. *Journal of Personality and Social Psychology*, **43**, 821-830.
46. Schreyer, R., & Roggenbuck, J. (1978). The influence of experience expectations on crowding perceptions and socio-psychological carrying capacities. *Leisure Sciences*, **1**, 373-394.
47. Webb, B., Worchel, S., Riechers, L., & Wayne, W. (1986). The influence of categorization on perceptions of crowding. *Personality and Social Psychology Bulletin*, **12**, 539-546.
48. Kamal, P., & Gupta, I. D. (1988). Feeling of crowding and psychiatric disorders. *Indian Journal of Psychiatry*, **30**, 85-89.
49. Womble, P., & Studebaker, S. (1981). Crowding in a national park campground: Katmai National Monument in Alaska. *Environment and Behavior*, **13**, 557-573.
50. Shelby, B., Heberlein, T. A., Vaske, J. J., & Alfano, G. (1983). Expectations, preferences, and feeling crowded in recreation activities. *Leisure Sciences*, **6**, 1-14.
51. Williams, D. R., Roggenbuck, J. W., & Bange, S. P. (1991). The effect of norm-encounter compatibility on crowding perceptions, experience, and behavior in river recreation settings. *Journal of Leisure Research*, **23**, 154-172.
52. Baum. A., & Greenberg, C. I. (1975). Waiting for a crowd: The behavioral and perceptual effects of anticipated crowding. *Journal of Personalit and Social Psychology*, **32**, 671-679.
53. 34. 参照
54. Baum, A., Fisher. J. D., & Solomon, S. K. (1981). Type of information, familiarity and the reduction of crowding stress. *Journal of Personality and Social Psychology*, **40**, 11-23.
55. Rohe, W. M. (1982). The response to density in residential settings: The mediating effects of social and personal variables. *Journal of Applied Social Psychology*, **12**, 292-303.
56. Manning, R. E. (1985). Crowding norms in backcountry settings: A review and synthesis. *Journal of Leisure Research*, **17**, 75-89.
57. 33. 参照
58. Booth, A. (1976). *Urban crowding and its consequences*. New York: Praeger.
59. Webb, W. M., Worchel, S. (1993). Prior experience and expectation in the context of crowding. *Journal of Personality and Social Psychology*, **65**, 512-521.
60. Aiello, J. R., Thompson, D. E., & Brodzinsky, D. M. (1983). How funny is crowding anyway? Effects of room size, group size and the introduction of humor. *Basic and Applied Social Psychology*, **4**, 193-207.
61. Epstein, Y. M., & Karlin, R. A. (1975). Effects of acute experimental crowding. *Journal of Applied Social Psychology*, **5**, 34-53.
62. Aiello, J. R., Epstein. Y. M., & Karlin, R. A. (1975). *Field experimental research on human crowding*. Paper presented at the annual meetings of the American Psychological Association, New York.
63. Aiello, J. R., Nicosia, G., & Thompson, D. E. (1979). Physiological, social and behavioral consequences of crowding on children and adolescents. *Child Development*, **50**, 195-202.
64. Aiello, J. R., Baum, A., & Gormley, F. B. (1981). Social determinants of residential crowding stress. *Personality and Social Psychology Bulletin*, **7**, 643-649.
65. 40. 参照
66. Aiello, J. R., Thompson, D. E., & Baum, A. (1981). The symbiotic relationship between social psychology and environmental psychology: Implications from crowding, personal space, and intimacy regulation research. In J. H. Harvey (Ed.), *Cognition, social behavior, and the environment*. Hillsdale, NJ: Erlbaum.
67. Ruback, R. B., & Pandey, J. (1996). Gender differences in perceptions of household crowding: Stress, affiliation, and role obligations in rural India. *Journal of Applied Social Psychology*, **26**, 417-436.
68. Mueller, C. W. (1984). The effects of mood and type and timing of influence on the perception of

309

crowding. *Journal of Psychology,* **116,** 155-158.
69. Gurkaynak, M. R., & LeCompte, W. A. (1979). *Human consequences of crowding.* New York: Plenum Press.
70. Nasar, J. L., & Min, M. S. (1984). *Modifiers of perceived spaciousness and crowding: A cross-cultural study.* Paper presented at the annual meeting of the American Psychological Association, Toronto, Ontario.
71. Hall, E. T. (1966). *The hidden dimension.* Garden City, NY: Doubleday.
72. 38. 参照
73. 40. 参照
74. 32. 参照
75. Six, B., Martin, P., & Pecher, M. (1983). A cultural comparison of perceived crowding and discomfort: The United States and West Germany. *The Journal of Psychology,* **114,** 63-67.
76. Schiffenbauer, A. I. (1979). Designing for high-density living. In J. R. Aiello & A. Baum (Eds.), *Residential crowding and design.* New York: Plenum Press.
77. Hammitt, W. E., McDonald, C. D., & Noe, F. P. (1984). Use level and encounters: Important variables of perceived crowding among nonspecialized recreationists. *Journal of Leisure Research,* **16,** 1-8.
78. Carron, A. V., Brawley, L. R., & Widmeyer, W. N. (1990). The impact of group size in an exercise setting. *Journal of Sport and Exercise Psychology,* **12,** 376-387.
79. Andereck, K. L., & Becker, R. H. (1993). Perceptions of carry-over crowding in recreation environments. *Leisure Sciences,* **15,** 25-35.
80. Nicosia, G. J., Hyman, D., Karlin, R. A., Epstein, Y. M., & Aiello. J. R. (1979). Effects of bodily contact on reactions to crowding. *Journal of Applied Social Psychology,* **9,** 508-523.
81. 49. 参照
82. 33. 参照
83. Aiello, J. R., & Baum, A. (1979). *Residential crowding and design.* New York: Plenum.
84. Aiello, J. R., Epstein, Y. M., & Karlin, R. A. (1975). *Field experimental research on human crowding.* Paper presented at the annual meeting of the American Psychological Association, New York, April.
85. See note 41.
86. Baron, R. M., Mandel, D. R., Adams, C. A., & Griffin, L. M. (1976). Effects of social density in university residential environments. *Journal of Personality and Social Psychology,* **34,** 434-446.
87. 40. 参照
88. 64. 参照
89. 41. 参照
90. Gormley, F. P., & Aiello, J. R. (1982). Social density, interpersonal relationships and residential crowding stress. *Journal of Applied Social Psychology,* **12,** 222-236.
91. Reddy, D. M., Baum, A., Fleming, R., & Aiello, J. R. (1981). Mediation on social density by coalition formation. *Journal of Applied Social Psychology,* **11,** 529-537.
92. Baum, A., Shapiro, A., Murray, D., & Widerman, M. V. (1979). Interpersonal mediation of perceived crowding and control in residential dyads and triads. *Journal of Applied Social Psychology,* **9,** 491-507.
93. 91. 参照
94. Schaeffer, G. H., & Patterson, M. L. (1980). Intimacy, arousal and small group crowding. *Journal of Personal and Social Psychology,* **38,** 283-290.
95. 56. 参照
96. Fisher, J. D., & Baum, A. (1980). Situational and arousal-based messages and the reduction of crowding stress. *Journal of Applied Social Psychology,* **10,** 191-201.
97. 54. 参照
98. Osuna, E. E. (1985). The psychological cost of waiting. *Journal of Mathematical Psychology,* **29,** 82-105.
99. 56. 参照
100. Wener, R. E., & Kaminoff, R. D. (1983). Improving environmental information: Effects of signs on perceived crowding and behavior. *Environment and Behavior,* **15,** 3-20.
101. Schmidt, D. E., Goldman, R. D., & Feimer, N. R. (1979). Perceptions of crowding: Predicting at the residence, neighborhood and city levels. *Environment and Behavior,* **11,** 105-130.
102. Loo, C., & Ong, P. (1984). Crowding perceptions, attitudes, and consequences among the Chinese. *Environment and Behavior,* **16,** 55-87.
103. Baum, A., Aiello, J. R., & Calesnick, L. E. (1978). Crowding and perceived control: Social density and the development of learned helplessness. *Journal of Personality and Social Psychology,* **36,** 1000-1011.

##第 7 章##
クラウディング

104. Baum, A., Davis. G. E., & Valins, S. (1979). Generating behavioral data for the design process. In J. R. Aiello & A. Baum (Eds.), *Residential crowding and design*. New York: Plenum Press.
105. Baum, A., & Valins, S. (1977). *Architecture and social behavior: Psychological studies of social density*. Hillsdale, NJ: Erlbaum.
106. McCarthy, D., & Saegert, S. (1979). Residential density, social overload and social withdrawal. In J. R. Aiello & A. Baum (Eds.), *Residential crowding and design*. New York: Plenum Press.
107. 76. 参照
108. 76. 参照
109. 34. 参照
110. 70. 参照
111. Mandel, D. R., Baron, R. M., & Fisher, J. D. (1980). Room utilization and dimensions of density: Effects of height and view. *Environment and Behavior*, 12, 308-319.
112. 76. 参照
113. 111. 参照
114. 70. 参照
115. 76. 参照
116. Savinar, J. (1975). The effect of ceiling height on personal space. *Man-Environment Systems*, 5, 321-324.
117. Rotton, J. (1987). Hemmed in and hating it: Effects of shape of room on tolerance for crowding. *Perceptual and Motor Skills*, 64, 285-286.
118. Evans, G. W., Lepore, S. J., & Schroeder, A. (1996). The role of interior design elements in mitigating the negative relationship between residential crowding and psychological health. *Journal of Personality and Social Psychology*, 70, 41-46.
119. Wener, R. (1977). Non-density factors in the perception of crowding. *Dissertation Abstracts International*, 37B, 3569-3570.
120. McConnell, K. E. (1977). Congestion and willingness to pay: A study of beach use. *Land Economics*, 53, 185-195.
121. Stankey, G. H. (1980). *A comparison of carrying capacity perceptions among visitors to two wildernesses* (Report INT-142). Ogden, UT: USDA Forest Service.
122. Vaske, J. J., Graefe, A. R., & Dempster, A. (1982). Social and environmental influences on perceived crowding. In Proceedings of the wilderness psychology group conference (pp. 211-227). Morgantown. WV: West Virginia University.
123. Ruback, R. B., & Pandey, J. (1992). Very hot and really crowded: Quasi-experimental investigations of Indian "tempos." *Environment and Behavior*, 24, 527-554.
124. Wynne-Edwards, V. C. (1965). Self-regulating systems in populations of animals. *Science*, 147, 1543-1548.
125. Calhoun, J. B. (1971). Space and the strategy of life. In A. H. Esser (Ed.), *Behavior and environment: The use of space by animals and men*. New York: Plenum Press.
126. Wynne-Edwards, V. C. (1972). *Animal dispersion in relation to social behavior*. New York: Hafner.
127. Calhoun, J. B. (1962). Population density and social pathology. *Scientific American*, 206, 139-148.
128. Calhoun, J. B. (1966). The role of space in animal sociology. *Journal of Social Issues*, 22(4), 46-58.
129. 125. 参照
130. Archer, J. (1970). Effects of population density on behavior in rodents. In J. H. Crook (Ed.), *Social behavior in birds and mammals*. New York: Academic Press.
131. Freedman, J. L. (1979). Reconciling apparent differences between the responses of human and other animals to crowding. *Psychological Review*, 86, 80-85.
132. 11. 参照
133. D'Atri, D. A. (1975). Psychophysical responses to crowding. *Environment and Behavior*, 7, 237-252.
134. Epstein, Y. M., Woolfolk, R. L., & Lehrer, P. M. (1981). Physiological, cognitive and nonverbal responses to repeated exposure to crowding. *Journal of Applied Social Psychology*, 11, 1-13.
135. Evans, G. W. (1979). Crowding and human performance. *Journal of Applied Social Psychology*, 9, 27-46.
136. 63. 参照
137. Cox, V. C., Paulus, P. B., McCain, G., & Schkade, J. K. (1979). Field research on the effects of crowding in persons and on offshore drilling platforms. In J. R. Aiello & A. Baum (Eds.), *Residential crowding and design*. New York: Plenum Press.

138. 80. 参照
139. Fleming, I., Baum, A., & Weiss, L. (1987). Social density and perceived control as mediators of crowding stress in high-density residential neighborhoods. *Journal of Personality and Social Psychology*, 52, 899-906.
140. Cox, V. C., Paulus, P. B., & MeCain, G. (1984). Prison crowding research: The relevance of prison housing standards and a general approach regarding crowding phenomena. *American Psychologist*, 39, 1148-1160.
141. McCain, G., Cox, V. C., & Paulus, P. B. (1976). The relationship between illness complaints and degree of crowding in a prison environment. *Environment and Behavior*, 8, 283-290.
142. Wener, R. E., & Keys, C. (1988). The effects of changes in jail population densities on crowding, sick call, and spatial behavior. *Journal of Applied Social Behavior*, 18, 852-866.
143. 1. 参照
144. Levy, L., & Herzog, A. W. (1974). Effects of population density and crowding on health and social adaptation in the Netherlands. *Journal of Health and Social Behavior*, 4, 228-240.
145. Fuller, T. D., Edwards, J. N., Sermsri, S., & Vorakitphokatorn, S. (1993). Housing, stress, and physical well-being: Evidence from Thailand. *Social Science and Medicine*, 36, 1417-1428.
146. Aiello, J. R., DeRisi, D. T., Epstein, Y. M., & Karlin, R. A. (1977). Crowding, and the role of interpersonal distance preference. *Sociometry*, 40, 271-282.
147. Nianfeng, G. (1987). Social investigation and analysis of mental health problems. *International Journal of Mental Health*, 16, 43-50.
148. Husted, J., & Jorgens, A. (2000). Population density as a factor in the rehospitalization of persons with serious and persistent mental illness. *Psychiatric Services*, 51, 603-605.
149. Marsella, A., Escudero, M., & Gordon, P. (1970). The effects of dwelling density on mental disorders in Filipino men. *Journal of Health and Social Behavior*, 11, 288-294.
150. Menezes, P. R., Scazufca, M., Rodrigues, L. C., & Mann, A. H. (2000). Household crowding and compliance with outpatient treatment in patients with non-affective functional psychoses in Sao Paulo, Brazil. *Social Psychiatry and Psychiatric Epidemiology*, 35, 116-120.
151. Gabe, J., & Williams, P. (1986). Is space bad for your health? The relationship between crowding in the home and emotional distress in women. *Sociology of Health and Illness*, 8, 351-371.
152. Magaziner, J. (1988). Living density and psychopathology: A re-examination of the negative model. *Psychological Medicine*, 18, 419-431.
153. Lepore, S. J., Evans G. W., & Palsane, M. N. (1991). Social hassles and psychological health in the context of chronic crowding. *Journal of Health and Social Behavior*, 32, 357-367.
154. Evans, G. W., Palsane, M. N., Lepore, S. J., & Martin, J. (1989). Residential density and psychological health: The mediating effects of social support. *Journal of Personality and Social Psychology*, 57, 994-999.
155. Lepore, S. J., Evans. G. W., & Schneider, M. L. (1992). Role of control and social support in explaining the stress of hassles and crowding. *Environment and Behavior*, 24, 795-811.
156. 154. 参照
157. Sommer, R. (1965). The isolated drinker in the Edmonton beer parlor. *Quarterly Journal of Studies on Alcohol*, 26, 95-110.
158. Cutler, R. E., & Storm, T. (1975). Observational study of alcohol consumption in natural settings: The Vancouver beer parlor. *Journal of Studies on Alcohol*, 36, 1173-1183.
159. Graves, T. D., Graves, N. B., Semu, V. N., & Ah Sam, I. (1982). Patterns of public drinking in a multi-ethnic society: A systematic observational study. *Journal of Studies on Alcohol*, 43, 990-1009.
160. Donnelly, P. G. (1978). Alcohol problems and sales in the counties of Pennsylvania. A social area investigation. *Journal of Studies on Alcohol*, 39, 848-858.
161. Tryon, G. (1985). An exploratory study of the relationship between residence hall design and student alcohol consumption. *Journal of College Student Personnel*, 20, 372-373.
162. Foster, H. D. (1990). [Population density and cirrhosis of the liver]. Unpublished raw data, University of Victoria.
163. Hammer, T., & Vaglum, P. (1989). The increase in alcohol consumption among women: A phenomenon related to accessibility or stress? A general population study. *British Journal of Addiction*, 84, 767-775.
164. Maxwell, L. E. (1996). Multiple effects of home and day care crowding. *Environment and Behavior*, 28, 494-511.
165. Evans, G. W., & Saegert, S. (2000). Residential crowding in the context of inner city poverty. In S. Wapner, J. Demick et al. (Eds.), *Theoretical perspectives in environment-behavior research: Underlying as-*

sumptions, research problems, and methodologies (pp. 247-267). New York: Kluwer Academic/Plenum Publishers.
166. Dutton, D. B. (1985). Socioeconomic status and children's health. *Medical Care*, 23, 142-156,
167. Widmayer, S. M., Peterson, L. M., Larner, M., Carnahan, S. et al. (1990). Predictors of Haitian-American infant development at twelve months. *Child Development*, 61, 410-415.
168. Richter, L. M. (1989). Household density, family size and the growth and development of Black children: A cross-sectional study from infancy to middle childhood. *South African Journal of psychology*, 19, 191-198.
169. Maxwell, L. E. (1990). The effects of crowding on the social and cognitive development of young children. *Dissertation Abstracts International*, 51, (6-B), 3187.
170. 135. 参照
171. Nagar, D., Pandey, J., & Paulus, P. B. (1988). The effects of residential crowding experience on reactivity to laboratory crowding and noise. *Journal of Applied Social Psychology*, 18, 1423-1442.
172. Sinha, S. P., & Sinha, S. P. (1991). Personal space and density as factors in task performance and feeling of crowding. *Journal of Social Psychology*, 131, 831-837.
173. Heller, J. F., Groff, B. D., & Solomon, S. (1977). Toward an understanding of crowding: The role of physical interaction. *Journal of Personality and Social Psychology*, 35, 183-190.
174. 32. 参照
175. Schkade, J. (1977). *The effects of expectancy set and crowding on task performance*. Doctoral dissertation, University of Texas at Arlington.
176. Klein, K., & Harris, B. (1979). Disruptive effects of disconfirmed expectancies about crowding. *Journal of Personality and Social Psychology*, 37, 769-777.
177. 171. 参照
178. Kelley, K. (1985). Nine social indices as functions of population size or density. *Bulletin of the Psychonomic Society*, 23, 124-126.
179. Baum, A., & Koman, S. (1976). Differential response to anticipated crowding: Psychological effects of Social and spatial density. *Journal of Personality and Social Psychology*, 34, 526-536.
180. Thalhofer, N. (1980). Violation of a spacing norm in high social density. *Journal of Applied Social Psychology*, 10, 175-183.
181. 140. 参照
182. 140. 参照
183. Palmstierna, T., Huitfeldt, B., & Wistedt, B. (1991). The relationship of crowding and aggressive behavior on a psychiatric intensive care unit. *Hospital and Community Psychiatry*, 42, 1237-1240.
184. Loo, C., & Kennelly, D. (1979). Social density: Its effects on behaviors and perceptions of preschoolers. *Environmental Psychology and Nonverbal Behavior*, 3, 131-146.
185. Loo, C. M. (1972). The effects of spatial density on the social behavior of children. *Journal of Applied Social Psychology*, 4, 372-381.
186. Smith, P., & Connolly, K. (1977). Social and aggressive behavior in preschool children as a function of crowding. *Social Science Information*, 16, 601-620.
187. Zuravin, S. J. (1986). Residential density and urban child mistreatment: An aggregate analysis. *Journal of Family Violence*, 1, 307-322.
188. Zeedyk-Ryan, J., & Smith, G. F. (1983). The effects of crowding on hostility, anxiety, and desire for social interaction. *Journal of Social Psychology*, 120, 245-252.
189. 52. 参照
190. 63. 参照
191. 134. 参照
192. Liddell, C., & Kruger, P. (1987). Activity and social behavior in a South African township nursery: Some effects of crowding. *Merrill-Palmer Quarterly*, 33, 195-211.
193. Bickman, L., Teger, A., Gabriele, T., McLaughlin, C., & Sunaday, E. (1973). Dormitory density and helping behavior. *Environment and Behavior*, 5, 465-490.
194. Jorgenson, D. O., & Dukes, F. O. (1976). Deindividuation as a function of density and group membership. *Journal of Personality and Social Psychology*, 34, 24-39.
195. Levine, R. V., Martinez, T. S., Brase, G., & Sorenson, K. (1994). Helping in 36 U. S. cities. *Journal of Personality and Social Psychology*, 67, 69-82.
196. 34. 参照
197. Sundstrom, E. (1975). An experimental study of crowding: Effects of room size, intrusion and goal

blocking on nonverbal behavior, self disclosure and self-reported stress. *Journal of Personality and Social Psychology*, **32**, 645-654.
198. 139. 参照
199. 52. 参照
200. 192. 参照
201. Reichner, R. F. (1979). Differential responses to being ignored: The effects of architectural design and social density on interpersonal behavior. *Journal of Applied Social Psychology*, **9**, 13-26.
202. Lakey, B. (1989). Personal and environmental antecedents of perceived social support developed at college. *American Journal of Community Psychology*, **17**, 503-519.
203. Evans, G. W., & Lepore, S. J. (1993). Household crowding and social support: A quasi-experimental analysis. *Journal of Personality and Social Psychology*, **65**, 308-316.
204. Jain, U. (1993). Concomitants of population density in India. *Journal of Social Psychology*, **133**, 331-336.
205. 187. 参照
206. Freedman, J. L., Birsky, J., & Cavoukian, A. (1980). Environmental determinants of behavioral contagion: Density and number. *Basic and Applied Social Psychology*, **1**, 155-161.
207. 62. 参照
208. 206. 参照
209. 60. 参照
210. Prerost, F. J. (1982). The development of the mood-inhibiting effects of crowding during adolescence. *Journal of Psychology*, **110**, 197-202.
211. Prerost, F. J., & Brewer, R. K. (1980). The appreciation of humor by males and females during conditions of crowding experimentally induced. *Psychology, A Journal of Human Behavior*, **17**, 15-17.
212. Burrus-Bammel, L. L., & Bammel, G. (1986). Visiting patterns and effects of density at a visitors' center. *Journal of Environmental Education*, **18**(1), 7-10.
213. Fuhrer, U. (1987). Effects of social density and pre-knowledge on question-asking in a novel setting. *Journal of Environmental Psychology*, **7**, 159-168.
214. Kuentzel, W. F., & Heberlein, T. A. (1992). Cognitive and behavioral adaptations to perceived crowding: A panel study of coping and displacement. *Journal of Leisure Research*, **24**, 377-393.
215. 24. 参照
216. Hui, M. K., & Bateson, J. E. (1991). Perceived control and the effects of crowding and consumer choice on the service experience. *Journal of Consumer Research*, **18**, 174-184.
217. Langer, E. J., & Saegert, S. (1977). Crowding and cognitive control. *Journal of Personality and Social Psychology*, **35**, 175-182.
218. Gillis, A. R., Richard, M. A, & Hagen, J. (1996). Ethnic susceptibility in crowding: An empirical analysis. *Environment and Behavior*, **18**, 683-706.
219. Evans, G. W., Lepore, S. J., & Allen, K. M. (2000). Cross-cultural differences in tolerance for crowding: Fact or fiction? *Journal of Personality and Social Psychology*, **79**, 204-210.
220. Gifford. R., & Peacock, J. (1979). Crowding: More fearsome than crime-provoking? Comparison of an Asian city and a North American city. *Psychologia*, **22**, 79-83.
221. Galle, O. R., & Gove, W. R. (1979). Crowding and behavior in Chicago, 1940-1970. In J. R. Aiello & A. Baum (Eds.), *Residential crowding and design*. New York: Plenum.
222. 144. 参照
223. Draper, P. (1973). Crowding among hunter-gatherers: The Kung bushmen. *Science*, **182**, 301-303.
224. Bagley, C. (1989). Urban crowding and the murder rate in Bombay, India. *Perceptual and Motor Skills*, **69**, 1241-1242.
225. 221. 参照
226. 20. 参照
227. 223. 参照
228. 35. 参照
229. Sommer, R. (1969). *Personal space: The behavioral basis of design*. Englewood Cliffs, NJ: Prentice-Hall.
230. Anderson, E. N., Jr. (1972). Some Chinese methods in dealing with crowding. *Urban Anthropology*, **1**, 141-150.
231. 35. 参照
232. 102. 参照
233. Chan, Y. K. (1999). Density, crowding, and factors intervening in their relationship: Evidence from a hyper-dense metropolis. *Social Indicators Research*, **48**, 103-124.

●●第7章●●
クラウディング

234. Munroe, R. L., & Munroe, R. H. (1972). Population density and affective relationships in three East African societies. *Journal of Social Psychology*, 88, 15-20.
235. Canter, D., & Canter, S. (1971). Closer together in Tokyo. *Design and Environment*, 2, 60-63.
236. Rapoport, Am. (1977). *Human aspects of urban form: Towards a man-environment approach to human form and design*. New York: Pergamon Press.
237. Homma, M. (1990). A Japanese perspective on crowding: How well have the Japanese adjusted to high density? *Psychologia*, 33, 128-137.
238. Edney, J. J. (1977). Theories of human crowding: A review. *Environment and Planning, A*, 9, 1211-1232.
239. 34. 参照
240. 140. 参照
241. 1. 参照
242. 131. 参照
243. 32. 参照
244. 32. 参照
245. Freimark, S., Werner, R., Phillips, D., & Korber, E. (1984). *Estimation of crowding, number and density for human and non-human stimuli*. Presentation at the annual meetings of the American Psychological Association, Toronto, Ontario.
246. Latane, B. (1981). The psychology of social impact. *American Psychologist*, 36, 343-356.
247. 56. 参照
248. Barker, R. G. (1968). *Ecological psychology: Concepts and methods for studying the environment of human behavior*. Stanford, CA: Stanford University Press.
249. Wicker, A. W. (1979). *An introduction to ecological psychology*. Monterey, CA: Brooks/Cole.
250. Fischer, C. S. (1976). *The urban experience*. New York: Harcourt Brace Jovanovich.
251. 38. 参照
252. 18. 参照
253. Schopler, J., & Stockdale, J. E. (1977). An interference analysis of crowding. *Environmental Psychology and Nonverbal Behavior*, 1, 81-88.
254. Proshansky, H. M., Ittelson, W. H., & Rivlin, L. G. (1976). Freedom of choice and behavior in a physical setting. In H. M. Proshansky, W. H. Ittelson, & L. G. Rivlin (Eds.), *Environmental psychology: People and their physical settings*. New York: Holt, Rinehart and Winston.
255. Cohen, S. (1978). Environmental load and the allocation of attention. In A. Baum, J. E. Singer, & S. Valins (Eds.), *Advances in environmental psychology*, (Vol. 1). Hillsdale, NJ: Erlbaum.
256. Milgram, S. (1970). The experience of living in cities. *Science*, 167, 1461-1468.
257. Wirth, L. (1938). Urbanism as a way of life. *American Journal of Psychology*, 44, 9-14.
258. Simmel, G. (1957). The metropolis and mental life. In P. K. Hatt & A. J. Reiss, Jr. (Eds.), *Cities and societies: The revised reader in urban sociology*. New York: Free Press.
259. 38. 参照
260. Helson, H. (1947). Adaptation level as a frame of reference for prediction of psychophysical data. *American Journal of Psychology*, 60, 1-29.
261. 140. 参照
262. Bowerman, W. R. (1973). Ambulatory velocity in crowded and uncrowded conditions. *Perceptual and Motor Skills*, 36, 107-111.
263. Baron, R. M., & Rodin, J. (1978). Personal control as a mediator of crowding. In A. Baum, J. E. Singer, & S. Valins (Eds.), *Advances in environmental psychology*, (Vol. 1). Hillsdale, NJ: Erlbaum.
264. Brehm, J. W. (1966). *A theory of psychological reactance*. New York: Academic Press.
265. 256. 参照
266. Freedman, J. L. (1979). Current status of work on crowding and suggestions for housing design. In J. R. Aiello & A. Baum (Eds.), *Residential crowding and design*. New York: Plenum.
267. Baum, A., & Davis, G. E. (1980). Reducing the stress of high-density living: An architectural intervention. *Journal of Personality and Social Psychology*, 38, 471-481.
268. Evans, G. W. (1979). Design implications of spatial research. In J. R. Aiello & A. Baum (Eds.), *Residential crowding and design*. New York: Plenum.
269. 21. 参照
270. 249. 参照
271. 22. 参照

272. 140. 参照
273. Jan, L. (1980). Overcrowding and inmate behavior: Some preliminary findings. *Criminal Justice and Behavior*, **7**, 293-301.
274. Paulus, P. B. (1988). *Prison crowding: A psychological perspective*. New York: Springer-Verlag.
275. Ekland-Olson, S., Barrick, D. M., & Cohen, L. E. (1983). Prison overcrowding and disciplinary problems: An analysis of the Texas prison system. *Journal of Applied Behavioral Science*, **19**, 163-176.
276. Bonta, J., & Gendreau, P. (1990). Reexamining the cruel and unusual punishment of prison life. *Law and Human Behavior*, **14**, 347-372.
277. Anson, R. H., & Hancock, B. W. (1992). Crowding, proximity, inmate violence, and the Eighth Amendment. *Journal of Offender Rehabilitation*, **17**, 123-132.

【参考図書】

Aiello, J. R., & Baum, A. (Eds.) (1979). *Residential crowding and design*. New York: Plenum.

Baum, A., & Paulus, P. (1987). Crowding. In D. Stokols & I. Altman (Eds.), *Handbook of Environmental Psychology*. New York: Wiley.

Epstein, Y. M. (1982). Crowding stress and human behavior. In G. W. Evans (Ed.), *Environmental stress*. New York: Cambridge University Press.

Evans, G. W., Lepore, S. J., & Allen, K. M. (2000). Cross-cultural differences in tolerance for crowding: Fact or fiction? *Journal of Personality and Social Psychology*, **79**, 204-210.

Gove, W. R., & Hughes, M. (1983). *Overcrowding in the household*. New York: Academic Press.

Gurkaynak, M. R., & LeCompte, W. A. (1979). *Human consequences of crowding*. New York: Plenum.

Hui, M. K., & Bateson, J. E. (1991). Perceived control and the effects of crowding and consumer choice on the service experience. *Journal of Consumer Research*, **18**, 174-184.

Kuentzel, W. F., & Heberlein, T. A. (1992). Cognitive and behavioral adaptations to perceived crowding: A panel study of coping and displacement. *Journal of Leisure Research*, **24**, 377-393.

Levine, R. V., Martinez, T. S., Brase, G., & Sorenson, K. (1994). Helping in 36 U. S. cities. *Journal of Personality and Social Psychology*, **67**, 69-82.

Montano, D., & Adamopoulos, J. (1984). The perception of crowding in interpersonal situations: Affective and behavioral responses. *Environment and Behavior*, **16**, 643-666.

Paulus, P. B. (1988). *Prison crowding: A psychological perspective*. New York: Springer-Verlag.

第8章
プライバシー

- □プライバシーとは何か
- □プライバシーの測定
- □プライバシーへの影響要因
  - 個人的な影響
  - 社会的な影響
  - 物理的な影響
  - 文化的な影響
- □プライバシーと人間の行動
  - コミュニケーション
  - コントロール
  - アイデンティティ
  - 感情
  - 子どもの発達
  - 順応と調整
  - クラウディング，パーソナルスペース，およびテリトリアリティとの関係
- □プライバシーの理論
  - 自己への接近の選択的コントロール
  - ライフサイクル
  - 欲求の段階性
  - 物理的な環境を忘れてはいけない
- □プライバシーと環境デザイン
  - 住宅におけるプライバシー
  - オフィスにおけるプライバシー

> 人は誰でも，1人でいたいという欲求と，誰かと一緒にいたいという欲求とを，絶え間なく調整しなければならない。
> ──アラン・ウェスティン（Alan Westin）[1]

ドアをノックする音がした。ジェーンはドアののぞき穴から誰が訪ねてきたのかをよく観察し，その太ったおばさんが彼女を脅かすような者ではないことを確かめて，ドアを開けた。その親しげなおばさんは近所に住む国勢調査員で，いくつかの質問をジェーンに尋ねたいということだった。「ええ，まあいいですけど」とジェーンはためらいがちに言った。

国勢調査員はいくつか標準的な質問をした後，家にいくつ浴室があるのか，ジェーンの収入がどれくらいあるか，などといった妙なことについてたずねはじめた。質問はますます個人的になっていったようにジェーンは思い，ついには答えることを拒否した。

国勢調査員はにっこりと笑い，この質問には答えてもらわなければいけないことになっており，後ほど上司が答えをいただきに戻ってくるだろうと言い残していった。

ジェーンがドアを閉めたちょうどその時，電話が鳴った。それは彼女の生物学クラスにいる「いくじなし」で，またもや彼女を外出に誘って悩ませるものだった。彼女ははじめやんわりと断ったが，彼にはその意味が伝わらなかったようなので，もう二度と電話をかけてこないようにはっきりと言った。電話がまたすぐに鳴った。「電話！」ジェーンは腹が立った。「この電話に相手の番号が表示されるようにしなくちゃ」。彼女は，また「いくじなし」じゃないかと思いながら，用心深く受話器を取って言った。「もしもし？」

それはトムの聞き慣れた声で，新しい日本食レストランに行ってみないかと誘うものだったので，ジェーンはほっとした。「ジェーン，ザンジバルクラブのことは本当にすまなかった」と彼が言った。「僕はただ，時どきあの騒音に耐えられなくなるんだ。夕食がすんだら，僕たちのために僕がこれまで見てきたアパートのことについて話がしたいんだ」と，彼は言った。

「僕たちは，手足を伸ばせる十分な空間を選ぶか，来年学校へ通うことを選ぶか，どちらかを選択しなきゃならないように思う。両方ともできる方法はわからないよ」

ジェーンは再び不安になってきた。「私たちにはどのくらいの空間が必要なのかとか，この場合には私たちがどのくらい小さな空間でも何とかやっていけるのかとか，これまで一度もきちんと考えたことはなかったわよね」と，彼女は言った。

日本食レストランの小さな部屋で畳に座りながら，トムとジェーンは話を続けようとしたが，問題が2つあった。1つは，そんなことよりもっとおもしろくて話しやすい話題がたくさんあるように思えることだ。もう1つの問題は，生物学クラスの「いくじなし」がどういうわけか同じレストランのすぐ隣の部屋に上がり込んでいるということだ。カーテンを閉じればあいつのいやらしい目つきを避けることはできたが，彼の友人たちとの笑い声や話し声があまりにもやかましく，トムとジェーンはほとんど会話を続けることができなかった。

プライバシーは，パーソナルスペースやテリトリアリティ（領域性）と同様，われわれの日常生活にとって極めて重要な次元のプロセスであるが，われわれはあまり自覚しないままにこの問題を扱ってしまっていることが多い。われわれは目指すべきプライバシーを獲得するために，自分自身の欲求と他人の欲求，そして物理的環境のバ

●●第8章●●
プライバシー

ランスをとることに習熟しなければならない。

　多くの人々にとって，プライバシーとは次の2つのことを意味している。1つは他の人々から離れていることであり，もう1つは自分の個人的な情報が他人や組織などから接近されないようになっていることである。しかしながら，これら2つの日常的な意味は，プライバシーの意味の一部分しか表していない。たとえば，プライバシーに関する環境心理学の中心的な見解の1つは，プライバシーのプロセスが時には個人に社会的な相互作用をいっそう促すことがあるというものである。

　プライバシーは，その社会的，文化的，法律的側面を反映して，心理学者だけでなく政治学者，社会学者，文化人類学者，弁護士などにも扱われている。プライバシーは，われわれの行動や好み，価値観，欲求，期待によって確かに示されている。われわれの家や仕事場，学校，公共空間や施設などの物理的なデザインによって，プライバシーは促進されたりそこなわれたりする。誰かに物理的に立ち入られたり，他人に知られたくないわれわれの情報が集められたりしたとき，プライバシーの侵害が起こる。

　他の人よりも多くのプライバシーを必要とする人もいれば，違った種類のプライバシーを必要とする人もいる。われわれは皆，1人でいることを必要とするときもあるし，そうでないときもある。プライバシーは，テリトリアリティ，クラウディング，パーソナルスペースと密接な関係がある。それは，われわれの話し方や言葉以外の行動，心理的発達の一部でもある。それはまた，感情やアイデンティティ，コントロールの感覚などといった，他の重要な心理的プロセスとも深く関わっている。

　このようなプライバシーの側面すべてにおいて，それらの権利という点に興味が引かれるが，しかしプライバシーを理解することはもっと大きな目的に役立つものである。それは，よりよい構築環境のデザインを支援することである。どのようにプライバシーを測定し，どのような個人的・状況的要因がプライバシーに影響を与え，どのようにプライバシーが他の行動プロセスと関わっているかを知らずに，われわれはこの目標を達成することはできない。われわれはまた，プライバシーの働きを示す有効なモデルを持っていなくてはならない。この章では，これらすべてのプライバシーの側面についてわかっていることを概観した後，最も重要な問題に関する節で話を結ぶものとする。それは，環境デザインを通してどのようにプライバシーを最適化するかということである。

プライバシーとは何か

　われわれは，プライバシーが別々の人々にとって別々の意味があることを目にしてきている。プライバシーを厳密に定義しようとするとどうしても，ある重要な側面が

除外される恐れがある。しかし，あまりにも広く定義しようとすれば，意味が失われる危険がある。これまでに生み出されたプライバシーの最もよい定義はおそらく，アーウィン・アルトマン（Irwin Altman）によるもの

> **IRWIN ALTMAN**
> アーウィン・アルトマンによる，プライバシーおよび関連する社会的・環境的なプロセスに関する理論は，非常に強い影響を与えている。

である。彼によると，プライバシーとは「自己あるいは自分のグループに対する接近（アクセス）を選択的にコントロールすること」である[2]。アルトマンの定義はプライバシーの本質をとらえている。そこには，自分自身の情報の管理および社会的交流の管理という2つのテーマがある。つまり「自己への接近」とは，自分についての情報のことであってもよいし，あるいは自分の社会的交流のことであってもよい。アルトマンの定義はまた，プライバシーの他の側面を受け入れる余地を持っている。1つは，「自己」といってもそれが，自分を含む複数の個人であってよいことである。われわれは普通，個人がプライバシーを求めると考えるが，時には自分で選択した複数の他者と一緒に，自分たちだけになろうとすることもある[3]。誰でも，特別な人と一緒にお気に入りの場所で2人きりになることを望んでいる。それはすなわち2人の人が共同でプライバシーを求めているのだ。それ以外にも，同級生やビジネスマン，フットボール選手らが，他の人たちを除外して自分たちの集団で群がっていることがある。したがって，アルトマンの定義には集団も含まれる（図8-1参照）。

「自己への接近」という言葉は，感覚の及ぶ範囲とも関わるものである。たとえば，国のリーダーは目立つバルコニーの上に立ち上がり，多くの市民に視覚的接近をもたらそうとするが，個人的に直接会うことを許される市民はごくわずかかもしれない。あなたが勉強しようとして自分の部屋に入ってプライバシーを得ようと思っても，他の人たちによる音楽や会話によって悩まされるかもしれない。多くの人は，われわれが視覚的・聴覚的に接近すること（たとえば，会話によって）は認めても，直接触れることは許さない。開放的なプランのオフィスの社員はしばしば，視覚的なプライバ

図8-1　1人でいることは，プライバシーの1つの形態にすぎない。

シーは保たれていても，聴覚的なプライバシーが貧弱であることに対して不平を言う。

その一方で，ステージ上で最後の衣類の切れ端を取り去ったストリッパーでさえ，少なからぬプライバシーを保っているのかもしれない[4]。彼女たちの身体へは，確かに，視覚的には完全に接近し得る。けれどもストリッパーが無表情で閉ざされた表現に成功しているとき，彼女たちは自分自身のより重要な部分への接近を何とかコントロールしているのである。自分の考えや関心，社会的関係といったことに，客たちがほんの少しでも接近することを拒否しているのだ。これは極端な例であるが，プライバシーの複雑さの1つをよく示している。コミュニケーションのあるチャンネルは開かれていても，他のチャンネルは閉じているかもしれない。

開かれたチャンネルおよび閉じられたチャンネルという概念によって，われわれはアルトマンによる定義の，最終的かつ決定的見解を得ることができる。選択的なコントロールとは，接近が拒否されると同様に受け入れられる可能性を意味している。プライバシーとは単に他者を閉め出してしまうことではないのだ。社会的交流を楽しむことや，自分の情報を喜んで他者と共有するということも，そこにはしばしば含まれている。キーワードはコントロールということである。最適なプライバシーを保っている人とは隠遁者のことではなく，他者と過ごしたり1人で過ごしたりすることが容易にできる人であり（社会的交流の管理），自分に関する情報の流れを共有したり止めることができる人（情報の管理）なのである。研究の示すところでは，もし社会的やりとりを調整する技術的手段を与えられれば，たとえば電話の発信者番号の通知サービスのようなものがあれば，人々はそれを用いるだろうということである[5]。

プライバシーの測定

プライバシーをうまく測定しようと思ったら，その複雑な定義に十分配慮しなくてはならない。もし研究の目的が限定されているのであれば，プライバシーの1つか2つの側面を測定することでもよい。しかし包括的に測定しようとするのならば，(1)プライバシーが社会的交流と情報の管理という2つのテーマを含んでおり，(2)2人以上のグループも個人と同様にプライバシーを求めることを認め，(3)プライバシーは時間の経過とともに変化し，同様にさまざまなコミュニケーションのチャンネルによって変化することに注意し，(4)プライバシーを追求することによって，かえってパーティに参加したくなるようなことも起こり得ることを認識する必要がある（図8−2参照）。

プライバシーは，行動や価値観，好み，欲求，期待などとして測定され得る。たとえば，ある研究者は小学校の教室にいくつかの「プライバシーブース」を設け，子どもたちのブースの使い方の実態とそこでの行動を観察した[6]。個人のプライバシーの好みについて調査した研究もある。ある研究では，学生寮の住人のプライバシーの好

図8-2　誰かと一緒にいることもプライバシーの一部である。

みは，混み合った生活条件に影響を受けていた[7]。プライバシーの価値については，他の人たちがわれわれのプライバシーを重要なものと思うかどうかがしばしば問題にされる。多くの大人は，思春期の若者はまだ十分に成長しておらず，プライバシーを保障する必要はないと信じており，すなわち大人は思春期の若者のプライバシーを尊重していないのだ，とある専門家は主張している[8]。最後に，人々がプライバシーに対して抱く期待は，高かったり低かったりする。たとえば，囚人のプライバシーは極めて低く，本人も多くを期待していない。けれども新しい施設に移るとなれば，囚人であってもプライバシーが増加することを期待するかもしれない[9]。彼らがプライバシーに対して低い期待しか持たないのは，囚人にはプライバシーが必要ないことを意味するわけではない。おそらく多くの刑務所の抱える問題が原因で，囚人のプライバシーの欲求が満たされないままなのである。

　プライバシーを包括的に測定する尺度はまだ開発されていない。多くのプライバシーの研究では，実地調査，アンケート，聞き取り調査によってプライバシーを調査してきた。結局，フィールド調査によってプライバシー行動を観察しようとすると，調査者は被験者のプライバシーを侵害せざるを得ないのだ。被験者の個人的行動が人の目にふれることのない学校やオフィス，施設，その他の二次テリトリーにおいて，プライバシーを自然に観察するような調査はごく少数しか行われていない。

　アンケートによるプライバシー尺度の多くは，アラン・ウェスティン（Alan Westin）の先駆的な分類に基づいている。彼はプライバシーには4つの側面——孤独，親密，匿名，保留——があると論じた[10]。「孤独」とは，1人でいることという，よく知られているが限定されたプライバシーの概念である。「親密」とは，恋人同士が2人きりになりたいときのような，グループのプライバシーのことである。「匿名」とは，他の人たちの中に身を置きながらも，個人的に識別されたり個人的に交流したくないときに望まれるプライバシーの形である。たとえば，王様，大統領，ロックスタ

●●第8章●●
プライバシー

ーも，時には別人になって人々の間に混じって歩き，普通の生活の様子を見たいと思うことがある。一般の人も時どき匿名を求めることがある。あなたも，誰とも関わりたいと思わずに，ただにぎわっている雰囲気に浸るだけのために繁華街を訪れたことがないだろうか。ウェスティンの分類による最後のプライバシーの形は，侵入に対して心理的バリアをつくる「保留」である。公の場であれ個人的な場であれ，保留とは，他者とのコミュニケーションを自ら制限しようとすることである。

3人の研究者が，ウェスティンの考えに基づいたプライバシーの尺度を開発した。1人目の研究者は，近隣関係におけるプライバシーに着目している[11]。独自の86の質問項目から，6つのプライバシー要素が見いだされた。そのうち4つは，ウェスティンによるプライバシーの分類とほとんど同じである。追加された2つは，孤独のテーマの変形である隠遁と非交流である。「隠遁」とは，人通りや他の人たちから離れて，見えないところ，聞こえないところに住むことをいう。「非交流」は，近所の人のところを気楽に訪ねたり交流することを嫌うことである。

2人目の研究者であるダール・ペデルセン（Darhl Pedersen）もまた，ウェスティンの4つの基本要素を支持しているが，彼はそこに2つの改良点を提案した[12,13]。1つ目の改良点は，親密を「友人との親密」「家族との親密」という2つの種類に分けることである。これら2つの親密の種類は心理的に異なったものであり，たとえば女性と男性とではこの2つの親密の形に対して好みが異なるという証拠があることが示唆されている[14]。もう1つの改良点は，隔離と孤独とを区別することである。「隔離」とは近くに誰もいないことであるのに対して，「孤独」は他の人たちの中で1人でいることを意味する。あなたが無人島に1人で住みたいと思うのなら，あなたは隔離を求めているのだ。たとえば他の部屋などすぐ近くに他者がいて，部屋で1人になりたいと思っているのなら，あなたは孤独を求めている。

3人目の研究者は，大自然の中におけるプライバシーに着目した[15]。ウェスティンや他の人たちのアイデアに基づいて，質問項目のセットが再構成された。学生やバックパッカーらの回答を分析したところ，そこから得られた2つの要素は，ウェスティンの親密と匿名の要素に類似していた。3つ目の要素は，すでに定義した隔離もしくは隠遁と似ている。それ以外の2つの要素は，これまでに論じてきたどの要素ともまったく異なるものである。どちらも，自由の感覚としてのプライバシーに関わっている。「個人的な認知的自由」とは，ある程度あなたが好きなように行動し，あなたの好きなものに注意を向ける機会があることを意味する。「社会的な認知的自由」は，家族や上司，友人のような他者の期待から自由であることを重視する。どちらも，「本当の自分になる自由」があるという意味で，プライバシーとして記述されたのだろう。これらの2つの概念が，6章で論じた自由なテリトリーの考え方に近いことに注意しよう。

まとめると：プライバシーとは，本人への直接の，あるいは当人に関する情報についての，自己への接近を選択的にコントロールすることを意味する。それは，好み，期待，価値，欲求，行動として評価できる。プライバシーは，他者から遠ざかるだけでなく他者へと向かうことを意味する。プライバシーとは，社会的交流や情報の移動を最適化することであって，単に制限することではない。ウェスティンは，基本的なプライバシーの形として，孤独，親密，匿名，保留を提案した。アンケートを用いた実証的な尺度によって，ウェスティンの考えは裏づけられ，またいくつか別の考えも加えられた。プライバシーの基本的な要素とは，孤独（もしくは引きこもりによる隔離，または非交流），親密（友人との，または家族との），保留，匿名，自由（制約と期待からの），の5つであるようだ。

プライバシーへの影響要因

個人的パーソナリティや社会的状況，物理的場面や文化などの違いによって，プライバシー行動やプライバシーに対する価値観，好み，欲求，期待などは異なってくる。その人の文化やパーソナリティ，その他の特性のため，より多くのプライバシーを求める人や，他の人たちとは異なるプライバシーを必要とする人がいる。誰に対しても特有のプライバシーの欲求を引き起こすような，社会的状況や物理的環境もある。まずは個人的な要因について考察してみよう。

個人的な影響

■**生活歴**　人の生育環境の違いは，プライバシーに対する好みと関係がある。混み合っていると感じる家で育った人は，大人になると，より匿名と保留を好む[16]。都会で長く過ごしてきた人は，より匿名と親密を好む。非定着者（育った場所と異なる場所に住んでいる人）は親密を好まないが，このことは，その人が自分の家族や友人を後に残してくる理由があることからも予想されるだろう。

■**性別（ジェンダー）**　プライバシーには性別による違いもある。学生寮の住人を対象とした研究において，男性と女性とでは，2人部屋と3人部屋に対して異なる反応を見せた[17]。2人部屋に割り当てられた男性は，（寮に入る前に比べ）プライバシーのすべての種類に対する好みが上昇したが，3人部屋に割り当てられた男性では，孤独に対する好みはむしろ減少した（それ以外のプライバシーの種類に対する好みは変化しなかった）。

なぜ2人部屋に割り当てられた男性は孤独を好むようになり，3人部屋に割り当てられた男性は孤独を好まないようになったのだろうか。研究者が見いだしたのは，3人部屋の男性たちがよく部屋を留守にしているということである。おそらく2人部屋の男性たちは，（部屋を留守にするという）具体的対応をとるほどには混んでいないが，1人になりたいと望むくらいには十分混んでいると感じていたのだ（これらの若

●●第8章●●
プライバシー

者の多くは，自宅の個室から移ってきたのだろう）。3人部屋の男性たちのほうが本当に混み合っていたのは明らかである。彼らは，とにかくそれほど1人なりたいわけではないのだと自ら決意し（したがって彼らの好みを現実のほうに歩み寄らせ），部屋にいることを避けることによって，この高密度に対処していた（図8-3参照）。

一方，女性の場合，2人部屋と3人部屋に割り当てられた人とでは，プライバシーに対する好みに変化は見られなかった。3人部屋の女性も，2人部屋の女性と同程度，もしくはそれ以上の時間を部屋で過ごしていた。しかしながら，女性たちのほうが男性たちよりもプライバシーを重要なものと考えていないと結論づける必要はない。女性たちは他者と一緒にいることをより楽しんでおり，高密度の状況で生活することを求められたとき，その社会的状況においてプライバシーを調節するさまざまな手段を学んだのかもしれない。対照的に男性たちは，プライバシーに対する彼らの価値観を変化させ，できればそのような社会的状況から逃れることによって，その状況に対処しているように思われる。

学生寮を対象にしたもう1つの研究は，この考えを裏づけている[18]。この研究は，情報に関するプライバシーに焦点を当てたものである。女性たちは男性たちよりも同室者に対人関係のことをよく話しており，また女性同士の友情は男性に比べ，自分のことを親密に打ち明けることに密接に結びついている。これらの結果は，「社会的感情の専門家」もしくは人間の専門家という女性のイメージと一致すると，研究者は示唆している。老人ホームの居住者の中では，男性よりも女性のほうが，ある程度の打ち明け話の可能な環境，秘密に話のできる場所を好んでいる[19]。このことは，女性たちのほうが社会感情的な関心がより強いことをさらに裏づけるものと解釈できる。これらの研究は，両性間のプライバシーに対する好みや行動の違いの複雑さを示している。

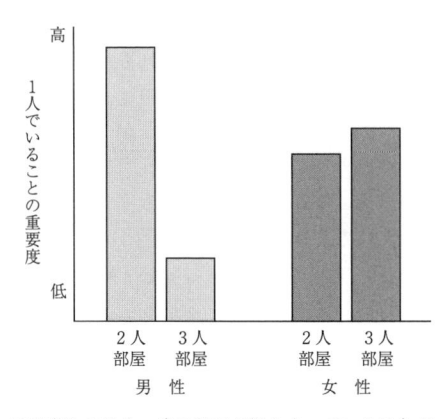

図8-3 男子学生の場合，寮の部屋が混み合っているほうが，1人でいることを重要と思っていない。それはなぜか。

■**パーソナリティ**　プライバシーと人のパーソナリティとの関係を調査した心理学者がいる。ある研究によると、プライバシーに対する欲求の高い人ほど、自分に自信がなく不安に感じていた[20]。別の研究では、プライバシーが十分保たれていないと感じている人ほど散漫であることを示している[21]。3つめの研究では、この全体的状況が確かめられている。引きこもりの強い人や孤独や匿名を求める人ほど、自尊感情が弱い傾向がある[22]。内向的な人は、保留が強くなりがちで、家族との親密を求める傾向が弱くなる。

社会的な影響

　個人的な特性がプライバシーに影響を与えるのと同様に、われわれ自身が直面している社会的状況もプライバシーに影響を与える。もしあなたがちょうど恋人と一緒に夜の町で過ごして帰宅したところなら、週末の大試合について友人たちと論じたいと思うときよりも、おそらく孤独を求めるだろう。もしあなたが自分の財産について銀行の支店長と論じているのなら、キャンパスの建築物に対する考え方についてのアンケートに答えているときよりも、おそらく親密さを求めるだろう。一般的に、われわれのプライバシーに対する要望は、社会的な状況によって変化するのだ。

　自分に関する情報の取り扱いが社会的状況によってどのように影響を受けるのかを考えてみよう。あなたの個人的な情報を欲しいのは誰なのか。それを使って何がなされるのだろうか。どんな個人情報が求められているのだろうか。もしその情報が広く知れわたってしまうと、どんな社会的結果が起こるだろうか。情報のプライバシーに関わるような経験や意図、信用や価値感について、会社員に対する聞き取り調査を行った研究がある[23]。たとえば、勤め先、銀行、警察、クレジット会社、保険会社、税務署のうち、どの組織であればあなたの情報を集め、蓄え、利用し、広めることを認められるべきだろうか。

　会社員たちは、警察よりも銀行のほうに認められるべきと答えている。では実際にあなたの情報を集め、蓄え、利用し、広めているのはどの組織だろうか。対象の社員たちは、クレジット会社よりも彼らの勤め先のほうが、そうしたことをはるかに行っていると信じていた（図8-4参照）。

　人々は、どんな状況のときに自分の情報に関するプライバシーが侵害されたと確信するのだろうか。複数の会社の2,000人以上の社員に対して、ある社員が昇進を申し出ており、職務における情報のプライバシーに関して幅広く収集されるという、架空の状況が提示された[24,25]。社員たちは、以下のような状況ほど自分のプライバシーが危ぶまれると感じていた。

・その情報が、彼らの業績に関するものよりもパーソナリティに関するものであるとき。

第 8 章
プライバシー

・その情報が，本人の許可を得て得られたものでなく，本人の許可なしで得られたものであるとき。
・その情報が，社内の人でなく部外者に公開されたとき。
・その情報によって，彼らに肯定的な結果ではなく否定的な結果になったとき。
・その情報が，求められる目的と無関係のように思われたとき。

これらの研究の根底に一貫して流れているのは，自己の情報のコントロールに対する関心である。たとえば，(1)（われわれのコントロールしやすい）業績に関する情報よりも（われわれがコントロールしにくい）パーソナリティに関する情報が得られたとき，(2)情報が集められることにわれわれが許可を与えていないとき，(3)その情報が部外者の手に渡ったとき（われわれのコントロールが及ばないところで，その部外者は情報を急速に広めてしまうかもしれないため），プライバシーは危ぶまれると確信されている。このコン

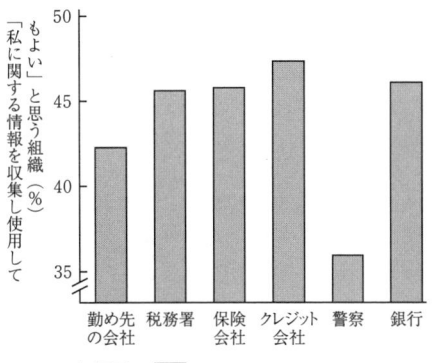

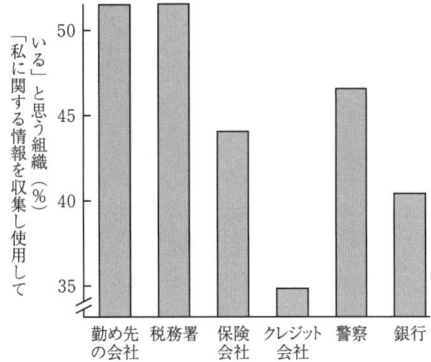

図 8-4 情報のプライバシーに関して，重要と思っていること（誰がそれをすべきか）と実際に信じていること（誰がそれを行っているか）とは異なっている。さまざまな組織における，これらの食い違いに注意すること。

トロールに対する関心は，被験者に就職の応募書類を読むという場面を用いた別の研究でも確かめられている[26]。ここでも被験者たちは，もし情報を集めることに対して自分で許可しなかった場合，プライバシーは侵害されたと確信している。

プライバシーの対人関係の側面に対する社会的な影響はどうだろうか。戸建て住宅の居住者では，大人数で住宅を共有している人ほど，1人でいることに対する好みが低くなるという関連があった[27]。しかし，この研究は中流階級の地域において行われたものである。もっと資産が少なかったり，引っ越すことに対して選択の余地のない居住者の場合，同様の結果は見られないかもしれない。

知人や友人に関しては，最近社会的交流が豊富だった人はさほど交流を望まず，交流が比較的少なかった人はより交流を望むということが予想できる。アルトマンの理論で予測されるのは，プライバシーには引きこもりという端からもう一方の社会と関

わる端にいたる幅があり，われわれはその間を行きつ戻りつ，自然に揺れるような経験を望んでいるということである[28]。

物理的な影響

　環境それ自体に関することで，プライバシーの好みや不満の増加に結びつく要素には何があるだろうか。多くの研究が報告しているのは，仕事中のプライバシーの満足度は，物理的に囲まれる程度と関係があるということである。オフィスを移った会社員を対象にした研究では，個室のオフィスからオープンプランのオフィスに移った社員は，プライバシーの顕著な低下を感じたと回答している[29]（図8-5参照）。会社員を対象とした別の研究によると，プライバシーの満足度に対する最もよい予測変数は，単純に社員の仕事机を取り囲むパーティションの数であった[30]。オフィスが人々の主な移動経路上に位置しないこともまた，プライバシーを保つうえで明らかに望ましい状況である[31]。

　これらの研究が示唆するのは，当然のことだが，プライバシーに対する満足度は，物理的な環境によってどれくらい自己への接近を調整できるかということの関数であ

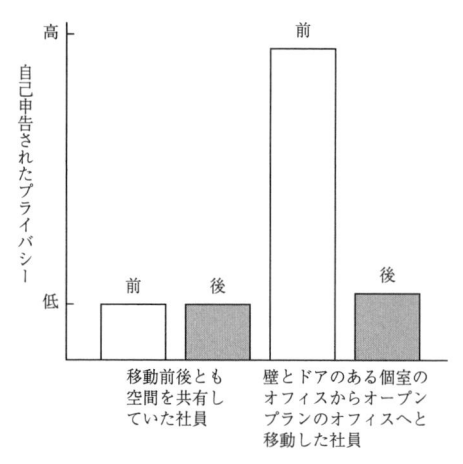

図8-5　伝統的なオフィス（壁で囲まれている）とオープンプランのオフィス（パーティションで仕切られている）におけるプライバシーを示したもの。新しいオフィスに移動した大企業の社員が，移動前と移動後のプライバシーを評価している。レベル1の社員は，移動前後とも空間を共有していた。レベル2の社員は，もう1人と空間を共有していた伝統的オフィスから，60インチの高さのパーティションで1人ずつ囲まれたオフィスへと移動した。レベル3とレベル4の社員は，ドアのある伝統的なオフィスから，ドアがなくそれぞれ60インチもしくは78インチのパーティションで1人ずつ囲まれたオフィスへと移動した。

第8章
プライバシー

るということである。オフィスの壁やパーティションは1人でいることを可能にするが，人はいつでもそこを出て廊下の人の流れにふれることができる。オープンプランのオフィスではわれわれは常に人の動きの中にいることを避けられず，1人でいることは事実上不可能である。

家庭でのプライバシーはどうだろうか。オープンプランの住宅（多くの部屋が互いに視覚的に開放されている）では，居住者はなるべく孤独でないことを好んでいる。仕事のときには，オープンな空間はプライバシーが守られないことへの不満に結びつくが，家にいるときには，オープンな空間ではプライバシーがそれほど求められないようになる。仕事の際には，同僚が必ずしも気のあった仲間であるとは限らないため，われわれは閉ざされた空間を好むが，一方家庭においては，家族や友人たちと共有される開放的な空間は歓迎されるのだ。

家庭の場面においてプライバシーと関連する環境の要素は他にもある。たとえば，静かな活動と騒々しい活動とをうまく分離している家に住んでいる人は，これらの活動を分けそこねている家に住んでいる人に比べ，プライバシーに満足している可能性が高いことは予想されるだろう。さらに，隣の家から離れていて，窓から他の家がそれほど見えないような家に住む人は，プライバシーに対していっそう満足しているだろう[32]。

ある研究では，プライバシーを全体が統合したプロセスとしてとらえるのではなく，プライバシーの異なる次元（親密性，孤独など）に着目している。たとえば，上述した住宅の研究では，まわりの環境が広々としていないところに住んでいる人ほど，プライバシーの少ない状況を好むことになるが，この結果は常に当てはまるわけではない。窓を開けると多くの家が見えるようなとき（近隣が高密度であるとき），そこの居住者は引きこもって住みたいとは思わない傾向にあった。しかし彼らは同時に保留をより好んだのである[33]。明らかにプライバシーは，一次元的な現象ではない。プライバシーのそれぞれの側面は，物理的環境による影響が異なって現れる可能性がある。

囚人はたいてい，低レベルのプライバシーをのがれられない。古い施設から新しい施設へと移動した囚人の，プライバシーに対する好みと期待とについて調査した研究がある[34]。古い刑務所では，1つ6㎡（64平方フィート）の部屋に4人の囚人を収容していた。新しい刑務所では，1人ずつの囚人に対し6㎡の部屋が提供された。プライバシーに対する好みは移動後もほとんど変化しなかったが，ある種類のプライバシー（孤独および親密）に対する期待は顕著に増加した。

古い刑務所では，囚人たちの孤独や親密に対する好みのほうがそこで期待できる水準を上回っていたが，新しい刑務所では，期待できる水準が彼らの好みと同程度であったことから，われわれは囚人たちが新しい刑務所に満足したと推測することができる。もちろん，1人あたりの空間が1.5㎡から6㎡へと4倍になれば，人々がより嬉しく思うのは驚くべきことではない。しかしこの研究が明示するのは，期待がプラ

イバシーのプロセスの重要な構成要素であることである。

　（対人的関係のプライバシーに対して）情報に関するプライバシーに影響を与える物理的環境の要素は何だろうか。このことについて調査した研究がわずかながらある。これらの情報に注目する研究が重視するのは，自己の開示，つまり自分に関する情報をどのくらい他人に対して語ろうとするかについてである。たとえば，クッションのあるイスや敷物，壁飾りや白熱灯の備えられた「やわらかい」部屋では，むき出しの床や壁，かたいイスや蛍光灯を備えた「かたい」部屋に比べ，親密な自己の開示が行われやすいことが見いだされた[35]。

　その後の研究で，親密な情報のコミュニケーションが照明か装飾，あるいはその両者の関数であるかどうかを確かめようとした（以前の研究ではこのことは確かめることができなかった）[36]。やわらかい装飾であるほど，わずかながら親密なコミュニケーションがもたらされた。1時間あけて行った2度の調査にわたって，光が明るい状況ほど親密度は実際に増加した。しかし，（親密なコミュニケーションだけではなく）すべての形のコミュニケーションは，時間が経つほど少なくなった。被験者は，薄暗い光の中で1時間ほど過ごして，単に眠くなっただけかもしれない。しかしながら，これらの研究は，物理的環境が情報に関するプライバシーに影響し得ることを示している。

　プライバシーの対人関係の側面と情報の側面との間には関連がある。この2つの側面の関連性は，学生寮の同室者を対象にした研究で実証されている。学生寮で4か月共同生活していた学生に，同じ階の学生にどれくらい自分のことを話したかを質問した[37]。同じ階に住んでいるだけの学生同士よりも，同室者同士のほうが，互いに自分のことについて多く語っていた。他の寮生に比べ同室者同士のほうが空間を共有しているとすれば，空間を共有するという意味でのプライバシーの低さと，情報を共有するという意味でのプライバシーの低さが結びついていることを，この研究は示している。

文化的な影響

　文化が異なっても人は同じようにプライバシーを求めるのだろうか，それともある文化は他の文化よりもプライバシーを強く求めることがあるのだろうか。まず，社会が異なれば，その社会の構成員が実際に保っているプライバシーも大きく変化するように見えることはまちがいない。あるアラブの社会では，まわりを高い壁で囲まれた家が理想とされている[38]。他の社会では，住宅のパターンはまったく異なるかもしれない。私は少しの間だが南インドの漁村に住んでいたことがある。そこではすべての家族は互いに密集して草葺き小屋を建てており，プライバシーを調整することはほとんど不可能だった。それでも村人たちは隣の家から離れたいとは望んでいないようだった。

●●第8章●●
プライバシー

　しかし，見かけだけでは判断できない。インドの社会でもアラブの社会と同じくらい，プライバシーは望まれており，また獲得されているのかもしれない。このようなことは，ボルネオ島サラワクのイバン族の社会の例に現れている。イバン族は，ひっそりと孤立や親密を保つ機会というような先進国的意味におけるプライバシーのほとんどない共同長屋に住んでいる。イバン族はプライバシーを渇望しているのだろうか，それとも先進国の人のようにはプライバシーを求めないものなのだろうか。

　イバン族もわれわれと同様にプライバシーを必要としているようだが，彼らはわれわれとは異なるメカニズムによってプライバシーを獲得している[39]。そのメカニズムは，われわれが頼っているような物理的な手段ではなく，その多くは社会的なしきたりなのである。たとえばイバン族には，慎み深さを保ちながら人前で着替えを行う特別なやり方がある。彼らには，他人の子どもを批判することに対してのルールがあり，そのおかげで大人たち同士の争いは最小限に抑えられている。彼らの共同長屋は多くの場合，部外者に対して閉ざされている。思春期が始まると，男女は別々の寝室領域を用いるようになる。これらのしきたりのおかげで，イバン族は壁で囲うことをしなくともプライバシーを保つことができるのである。

　移動する荷馬車で生活することの多いジプシーもまた，プライバシーを守るための物理的な環境を欠いている[40]。彼らは，他の人たちに囲まれながらも各自のプライバシーを確保するため，次のようなルールをつくり出してきた。ジプシーはキャンプ地のまわりで朝目覚めるとすぐ，いつ顔を洗うべきか決めるのである。もし機嫌が悪かったり，考え事をする時間が必要だったり，1人になりたいと思ったなら，彼らはただ顔を洗わないでいる。そのようにして孤独を求めている人たちが自分で顔を洗うまで，他の人たちはこの自主的な社会的孤立を妨害するような不作法なことはしないのである。

　ジプシーと10年間生活をともにしてきた男性は，ジプシーのプライバシー観はガジェ（Gaje，ジプシー以外の人）とは異なっているという。ジプシーは，プライバシーを双方向の概念とみなしている。他の人が服を着替えるところや，いわゆる「自然の摂理」（訳注：排泄行為）を行っているところをじろじろ見て詮索するようなことはしない。しかし，孤立を求める人の側にも，自分の個人的な活動を他人に容易に観察されるような場所や時間を避ける責任があるのだ。

　聡明なジプシーのおばあさんによると，プライバシーとは心の持ち方のことだという。ロマ（Rom，ジプシーは自分たちのことをこう呼ぶ）にとって，ガジェのように建物の壁やドアを作ってしまうことは他人に対する侮辱である。それは，他の人たちがあなたのプライバシーから目をそらし，プライバシーを尊重しなくなるだろうことを示すものなのである。同時に，扉や窓というものは，閉じた扉の向こうに隠れてしまうほど不信感を持っている人のことを，詮索したりのぞき込んだり盗み見たりしたくなるように誘惑したり挑発したりするものである。したがってプライバシーとは，

壁で囲まれていない生活をやっていくうえでの礼儀や気遣い，抑制や敬意を含み，さらには必要とするものであり，すなわち心の持ち方なのである。アイルランド，セネガル，アメリカ合衆国の学生を対象にした研究によると，プライバシーの定義，プライバシーについての感覚，プライバシーを保っている平均的な長さにおいて，これら3つの文化に顕著な類似性があることが見いだされた[41]。

したがって，人々の求めているプライバシー量は，文化によって異なっているわけではないように思われる。しかしながら，彼らがプライバシーを獲得する方法は，極めて変化に富んでいるのだ[42]。

まとめると：プライバシーに対する好みや期待，欲求，満足感といったものは，個人的特性，社会的状況，物理的環境，文化によって影響を受ける。都市で育った人は，匿名や親密を好む。女性たちは，小グループ内で何とかプライバシーを獲得するため，対人的で親密な話題を互いに話し合っているようである。男性たちの場合は，そのような環境から身を遠ざけ，微妙な話題をなるべくしないことによって，プライバシーを獲得していることが多い。パーソナリティの研究によると，平均以上にプライバシーを求める人は，自分に自信がなく，不安に感じていることが多い。

情報のプライバシーは第1に，誰がわれわれの情報を望んでいるのか，どんな情報を望んでいるのか，その情報をどのようにして手に入れようとしているのか，といったことに影響される。もし社員が，自分たちの情報が集められることをよく知らされたうえで同意を与えるのならば，プライバシーに関するある種の恐れは軽減され得る。物理的環境は，プライバシーの好み，期待，満足感に対して，重要な影響を与える。たとえば，仕事場でのオープンスペースは不満をもたらすことが多いが，その一方で家においてはオープンスペースは好まれている。このような物理的影響は，屋内においてはわれわれを取り囲むドアやパーティションのようなものに見いだされるし，また屋外においては住宅同士の距離

図8-6　この家は公園に隣接している。プライバシーを保つにはいい立地ではない。

や家の窓から見える近隣の家の数などに見いだされる（図8-6参照）。
　室内の照明や装飾は，われわれが他の人に伝える情報のタイプや量に影響する。異なる文化に属す人であっても，おそらくプライバシーに対する欲求は類似しているが，環境がどのようにその欲求を満たすかによって，プライバシーを獲得する手段は異なっている。次に，プライバシーが他の重要な心理的プロセスとどのように関係しているかについて検討する。

プライバシーと人間の行動

　これまで，プライバシーが個人的・社会的要因によって受ける影響について見てきた。プライバシーは同時に，その他の重要な行動プロセスとも不可分に結びついている。このようなプライバシーの基幹的な機能の多くを記述するために，もう一度アラン・ウェスティンに戻ることにしよう[43]。

1. プライバシーは明らかにコミュニケーションと関係がある。情報に関するプライバシーおよび対人的なプライバシーの双方とも，コミュニケーションと深く関わるテーマである。
2. プライバシーはわれわれのコントロールの感覚あるいは自律性の感覚と密接に結びついている。孤独を選択したり他者と一緒にいることを選択したりできることは，われわれの自己決定の感覚をもたらしている。そのような選択ができないとき，われわれは無力であると感じる。
3. プライバシーは，われわれのアイデンティティの感覚にとって重要である。孤独や親密は，特に，われわれの人生における前進や，われわれは本当は何者なのか，われわれの他者との関係とは何なのか，そしてそれはどうあるべきなのかということを考えるために役に立つ。
4. プライバシーは「感情の開放」を可能にする。プライベートな場面において，われわれは泣き，鏡に向かって顔をつくり，うるさい馬鹿げた歌を歌い，独り言を言うことができる。

　ウェスティンによるこれら4つのプライバシーの機能は，プライバシーとそれ以外の人間の行動との関係を研究するよい枠組みを与えてくれる。ダール・ペデルセンの最近の研究では，プライバシーにさらに6つの機能が見いだされている。邪魔されずに熟考すること，活性化，創造的な表現，社会的に望ましくない嗜好品の使用，回復，身を潜めること，ということにプライバシーは役立っている[44]。ペデルセンは後に，これらの異なるプライバシーの機能が，それ以前に記述されてきたプライバシーのタイプとどのように対応しているかを記述している[45]。

しかし，プライバシーはこれら10の機能よりもさらに多くの機能に結びついている。プライバシーは子どもの発達とも，またわれわれの空間への順応とも関係がある。この節では，まずウェスティンによるプライバシーの4つの機能を実証する研究を概観し，次にプライバシーと他の行動プロセスとの関係を検討する。そして最後にプライバシーとパーソナルスペース，テリトリアリティ，クラウディングとの結びつきを論じて結びとする。

コミュニケーション

われわれがプライバシーを求める1つの理由は，コミュニケーションを保護するためである[46]。友だちや弁護士，先生，カウンセラー，同僚などと，何か個人的な話や重要な話をしたいと思ったら，われわれはプライベートな場所を見つけようとする。仮に，ドライブに出ることができなかったり，あるいは特別な人と話をするプライベートな場所を見つけることができないとすれば，多くの重要で私的な交流は起こらなくなるだろう。

仕事におけるプライバシーとコミュニケーションをテーマとする研究がいくつかある。前述したように，個室のオフィスからオープンプランのオフィスに移動した会社員はプライバシーに不満を感じていた[47]。この会社員が不満を抱く理由は，コミュニケーションの保護が失われたことにある。彼らは会話の機密性がそこなわれていると感じている。私は以前，他の都市に住む知人から電話を受けたことがある。それは基本的に仕事の電話だったが，その相手は，他の社員が不在となる勤務時間後に電話をかけるため，現地時間の午後5時以降まで待っていたのである。これらの例は，われわれがコミュニケーションの保護のためにプライバシーを求めていることを示す，ほんの2例にすぎない。

コントロール

ウェスティンは，プライバシーがどのように個人のコントロールや自律の感覚を促進できるかを記述している。厳しい側面から見ていくと，自分で孤独を選ぶこともできず，なおかつ本当に一緒にいたいと思うような他者と出会うこともできない人たち（たとえば，収容された人たち）は，物理的環境もしくは社会的環境をコントロールすることはほとんどできない。コントロールを失うことによって，個人の自律性や自立性は剥奪される。

より恵まれた側の生活に目を向けてみると，裕福な人たちは，自分たちの他者に対する接近も，他者の自分たちへの接近も，ほとんど常にコントロールすることができる。彼らは，プライベートな個室やプライベートなオフィス，プライベートなクラブ，プライベートな交通機関にプライベートなエレベーターなどなど，無限に続く彼らのプライベートな場所から他の人たちを排除することもできるし，贅沢な環境やら物に

第8章
プライバシー

よって彼らを誘いこむこともできる。

　ふんだんにプライバシーを確保している人よりも，十分なプライバシーに欠けている人のほうが研究の対象とされることが多い。このこと自体が，プライバシーと研究との関係を表すコメントである。プライバシーを確保している人はたいてい権力も持っていることが多い。そういった人たちは，研究の対象となることを簡単に拒否することができるし，研究の一部に取り込まれないようにする言い訳を見つけることもできる。たとえば，囚人を対象として，プライバシーに関わる彼らのコントロールの感覚に注目した研究がある[48]。転居前の（狭苦しい）部屋では，孤独や保留を求める囚人ほど，自分の生活をコントロールしている度合いが低いと感じていた。新しい刑務所の，より広い部屋へと移った結果，彼らのプライバシーとコントロールとの関係は大きく変化した。新しい部屋では，孤独や保留を大事にする囚人ほど，自分の生活をコントロールしているという感覚が大きくなった。物理的な環境が，プライバシーとコントロールとの関係を変化させたのである。この場合，囚人たちの孤独や保留に対する実際の好みはそれほど変化していないが，新しい部屋に移ることによって，コントロールの感覚はおそらく際立って増加した。特に孤独や保留を大事にする人は，新しいプライバシーの確保された環境の中で，自分の生活を自分でコントロールしていると強く感じられるようになった。

　大自然の中での孤独を対象にした研究では，日々差し迫った要求の中で営まれている都市生活と比較して，自然の中では，1人になることによってわれわれが何に注意を払いどんな活動に従事するかを自分でコントロールすることができるという，望ましい特徴が見いだされた[49]。その研究者が示唆するのは，われわれは単に1人になりたいために自然の中に行くわけではなく，経験を自らコントロールするという「認知的自由」が体験できるために自然の中に行くのだ，ということである。自然の中で「すべてから解放される」ことは，いろいろなコントロールに従わざるを得ない場所から，何をするべきか自分で決めることのできる環境へと逃れることを意味する。

　情報のコントロールは，身体の健康についても関係があるようだ。病院の患者が，自分の健康に関する情報（診断や処置などの情報のような）を自分でコントロールできるときほど，彼らは協力的になり，受けるストレスも少ない[50]。

　キャロル・ワーナー（Carol Werner）らは，プライバシーとコントロールに関する一連の研究を行っている[51]。この研究の特徴は，重要な仕事をしているときに邪魔をされるという，普通の人の現実的な状況を調査していることである。最初の研究では，サインやイスといったものが，われわれが仕事場をコントロールしているという感覚を強く促すものであることが示されている。「お入りください」というサインが掲げられ，室内にイスが1つ用意されている（外にはイス

CAROL WERNER
キャロル・ワーナーは，プライバシーおよび関連テーマの代表的な研究者である。

が置かれていない) 部屋で仕事をしているとき, 部屋に入ってきた人に対して出て行ってほしいと要求する人はほとんどいない。「邪魔をしないでください」というサインが掲げられ, イスが外に出されている (部屋にはイスが置かれていない) 場合, ほぼすべての人が部屋に入ってきた人に対して退室を要求した。

2番目の研究によると, このようなことが起こるのは, 少なくとも1つには, サインによって部屋の主が, 侵入者に対して出て行くように頼む「権利を持っている」と感じるためであった。これらの研究では, 部屋の主の自己主張の強さによって結果が異なった。部屋の持ち主の自己主張がそれほど強くない場合, 彼らは仕事の遂行を邪魔した侵入者を追い出そうとするより, 迷いこんだ人が正しい場所を見つけられるように手助けしようと感じた。自己主張の強い持ち主の場合, 他人が入ってくることに対して, 自分たちのコントロールを脅かし, 自分たちの仕事の遂行を脅かす侵入と受けとめた。

次の研究が示唆したことは, 侵入者を誘導できる適当な場所があれば, 部屋の主はそうするだろうということである。特に自己主張のそれほど強くない人にとって, たとえば「煙草を吸わないでください, ここは禁煙です」と言うよりも「喫煙場はあっちですよ」と言うほうが言いやすいものである。

4番目の研究では, オフィスの会社員がどのように仕事場におけるコントロールを確立していくのか, その手法について調査が行われた[52]。日常的には, 社員はプライバシーをコントロールする手段をまったく使わないかもしれないし, あるいは「邪魔をしないでください」と掲示しておきながらドアは開け放しておくように, 矛盾する2つの手段を同時に行っているかもしれない。しかし本当にプライバシーを必要とするとき, 彼らは複数のくどい手法を採用する。たとえば, ドアを閉じ, サインを表示し, 残業し, 電話を選別するために秘書を使うだろう。一般に, 情報のコントロールや他者への接近のコントロールは, プライバシーの中心的概念であり, 自分の生活を自分で決定するという感覚と密接に関係している。

アイデンティティ

プライバシーは, われわれの自己の感覚もしくはアイデンティティの感覚の重要な一部である。これは奇妙な言い方に思われるかもしれない。情報に関するプライバシーあるいは対人関係のプライバシーが, 自己の確立に関していったい何をしなければならないというのだろう。われわれが他者と行う日々のやりとりから得られるあらゆる情報を統合するのに, どれだけプライバシーが不可欠であるかをウェスティンは実証している[53]。われわれが公共的な場面にいるとき, われわれに起こるすべてのことの意味を了解することは, 時には容易なことではない。プライバシーによって手に入れた時間と空間があることで, われわれは出来事の意味をよく考え, それをわれわれの世界の理解の仕方に馴染ませ, われわれの自己イメージと一貫するような反応の仕

●●第8章●●
プライバシー

方をつくり上げることができる。

　たとえば，もしあなたが新しい愛の関係に押し流されたように感じたことがあるのなら，プライバシーのこの機能を理解することができるだろう。確かに，はじめに湧き上がる愛の感情は快いものだが，その時によく伴う感覚は，新しい関係を得る一方で自己を失っているという感覚である。あなたがこのような愛の関係の初期段階にあって，あなたのある部分では親密になりたいと切に願っているときでさえ，あなたの別の部分では孤独や保留をしばしば望んでいる。われわれはこのようなたいへん快い状態の中から一歩引いて，これが「本当のわたし」なのか，その素晴らしい関係が，あなたが望まないような仕方でまさにあなたのアイデンティティを変えてしまわないかどうかを評価する必要があるのだ。

　プライバシーがアイデンティティの確立を促進する役割を果たすという考えは，何人かの理論家によって重大に取り上げられ，プライバシーの枠組みの中心的な考えとみなされている[54]。あいにく，アイデンティティは実証的に調査することが容易ではない概念である。アイデンティティの核心を裏づけるものは，主に小説や演劇の社会学的分析からきている。一方で，プライバシーを容易に調整できることと，場所に対する愛着（place attachment）が強いこと（アイデンティティの1つの形）が関連していることを示す研究は1つしかない[55]。このことは，プライバシーにとってのアイデンティティの価値を下げることではない。単にこの考えの実証的な裏づけを得ることが難しいことを意味するにすぎない。

感　情

　ウェスティンのアプローチにおける4番目のプライバシーの機能は，感情の開放をもたらすことである[56]。結婚式や葬式のような例外的状況を除き，公共の場で感情を表現することは社会によって抑制されている。人々はたいてい，あらわすことができる以上の感情を感じているものであり，感情を開放する手段としてプライバシーが役立っている。たとえば，本当にいやな気分にあるとき，近場の誰もいない場所に行って泣くかもしれない。

　しかし，肯定的な感情を開放しようとする場合にも，同様に問題が起こる。あなたも，素晴らしいコンサートに行って，家に帰る途中の自動車の中で興奮さめやらず歌ったり叫んだりしたことはないだろうか。もし帰る途中に食事をしようとして車を止めたなら，あなたの高揚した気分を共有していない人たちでいっぱいのレストランに足を踏み入れてしまったのかもしれない。あなたはレストランの人たちに頭がおかしいと思われないように自分の興奮を抑えただろうし，もしそうなら，気持ちを抑制せざるを得なかったことでおそらく苛立っただろう。

　もう1つの感情の開放の例は，これは情報に関するプライバシーのテーマに近いが，政治家が記者に対して行う「オフレコ」のコメントである。もし政治家が生き残ろう

と望むなら，自分の感じていることをすべて公開するわけにはいかない。彼らは世の中に語り得ること以上に，はるかに多くのことを知り，感じているのだ。この（語ることのできない）知識は，特に配偶者や信頼できる側近がいない長い旅行中においては，必然的な圧力となって蓄積されていく。

このようにして，政治家に同伴したオフレコの名誉ある伝統が与えられた記者との間に，必然的に率直な会話が生まれるようになる。このようなプライベートな会話の中では，政治家は自分の政党の政策を批判したり，最近公的に語った声明が賢明なものではなかった恐れがあることを認めるかもしれない。その記者は，その政治家だけでなく他のすべての人の信頼に値する地位を維持するため，このような発言を公表しないという不文律を順守しなくてはならない。もしその内密な情報が公表されてしまえば，その記者はオフレコのコメントの秘密を守らないという知らせが素早く広まり，記者は貴重な財産である信頼を失うことになる。

子どもの発達

幼児のプライバシーの欲求はわかっていないが，彼らが身体的な親密さを必要とする一方で，孤独や保留，匿名はそれほど必要としていないだろうと想定することは，おそらく，まちがっていないだろう。しかし子どもが発達するにつれて，親密さ以外のプライバシーに対する欲求も高まってくる。

思春期前の子どもが初めて日記を与えられたとき，情報に関するプライバシーが問題となる（親はその日記を読みたくなる誘惑とたたかうことになる）。思春期になると，ドアに「立ち入り禁止」という表示が現れるようになる。プライバシーを必要としない幼児期から，発達して思春期になり，重要かつ多様なプライバシーを必要とするようになるプロセスについて調査した研究はほとんどない。これはおそらく，子どもにもある程度の孤独が必要であるし，子どもにはその資格があるということを，大人になると忘れてしまうからかもしれない[57]。それでもなお，プライバシーの発達過程について調べはじめた，重要ないくつかの研究がある。

マクシーン・ウォルフ（Maxine Wolfe）は，子どもたちにとってプライバシーの意味がどのように発達していくのかについて広く研究を行ってきた[58]（図8-7参照）。彼女はまず，子どもたちに単純にプライバシーという言葉の意味を尋ねることから始めた。子どもたち

図8-7 プライバシーの欲求は，児童期から思春期を通して増大する。

●●●第8章●●●
プライバシー

の答えは，次のようなテーマを含んでいるかどうかによってコード化された。1人でいること，情報を管理すること，特定の場所への接近をコントロールすること，自律性，静かであること，邪魔されないこと，などである。すべての年代の子どもたちが最も言及したテーマは「1人でいること」であり，続いて「情報を管理すること」であった。一番年齢の低い子どもたち（4歳〜7歳）は，それより年齢の高い子どもたち（8歳〜17歳）に比べ，プライバシーが「1人でいること」であるとはあまり述べなかった。「情報を管理すること」というテーマを示したのは，年齢の低い子どもたち（4歳〜12歳）よりも，最も年齢の高い子どもたち（13歳〜17歳）のほうであった。興味深いことに，プライバシーの定義における「場所への接近をコントロールすること」というテーマは，中間的な年齢のグループ（8歳〜12歳）でピークに達したのである。

　プライバシーの意味の定義だけでなく，子どもにとって目下のプライバシーの欲求について考えてみると，この8歳〜12歳のピークというのはおそらく思春期直前のジレンマを表しているのかもしれない。この年齢の子どもたちは，孤独に対する欲求は増大しているが，家から外出できる場所の範囲は限られている。子どもが孤独を得る唯一の方法は，寝室に入ってドアを閉じることなのだ。この年代のグループでは，子どもの寝室への接近をめぐって，親と子との間で多くの軋轢が生じるようになる。親は，子どものプライバシーの欲求が増大していることをまだ完全には認識しておらず，自分の意思で子どもの寝室に入る権利があると感じている。しかし，子どもは1人になれる機会が欲しいのである。

　しかしながら，場所への接近をめぐる争いは思春期になる頃には終わっていることが多い。孤独や友人との親密に対する子どもの欲求に，やがて親のほうは順応していく。思春期の若者の目的地はいまや，家の外に大きく広がっており，寝室にいるよりも他の多くの場所にいるほうが孤独や親密を見いだすことができる。その時点で，場所をめぐる問題は弱まっており，子どものプライバシーの定義の中から「わたし自身の場所」というテーマは薄れていく。

　「自立性」というテーマ，つまり自分で選んだことをすることが可能であることは，ウォルフの研究において最も頻度が低かったものである。しかし，このテーマは，年齢の低い子どもから中程度，そして高い年齢の子どもとなるに従い，際立って上昇する唯一のテーマである。4歳〜7歳の子どもの定義では6％であったものが，13歳〜17歳の子どもの定義では23％となっている。

　他の研究者による子どものプライバシー行動の調査がある[59]。プライバシーの欲求を表現する行動で一般的なものの1つに，寝室や浴室のドアを閉じることがある。これらのドアをいつ閉じるのか，どのくらいの頻度で閉じるのかという質問を，異なる年齢の子どもに尋ねてみた。寝室や浴室の数が多い家に住む子どもほど，ドアを閉じることが多い。しかし，子どもが思春期になるまでに浴室の数は問題にならなくなる。

339

家に1つしか浴室がない場合でさえ，10歳〜17歳の100％の子どもが，浴室のドアを閉めると答えたのである。

順応と調整

　プライバシーと行動に関するまた別の分野として，われわれがプライバシーを調整するメカニズムがある。われわれが望むだけのプライバシーを保てないとき，われわれは，以前と同様のプライバシーをもはや必要とするわけではないと思いこむようになっていくだろう。短期的に見れば，われわれは他人を避けたり，他人を求めたりして，自分の望むだけの社会的接触を得ようとする。長期的に見て，いくつかの証拠が示しているのは，もしわれわれの望むだけのプライバシーが得られない状態が続いた場合，自分の社会的な目標を現実に適合するように変化させることによって，われわれが順応していくということである。その証拠を少し見てみよう。

　学生寮に住み始めた大学1年生は特に，プライバシーのプロセスに敏感である。彼らは家族のいる家から引き離されているので，日常的な社会的接触を必要としている。多くの他人とともに寮の建物に投げ込まれているので，他人から離れていられる時間も必要である。寮生活を経験した人なら誰でも知っているように，その初年度の生活は，他の人々との接触が多すぎたり少なすぎたりして，起伏が激しいときである。寮の居住者は，他の人に自分を開放したり閉鎖したりするのに，どのような手段を使うのだろう。このような手段を長期的に使うことによって，どんな影響があるのだろう。

　研究者は学生に，どのようにして他の人たちとうまくつきあっているのかを質問した[60]。他の人との接触を見いだす最もよくある手段は，想像できるように，電話をかけたり，部屋を訪れたり，自分の部屋の扉を開けておいたり，他の人を自分の部屋に招いたりすることであった。接触を避けようとした学生は，部屋の扉を閉めたり，静かな場所を探し出したり，雑音に耳を貸さなかったり，1人で散歩に出たりしていた。しかしすべての学生が，社会的接触をコントロールするのに，同じような手段を同じ数だけ用いているわけではない。この研究者は，プライバシーを調整する手段を用いることと学校でうまくやれることとの間に関係があると仮定し，学校を中退した学生と1年後も学校に通っている学生とを対象にして，それぞれの学生が用いたプライバシーを得るための手段の数を比較した。「進級組」は脱落組に比べ，接触を求める手段と接触を避ける手段の両方を用いていると報告したことがわかった。

　他の要因の果たした役割もあるに違いないが，ここでわかることは，プライバシーをうまく調整する方法を知っている学生ほど，学校でうまくやれるだろうということである。このことは，うまくやっている学生が常に他人を避けていることを意味するわけではない。彼らが同時に接触を求める手段をも使っていることに注意しよう。脱落組によって用いられる方法が明かされている。彼らは（接触を求めて）寮のラウンジに行き，（接触を避けるために）ステレオの音量を大きくした。特に後者の手段は

●●●第8章●●●
プライバシー

おそらく状況に適していないものであるように思われる。もし他人を遠ざけるために大音量で音楽をかけると，本人もおそらくまともに勉強することはできないだろう。

人々は，自分たちをとりまく物理的環境によって提供される水準のプライバシーに順応していくのだろうか，それとも，彼らのプライバシーの欲求は実際に提供されるものと大きく違っているものだろうか。この問題は，老人ホームにおけるプライバシー研究によって例証されている。この研究は，開放的な居住棟に住んでいる高齢者と個室に住む高齢者とを比較したものである[61]。個室の居住者は，開放居住棟の居住者に比べ，おそらくプライバシーを調整することが容易であり，より多くプライバシーを求めていた。プライバシーのある人ほどより多くのプライバシーを求め，プライバシーの少ない人ほどあまり求めていないように見える。この結果は，人は環境に提供されるプライバシーのレベルに順応するという考えを裏づけるものである。

開放居住棟のような明らかにプライバシーのレベルが低い環境にも人は順応可能だとすると，これは健康的な順応なのだろうか，それとも不健康な順応なのだろうか。居住者は，自分の住んでいる環境を変えることのできないものとして受け入れていることを，この研究者は示唆している。居住者が収容されてきた時間が長いほど，このように環境を受け入れる傾向が強くなっていった。

もし，このような順応が健康的であるか，少なくとも有害ではないとするならば，デザイナーは，個人的な領域の面積がより小さくなるように設計することによって，空間を節約できることになる。しかし，研究で対象とした老人ホームの居住者が，開放的な居住棟に対して変えることのできない運命として満足感を表したのだとすると，そしてプライバシーが居住者の福祉にとって重要であるのならば，個人的な空間はもっと広くつくられるべきなのである。

クラウディング，パーソナルスペース，およびテリトリアリティとの関係

これまでの4つの章で空間管理のプロセスに紙面を割いてきたが，それらのプロセス同士の関係はどのようなものだろうか。環境心理学者の中のある者は，その4つのプロセスのうちの1つか2つだけが主要なものであり，他のプロセスはその主要なプロセスに利益をもたらすものであると主張する。たとえばアルトマンは，4つのプロセスの中でプライバシーこそが中心的な概念だとみなしている。彼のモデルによると，パーソナルスペースやテリトリアリティは個人がプライバシーを調整するための手段なのである。クラウディングとはプライバシーを獲得するのに失敗した状態であり，プライバシーが過剰な場合は孤立した状態となる（図8-8参照）。

異なった見方をとる研究者もいる。たとえば，プライバシーとはテリトリーのために利益をもたらすプロセスであるというものである[62]。あるいはすでに指摘したように，1つのプロセスから得られるある概念（たとえば，自由なテリトリーという考えのような）が，別のプロセスから得られる概念（たとえば，以前にプライバシーの種

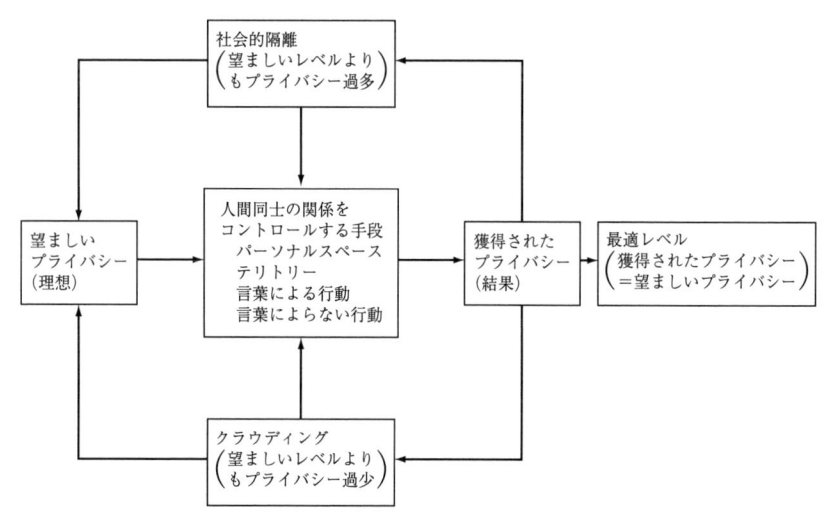

```
            ┌─────────────────┐
            │   社会的隔離      │
            │ (望ましいレベルより)│
            │  もプライバシー過多)│
            └─────────────────┘
              ↑              ↓
┌──────────┐  ┌─────────────────┐  ┌──────────┐  ┌──────────────────┐
│望ましい   │→│人間同士の関係を  │→│獲得された │→│最適レベル         │
│プライバシー│  │コントロールする手段│  │プライバシー│  │(獲得されたプライバシー│
│(理想)    │  │パーソナルスペース│  │(結果)   │  │＝望ましいプライバシー)│
└──────────┘  │テリトリー        │  └──────────┘  └──────────────────┘
              │言葉による行動    │
              │言葉によらない行動│
              └─────────────────┘
              ↓              ↑
            ┌─────────────────┐
            │  クラウディング   │
            │ (望ましいレベルより)│
            │  もプライバシー過少)│
            └─────────────────┘
```

図8-8　プライバシーについてのアルトマンの考え方。われわれの空間に関係する行動プロセスの中で中心的なプロセスと考えている。

類として記述した社会的・個人的な認知的自由のような）を強く思い起こさせることがある。パーソナルスペースとテリトリアリティ，クラウディングやプライバシーは，どのくらい重複しているのだろうか。

　この分野における理論的な進展は明らかに，これらの概念の間の関係を明確に整理することにかかっている。その目的のため，ある研究では，孤独および親密を得ようとしたときに選ぶ場所を学生に記述させている[63]。その2種類のプライバシーを得るのに，それぞれ異なる種類のテリトリーが選ばれた。たとえば，孤独を求めようとする人は，公共的な領域を選ぶことが多いが，親密さを求めようとする人は一次テリトリーを選択することが多い。

　この研究者は，プライバシーもテリトリアリティも，どちらがより基本的というものではなく，同じ基盤の上にあって次のように結びつけられると結論づけている。プライバシーを望む人は，ある特定の種類のテリトリーを求める。しかし，そのテリトリーがいったん確立されると，そのテリトリーを所有していることによって，プライバシーや他の欲求が満たされるようになる。すなわち，一連の社会的な行動のうち，ある段階ではプライバシーが最も重要であるが，他の段階ではテリトリアリティが最も重要なのである。

　別の研究者は，さまざまな日常的な活動をどこで行いたいかを尋ねることによって，プライバシーとテリトリアリティとの違いについて研究した[64]。彼らは次の4種類の空間を選択肢として提示した。(1)自宅のテリトリーに1人でいる，(2)自宅のテリトリ

●●第 8 章●●
プライバシー

ーに 1 人でいない，(3)他人のテリトリーに 1 人でいる，(4)他人のテリトリーに 1 人でいない。被験者は，さまざまなことをどこで行いたいかについて，この 4 種類の組み合わせを明確に区別した。このことは，プライバシーとテリトリアリティとが被験者にとって明確に異なる概念であることを示している。

　次の研究は，プライバシーとテリトリーとの間にいっそうの違いを見いだしている。1 人になれないようにされた被験者は，自分の行動を他人からの影響の結果だと考える傾向があった。自分のテリトリーとなる場所を与えられた被験者は，自分の行動を自分のパーソナリティの結果だと考える傾向があった。この研究者は，もしプライバシーとテリトリアリティとが認知行動に異なる影響を与えるのであれば，この両者は区別されるべきであると結論する。

　プライバシーとテリトリアリティとを区別するのに，もう 1 つのプロセスであるクラウディングと関連づけた，ある日本の研究が役立つ[65]。被験者は，さまざまな社会的状況においてどのように感じるかについて質問された。さまざまな状況を通して，被験者のプライバシーに対する欲求や自分のテリトリーに対する欲求が増大しているとき，その状況が混み合っていると経験される傾向も増大した。プライバシーとテリトリアリティとは，ともに混み合っているという感覚と関連するので，この両者は同じ構造であると結論づけられるかもしれない。しかし，プライバシーへの志向性とテリトリーへの志向性との相関は認められなかった。この結果が示唆することは，この両者はともに人に混み合っていると感じさせるが，その理由はそれぞれ異なっているということである。

　その異なる理由が何なのかは，この日本の研究では明らかにしていない。しかし 1 つの可能性としては，プライバシーは主に社会的・情報的な接近に関わるのに対して，テリトリアリティは主に空間的な接近に関わるということである。この 2 種類の接近は時には同時に求められることがあるだろうし，あるいは一方の接近がもう一方の接近を促すこともあるだろうが，しかしこの 2 種類の接近が互いに何の関係も持たない場合も多い。たとえば，経済的な価値や個人的な意義のためにテリトリーを望む人もいるだろう。この場合，社会的・情報的接近（プライバシー）とは無関係である。あるいは，訪問遊説中の政治家は，投票者への社会的接近を最大にすることを望むだろう。政治家がそのような活動に集中している間，テリトリアリティはほとんど問題とならない。

　まとめると：社会的行動の主要な目標は，他者との接触の量を調整することである。環境を利用してこれをうまく達成する方法を知っている人は，社会的領域や他の生活領域で，おそらく成功を収めている人である。ある人たちは，社会的な接触が多すぎたり少なすぎたりするような状況に適応したり，あるいはその状況を受け入れている。他の人の中には，社会的なやりとりを調整する物理的な手段が不足している状況で，問題を解決する創造的な方法をつくり上げている人たちがいる（ジプシーの例を思い出そう）。他者との交渉の

鍵となるプロセスとして，プライバシーは，コミュニケーションや自立性，アイデンティティ，感情の開放，成長などと密接不可分な関係にある。プライバシーを調整する手段を多く用いることは，うまくやっていることの1つの特徴かもしれない。プライバシーの乏しい状況に満足してしまうことは，施設化が進行していることのサインであるかもしれない。

空間を管理する4つのプロセス（パーソナルスペース，テリトリアリティ，クラウディング，プライバシー）は，ある意味で重なり合っている。たとえば，それらのプロセスはすべて，自己への接近をコントロールすることと何らかの意味で関係している。同時に，それらのプロセスは個人に対して個別の機能的価値を持っており，人間と環境とのトランスアクションの別々の領域を理解するときに有用である。したがって，これら4つのプロセスを1つの「スーパープロセス」という概念に押し込めるべきではないし，それらの共通点を無視するべきでもない。これらのプロセスが，どんな時にどのように類似しているのか，同様に，どんな時にどのように区別されるのか，研究者たちはこれらを明らかにする作業にとりかかったところである。

プライバシーの理論

プライバシーについて考えるうえでは，ある1つの理論が中心となっているが，しかし他の理論も存在することを見ていこう。これらのモデルの中には，プライバシーを主に，他のプロセスの反映，あるいはそれらに役に立つ仕組みであると解釈するものがある。他のモデルでは，プライバシーを，人が自分のアイデンティティを明確にし維持するための媒体であるとみなすものもある[66]。特に，旅行先や屋外の環境に関するものでは，プライバシーを，何かから離れていくこと（逃避），もしくは，何かへ向かっていくこと（魅力）という観点からとらえている[67]。さらに，われわれの生活のさまざまな側面とプライバシーとがどれだけ織り合わされているものかを強調しているものもある。プライバシーに対する，より狭いアプローチとより広いアプローチについて概観していこう。はじめに，アーヴィン・アルトマンによって提案された中心となる理論について記述し，その次に他の理論について注目していく。

自己への接近の選択的コントロール

アルトマンは，プライバシーを三次元のプロセスと概念化する[68,69]。第1に，プライバシーは「境界をコントロールするプロセス」である。人は単に他人を排除しようとしているわけではない。人は思わず他者を求めるものでもある。自己の窓口はこの両方向の間で揺らいでいる。

第2にプライバシーは，1人でいたいという願望と，誰かと一緒にいたいという願望との「弁証法的な相互作用」である。この両方の願望はともに存在するが，ある時

●●●第8章●●●
プライバシー

には一方が上位となり，またある時にはもう一方が上位となる[70]。人は孤独や保留，匿名ばかりを多く求めることはしない。社会的な活動の目標はたいてい，親密さあるいは誰かと一緒にいることである。この理論によれば，われわれは，他者と一緒にいたいことと1人でいたいこととの間を，行きつ戻りつ，揺れ動いているのである。

　プライバシーは最適化のプロセスである。われわれは常に現実を，われわれが望ましいと思う社会的相互作用のレベルに適合させようとしているのである。アルトマンによると，最高のプライバシーとは，1人になりたいと望むときは1人になり，一緒にいたいと望むときには誰かと一緒にいることである。しかし，そのことは，全員が特定の時間にわたって同じ量の社会的相互作用を望んでいることを意味するわけではない。

　他の人よりも1人でいたいと思う人もいる。したがって，めったに誰かに会わないとしてもまだプライバシーが足りないと不満を言う人がいるかもしれない。彼らはまったく誰にも会いたくないのだ。ほとんどの時間を友人と一緒にいるのに，それでも不足だと言う人がいるかもしれない。彼らの社会的相互作用を求める適正レベルは極めて高いのだ。プライバシーとは，それが大量か少量かにかかわらず，適正な量の社会的交流を得ることである。

　アルトマンのモデルの第3の次元は，人や文化はプライバシーを最適化するためにさまざまな手段を用いることである。すなわち，プライバシーとは「複数機構からなるプロセス」である。これまでに見てきたように，プライバシーが文化的に普遍性を持つという考えには，実証的な裏づけがある。壁のない社会であっても，その構成員がプライバシーを獲得する方法を見いだしている。多くの人は，プライバシーのことをドアや壁の問題として考える傾向があるが，しかしプライバシーは他のメカニズムによっても調整される。

　非言語的な行動は，そのような1つの手段である（図8-9参照）。孤独を求めている人の望みは，明らかに「ほっておいてくれ」という顔をしながら近づいてくる別の人にも伝わるだろう。言語的な行動も，1つの手段である。あなたも，本当に親しくなりたいとは思わない人に，正確な時間などおそらく明示することなく「いつか立ち寄ってください」という招待状を送ったことはないだろうか。本当にはそんなことをしたくないのに，社会的圧力によって招待状を出さざるを得ないとき，こうした事態が生じ得る。あなたの両親が，自分たちの友だちの息子を夕食に招待するよう，あなたに頼み続ける。その息子はいやな奴だとあなたは思っている。お互いにそう思っているかもしれない。そこで上記のような招待をすることで，あなたは彼を招待したけれども彼のほうが「そんなに気乗りがしないようだ」と主張することができる。

　衣服についても，プライバシーを保持する1つの手段となり得る。伝統的なイスラム社会でのベールの使用や，北アメリカ社会の人々が曇った日にさえサングラスを使用していることを考えてみよう。

345

図8-9 公共空間でのプライバシーは主に，望まない社会的やりとりを避けることを意味する。われわれはこのことを達成するために，よそ者に背中を向けるなどの，言葉によらない行動を用いている。

　アルトマンによるプライバシーに関する記述的な枠組みは，環境心理学において最も包括的なものである。しかしそれは古典的な意味における理論ではない。それはむしろ，環境心理学者がプライバシーのモデルを，要素還元的・恒常的（ホメオスタティック）なモデルから，より全体論的でプロセス志向のモデルへとシフトさせようとする提案なのである[71]。批評家は，さまざまな理論を検討した結果，アルトマンのプライバシーのモデルが多くの意味で最良であるが，いくつかの欠点もあると結論づけている[72,73]。たとえば，アルトマンの採用した概念には，自己，境界，プライバシーの最適レベルなど，複合的な定義が存在するが，この枠組みが研究の中で用いられるとき，混乱が生じるかもしれないことを批評家は懸念している。アルトマン自身は，この理論の創出性に価値を見いだしている。すなわち，新しい疑問を呼び起こし，さらなる研究につながるようなアイデアなのである[74]。以下に，プライバシーのよりよい理論を模索するうえでの，他の視点が記述される。

ライフサイクル

　マクシーン・ウォルフは，発達上の要因として明確な役割を含むように，プライバシーの概念を拡大した。ウォルフらが示したのは，人のライフサイクルを考えたとき，社会的相互作用の管理や情報の管理がどのように新しい意味を持つのかということである。すでに見てきたように，幼い子どもたちはほとんどプライバシーの感覚を持っていない。成人になると，ほとんどの人がプライバシーに対する強い好みを持つようになる。一生を通じて，プライバシーについてさらにどんなことがいえるのだろう

か[75]。

　自己の発達は，自己と自己以外のものとが区別されることを徐々に認識することに基づいている。この区別は，プライバシーやプライバシーの有効性を理解することと密接に関係がある。幼い子どもたちは身体的な親密さを好むが，思春期に自己が発達するにつれ，彼らの親に対する親密さは低下する（時にはゼロ以下にまで）。

　そして初めて恋したとき，その若者が親密さを求める願望は最大になる。次に，何人かの幼い子どもを持つ親のことを考えてみよう。彼らはたいてい過剰なほどの親密な状況にあるが，孤独になることはほとんどできない。その同じ親も，15年後，子どもたちがみな家を離れたとき，過剰な孤独の状況に苦しむかもしれない（空の巣症候群）。不幸なことであるが，最後には，多くの老人たちもまた過剰な孤独を経験することになる。彼らはひとりぼっちになる。

　このように，ウォルフらのおかげで，プライバシーが常に時間の次元を持つことに気づくことができる。このことは，ライフサイクルが時間的な次元であることから明白である。しかし，プライバシーと時間に関する興味深い側面は，人はある人生の段階では，別の人生の段階におけるプライバシーの欲求を理解することも正当に評価することもおそらくできないだろうということである。子どもたちは，まだ大人の状況を経験していないため，おそらく親の欲求を理解することはできないだろう。同様に，大人たちは思春期のことを忘れたかのように，自分の思春期の頃にプライバシーを得ることができた程度とプライバシーを求める願望を過小評価する[76]。

欲求の段階性

　エリック・サンドストロム（Eric Sundstrom）と彼の共同研究者は，オフィスにおけるプライバシーの研究において，プライバシーの欲求が段階的に構成されている可能性を示した[77]。すなわち，低いレベルの仕事をしているときにはプライバシーのある側面が顕著になる一方，高いレベルの仕事をしているときには別の側面が顕著になる。この理論の概要は，アブラハム・マズロー（Abraham Maslow）の動機づけの理論を連想させる。マズローの理論では，人は，ある特定の段階的な秩序に従って満たされるべき欲求を持っていると考えられている。

　多くの組織において，最も低いレベルの仕事をする社員は，最も視覚的に目につきやすいところで働いている。サンドストロムによれば，多くの他者に見られながら仕事をしているとき，最も必要とされるプライバシーとは，社会的なコントロールである。個人的な交流の量を調整することに対する欲求は特に大きいわけではない。

　多くの組織において，中間的なレベルの社員は壁で囲われたオフィスで働いている。他者を近づけないようにすることは，もはや大きな問題ではない。そのような欲求はまだあるが，たいていは満たされている。しかし，彼らの仕事はたいてい，彼らより下のレベルの社員の仕事よりも集中することが求められるので，彼らのプライバシー

の欲求は主に，廊下に漂う騒音のような気を散らすものから自由になる環境を求めるものである。

　組織のトップに近づくにつれ，社会的なコントロールも気を散らすものも，どちらも主な問題ではなくなってくる。これらについても，欲求はまだあるが，すでに処理されている。壁や秘書の存在によって，重役は望まない侵入者から守られている。しかしそれでも重役にもプライバシーの欲求はあり，それは違う種類のものである。重役がプライバシーを望むのは，コミュニケーションを保護し，会話の機密性を守るという意味においてである。

　このように，会社員のプライバシーの段階が上がるにつれ，プライバシーの欲求は変化する。ある意味で，オフィスの重役と秘書とでは，彼らの力の差を反映して，重役のほうがプライバシーを確保している。しかし彼らのプライバシーの欲求は異なっており，プライバシーを必要としている強さは同じくらいかもしれない。むしろ重役のほうが秘書よりも，プライバシーに満足していないかもしれないのだ。

　サンドストロムの理論は，一見すると仕事場の環境にだけ当てはまるように思える。しかし，そこに異なる権力や地位が存在し，それが個人のテリトリーにおけるプライバシーを促す質に反映されるようなところであれば，どこにでもその基本的な前提は広く適用されるだろう。この理論は仕事場以外では検証されてはいないが，おそらく学校や家，施設などにも等しく適用し得るものである。

物理的な環境を忘れてはいけない

　これまで研究を再検討してきて，物理的環境がプライバシーに影響を与えることが示されてきた。環境がプライバシーをサポートしたり打ち消したりすることは多いが，これまでに記述されたプライバシー理論の中にそのことは明確な形では含まれてこなかった。ジョン・アーチー（John Archea）は，このことは，特に環境心理学者にとって奇妙なことだと考えた[78]。アーチーは，環境がモデルの曖昧な背景としてではなく全面的なパートナーとして，プライバシー理論の中に含まれるべきだと論じた。

　アーチーのおかげで，われわれは，行動するための場所を変化させたり，選択したりすることによって，プライバシーを変化させていることに気づいた。アーチーは，プライバシーを主に「情報を分配するプロセス」だとみなしており，物理的環境がプライバシーの流れを調整していると考える。プライバシーの流れがどのように配置されデザインされているかによって，情報を集中したり拡散したり，隔離したり，局地的に制限したりすることが可能となる。視覚的・聴覚的情報を光や水とみなし，壁やドアや窓がどのように光や水の流れに影響を与えるかを考えてみよう。物理的な環境が先述の4通りの情報の流れにどのような影響を与えるのかを確定するために，アーチーは，デザイナーに物理的な環境を分析するように依頼した。彼は，このような分析がしばしば行われるわけではないことも指摘している。

●●●第8章●●●
プライバシー

図8-10 この部屋のテーブルでのミーティングは，視覚的にも聴覚的にもプライバシーが保たれているとはいえない。

　単純な例として，心理療法の診察室における固定的な壁とパーティションとの違いを考えてみる。この2種類の部屋の間仕切りの違いは，クライアントとカウンセラーとの会話情報の流れに，そして一組のクライアント・カウンセラーとその隣のもう一組との間の会話情報の流れにも，おそらく大きな影響を及ぼすだろう（図8-10参照）。
　アーチーは，物理的場面が異なると，人が他人から視覚的に目立つようになったり，目立たなくなったりすることを指摘した。たとえば，あなたが孤独のために選択するしつらえと，親密さのために選択する場所と，匿名のために選択する場所について考えてみる。あなたの姿をあまり見えないようにしたり，見えるようにしたりする，この3つの場面の違いを比較してみよう。窓や壁，ドア，他者への視線は，見えるものを決定的に変化させる特性である。一般的にアーチーの主張は，プライバシーを研究する際にもっと物理的環境の特性を具体的に考慮すれば，これまで以上にプライバシーについて理解することができるというものである。

　まとめると：プライバシーの理論について深く考えてみたときの第1番目の印象とは，まだ完璧といえる理論などはないということである。アルトマンのモデルはこの領域で有力なものだが，他の理論家はプライバシーのいくつかの側面がまだ十分に考慮されてきていないことを指摘する。プライバシーは境界のコントロールを最適化するプロセスであるかもしれないが，このアプローチにおいては，この鍵となる用語の定義に少し問題がある（その結果，その尺度にも問題がある）。問題の中心は，プライバシーとは根本的に，それ自身が定義する概念なのか，それとも客観的に定義し得る概念なのか，ということである。プライバシーが主観的でダイナミックな現象であるとみなされるとき，それを測定することは難しく，この立場を保つ理論を科学的に検証することはおそらく困難である。たとえばアーチーは，プライバシーの心理的側面について認識していながらも，プライバシーには強い環境的な構成要素があると述べた（たとえば，われわれが可能なときはいつも自分

の環境を選択すること)。ウォルフは,プライバシーの好みや期待,満足度といったものは,ライフサイクルにわたり変化することを指摘する。サンドストロムは,ライフサイクルのどんな点においても,われわれのプライバシーの欲求はわれわれの状況の関数として変化すると述べている。

プライバシーと環境デザイン

デザイナーの目標は,すべての人にできる限りのプライバシーを提供することであるに違いない。このことは,家やオフィス,学校,施設,外部空間などを,それぞれの人が別々に壁で囲われた区画を持つように建設することを意味するわけではない。プライバシーが他者に対して閉ざすことを意味するのと同時に,他者に対して開放的であることを意味することは,すべての理論家が同意するところである。新しい理論では,それ以前の主要な理論の洞察を組み合わせ,デザイナーに役に立つモデルをつくろうとしてきた[79]。重要なことは,人が他者への接近を調整することのできる環境の中で生活し,仕事をしているということである。住宅とオフィスの具体的なデザインの例について見ていくことにしよう。

住宅におけるプライバシー

住宅というものは,すでに比較的プライベートな空間である。住宅のプライバシーというと,敷地の大きさや隣の家からの距離といった外部の要因と結びつけて考える人が多いという調査報告もあるが,先進国においては,住宅の提供する壁やドアはおそらく,われわれがプライバシーを管理するのに用いる最も一般的な手法である[80, 81]。もしも住宅が十分に広ければ,そして住宅が広すぎて家族が互いに孤立したり阻害されたりするようなことがなければ,プライバシーは問題とならない。しかしあいにく,空間が不十分であったり,利用可能な空間の配置が貧弱であったりすることが,しばしば問題となっている[82]。

集合住宅の計画において,セミプライベート空間のデザインによってプライバシーは変化する。ニューヨークにおいて,低層ビルと高層ビルのロビーやエレベーター,その他の公共的領域におけるプライバシーを調査した研究がある[83]。もちろんこのような領域は,個人のアパートに比べて孤立や親密を提供するものではない。しかしこの研究で見いだされたのは,低層の建物のセミパブリック領域のほうが高層の建物のセミパブリック領域に比べ,よりプライバシーが提供されていると居住者が判断したことである。プライバシーに満足することは世間からの引きこもりを意味するわけではないという考えを裏づけるように,低層の建物の借家人は高層の建物の借家人に比べ,より社会的に活動しており,多くの自発的な組織に属していた。長い廊下がデザ

●●第8章●●
プライバシー

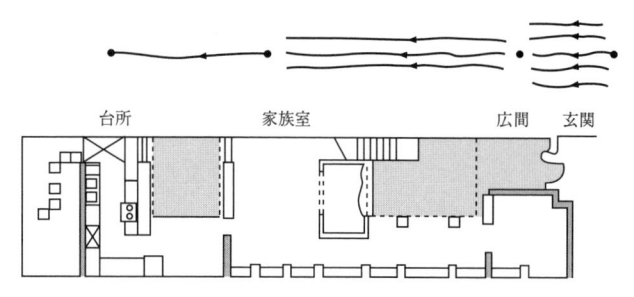

図8-11 クリストファー・アレグザンダーによる、ペルーの低所得者住宅の計画において具体化された、プライバシー勾配の例。

インされた学生寮と短い廊下がデザインされた寮におけるプライバシーを比較した研究では、長い廊下の寮の居住者のほうが短い廊下の寮の居住者よりも、適切なプライバシーを維持することが難しいことを報告している[84]。どちらの研究においても、それぞれの建物内の公共的な空間で、居住者が見知らぬ人たちをより多くやり過ごさなくてはならないとき、プライバシーの欠如が生まれる。

クリストファー・アレグザンダー(Christopher Alexander)は、長年にわたり住宅におけるプライバシーについて考えてきた建築家である。室内空間が限られているとき、アレグザンダーの考案した1つの解決法は、「プライバシーの勾配」である[85]。アレグザンダーはペルーの低コスト住宅を計画するのに、文化的な習慣と居住者からの聞き取り内容を注意深く考慮したうえで、玄関に近い最もパブリックな部分から、玄関から離れた最もプライベートな部分にいたるように、空間を配置した(図8-11参照)。

住宅のデザインにおいて、プライバシー(孤独や親密さの意味で)とコミュニティ(近隣との関係)とのバランスをとることは難しい。アレグザンダーの原理に従って行った計画でさえ、プライバシーとコミュニティとのバランスがいつも効果的にうまくとれているわけではない[86]。居住者のプライバシーを保証する唯一の普遍的なデザインというものが存在しないのは明らかである。もしデザイナーが費用効率の高い、それでいてプライバシーのある住宅を提供しようとするなら、それぞれの家族や施主の欲求について慎重に考慮しなくてはならない。ただし、あるグループに属する居住者は類似しており、配慮されたデザインは彼らの使用するほとんどの建物に適用することができる。

オフィスにおけるプライバシー

仕事中のプライバシーは、ますます大きな問題となっている。オフィスにおける視覚的・聴覚的・社会的・情報的プライバシーに関する最近の研究では、多くの配置が満足からほど遠いものであることを示している[87,88]。仕事の効率をベースにしてオフ

ィスの配置が行われねばならないとき，1平方フィート（訳注：1フィート＝約30cm）あたりの社員数のような大雑把な検討材料によって行われることがあまりにも多いと述べている専門家もいる[89]。しかし社員はプライバシーを非常に重要なものと思っている。大学のオフィスを対象にした研究によると，空間の量，室温，換気，家具，照明，眺め，一般的な美しさなどに比べ，プライバシーのほうが重要であると考えられていることがわかった[90]。

　住宅のときと同様，通常望ましいオフィスとは，確実に「自己への接近をコントロール」できるように，十分に大きく，しっかりと囲まれているものである。けれども，地位と年功序列によってオフィスのスペースが割り当てられるような仕組みが広まっていることもあって，皆がそのようなオフィスを持っているわけではない。理想的には，オフィスは孤独をもたらすように設計されるべきなのだろうか。その答えは，仕事の種類や個人の好み，社会的な標準による。

1. 完全に1人になれるようなオフィスがあれば，すべての仕事が最大の業績をあげるわけではない。1人になることを必要とする仕事（教科書を執筆するような）もあれば，開放的なオフィスに適する仕事（ブレインストーミングや部門を超えたコミュニケーション）もある。したがって，そこで行われる仕事の種類というものは，考慮するべき重要な事項の1つである。
2. すべての人が，プライバシーの高いオフィスで働くことを望むわけではない。プライバシーに対する個人的な好みということも，もう1つ考慮されるべき重要な事柄である。グループで最高の仕事をする作家もいれば，ブレインストーミングをする人であっても，グループでやるより1人のほうが多くのものをつくり出す人もいる。
3. 社会的やりとりの標準も考慮されるべきである[91]。それぞれの社会的やりとりのタイプ（たとえば，くだけた冗談を言う場合と予算的な意思決定を行う場合のような）が，オフィスの特定の場所と結びついていることは多い。たとえば，くだけた会話は一般的に廊下や噴水のまわりで起こるが，予算的な決定は物理的に隔離された場面の中で個人や集団によって行われるのが普通である。オフィスの配置は，このような標準を反映するべきである。

　1人ずつが壁で囲まれた伝統的なオフィスと，4人ずつの開放的なオフィスにおける，仕事の成績や満足感について対比した研究では，人が異なれば仕事が最高にできるオフィスも異なる，ということが見いだされた[92]。たとえば，内向的な男性が単純な仕事をするのに最も成績がよかったのは，開放的なオフィスであった。オフィスで働くすべての社員にとって最高となるような，唯一のオフィスデザインは存在しない。オフィスのデザインは，無計画であったり単に伝統に基づくということではなく，

●●第8章●●
プライバシー

地位や仕事の種類，個人的な好みや社会的標準，そして個人のパーソナリティに合わせるべきである。仕事の空間を対象にした，これらすべての要因を考慮することに成功した実証的な研究はほとんどない。さらに，これらすべてを考慮してデザインを行うことは容易なことではない。今のところ，ある研究者が示したことは，モジュール式の家具デザインによって柔軟性を提供することが，この章を通して見てきたような，孤独と交流との欲求同士の緊張感の間によい解決をもたらすということである[93]。

オフィスをフィールドとする研究では，これらの要素をすべて考慮に入れようとするが，通常は実験的な条件を十分に統制することができない。したがってある研究者は，実験室において1つか2つの要素を注意深く制御することによって，オフィスデザインの問題に取り組んできた。そのような研究の1つでは，どんな仕事であっても必ずその前に行われる活動に注目した。それは仕事に応募することである[94]。新聞の広告に反応した人が訪れたのは，典型的な人事オフィスと同じように家具が置かれ飾りつけられた研究室である。彼らは，学生が本当に求めていそうな4つの役職（共同プロジェクトの役員，管理職見習い，研究助手，事務員）の中から1つに応募し，その申請から面接までの進行を実際に演じた。

面接中のプライバシーに変化を与えるため，応募者の半分はパーティションの向こうから誰かが断続的にタイプしている音が聞こえるような（プライバシーの低い）状況に置かれ，残りの半分は面接者を除きオフィスの誰の音も聞こえないような（プライバシーの高い）状況に置かれた。プライバシーの低い状況に置かれた応募者は，仕事の面接に対して際立って低い満足感を示した。特にプライバシーの低い状況に置かれた応募者は，プライバシーの高い状況に置かれた応募者に比べ，非常に抑制された気分になったことを回答している（図8-12参照）。

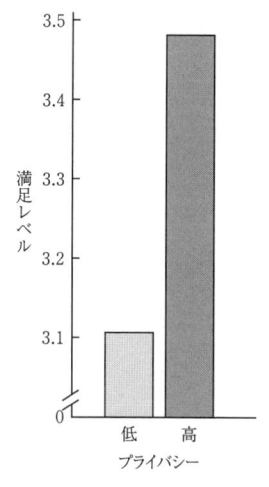

図8-12 新しい仕事に関する面接を第三者に聞かれる可能性のあるとき（低プライバシー）は，その面接を誰も聞かれることのない場合（高プライバシー）に比べ，満足度は低かった。

要　約

プライバシーとは，われわれが他人とのやりとりを調整しようとするプロセスである。そのやりとりには，社会的な相互作用や，ファイルされた自分に関する情報が含まれる。それは主に，アンケートとインタビューを用いて研究されてきた。人が，孤独，保留，匿名，親密，その他のプライバシーを管理しようとするとき，好みや期待，

価値，規範，人の行動は，個人ごとに，状況ごとに変化する。プライバシーは，他の心理的プロセスと深く関連している。たとえば，空間を管理する他の手段や，コントロール，コミュニケーション，アイデンティティ，感情，順応，成長などである。物理的環境は，プライバシーの調整を促すうえで鍵となる役割を果たしている。それはプライバシーの調整を容易にすることもできるし，あるいは建築的な手段のほとんどない場合には，プライバシーを求めるために創造性を発揮させることもできる。プライバシーを調整する機会をほとんど持たないのに，環境に順応しているように見える人がいる。このことが，悪影響を及ぼすのか，それともうまく対処していることを表しているのかは，不明確である。敏感なデザイナーは，私的・公的空間において建築空間をうまく配置することによって，他者とのやりとりを調整する個人の能力を最大にすることができる。

【引用文献】
1. Westin, A. F. (1967). *Privacy and freedom*. New York: Atheneum.
2. Altman, I. (1975). *The environment and social behavior: Privacy, personal space, territoriality and crowding*. Monterey, CA: Brooks/Cole. (p. 18).
3. 2. 参照
4. 2. 参照
5. Crabb, P. B. (1999). The use of answering machines and caller ID to regulate home privacy. *Environment and Behavior*, **31**, 657-670.
6. Weinstein, C. S. (1982). Privacy-seeking behavior in an elementary classroom. *Journal of Environmental Psychology*, **2**, 23-35.
7. Walden, T. A., Nelson, P. A., & Smith, D. E. (1981). Crowding, privacy and coping. *Environment and Behavior*, **13**, 205-224.
8. Melton, G. B. (1983). Toward "personhood" for adolescents: Autonomy and privacy as values in public policy. *American Psychologist*, **38**, 99-103.
9. Smith, D. E. (1982). Privacy and corrections: A reexamination. *American Journal of Community Psychology*, **10**, 207-224.
10. 1. 参照
11. Marshall, N. J. (1972). Privacy and environment. *Human Ecology*, **1**, 93-110.
12. Pedersen, D. M. (1979). Dimensions of privacy. *Perceptual and Motor Skills*, **48**, 1291-1297.
13. Pedersen, D. M. (1982). Cross-validation of privacy factors. *Perceptual and Motor Skills*, **55**, 57-58.
14. Demirbas, O. O., & Demirkan, H. (2000). Privacy dimensions: A case study in the interior architecture design studio. *Journal of Environmental Psychology*, **20**, 53-64.
15. Hammitt, W. E., & Madden, M. A. (1989). Cognitive dimensions of wilderness privacy: A field test and further explanation. *Leisure Sciences*, **11**, 293-301.
16. 11. 参照
17. 7. 参照
18. Rubin, Z., & Shenker, S. (1978). Friendship, proximity, and self-disclosure. *Journal of Personality*, **46**, 1-22.
19. Firestone, I. J., Lichtman, C. M., & Evans, J. R. (1980). Privacy and solidarity: Effects of nursing home accommodation on environmental perception and sociability preferences. *International Journal of Aging and Human Development*, **11**, 229-241.
20. McKechnie, G. E. (1974). *ERI Manual: Environmental response inventory*. Berkeley, CA: Consulting Psychologists Press.
21. 16. 参照
22. 13. 参照
23. Stone, E. F., Gueutal, H. G., Gardner, D. G., & McClure, S. (1983). A field experiment comparing information-privacy values, beliefs, and attitudes across several types of organizations. *Journal of Applied Psychology*, **68**, 459-468.

24. Tolchinsky, P. D., McCuddy, M. K., Adams, J., Ganster, D. C., Woodman, R. W., & Fromkin, H. C. (1981). Employee perceptions of invasion of privacy: A field simulation experiment. *Journal of Applied Psychology*, 66, 308-313.
25. Woodman, R. W., et al. (1982). A survey of employee perceptions of information privacy in organizations. *Academy of Management Journal*, 25, 647-663.
26. Fusilier, M. R., & Hoyer, W. D. (1980). Variables affecting perceptions of invasion of privacy in a personnel selection situation. *Journal of Applied Psychology*, 65, 623-626.
27. 11. 参照
28. Altman, I., Vinsel, A., & Brown, B. B. (1981). Dialectic conceptions in social psychology: An application to social penetration and privacy regulation. *Advances in Experimental Social Psychology*, 14, 107-160.
29. Sundstrom, E., Herbert, R. K., & Brown, D. W. (1982). Privacy and communication in an open-plan office: A case study. *Environment and Behavior*, 14, 379-392.
30. Sundstrom, E., Town, J. P., Brown, D. W., Forman, A., & McGee, C. (1982). Physical enclosure, type of job, and privacy in the office. *Environment and Behavior*, 14, 543-559.
31. Kupritz, V. W. (1998). Privacy in the workplace: The impact of building design. *Journal of Environmental Psychology*, 18, 341-356.
32. 11. 参照
33. 11. 参照
34. 9. 参照
35. Chaikin, A. L., Derlega, V. J., & Miller, S. J. (1976). Effects of room environment on self-disclosure in a counseling analogue. *Journal of Counseling Psychology*, 23, 479-481.
36. Gifford, R. (1988). Light, decor, arousal, comfort, and communication. *Journal of Environmental Psychology*, 8, 177-189.
37. 18. 参照
38. Abu-Gazzeh, T. (1995). Privacy as the basis of architectural planning in the Islamic culture of Saudi Arabia. *Architecture and Behavior*, 11, 269-288.
39. Patterson, A. H., & Cliswick, N. R. (1981). The role of the social and physical environment in privacy maintenance among the Iban of Borneo. *Journal of Environmental Psychology*, 1, 131-139.
40. Yoors, J. (1967). *The gypsies*. New York: Simon and Schuster.
41. Newell, P. B. (1998). A cross-cultural comparison of privacy definitions and functions: A systems approach. *Journal of Environmental Psychology*, 18, 357-371.
42. 2. 参照
43. 1. 参照
44. Pedersen, D. M. (1997). Psychological functions of privacy. *Journal of Environmental Psychology*, 17, 147-156.
45. Pedersen, D. M. (1999). Model for types of privacy by privacy functions. *Journal of Environmental Psychology*, 19, 397-405.
46. 1. 参照
47. 29. 参照
48. 9. 参照
49. Hammitt, W. E. (1982). Cognitive dimensions of wilderness solitude. *Environment and Behavior*, 14, 478-493.
50. Shumaker, S. A., & Reizenstein, J. E. (1982). Environmental factors affecting inpatient stress in acute care hospitals. In G. W. Evans (Ed.), *Environmental stress*. New York: Cambridge University Press.
51. Werner, C. M., Kelly, B. M., Haggard, L. M., & Gibson, B. (1990). *Environment behavior relationships: The case of privacy regulation*. Division 34 Presidential address at the annual meetings of the American Psychological Association, San Francisco.
52. Haggard, L. M. & Werner, C. M. (1990). Situational support, privacy regulation, and stress. *Basic and Applied Social Psychology*, 11, 313-337.
53. 1. 参照
54. Foddy, W. H., & Finighan, W. R. (1980). The concept of privacy from a symbolic interaction perspective. *Journal for the Theory of Social Behavior*, 10, 1-17.
55. Harris, P. B., Brown, B. B., & Werner, C. M. (1996). Privacy regulation and place attachment: Predicting attachments to a student family housing facility. *Journal of Environmental Psychology*, 16, 287-301.
56. 1. 参照
57. 8. 参照

58. Wolfe, M. (1978). Childhood and privacy. In I. Altman & J. F. Wohlwill (Eds.), *Children and the environment*. New York: Plenum Press.
59. Parke, R. D., & Sawin, D. B. (1979). Children's privacy in the home: Developmental, ecological, and child-rearing determinants. *Environment and Behavior*, 11, 87–104.
60. Vinsel, A., Brown, B. B., Altman, I., & Foss, C. (1980). Privacy regulation, territorial displays, and effectiveness of individual functioning. *Journal of Personality and Social Psychology*, 39, 1104–1115.
61. 19. 参照
62. Pastalan, L. A. (1970). Privacy as an expression of human territoriality. In L. A. Pastalan & D. H. Carson (Eds.), *Spatial behavior of older people*. Ann Arbor: University of Michigan Press.
63. Taylor, R. B., & Ferguson, G. (1980). Solitude and intimacy: Linking territoriality and privacy experiences. *Journal of Nonverbal Behavior*, 4, 227–239.
64. Edney, J. J., & Buda, M. A. (1976). Distinguishing territoriality and privacy: Two studies. *Human Ecology*, 4, 283–296.
65. Iwata, O. (1980). Territoriality orientation, privacy orientation and locus of control as determinants of the perception of crowding. *Japanese Psychological Research*, 22, 13–21.
66. 54. 参照
67. Hammitt, W. E. (2000). The relation between being away and privacy in urban forest recreation environments. *Environment and Behavior*, 32, 521–540,
68. 2. 参照
69. Altman, I. (1977). Privacy regulation: Culturally universal or culturally specific? *Journal of Social Issues*, 33(3), 66–84.
70. 28. 参照
71. Foddy, W. H, (1984). A critical evaluation of Altman's definition of privacy as a dialectical process. *Journal for the Theory of Social Behavior*, 14, 297–307.
72. Margulis, S. T. (1977). Conceptions of privacy: Current status and next steps. *The Journal of Social Issues*, 33(3), 5–21.
73. 71. 参照
74. 70, p. 143. 参照
75. Laufer, R. S., & Wolfe, M. (1977). Privacy as a concept and a social issue: a multidimensional development theory. *Journal of Social Issues*, 33(3), 22–42.
76. 8. 参照
77. Sundstrom, E. (1986). Workplaces: *The psychology of the physical environment in offices and factories*. (pp. 309–311). New York: Cambridge.
78. Archea, J. (1977). The place of architectural factors in behavioral theories of privacy. *Journal of Social Issues*, 33(3), 116–137.
79. Kupritz, V. W. (2000). Privacy management at work: A conceptual model. *Journal of Architectural and Planning Research*, 17, 47–63.
80. Harman, E., & Betak, J. F. (1974). *Some preliminary finding on the cognitive meaning of the external privacy in housing*. Paper presented at the annual meetings of the Environmental Design Research Association, Milwaukee.
81. 11. 参照
82. Finighan, W. R. (1980). Some environmental observations on the role of privacy in the residential environment. *Man-Environment Systems*, 10, 153–159.
83. McCarthy, D., & Saegert, S. (1979). Residential density, social overload and social withdrawal. In J. R. Aiello & A. Baum (Eds.), *Residential crowding and design*. New York: Plenum Press.
84. Baum, A., Aiello, J. R., & Calesnick, L. E. (1979). Crowding and personal control: Social density and the development of learned helplessness. In J. R. Aiello & A. Baum (Eds.), *Residential crowding and design*. New York: Plenum.
85. Zeisel, J. (1975). *Sociology and architectural design*. New York: Russell Sage Foundation.
86. Vischer, J. C. (1986). The complexity of designing for social mix: An evaluation of site-planning principles. *Journal of Architectural and Planning Research*, 3, 15–31.
87. Wineman, J. D. (1982). The office environment as a source of stress. In G. W. Evans (Ed.), *Environmental stress*. New York: Cambridge University Press.
88. Klitzman, S., & Stellman, J. (1989). The impact of the physical environment on the psychological well-being of office workers. *Social Science and Medicine*, 29, 733–742,
89. Becker, F. D. (1981). *Workspace: Creating environments in organizations*. New York: Praeger.

第 8 章
プライバシー

90. Farrenkopf, T., & Roth, V. (1980). The university faculty office as an environment. *Environment and Behavior*, **12**, 467-477.
91. Justa, F. C., & Golan, M. B. (1977). Office design: Is privacy still a problem? *Journal of Architectural Research*, **6**(2), 5-12.
92. Block, L. K., & Stokes, G. S. (1989). Performance and satisfaction in private versus nonprivate working settings. *Environment and Behavior*, **21**, 277-297.
93. Cangelosi, V. E., & Lemoine, L. F. (1988). Effects of open versus closed physical environment on employee perception and attitude. *Social Behavior and Personality*, **16**, 71-77.
94. Ng, C. F., & Gifford, R. (1984). *Speech communication in the office: The effects of background sound level and conversational privacy*. Unpublished manuscript.

【参考図書】

Altman, I. (1975). *The environment and social behavior*. Monterey, CA: Brooks/Cole.

Archea, J. (1977). The place of architectural factors in behavioral theories of privacy. *Journal of Social Issues*, **33**(3), 116-137.

Kupritz, V. W. (2000). Privacy management at work: A conceptual model. *Journal of Architectural and Planning Research*, **17**, 47-63.

Pedersen, D. M. (1999). Model for types of privacy by privacy functions. *Journal of Environmental Psychology*, **19**, 397-405.

Stone, E. F., Gueutal, H. G., Gardner, D. G., & McClure, S. (1983). A field experiment comparing information-privacy values, beliefs, and attitudes across several types of organizations. *Journal of Applied Psychology*, **68**, 459-468.

Sundstrom, E., Town, J. P., Brown, D. W., Forman, A., & McGee, C. (1982). Physical enclosure, type of job, and privacy in the office. *Environment and Behavior*, **14**, 543-559.

Taylor, R. B., & Ferguson, G. (1980). Solitude and intimacy: Linking territoriality and privacy experiences. *Journal of Nonverbal Behavior*, **4**, 227-239.

人名索引

●あ

アーガイル（Argyle, M.） 208, 210
アーチー（Archea, J.） 348, 349
アイエロ（Aiello, J.） 209, 274
アダモパウロス（Adamopoulos, J.） 267
アップルヤード（Appleyard, D.） 58, 60, 62
アルトマン（Altman, I.） 209, 228, 320, 344
アレグザンダー（Alexander, C.） 351

●い

イッテルソン（Ittelson, W.） 9, 34

●う

ウィッカー（Wicker, A.） 13, 300
ウェインシュタイン（Weinstein, N.） 171
ウェスティン（Westin, A.） 318, 323, 333, 337
ウォルフ（Wolfe, M.） 338, 346

●え

エドニー（Edney, J.） 227
エバンス（Evans, G.） 59

●お

オキーフ（O'Keefe, J.） 67, 68
オズモンド（Osmond, H.） 9, 212

●か

カープ（Carp, F.） 131
カープ（Carp, A.） 131
カプラン（Kaplan, R.） 108, 171, 226
カプラン（Kaplan, S.） 108, 171, 226
カルフーン（Calhoun, J.） 283
カンター（Canter, D.） 102

●き

キーティング（Keating, J.） 300
ギブソン（Gibson, J. J.） 45-48, 72
キャッシュダン（Cashdan, E.） 237
キャバン（Cavan, S.） 215

●く

クック（Cook, M.） 215
クレイク（Craik, K.） 100, 122, 123, 125

●け

ケイ（Kaye, S.） 48
ゲーリング（Garling, T.） 66
ゲラー（Geller, S.） 99
ケリー（Kelly, G.） 165

●こ

コックス（Cox, V.） 306

●さ

サイモン（Simon, J.） 261
サダラ（Sadalla, E.） 41
サリヴァン（Sullivan, H. S.） 216
サンドストロム（Sundstrom, E.） 347

●し

ジェイコブス（Jacobs, J.） 238
ジェンクス（Jencks, C.） 115
シュードフェルド（Suedfeld, P.） 61
シュミット（Schmidt, D.） 300

●す

ズービー（Zube, E.） 129, 130
スキナー（Skinner, B. F.） 99
スコット（Scott, M.） 229
ストコルス（Stokols, D.） 264

●せ

セリエ（Selye, H.） 11

●そ

ソマー（Sommer, R.） 9, 35, 182, 200, 212
ソンネンフェルド（Sonnenfeld, J.） 165, 166

●た

タンブル（Turnbull, C.） 39

●ち

チェイン（Chein, I.） 2, 14

●て

ディーン（Dean, J.） 208, 210
デイビス（Davis, G.） 304
テイラー（Taylor, R.） 251

人名索引

●と
トールマン(Tolman, E.) 68

●な
ナサー(Nasar, J.) 104, 106
ナップ(Knapp, M.) 230
ナデル(Nadel, L.) 67, 68

●に
ニューマン(Newman, O.) 238

●の
ノウルズ(Knowles, E.) 210, 267, 298

●は
バーカー(Barker, R.) 9, 300
バーライン(Berlyne, D.) 46-48, 72
パールズ(Perls, F.) 216
ハイデッガー(Heidegger, M.) 47
バウム(Baum, A.) 304
パウラス(Paulus, P.) 304
パターソン(Patterson, M.) 210
パッシーニ(Passini, R.) 71

●ひ
ピアジェ(Piaget, J.) 53

●ふ
ブラウン(Brown, B.) 239
フリードマン(Friedman, S.) 165
フリードマン(Freedman, J.) 298
ブルンスウィック(Brunswik, E.) 7, 37, 42-44, 47, 48, 72
フロイト(Freud, S.) 216
プロシャンスキー(Proshansky, H.) 9

●へ
ペデルセン(Pedersen, D.) 323
ヘルソン(Helson, H.) 61

●ほ
ホール(Hall, E.) 184, 197, 199, 212
ボルビル(Wohlwill, J.) 40, 61

●ま
マーレー(Murray, H.) 152
マズロー(Maslow, A.) 9, 347
マッキーニー(McKechinie, G.) 151, 167
マッケイン(McCain, G.) 306

●む
ムーア(Moore, G.) 64
ムース(Moos, R.) 125

●め
メーラビアン(Mehrabian, A.) 111, 112, 171
メルヴィル(Melville, H.) 152

●も
モンタノ(Montano, D.) 267

●ゆ
ユング(Jung, C.) 150

●ら
ライト(Wright, H.) 9
ライヒ(Reich, W.) 216
ライマン(Lyman, S.) 229
ラッセル(Russell, J.) 111-113

●り
リトル(Little, B.) 163
リンチ(Lynch, K.) 50, 58, 62

●れ
レヴィン(Lewin, K.) 8, 153
レフ(Leff, H.) 35

●ろ
ロザック(Roszak, T.) 16
ロス(Ross, H.) 32

●わ
ワーナー(Werner, C.) 335
ワプナー(Wapner, S.) 56

359

事項索引

●あ
アースデイ　96
アイデア（idea）　229
アイデンティティ（自己同一性）　114, 336
アクションプラン　66
アクションリサーチ（action research）　8, 155
あなたはここです（You-Are-Here）地図　70
アナロジー　69
アフォーダンス　45, 108
アルツハイマー病　69, 71
アルファ圧力　153
アルファ・パーソナルスペース　187

●い
EDRA（Environmental Design Research Association）　10
遺産　169
意思決定面のコントロール（decisional control）　231
一次的環境（primary environments）　273
一次テリトリー（primary territories）　228, 342
一貫性　106, 108
一般的な環境における個人的影響の調査（Survey of Personal Influence in Common Environments: SPICE）　173
遺伝子　251
違反行為（violation）　230
意味　113
隠遁　323

●う
ウェイゲル環境関心尺度（Weigel Environmental Concern Scale）　86
ウェーバー－フェヒナーの法則　35

●え
エコロジー行動　97
エッジ　50
NIMBY（Not In My Backyard）症候群　118
LULU（Locally Unwanted Land Use）症候群　118
Environment and Behavior　10
遠手がかり（distal cues）　43
遠方相　184

遠慮深い　156

●お
応用行動分析　99
大きさの恒常性　40
屋外密度（outdoor density）　266
屋内密度（indoor density）　266
汚染（contamination）　230
驚き　46
オフィス　351
オペラント・アプローチ（operant approach）　15

●か
快　111
外殻（foreign hull）　8, 154
快－覚醒仮説　112
外向的　156
懐古趣味　167
外在的な人（externals）　270
階層的体制化　65
外的妥当性（external validity）　19
海馬　67
快楽性（hedonic tone）　46
カウンセリング場面　215
学習性無力感（learned helplessness）　12, 303
覚醒　111, 202
覚醒－認知　210
覚醒理論（arousal theory）　11
隔離　323
確率的機能論　42
ガジェ（Gaje）　331
過剰負荷アプローチ（overload approach）　302
過剰負荷理論（overload theory）　11
家族との親密　323
価値観　92
活動　102
カラーコード　71
環境（environment）　3, 162
環境圧力　153
環境移動性　166
環境関心尺度（Environmental Concern Scale）　97
環境危惧尺度（Environmental Worry Scale）　87

環境教育（Environmental Education: EE）　93, 94
環境行動内的コントロール指標　173
環境災害　159
環境査定（Observer-Based Environmental Assessment: OBEA）　85, 121, 124-126, 129-132
環境刺激に対する敏感さ　170
環境主義尺度（Environmentalism Scale）　86
環境順応　167
環境心理学（environmental psychology）　2
環境性（environmentality）　123
環境知覚　33, 34
環境中心アプローチ（environment-centered approach）　16
環境的な影響　119
環境デザイン　174, 212, 350
環境に対する態度　85, 86
環境認知　49
環境のコントロール　166
環境の提示　36
環境の「物語」　95
環境パーソナリティの次元　163
環境パーソナリティ目録　165
環境配慮行動　159, 166
環境反応目録（Environmental Response Inventory: ERI）　167, 170
環境評価　85
環境評価目録（Environmental Appraisal Inventory: EAI）　173
環境への関心　89
環境への信頼　167
環境への敏感さ　166
環境への麻痺　35
環境リスクテイキング　166
還元主義（者）　161
感情　111
感情のモード（affective modes）　268
観念的なコミュニケーション　114
管理　254

●き
機会構造パラダイム（opportunity structure paradigm）　18
機械への志向性　167
記述子　102
技術的な環境査定（Technical Environmental Assessment: TEA）　124-126
急性ストレッサー（acute stressors）　11
境界線規制メカニズム（boundary regulation mechanisms）　13
興味　169

近接相　184
近手がかり（proximal cues）　43
近隣　131, 253

●く
空間的密度（spatial density）　265
空間認知　49, 53
空間－認知バイアス　57
空間能力　55
クラウディング　319, 341
繰り越しクラウディング（carry-over crowding）　276
グリーンピース　87
群集　263

●け
計画　64
景観美評価（Scenic Beauty Estimation: SBE）　127
経験　56, 169
形態性（formal）　106
現象学（phenomenology）　12, 47
現象学的アプローチ　38
建築心理学（architectural psychology）　10

●こ
公共的距離（public distance）　186
公共のテリトリー（public territories）　228
攻撃　244
構築環境（built settings）　3
行動推論法　38
行動制限理論（behavioral constraint theories）　231
行動セッティング（behavior settings）　9, 13
行動ゾーニング（behavioral zoning）　305
行動の掃き溜め（behavioral sink）　283
行動のモード（behavior modes）　268
行動妨害理論（behavior interference theories）　231
行動面のコントロール（behavioral control）　231
交流テリトリー（interactional territories）　230
個人化（personalization）　227, 243
個人的コミュニケーション　116
個人的な影響　103, 117, 190, 324
個人的なコントロール（personal control）　12, 300
個人的な認知的自由　323
個人的妨害（personal thwarting）　277
孤独　322, 323
子どもの環境態度テスト（Test for the

Environmental Attitudes of Children: TEACH) 87
コミュニケーション　334
コルサコフ症候群　69
コロニアル式　116
コントロール　245, 246
コントロールの所在（Locus Of Control: LOC）156, 158, 270
コントロール理論　12

●さ

サーカンプレックス（circumplex）　111
坂登り（road climbing）　66
サンシップ・アース（Sunship Earth）　94

●し

シエラクラブ　87
時間採集法　37
刺激遮断　11
刺激探究　167
刺激の選別（stimulus screening）　272
刺激理論　11
次元　102
資源の競合（competition for resources）　236
自己中心的　53
自己の専門家（セルフスペシャリスト）　164
自己への接近　320, 344
システム理論家　161
自然環境（natural settings）　3
自然環境への注意単語関連テスト（Natural Environmental Awareness Test: NEAT）　170
自然状態での観察　189
自然への方向づけ　170
実験室研究　269
実験室実験（laboratory experiment）　268
私的距離（personal distance）　185
児童用環境反応目録（Children's Environmental Response Inventory: CERI）　168
支配　111, 245, 246
支配性（dominance）　232
シミュレーション　95
シミュレーション法　188
Journal of Environmental Psychology　10
社会階層　91, 236
社会環境　236
社会的学習理論　206
社会的境界での防御（social boundary defenses）　231
社会的規範　98
社会的空間　156, 159
社会的交流の管理　321
社会的浸透　209

社会的な影響　193, 202, 326
社会的な認知的自由　323
社会的密度（social density）　265
社会文化的パラダイム（sociocultural paradigm）　18
社交性（sociability）　270
社交的距離（social distance）　185
周辺ストレッサー（ambient stressors）　11
周辺的次元　102
準実験的なデザイン（quasi-experimental designs）　21
純粋主義者　272
順応　35, 340
順応水準理論（adaptation-level theory）　11, 61
順応パラダイム（adaptataion paradigm）　18
上位関係バイアス　57
状況のモード（situation modes）　268
象徴性（symbol）　106
象徴的バリア（symbolic barriers）　239
情報の管理　321
人員過剰（overstaffing）　300
人員配置（staffing）　13
進化　251
侵害　230
進化論的　108
新奇性　46
人口密度指標（population density index）　266
人口問題　262
深層生態学（deep ecology）　16
身体緩衝域（body buffer zone）　193
身体テリトリー（body territories）　230
侵入（invasion）　230
親密　322
親密距離（intimate distance）　184
心理学的生態学（psychological ecology）　8, 154
心理的な抵抗（psychological reactance）　12
心理物理学的方法　38
心理物理的パラダイム　127
親和傾向　270
親和－対立　208

●す

推論と印象の形成　203
スキーマ（schemas）　104, 106
スクリーナー　171, 172
スケッチマップ　52
ストレス（stress）　11
ストレッサー　11
スペイン風　116
スペシャリストではない人　164

事項索引

●せ

生活空間　154
生活歴　324
生態学的心理学（ecological psychology）　8
生態学的妥当性（ecological validity）　44
生態心理学（ecopsychology）　16
生態中心主義（ecocentrism）　91
生態中心的（ecocentric）　92
性別（ジェンダー）　90, 191, 235, 324
接近－回避　210
ゼネラリスト　164
セミパブリック領域　350
セミプライベート空間　350
全体理論（integral theories）　14
選択的コントロール　21, 344
専門的パラダイム　127

●そ

総計的アプローチ（aggregate approach）　268
相互作用論（interactionism）　14
ソシオフーガル（社会遠心）　212, 213
ソシオペタル（社会求心）　212, 213
ソルトボックス型　116

●た

体制化　252
態度　85
対比の特性　46
代表制のある計画（representative design）　7
タイプAパーソナリティ　192
多次元尺度構成法（MDS）　52
多数のパラダイム（multiple paradigm）　18
タスク　238

●ち

地域化（regionalization）　65
知覚過程　36
知覚者－環境アプローチ　108
知悉　56
知性　235
地中海風　116
秩序　106
地表のくぼみ効果（terrestrial saucer effect）　41
注意　35
中心的次元　102
チューダー式　116
中立的妨害（neutral thwarting）　277
調整　340
調整の限界　209
調整変数　97

地理行動的環境
　　（geo-behavioral environnment）　14

●て

定位仮説　68
停止距離法　188
ディストリクト　50
手がかかった世界の仮説　40
手がかりの利用（cue utilization）　44
適応水準理論（adaptation-level theory）　302
デザイン　70
テリトリー　323, 341
テリトリアリティ（領域性：territoriality）
　　227, 318, 341
テリトリアリティの費用対効果理論
　　（cost-benefit theories of territoriality）　237
テリトリーの防御　244
田園趣味　167
典型性（typicality）　106
典型的な建物　48
伝統主義　161

●と

投影段階　53
透過性　154
都会主義　167
匿名　322
図書館　214
トランスアクショナリズム（transactionalism）
　　14
トランスアクション（相互交流作用）　64, 156, 165

●な

内向的な　156
内在的な人（internals）　270
内的－外的過程　155
なわばり行動　227
なわばり性　227

●に

二次的環境（secondary environments）　273
二次テリトリー（secondary territories）　228, 322
日常的なごたごた（daily hassles）　11
ニューエコロジカルパラダイム（New Ecological Paradigm: NEP）尺度　86
New Yorkers　114
人間中心的（anthropecentric）　92
人間的パラダイム　128
認識面のコントロール（cognitive control）　231
認知地図　49

363

認知的アフォーダンス　108
認知的パラダイム　128
認知的複雑性　162

●ね

年齢　90, 191

●の

農家風　116
ノード　51
ノンスクリーナー　171, 172, 298
ノンリサイクラー　159

●は

バー　214
パーソナリティ　151, 162, 192, 235, 326
パーソナルスペース　182, 318, 341
パーソノロジー　152
バーチャル環境　52
媒介変数　97
場所愛（トポフィリア）　47
場所システム　68
場所の意味　114
場所への愛着　114
場所への関心　85
パス　50
場の理論（field theory）　8, 153
番号づけ　60
汎適応症候群（general adaptation syndrome）　12
反応的防御（reaction defenses）　231

●ひ

$B=f(P, E)$　154
美学　110
非言語的な手段　208
非交流　323
人のスペシャリスト　164
人－モノ志向性　163
人－モノの方向づけ尺度　165
ヒューマニスト　161
病院　254
評価（性）　102, 103
標識　60

●ふ

ヴァンダリズム（破壊行為）　160
不安地域（fear zone）　67
フィールド研究（field studies）　19, 268, 269
フィールド実験（field experiment）　19, 269
Fenmen　114
不確実さによる覚醒（uncertainty-arousal）　46

複雑性　46, 106, 108
不調和　46
物体知覚　34
物理的環境　156
物理的な影響　40, 58, 104, 196, 328
プライバシー　318, 319
プライバシーの測定　321
プライバシーへの欲求　167
文化　241
分割バイアス　57
文化的な影響　39, 330
分析的科学者　161
分類システム　68

●へ

ベータ圧力　153
ベータ・パーソナルスペース　187

●ほ

法的な所有権　238
ホーソーン研究（Hawthorne studies）　9
ホームの競技場での優位性
　　（home field advantage）　247
ホームレンジ（home range）　57
ポストモダニズム　115
保存　169
保留　323
本当の自分になる自由　323

●ま

マーキング（marking）　227, 243
守りやすい空間の理論
　　（defencible space theory）　238
Maritimers　114
マロニー－ウォードエコロジー目録
　　（Maloney-Ward Ecology Inventory）　86

●み

ミステリー　109
密度（density）　264
密度－強度理論（density-intensity theory）　298
緑の心理学（green psychology）　16
見晴らし・隠れ家理論
　　（prospect-refuge theory）　107
魅力　193, 201
民族　241

●め

命題　69
目立たない測度（unobstrusive measures）　234

事項索引

●も
モダニズム　115
物（objects）　229
モノ―認知的複雑性　165
モノのスペシャリスト　164
問題分析と行動訓練（Issue Investigation and Action Training: IIAT）　94

●ゆ
有機体理論（organismic theories）　14
ユークリッド座標　54
ユークリッドバイアス　57
友人との親密　323
誘導仮説　68

●よ
予防的防御（preventative defenses）　231

●ら
ライフサイクル　346
ランドマーク　51

●り
リアクタンス（reactance）　303
力量性　102
リサイクラー　159
リスク　117
リスクの評価　118
療養施設（nursing home）　254

●れ
レストラン　214
レパートリーグリッド　165

●ろ
ロキーチの価値観調査　88
ロマ（Rom）　331

●わ
わが家（home）　132
わかりやすさ（legibility）　50, 62, 108

365

●—— ■訳者紹介■（＊は監訳者）————————————————●

＊槙　　究（まき・きわむ）〈第1章〉
　1964年　栃木県に生まれる
　1994年　東京工業大学大学院総合理工学研究科　社会開発工学専攻　博士課程修了
　現　在　実践女子大学生活科学部生活環境学科　教授　博士（工学）
　主著・論文　人間環境学（共著）　朝倉書店　1998年
　　　　　　よりよい環境創造のための環境心理調査手法入門（共著）　技報堂出版　2000年
　　　　　　街路景観の評価構造モデル——カードピックアップ・モデルの提案——（共著）　日本建築学会環境系論文集，No.568，95-102．2003年
　　　　　　環境心理学——環境デザインへのパースペクティブ——　春風社　2004年

＊羽生和紀（はにゅう・かずのり）〈第2章〉
　1965年　東京都に生まれる
　1995年　The Ohio State University, City and Regional Planning(Environment and Behavior Studies) 博士課程修了
　現　在　日本大学文理学部心理学科　教授（Ph.D.）
　主著・論文　環境心理学の新しいかたち（共著）　誠信書房　2006年
　　　　　　犯罪心理学（共著）　朝倉書店　2005年
　　　　　　複雑現象を量る——紙リサイクル社会の調査——（共著）　朝倉書店　2001年
　　　　　　Using pre-construction validation to regular urban skylines. Journal of American Planning Association, 71(1), 73-91. 2005
　　　　　　Distance estimation of stairways: A multi-stairways investigation. Scandinavian Journal of Psychology, 41, 63-69. 2000
　　　　　　Visual properties and affective appraisals in residential areas in daylight. Journal of Environmental Psychology, 17, 301-315. 1997
　　　　　　Distance estimation of stairway: Distance, traversal time and mental walking time estimations. Environmet and Behavior, 27, 579-591. 1995
　　　　　　The affective image of Tokyo: Verbal and non-verbal approaches. Journal of Environmental Psychology, 161-172. 1993

栗林敦子（くりばやし・あつこ）〈第3章〉
　1954年　東京都に生まれる
　2002年　東京工業大学大学院社会理工学研究科　価値システム専攻　博士後期課程単位取得退学
　現　在　リコー経済社会研究所社会構造研究室　主任研究員，慶応大学総合政策学部および武蔵野大学大学院環境学研究科　非常勤講師
　主著・論文　地球環境保全のための社会経済システムのあり方に関する国際比較研究（共著）　ニッセイ基礎研究所　1994年
　　　　　　都市生活者のエコライフに関する調査研究（共著）　ニッセイ基礎研究所　1993年
　　　　　　アジア諸国の環境意識と情報化（共著）　東京大学社会情報研究所「調査季報」　1997年
　　　　　　環境に関する知識・関心・認識およびその相互疎通に関する国際比較研究（共著）　国立環境研究所　2003年
　　　　　　環境問題を通じてみた企業への信頼——情報開示時代のリスク・コミュニケーションに向けた一考察——（共著）「広報研究」第4号　日本広報学界　2000年

亀岡聖朗（かめおか・せいろう）〈第4章〉

1966年　神奈川県に生まれる
1999年　日本大学大学院文学研究科　心理学専攻　博士後期課程修了
現　在　桐蔭横浜大学スポーツ健康政策学部スポーツ教育学科　教授　博士（心理学）
主著･論文　環境心理の諸相（共著）　八千代出版　2000年
　　　博物館施設に関する環境心理学的研究——博物館施設内で生じる来館者の主観的体験と博物館施設に対する認知構造の関連に関する検討——　日本大学心理学研究, 21, 26-36. 2000年
　　　美術館・博物館利用者の認知に対する環境心理学的研究　MERAジャーナル, 8(2), 1-10. 2003年

大井尚行（おおい・なおゆき）〈第5章〉

1963年　京都府に生まれる
1991年　東京大学大学院工学系研究科　建築学専攻　博士課程修了
現　在　九州大学大学院芸術工学研究院環境デザイン部門　教授　工学博士
主著･論文　人間環境学（共著）　朝倉書店　1998年
　　　よりよい環境創造のための環境心理調査手法入門（共著）　技報堂出版　2000年
　　　空間の奥行きと姿勢の違いからみる Personal Space の拡がり：住宅居室での対人場面を想定した印象評価実験　都市住宅学　第35号, 27-32. 2001年
　　　対人場面における他者の届く距離の予測に関する考察——限定空間における他者の知覚に関する基礎的研究——（共著）　日本建築学会計画系論文集, No. 559, 79-86. 2002年
　　　評価グリッド法による案内図の評価構造の抽出——経路探索行動における地図情報の読み取り方に関する研究——（共著）　芸術工学会誌　第36号, 109-115. 2004年
　　　現代日本人の美意識に関する基礎的研究（共著）　芸術工学会誌　第35号, 56-61. 2004年

小林茂雄（こばやし・しげお）〈第6章〉

1968年　兵庫県に生まれる
1991年　東京工業大学工学部建築学科卒業
現　在　東京都市大学建築都市デザイン学部建築学科　教授　博士（工学）
主著･論文　人間環境学（共著）　朝倉書店　1998年
　　　光と色の環境デザイン（共著）　オーム社　2001年
　　　都市の街路に描かれる落書きの分布と特徴　日本建築学会計画系論文集, No. 560, 59-64. 2002年
　　　都市における落書きと周辺環境との適合性に関する研究　日本建築学会環境系論文集, No. 566, 95-101. 2003年
　　　落書き防止対策としての壁画制作に関する研究　日本建築学会環境系論文集, No. 609, 93-99. 2006年

飯島祥二（いいじま・しょうじ）〈第7章〉

1956年　愛知県に生まれる
1993年　東京工業大学大学院総合理工学研究科　社会開発工学専攻　博士前期課程修了
現　在　松蔭大学観光メディア文化学部　教授　博士（工学）
主著・論文　都市景観環境と環境保全・形成政策　岡山商科大学叢書第3巻　2001年
　　　　照明・色彩・光沢が室内の雰囲気評価と行動の選択に与える影響（共著）　日本建築学会環境系論文集, No. 570, 7-14. 2003年
　　　　色と光の地域性　照明学会誌　第88巻，第3号，138-142. 2004年
　　　　Effects of the presence of other people on visitors' evaluation of a historical district as a tourism destination.（共著）CAUTHE 2004, 519-531. 2004
　　　　建築の色彩設計法（共著）　日本建築学会　2005年

橘　弘志（たちばな・ひろし）〈第8章〉

1965年　神奈川県に生まれる
1995年　東京大学大学院工学系研究科建築学専攻　博士課程中途退学
現　在　実践女子大学生活科学部生活環境学科　教授　博士（工学）
主著・論文　超高齢社会の福祉工学——高齢者居住環境の評価と計画——（共著）　中央法規出版　1998年
　　　　間主観性の人間科学——他者・行為・物・環境の言説再構にむけて——（共著）　言叢社　1999年
　　　　身体から発達を問う——衣食住のなかのからだとこころ——（共著）　新曜社　2003年
　　　　環境行動のデータファイル——空間デザインのための道具箱——（共著）　彰国社　2003年

高橋正樹（たかはし・まさき）〈第9章〉

1968年　東京都に生まれる
1996年　千葉大学大学院自然科学研究科　環境科学専攻　博士課程中退
現　在　文化学園大学造形学部建築・インテリア学科　教授　博士（工学）　一級建築士
主著・論文　よりよい環境創造のための環境心理調査手法入門（共著）　技報堂出版　2000年
　　　　開放感と気配感の定量化　住宅の吹き抜け空間に関する調査分析その1（共著）　日本建築学会大会講演梗概集（E-1), 247-248. 2006年
　　　　家族のライフステージからみる吹き抜け住宅の住まい方と評価　住宅の吹き抜け空間に関する調査分析その2（共著）　日本建築学会大会講演梗概集（E-1), 250-250. 2006年
　　　　住みここち心理テスト（共同開発）　http://www.sumicoco.jp　2004年9月

添田昌志（そえだ・まさし）〈第10章〉

1972年　兵庫県に生まれる
2000年　東京工業大学大学院総合理工学研究科　人間環境システム専攻　博士課程修了
現　在　株式会社人間環境デザイン研究所　代表，株式会社パパカンパニー　代表取締役，
　　　　東京工業大学　特任准教授，博士（工学）　一級建築士
主著・論文　移動時の自己運動感覚による場所の記憶に関する研究（共著）日本建築学会計画系論文集，
　　　　No. 560, 173-178. 2002年
　　　　建築・都市計画のための空間学事典（分担執筆）　井上書院　2005年
　　　　地下鉄駅における主観的な移動距離および深さに影響する環境要因（共著）日本建築学会
　　　　計画系論文集，No. 610, 87-92. 2006年
　　　　犯罪予防とまちづくり（共訳）丸善　2006年

井上征矢（いのうえ・せいや）〈第11章〉

1972年　滋賀県に生まれる
2003年　筑波大学大学院博士課程芸術学研究科　芸術学専攻修了
現　在　筑波技術大学産業技術学部総合デザイン学科　教授　博士（デザイン学）
主著・論文　聴覚障害者に分かりやすいピクトグラム　日本感性工学会論文誌　Vol. 11, No. 4, 563-
　　　　571. 2012年
　　　　聴覚障害者の分かりやすさを重視した案内用図記号の再検討　日本感性工学会論文誌
　　　　Vol. 14, No. 1, 87-96. 2015年

山本早里（やまもと・さり）〈第11章〉

1970年　神奈川県に生まれる
1997年　東京工業大学大学院総合理工学研究科　社会開発工学専攻　博士課程修了
現　在　筑波大学芸術系　教授　博士（工学）
主著・論文　地域資源を活用した公共交通デザイン：ひたちBRTを事例として　デザイン学研究作品集，
　　　　Vol. 25, No. 1, 40-45. 2020年（年間作品賞受賞）
　　　　地域らしさに寄与する色彩デザイン　日本色彩学会誌，Vol. 43, No. 5, 271-275. 2019年
　　　　Colour and shape design for outdoor billboard based on size in the historical area of Kyoto,
　　　　Japan. Journal of the International Colour Association, No.23, 36-44. 2019
　　　　シェアード・スペースと安全：未来社会に向けた道路環境デザイン　自動車技術，Vol. 72,
　　　　No. 3, 6-12. 2018年

中山和美（なかやま・かずみ）〈第12章〉

1965年　東京都に生まれる
1990年　日本女子大学大学院家政学研究科　住居学専攻　修士課程修了
現　在　東京電力ホールディングス株式会社　博士（工学）　一級建築士
主著・論文　建築の色彩設計法（共著）　日本建築学会　2005年
　　　　豊かな居間照明の研究――豊かさの意味とその構成要素――（共著）照明学会誌論文号
　　　　第81巻，第5号，430-437. 1997年
　　　　建築ファサード色彩の単純化に関する研究（共著）日本建築学会計画系論文集，No. 565,
　　　　9-16. 2003年

＊村松陸雄（むらまつ・りくお）〈第13章〉

　1968年　島根県に生まれる
　2002年　東京工業大学大学院総合理工学研究科　人間環境システム専攻　博士課程修了
　現　在　武蔵野大学工学部環境システム学科　教授　博士（工学）
　　　　　未来の学びと持続可能な開発・発展研究会（略称：みがくSD研）　共同代表
　主著・論文　光と色の環境デザイン（共著）　オーム社　2001年
　　　　　心理学実験実習　初級・中級（共著）　武蔵野大学通信教育部　2009年
　　　　　ノンフォーマル教育は大学における持続可能な開発のための教育（ESD）の触媒となるか？　武蔵野大学環境研究所紀要　No.5　2016年

畑　倫子（はた・ともこ）〈第14章，エピローグ〉

　1976年　兵庫県に生まれる
　2009年　日本大学大学院文学研究科　心理学専攻　博士後期課程修了
　現　在　文京学院大学人間学部心理学科　准教授　博士（心理学）
　主著・論文　Inferences about resident's personality in Japanese homes. North American Journal of Psychology, 6, 337-348. 2004

熊澤貴之（くまざわ・たかゆき）〈第15章〉

　1973年　神奈川県に生まれる
　2003年　東京工業大学大学院総合理工学研究科　人間環境システム専攻　博士課程修了
　現　在　茨城大学工学部都市システム工学科　教授　博士（工学）
　主著・論文　まちづくり情報の伝達方法の効果（共著）　日本建築学会計画系論文集，No. 567, 1-5. 2003年
　　　　　まちづくり方策に対する住民の主観評価の規程要因（共著）　日本建築学会計画系論文集，No. 586, 111-118. 2004年

環境心理学（上）
―原理と実践―

2005年7月20日　初版第 1 刷発行　　定価はカバーに表示
2023年2月20日　初版第11刷発行　　してあります。

著　者　　R. ギフォード
監訳者　　羽　生　和　紀
　　　　　槙　　　　　究
　　　　　村　松　陸　雄
発行所　　㈱北大路書房
〒603-8303　京都市北区紫野十二坊町 12-8
　　　　　電　話 (075) 431-0361 ㈹
　　　　　ＦＡＸ (075) 431-9393
　　　　　振　替　01050-4-2083

© 2005　印刷・製本／創栄図書印刷㈱
　　　　　検印省略　落丁・乱丁本はお取り替えいたします。
　　　　　ISBN978-4-7628-2448-7　　Printed in Japan

・ JCOPY 〈㈳出版者著作権管理機構 委託出版物〉
本書の無断複写は著作権法上での例外を除き禁じられています。
複写される場合は，そのつど事前に，㈳出版者著作権管理機構
(電話 03-5244-5088, FAX 03-5244-5089, e-mail: info@jcopy.or.jp)
の許諾を得てください。